STRAUB HUILLET

ストローブ＝ユイレ
シネマの絶対に向けて

渋谷哲也［編］

森話社

STRAUB HUILLET

目次

［凡例］

一、映画、書籍は『　』、論文は「　」、美術・音楽作品は《　》で括った。

一、映画作品名の初出には公開年を付した。

一、引用文中の引用者による註記は〔　〕で括った。別途註記のある場合はその限りではない。

一、地名、人名、作品名等の固有名詞の表記については、各執筆者の意向を尊重し、各章内での統一とした。

I

1

テクスト＋映画

ストローブ＝ユイレの脚色論

渋谷哲也

1　ストローブ＝ユイレと脚色映画

映画はいつも物語を必要としてきた。ほぼあらゆる映画が既存の物語（小説であったり歴史であったり）を下敷きにしているといえるのではないか。では映画のオリジナリティはどこに求めることができるのか。作り手が自らシナリオを執筆するのが作家映画だと考えられているが、文字化されたものが映画の独自性を保証するというのも不思議な話だ。アレクサンドル・アストリュックのカメラ万年筆論をもちだすまでもなく、映画がカメラによって執筆される表現形態であるなら、言語による語りを超えたものにこそ映画の本質があるというべきだし、映画の作家性は言語とは別の視点で探求されうるはずだ。こうした映像主導の観点は一九五〇年代ヌーヴェルヴァーグの若き批評家たちが、ハリウッドの商業システムの枠内で活動する監督たちに卓抜した作家性を見出した「作家政策」においてその典型例を見ることができる。パリのシネマテークでオリジナル英語音声のアメリカ映画を貪るように鑑賞した映画青年たちは、台詞の言語よりもスクリーンに投影される光と闇、空間と時間の構築に映画独自の創造性を見出し、スリラーやノワールなどの娯楽映画においても、一見陳腐な筋書きを超えた映像表現に高尚な〈文学的〉テーマが内包されうることを発見した。だがそうした映像重視の態度ではなおざりにされてしまう要素がある。すなわち言語である。社会において人間は言語で対話する動物だ。そして映像によって語られる物語も言語のナラティヴに依拠する形で情報が伝達される。さらに言えばカメラが捉える人間のアクションの中で〈語る〉という行為は当然重要な位置を占める。サイレント映画の多くの場面がひたすら語る人物たちを映していることを忘れてはなるまい。その語られる言葉は挿入字幕や画面に映る手紙等の文字として視覚的に取り入れられた。パントマイムと違って映画は発話や言語表現とともに展開してゆく芸術なのである。

映画における文学テクストの重要性を提示した映画作家にはロベール・ブレッソンやマルグリット・デュラスなど前衛的な作り手たちが多いが、中でもストローブ＝ユイレ（ジャン＝マリー・ストローブとダニエル・ユイレ）

は極北的な存在である。彼らの製作したほぼ全作品が既存の文学的テクストを用いている。そのテクストは二〇世紀後半の同時代文学だけでなく、古典的物語や歴史を近代に語りなおした小説・戯曲などの翻案作品も数多い。この事実だけを見ると、ストローブ＝ユイレは原作を脚色するスタイルを取った映画作家だ。ただし彼らの作品は商業作品の脚色方法とは大きく異なり、原作テクストの言葉を一字一句忠実に映画の中に取り入れる。文学的なオリジナル言語の理解を容易にするために現代語に書き換えることもしない。彼らの徹底した原典重視の態度は、一九六〇年代以降伝統的価値を否定して同時代の表現を追求した若い世代の芸術活動の対極を目指すものと映る。むしろ時代錯誤といえるかもしれない。当時は古典的テクストを用いる場合、テクストを解体し内容を大胆に改変して現代的な意味を取り出す試みが主流となっていたからだ。古典演劇やオペラなど台詞や歌詞に手を加えられない場合は演出によって過激な現代的脚色が施されることになった。だが実はストローブ＝ユイレの演出においても、テクストの時代性と映画の同時代性という異なる時間の位相が映画の表層で絶えず拮抗している。その際テクスト自体の歴史性を映像の現在に従属させようとはしない。彼らの映画的手法の斬新さは映画以外の要素を映画的に改変または統合するという通常の脚色方法と全く対立している点にある。

　原作小説の映画化とは同一の物語を単に別のメディアで語り直す作業ではない。映像と音声による独自の形式で物語を構築する創造的行為である。既存のテクストに依拠するにせよ映画はあくまでも自律した作品なのだが、同時に原作との繋がりがなければ脚色を行う意味はない。脚色とは原作に対する一つの解釈またはコメントと見なしうるものであり、原作と映画はそれぞれ独立しつつも関連付けられたものとして読み解くことが求められるのだ。[†1] そもそも映画は文学、演劇、絵画、音楽など先行芸術の諸要素を取り入れながら独自の表現を獲得してきた。その際に先行する作品イメージをただ模倣し具象化するのではなく、原作の物語を解体しつつ映画ならではの表現形式へと再構築してきた。そこでは監督による原作の独創的な解釈こそが映画の独自性を保証してきた。多くの脚色映画では原作の物語や設定などが改変される。それは映画のオリジナリティを示すとともにメディアの違いゆえ必然的に生じるものだと説明されてきた。例えばシェイクスピアの優れた映画化は舞台上演と似ていてはならないといわんばかりだ。

　ところが興味深いことに、原作テクストを一字一句忠実に映画に取り入れるストローブ＝ユイレほど、その徹底したオリジナル性で評価される映画作家もいない。そこでは脚色における〈忠実さ〉の概念そのものが根底から問い直されることになる。ストローブ＝ユイレにおけるテクストの映画化の方法論とは、発話されるテクスト、演じる俳優、演じられる場を一つのドラマへと溶け合わせるというイリュージョニズムの否定であり、むしろ諸要素の多元性を並置させる試みだ。文学的テクストはテクストとしての異質性を保持したまま撮影・録音されて映画の一要素となる。彼らの脚色映画のラディカルさとは、脚色というものの不可能性を示唆するところにあると逆説的に主張することもできる。[†2]

　これまでストローブ＝ユイレの映画について映像美学的な側面でのみ語られることが多く、言語的要素の使用法はあまり注目されなかった。だがここでテクストに立ち戻ってみることが重要だ。映画のオリジナリティとは使用されるテクストの同一性だけで計測されるものではないのではないか。彼らの映画が原作テクストとどのように対峙しているかに注目すれば、映画作家としてのストローブ＝ユイレの一見オリジナリティを欠くように思われる演出方法が、実はテクスト解釈と深くかかわっており、そこから映画のみならず社会に向けた鋭い問題提起が行われていることも見えてくるはずだ。この論考ではバザン的な意味で〈不純〉であることによりもっとも純粋な映画に近づいたストローブ＝ユイレの独自性を探るため、彼らの映画における原作テクストの使用法をいくつかの具体例と共に検証する。

2　ストローブ＝ユイレと「若いドイツ映画」

フランス出身のストローブ＝ユイレは一九五〇年代にドイツに移住した。折しも一九六二年に戦後世代が新しい映画を標榜した「オーバーハウゼン宣言」が発表されたが、同時期にそれとは無関係にストローブ＝ユイレは創作活動を始めており、ドイツ語による映画を四本発表した。そのためドイツの新世代の作家たちを評した「若いドイツ映画」の一員と見なされることも多い。六九年にはイタリアのローマへ移住したが、その後も彼らはドイツ語による映画を計八本製作している。

彼らの最初の二本の映画は戦後ドイツ文学の代表的存在であるハインリヒ・ベルの小説を原作としたものだ。一九五八年の短編小説『首都日誌』を基に、彼らの監督デビュー作である短編映画『マホルカ＝ムフ』（一九六三）を製作した。この映画は一九六三年オーバーハウゼン短編映画祭に応募したが落選し、ストローブたちの強い要望で映画祭期間中に半ば公式の特別枠で上映された。この映画は彼らとしては例外的に既存の映画プロダクションの製作になるもので、上映やテレビ放映に関わる交渉権は全てプロダクションが所有していたため、劇場上映は極めて限定的なもので終わっている。後にストローブ＝ユイレは映画会社に権利料を支払い、自身の所有作品とした。その後『九時半の玉突き』を原作とした長編映画『和解せず（映画祭公開題名：妥協せざる人々）』（一九六五）を自主製作として完成し、六五年のベルリン国際映画祭の特別枠で上映された。しかしこの作品のあまりに型破りな技法ゆえに、新しい映画を標榜する映画人たちからも懐疑的な評価を受けることとなった。[†3]

この両作品におけるストローブ＝ユイレの演出方法は、観客だけでなく原作者や出版社をも困惑させるほどのあまりに斬新なものだった。場面と台詞は全て原作小説から採られたものだが、それぞれ極端に断片化され、物語の説明的個所は大胆に省略されていた。『和解せず』の原作『九時半の玉突き』は半世紀にわたるフェーメル一家三世代の歴史を交錯させる大河ドラマ的な筋書きを持つが、映画版は五五分という極めて短い尺数に収められ、数十人に及ぶ登場人物は時代ごとに異なる演技者に配役されることもあり、人間関係の理解だけでも困難を極める。しかも素人俳優による台詞回しを同時録音した音声は時に環境音にかき消され、台詞の聴取が大きく妨げられることもある。ベルの作品の著作権を管理するヴィッチュは当初からストローブ＝ユイレの映画化に否定的で、『和解せず』のシナリオを読んだ後で監督たちに以下のようなコメントを発している。「この先ベルの映画が作られるとしたら、人目を引くように国際的なトップスターを配役し、まさしく小説のエッセンスを映画の中に実現しているシナリオでなくてはならない。あなた方のシナリオは、心苦しいながら言わせてもらえば、本の書き写しで、ただ本を書き写しただけではいい映画は作れない」[†4]。その後ヴィッチュは完成された映画『和解せず』の上映中止とフィルムの破棄を訴え、監督との激しいやり取りの後、映画が原作小説とは無関係の作品であることを明記した契約書によって限定的な上映を認めるに至った[†5]。

続いて製作された『アンナ・マクダレーナ・バッハの年代記（公開題名：アンナ・マグダレーナ・バッハの日記）』（一九六八）は、バッハの二人目の妻の視点で作曲家の後半生を綴ったいわゆる伝記映画である。ただしアンナ・マクダレーナの著者名で出版されていた手記『バッハの思い出』は偽書であるため映画のテクストには採用されず、当時の手紙や記録文献を用いて映画の即物的な台詞やナレーションの文言が作成された。登場人物は実際にカメラの前で演奏する。ベルの原作の映画化では小説のテクストが一字一句台詞として音声化されたように、この映画ではバッハの総譜の実演が同時録音で記録される。この作品はストローブ＝ユイレの名を幅広く知らしめる決定的な役割を果たしたとともに、彼らの実現した新しい映画のスタイルが新たな批評言語をもたらす指標となった。ニュージャーマンシネマの同世代である映画研究家ノルベルト・グローブは以下のように述べる。

映画に関する旧来の言説では映画に対しエッセイ的に近づくことは避けられていた。かつてはテーマ、発言、演技の的確さが明快に判断されたのに対し、いまや視覚的形式、映画の構造、構成やスタイルが語られるようになった。物語、作劇、社会的な重要度ではなく、テクストと映像の関係、映画の連続性の効果、現実とフィクションの緊張関係、視覚・想起・知覚の現実性、《個々の瞬間》を見ることとの冒険といった事柄の考察となった。[†6]

続く『花婿、女優、そしてヒモ』(一九六八)はストローブ=ユイレがドイツ在住中の最後の作品となった。この短編は三つの異なる映像ブロックから構成され、それぞれに独立してはいるが緩やかに関連付けられている。最初の部分は自動車の車窓からの夜の街路の眺めをワンカットの移動撮影で捉えた約三分間の映像で、人通りのほとんどない暗い路上の光景が続く。第二の部分はストローブがミュンヘンの小劇団アクションテアターで演出した舞台『青年の病気』(フェルディナント・ブルックナー作)の全編が舞台全景の収まる固定アングルからの長回し撮影で捉えられる。この公演用台本はストローブ自身が作成したもので、上演に二時間以上を要する戯曲のエッセンスだけを抜き出した一〇分足らずの舞台としている。この極端な省略は『和解せず』のシナリオ化作業と共通するものだ。そして第三部はブルックナーの舞台に出演していた一人の女優と結婚相手の黒人男性、そして女優に付きまとう男優(ヒモ)の三人関係がアクション映画のカット連鎖で物語られる。結末は付きまとう男優(ヒモ)を女優がピストルで撃ち殺す。このパートに登場する台詞の大半はファン・デ・ラ・クルスの詩である。この三部構成は、ストローブ=ユイレの映画スタイルの三つの特性を典型的に示していて興味深い。すなわち第一部の長回しによるドキュメンタリー的映像、第二部の極めて様式化された演劇パフォーマンスの記録、そして第三部での既存のテクストを用いて劇映画を構成する手法である。この舞台公演と映画は当時アクションテアターに所属していたライナー・ヴェルナー・ファスビンダーが、ストローブ=ユイレと直接関わりを持った唯一の機会となった。ファスビンダーはこの経験から強い感銘を受け、とりわけ彼の初期映画作品にはストローブ=ユイレからの強い影響が見て取れる。

ストローブ＝ユイレは六九年にドイツを離れ、イタリアのローマに移住して映画製作を継続した。この時期から彼らの作品では歴史的テクストを忠実に再現し上演するスタイルの映画が続く。まずフランスの古典劇作家コルネイユの戯曲『オトン』全編の映画化（一九七〇）では、ローマ市内の公園で古代ローマの衣装をつけた俳優たちによりドラマが演じられる。映画冒頭は丘の上から自動車の行き交う現代ローマの街並を見下ろす映像で、そこから古代遺跡の残る公園内に場所を移して劇が始まる。演じるのは素人俳優たちであり、しかもフランス語母語話者ではないため全て外国語訛りの、早口の棒読みで台詞が発せられる。

続く監督作はドイツ語のテクストを取り上げている。ベルトルト・ブレヒトによる未完の小説『ユリウス・カエサル氏の商売』を基にした映画『歴史の授業』（一九七二）である。カエサルが死んで間もない時期、彼についての論文執筆を目論む青年が、カエサルと個人的に知り合いだった銀行家や元兵士、法律家、詩人のもとを訪れて取材する物語で、映画では青年と四名の人物とのやり取りのみが原作から抽出される。帝国の英雄と見なされるカエサルが植民地政策をローマに導入して私腹を肥やした狡猾な人物であることが暴露されてゆく。カエサル本人を知る証言者たちは古代ローマ時代の衣装を着用しているが、聞き役の青年は現代のワイシャツとズボン姿であり、二つの時代の相違が常に映像に明示される。語られるテクストはブレヒトが一九三〇年代の亡命中に執筆した小説の言葉である。

これら二作はローマという場所の歴史に関わる作品であり、だからこそローマでの撮影が意味を持つ。それは先の四作品をドイツで撮影する必然性とも通じ合っている。ストローブ＝ユイレにとってテクストとともに場所の選択も映画の本質的な要因となる。

その後のストローブ＝ユイレの映画を概観すると、戯曲やオペラなど舞台作品のテクストを完全に映画化するもの（『モーゼとアロン』（一九七五）、『エンペドクレスの死』（一九八七）、『雲から抵抗へ』（一九七九）の前半部「レウコとの対話」、『アンティゴネ』（一九九二）等）、小説作品から抜粋したテクストを劇化するもの（『階級関係』『アン・ラシャシャン』(ともに一九八四)、『シチリア!』(一九九九)等)、手紙やエッセイ的なテクストの朗読を中心とする作品(『フォルティーニ/シナイの犬たち』(一九七六)、『早すぎる、遅すぎる』(一九八一)、『セザンヌ』(一九九〇)等)の三つのパターンに大きく分類することができる。とりわけアーノルト・シェーンベルクによる未完のオペラ『モーゼとアロン』の映画化では、作曲されずに残された第三幕のリブレットを台詞劇として収録した完全版となっているなど、作品の原作テクストに対する態度は通常の舞台上演や映画化と鋭く対立する形で独自の忠実さを守っている。

以上のようにニューシネマ作家としてのストローブ＝ユイレにおいて、現代性の探求は一旦歴史的テクストおよびコンテクストに向かうというレトロな方向性を示している。だがそれはけっしてノスタルジーの表明ではない。彼らは原作の言語を字義通りの素材とすることにより、映像と音声のコラージュの中での多層的な歴史構造を生み出そうとする。そうして様々な歴史を貫いて現代的な批判性がテクスト自体から立ち現れる様を映画に記録しようとするのだ。そこでストローブ＝ユイレが原作テクストとどのように対峙するかについて、まずは彼ら自身の発言から検証してみたい。

3 物語と映像——ストローブ＝ユイレの脚色法

固定カメラの長回しショットや様式化された演技などで、一見すると実験映画を指向するかに思われるストローブ＝ユイレの映画だが、実際には抽象的なコンセプチュアル・アートとは明らかに一線を画している。そこには必ず具体的に語られる物語があり、歴史的政治的な文脈に即した映像とテクストの選択がある。言語、映像、音声は有機的に絡み合い大きな弧を描いて物語を形成してゆく。彼らにとって物語が映画の出発点であることは疑いない。そこで物語の重要性についてのストローブ自身の言葉を引いてみたい。

とても強度のある物語が必要だと思う、だが物語は映像によって語られるのではない。サイレント映画が映像で物語ろうと試みたことは決してなかったし、そんなことできやしなかったのだ。出発点にはかなり複雑に絡み合った物語があり、それが映画に内包されることになる。だがそこで提示されるものは、その物語に反した、またはそれと並行した何ものかであり、物語以上の、また時にはそれ以下の何ものかだった。そこには常に対立関係がある。[†7]

映画において物語と映像を切り離そうとする指摘が興味深いのだが、その実例はサイレント映画時代の巨匠フリッツ・ラング、D・W・グリフィス、エリッヒ・フォン・シュトロハイムらに見出されるとストローブは述べる。彼らの映画において、「物語は決定的なものにとっての土壌でしかない。出発点としてある物語を選んだら、その土壌から物語を映像に変換しないよう試みるべきだ。それではただの同語反復となってしまい、互いが互いを邪魔しあってしまうからだ」。

では物語に対してどのような映像が求められるのか。それは「映像を慎ましいものとし、画家を演じようとしないこと」であり、単に美しいものを鑑賞させるだけの映像や物語に観客を取込むような見世物的映像を求めないことである。「ただ光の変化や作用を記録することであり、それはもはや物語とは無関係なものだ」[†8]。つまりカメラはテクストの提示する文学的な物語とは異質なまま、場を即物的に記録する装置となる。テクストと映像のずれを強調することは、一見するとブレヒト的な異化効果を思わせるかもしれない。映画のイリュージョニズムの否定は戦後ドイツのニューシネマに共通する傾向であったし、アレクサンダー・クルーゲ、ハンス・ユルゲン・ジーバーベルクらのようなエッセイ的な実験映画がその好例である。だがストローブが引き合いに出すラングやシュトロハイムは明らかに物語映画の作り手たちだ。ストローブ＝ユイレの前衛性は時系列に即した物語形式の脱構築にではなく、初期映画の持つ唯物論的な外界のリアルな記録に徹するという方法論をラディカルに継承することにある。遅れてきた芸術としての映画が文学的・演劇的・絵画的な要素を貪欲に取り込んできたこと、そして映像が物語を絵解きする語りの技法を洗練させてきたことへの反動として、まさに映像を見せるというシネマトグラフ原初の行為に立ち戻ることがここで語られている。そして映像が記録するのはただの表層だけでなくそこから見える社会の総体でもあるのだ。シュトロハイムやラングの名前が挙げられているのはこうした深層のリアリズムを指してのことなのだろう。

ではなぜストローブ＝ユイレは出来事や事件をアクションの連鎖のスペクタクルとして提示することを否定するのか。そこには先鋭化されたイリュージョニズム批判がある。映像のリアリティは写像に過ぎず、その現前性こそまやかしだという認識である。以下はストローブの言葉である。

> 映画が上映されている瞬間に何かが起こっているという印象を、人々に与えることがそもそも偽りの始まりだ。それはアクションと呼ばれている。だがそうではない。この偽りに基づかない映画が上映されるとき、そこでは何も起こらない。ただ観客の中で何かが起こる。映像と音を組み合わせることによって……。[†9]

映画の中で何かが起こっているという印象自体が虚偽であるなら、アクションや見世物に感情移入して見入るという映画の鑑賞態度が問題化されることになる。まさに既存の意味で〈映画的〉な魅惑を取り去ってゆく行為が彼らの映画の特徴となるのだ。それを具体的に示すためにユイレはマルガレーテ・フォン・トロッタとフォルカー・シュレンドルフ監督の『カタリーナ・ブルームの失われた名誉』の映画化を挙げる。

『カタリーナ・ブルーム』のような映画的コードで作られた映画は、ただ映画でしかない。このコードを理解しなければそこで起こっていることは何も理解できない。路上の赤と緑の光を理解できないのと同じことだ。私たちが試みているのは、このコードを理解しなくとも何が起こっているかを理解できる映画だ。[†10]

文学テクストを映画的コードによって変換することが映画的脚色だという既存の認識に対する徹底した否定の表明である。もちろんストローブ＝ユイレ自身、六〇年代の作品では映画的な演出や編集が随所に見られていたが、このインタヴューが行われた七〇年代半ば以降は、映画的な手法を切り詰めてゆくことを彼らの方法論の中心に据えることとなった。そしてテクストの朗唱をひたすら提示する彼らの方法論がさらに先鋭化することになる。

ではなぜ彼ら自身でテクストを書くのではなく、既存のテクストを選ぶのか。ストローブは、「我々はすでに過去に形式化されたものを示したい。我々にショックを与えたものを提示し人々にもそれと格闘してもらいたい。まさに我々が映画を作る時にそうしてきたように」[†11]と述べる。彼らの映画において伝達されるべきものは物語でも解釈でもなくテクストそれ自体である。そして映画に取り入れられるテクストは彼らによってすでに選別されているのだが、そのテクストを抽出する際の基準は何なのか。以下ストローブの言葉である。

まず自分が関心を持つ箇所を知ることだ。〔……〕そして自身の経験に関わる箇所を知らねばならない。つまり自分がどのような衝撃を受けるか。なぜならこの行為は本を「映画化する」ことではなく、本と格闘することだからだ。ある本から映画を作ろうとする理由は、その本が自身の経験、自身の問い、自身の怒りの発露、自身の愛の告白と関わっているからだ。[†12]

映画の中で客体として提示されるテクストには、それを読む監督の主観性が浸透している。引用は主体的行為であって、そこに作家性が刻印されるのだ。具体例を挙げると、ストローブがベルの小説を映画化しようと考えた理由は、一九五〇年代半ばの政治状況に対する憤激だった。第二次大戦後の再軍備を否定していた西ドイツが国防軍を保持することになると、当時学生だったストローブは怒りを感じ、その時に読んだベルの小説を映画化しようと考えたという。[†13]ベルの短編小説『首都日誌』は「風刺劇」という副題を持ち、戦後復興の中で首都ボンに召喚されたマホルカ＝ムフが戦後新設される軍事学校の将軍に就任するという顛末記である。ドイツ語を母語としないストローブたちは、戦争を体験し戦後ドイツに生きる人物のネイティヴの言葉を必要とした。[†14]保守派の軍国主義者マホルカ＝ムフの一人称語りで展開する『首都日誌』には、政治的な憤激を直接的に言語化したり、社会への批判的分析を語るテクストはない。そこでむしろ台詞化されない描写において監督の主張が強く映画に反映されることになる。そうした部分を以下に紹介したい。

映画『マホルカ＝ムフ』では主人公の言葉がオフのナレーションとして使用され、他の人物との対話の部分にも活用される。ここで注目したいのは時間経過をめぐる映画での演出箇所である。ホテルのロビーでマホルカ＝ムフが偶然再会した戦友のために酒を注文する場面がある。原作では、

> 「ヘフリング！」と私は声を上げ、彼の肩を叩いて彼のためにダブルの穀物酒を注文した。彼は給仕の盆から蒸留酒を受取る間も姿勢を崩さなかった。[†15]

小説ではただ一度「給仕」と言及されるだけの人物は、その後物語に再登場することはない。小説の語りでは給仕のアクションは完全に後景に退いている。だがストローブ＝ユイレはこの場面でむしろ給仕を中心に置く。小説での短い描写が、映画では約一分間持続する場面となる。すなわちムフとヘフリングの再会した場所の隣のテーブルを片付けていた給仕が注文を受けてからロビーを去ってバーのカウンターに戻るカット（二五秒）、カ

ウンターで注文の酒を注いだグラスを受取りバーから出るカット（二二秒）、客のテーブルに酒を置くとヘフリングが「ありがとう」と言うまで（七秒）の一連の動作が現実的な時間経過の中で提示される。[†16] この描写は物語における時間感覚について文学と映像の違いを明確に示すものだと見なしうる。[†17] だがそうした実験的な描写をするためだけにこの奇妙な演出を行ったのだろうか。ストローブは、小説通りに給仕が酒を運ぶ時間が省略されてしまったら、「もはや給仕は給仕として存在しない。主要人物は主人公だけになってしまう」[†18] と述べる。ストローブ＝ユイレにとって語るに値するものを映画に取り入れる際の基準は、ストーリー展開における必要性だけではない。ここでは明らかにムフより給仕が重要な存在となる。

原作小説の副題にある「風刺劇」を映画で実現するために、映画ではいくつか演出上の工夫がなされている。映画の中盤、ボンの市街地を散歩するマホルカ＝ムフがカフェで新聞記事にざっと目を落とす場面では一六種類の新聞記事が次々と画面に大写しで登場し、ドイツ再軍備を肯定する見出しや本文の文字を見せてゆく。そこに不協和音に満ちたオルガン楽曲が伴奏音楽として響き、不穏で緊迫したムードを掻き立てる。[†19] これはフィクションの物語に現実の新聞記事というドキュメンタリー的要素を挿入し、しかもそこに既存の楽曲をモンタージュすることで音楽のもたらすムードがある種のコメント機能を担っている。監督自身の言葉で政治的メッセージを直接発するのではなく、異質な要素のモンタージュによってフィクションの形式の中に政治的コンテクストを読み取らせるという手法である。以下に作者の言葉を引用する。

ユ　イ　レ：私達にはやはりフィクションが要る。なぜならドキュメンタリー映像やドキュメンタリー的状況に混合されると、そこに矛盾が生じ、火花が散るかもしれない。そこに火をつけるにはどうしてもフィクションが大変重要になる。

ストローブ：我々の関心は、複数の層を提示することだと思う……。

ユイレ：痕跡を抹消せず、その上に積み上げてゆく。[20]

ストローブ＝ユイレの映画が転覆させる既存のヒエラルキーは、社会の身分や階級関係だけでなく人間と事物の関係にもあてはまる。つまり「人間は宇宙の中心ではない」[21]ということだ。映画において画面の中心に人物が、さらにいえば主要人物の顔が中心に置かれる価値体系を解体し、画面上に映る全てのものを等価とする基本理念である。ストローブ＝ユイレは映画の画面でも小道具や身体の一部を強調して切り取る構図や遠近法的構図を拒絶する画面構成を意図的に用いるのだが、それは前述した映画的コードへの異議申し立てとなる。だがそれは映画的表現の全面的な否定ではなく、むしろ映像を読むという行為本来の可能性へと立ち返ることかもしれない。新聞記事の見出しが連続して映し出される場面は、映画において文字を読む行為を意識させる。音声映画になりほとんど顧みられなくなった字幕機能が他の視覚的表現と同列に扱われる。ホテルのロビーで強調されるのは、戦後ドイツの再軍備を担う軍人マホルカ＝ムフではなく名もない労働者の給仕であり、彼の運ぶ酒のグラスは登場人物たちを対等につなぐ。こうした既存の価値のヒエラルキーを大胆に転倒させるストローブ＝ユイレの方法論は、映画における文学テクストの使用についてもあてはまるだろう。

4　テクストの使用方法

過剰な省略を伴うストローブ＝ユイレの脚色法では、原作を知らぬ観客にとって物語の理解は困難を極める。理解に必要な最小限の情報だけは取り入れられるが、筋書きを追うことが映画の観客に要請されているわけではないかの如く、むしろ厳選されたテクストの言葉からどれだけ背景のコンテクストを想像できるかを観客に挑んでいるかのようだ。そこで彼らが原作テクストをどのように映画へともたらしてゆくかを見てみよう。

ストローブは以下のように述べる。あるテクストが「素晴らしいものであっても、そのままスクリーンには持ち込めないものがある。美しい映画であってもテクストがあり得ない代物だという場合がある。そのテクストは悪い文学だったり、そもそも文学的ではなかったり、ただ激情や偽りの感情をスクリーンに持ち込むような類のものだ」[†22]。彼らが映画に取り入れうるのは、小説のもっとも強い文章であるという。そこには「空虚な文学ではなく、感情を内包し、表現が際立ったものである」[†23]。ただ会話状況のリアリティを醸し出すために用いられる呼びかけや相槌なども省略され、冗漫な個所をそぎ落とした台詞が形成される。登場人物はそのテクストを朗唱するように発話する。

小説『九時半の玉突き』のテクストを映画に用いる際、感傷的な家族の情景や二〇世紀ドイツ史を解説する部分は一切省略され、政治的に先鋭化した言説を中心に抜き出され繋ぎ合わされている。帝政期から第一次大戦、ナチ時代と戦争前夜、そして一九五〇年代のドイツ再軍備の時代において体制に反発する者たちの声である。それはときには破壊活動すら示唆するのだが、映画中では反体制的な暴力行為に対して肯定的な声が取り上げられるのが目立つ。例えば一家の二世ローベルトはナチスが台頭した青年期にファシスト勢力に抵抗してオランダに亡命した過去を持つが、帰国後第二次大戦に従軍し爆破班に所属する。だが彼の破壊行為は決してマイナスの成果ばかりを生んだわけではないことをローベルトの息子ヨーゼフが語る。爆破の結果、地下に古代ローマ時代の児童墓地が発見されたのだった。

ところできみたちは知ってるかい、あの地下の発見はお父さんの爆破熱のおかげなんだってことを？　古い監視所を爆破してみたら、下にぽっかり穴があいて、昔のがらくたにはいっていく道が開いたってわけなんだ。ダイナマイト万歳さ――[†24]。

物語中でもっとも過激な反体制的言動を行うのは老フェーメルの妻ヨハンナだ。彼女はすでに第一次大戦の開戦時に公衆の前で「皇帝は愚か者」と発言し、精神を病んだと見なされる。彼女は数多くの挑発的な台詞を話すが、もっとも過激な個所は彼女が銃を手に取る場面だ。第二次大戦後になって、かつて戦時中に暴虐を働いた者たちが戦後復興の中で次々と政治に参入してゆくのを見る。ヨハンナは秘密に所持する拳銃を取り出し、ホテルのバルコニーに姿を現したかつてのファシスト議員に発砲する。この映画の副題「暴力の支配するところ暴力だけが助けとなる」はヨハンナの行動を裏打ちするモットーとなるが、もともとこの言葉はブレヒトの戯曲『屠殺場の聖ヨハンナ』の結末の台詞に基づく一節である（ブレヒトの戯曲では「人間の支配するところ人間だけが助けとなる」に続くのだが）。映画のクライマックスを構成するこの発砲場面の前に、ヨハンナが身づくろいをし、部屋から出て、温室の隠し場所からピストルを取り出すという全編四カットで二分半もある長いシークエンスが登場する。儀式的な沈黙の中で展開するこの場面は、台詞の発話で埋め尽くされた他の場面との劇的な対比をなしている。

映画題名『和解せず』という言葉も原作小説の中に出てくるフレーズだが、映画の中ではその個所は台詞化されない。だが場面自体はフェーメル一家の世代をつなぐ重要なエピソードに関わっている。聖アントン寺院の破壊と再生である。ハインリヒ・フェーメルが若き日に設計した修道院は第二次大戦中に従軍していた息子ローベルトによって爆破された。やがて戦後再建されることになり、孫のヨーゼフがそのプロジェクトに加わることになるが後に辞退する。物語の後半、間もなく落成式を迎える寺院の前でフェーメル親子は修道院長から落成式への招待を受ける。小説では修道院長の言葉を受けてローベルトの内的独白が以下のように続く。

《わたしは落成式にはこないだろう》、とローベルトは思った。《わたしは和解していない（nichtversöhnt）からだ。〔……〕わたしは和解していない、このわたしとも、それにあなたが記念挨拶でのべられるといわれるその和解の精神とも和解していないのだ。あなたの住まいを破壊したのは盲目的な執念ではなく、憎悪だったのであり、その憎悪は盲目ではなかったし、そこからまだなんの後悔も生まれてはいないのだ。それがわたしだったということを、わたしは告白すべきか？　わたしは父に、罪もないのに悲しみを与えなければならない。あるいは息子にも、同様罪もないのに、そして、神父さん、これまた罪のないのにあなたにも。実際だれに罪があるのか？　わたしは、手を一つ動かしただけで、ことばを一つ取り違えられただけで命にかかわるという世界とは和解していないのだ。》

そして彼は言った、「ありがとうございます、神父さん喜んで式にはまいります。[†25]」

映画では、修道院の前で落成式について語る院長の言葉を聞くフェーメル親子の姿がロングショットで捉えられる。ローベルトの内的独白は全く言葉にされず、彼の表情もよく読み取れない。ただ最後には原作通り、式に参加する旨を伝えて、父フェーメルと共に車に乗り込んで去ってゆく。「和解しない」という言葉がこの場面に由来することは小説の読者だけが知りうることだ。しかしそれが台詞化されていなくとも、このローベルトの内的独白が伝える戦後社会への強い違和感はいわば映画全編で顕在化している。つまり映画の表層の示すものの奥に原作小説の全テクストが存在しており、さらにはこの小説を生み出した二〇世紀ドイツ社会の現実全てをコンテクスト化している。だからこそ「和解しない」というこの言葉は、修道院の再建に向けられたものだけでなく映画全体を包括するモットーとなるのである。

このように大胆に再編集された『和解せず』のテクストと身振りは、戦後復興する社会への激しい憤りを表出させる。だがそれはストローブ＝ユイレ本人の言葉とアクションの形は取らず、原作からの抜粋のみによって作り手の主観的なメッセージ性を浮き立たせるという巧みな引用手法によって政治的表明の身ぶりを与えられている。

ところで興味深いのは、ストローブ＝ユイレの初期の映画において朗唱形式はまだ厳格には適用されておらず、俳優の語りは無表情な棒読みに近いこと、また先にも記したように通常の劇映画的な視覚効果やストーリーテリングに関わる演出アイデアが各所に取り入れられていることである。『和解せず』では、身振り演技に関して異なった演技者が同一の役柄を演じる場合の人物の一貫性を明示するために同じ身振りを反復させる説明機能もある。例えばローベルトがタバコの吸い殻を指の間に挟んではじく仕草、また妻ヨハンナが夫ハインリヒを膝枕する場面はそれぞれ映画中で別の役者によって二度繰り返される。[†26] こうした点にストローブ＝ユイレにおいても〈映画的〉な修辞法との戯れが存在すること、つまり彼らの映画は映画美学の全否定となってはいないことが暗示されている。

七〇年代以降のストローブ＝ユイレは、次第に台詞を音楽的なリズムと形式性の中で提示するようになる。この傾向はオペラや韻文劇の演出を重ねることで次第に強まってゆく。『エンペドクレスの死』や『アンティゴネ』など韻文で書かれた戯曲テクストの朗唱では韻律が厳格に守られ、文意に即した切れ目とは全く異なった箇所に強勢や間が置かれることもあり、いわば文章の自然な流れに抵抗するように律動が刻まれるのだ。しかもストローブ＝ユイレはそうしたリズム重視を散文小説を台詞化する際にも適用する。これは映画における台詞の自然さに対する新しい挑発のスタイルである。

八〇年代のドイツで撮影された『階級関係』[†27] は、カフカによる未完の小説『失踪者』を原典としているが、テクストの発話において原作小説には全く指示されていない奇妙な間合いと強勢が置かれている。そこで映画冒頭でアメリカに着いたばかりの主人公カール・ロスマンと客船の火夫との対話場面において、台詞の間の置き方を例示してみたい。

13 カール、クローズアップ

カール：今なら／／火夫にだってなれる／／僕の両親は／／僕がどうなろうと今は無関心だ

14 火夫、ミディアムからクローズアップ

火　夫：私のポストが空く

カール：去るのですか／／船を？

火　夫：そうとも／／我々は今日にも出ていく

カール：なぜです／／ここが好きじゃない？

火　夫：ああしがらみがある／／いつも決まるもんじゃない／／好きかどうかでは／／だがあんたの言うとおりだ／／やはりここは気に食わん／／あんたは本気で火夫になる気じゃあるまい／／だがともすると／／いとも簡単にそうなってしまう／／私は／／あんたに勧めることは／／絶対にしない／／あんたがヨーロッパで／／勉強する気だったならなぜここでやらない？

15 カール、クローズアップ

火　夫：アメリカの大学は比べものにならんほど優れている

カール：そうでしょう／／でも僕にはお金がなくて／／勉強できない／／それに／／さほど優秀な学生でもなかった／／学校を去るのも／／それほどの苦痛じゃなかった／／しかもここの学校は／／きっとずっと厳しいでしょう／／英語は／／ほとんどできません／／大体ここの人は／／よそ者に対して／／かなり偏見があると思います

火　夫：もうそんな経験をしたのか？／／それならいい／／あんたは私の仲間だ。

斜線の入っていない箇所では、原文にコンマが置かれていても間をあけずに一気に発話される。通常の映画では演技者の表情や声のトーンで感情表現が行われるのだが、ここでは台詞の発話に感情を乗せることなく音楽的なリズム感を重視していることに注目したい。大抵の文は二分割、ときには三分割される。例えばカット15のカールの最後の台詞、「大体ここの人はよそ者に対してかなり偏見があると思います」のように内容的にも重みを伴った文は細かく分割されてアクセントを生み出している。『失踪者』の主人公カールは単身新大陸にやってきて居場所を求めてさすらう移民であり、彼にとってのよそ者意識は物語全編を通してドイツ語の通じる者たちしか出てこない架空の「アメリカ」の閉塞感と共鳴する。

ストローブ＝ユイレにおける台詞の朗唱法の特徴は、テクストと発話者の同一性に亀裂を内包していることである。台詞はすでに発せられた歴史的テクストの言葉であり、それがある演技者の声によって再現されるにすぎないということだ。こうした役柄と役者の分離は時に戦略的に用いられ、言語そのものへと意識を向けることを役者と観客に促す。『アンナ・マクダレーナ・バッハの年代記』において、バッハを演じるグスタフ・レオンハルトはオランダ人である。画面上に見える人物がバッハではなくレオンハルトであり、そして彼の発するドイツ語はネイティヴの発音ではないことは自明の事実だ。ただし台詞化される言語はバッハの手紙等から引用されたオリジナルのドイツ語なのだ。文字が音声化されるとき、映画はテクストから離れて発話する人物の声の記録となる。その音声はテクストの文字を刻印していると同時に、発話者の音声的特徴をも明らかにする。テクストは俳優術によって偽りのリアルな感情を醸成する道具ではなく、独自の音楽的形式を介することによってのみ話者自身の真の感情を伝えるというのがストローブ＝ユイレの一貫した手法である。[†28]そのために撮影された空間において映像と音声の同時性を厳守する態度は、文学や演劇や音楽といった先行芸術のラディカルなスタイルから導き出されたものでもある。ストローブ＝ユイレが映画に取り入れる素材は極めて限定された作家、音楽家、画家によることを見落としてはならない。そこにはときに古典的な規範とは全く外れた評価基準が見出されることもある。だからこそベルの小説に依拠しつつそれを換骨奪胎し、別の作品のように構築してしまう過激な脚色が可能となるのだ。

5　結論――映像と言語と物語の新たな関係性に向けて

ストローブ＝ユイレの映画における文学テクストの使用法を見てきたが、多くの観客が感じるかもしれない疑念、すなわち彼らの方法論はあまりにエリート的かつ禁欲的で受け入れがたいものであるというのは事実なのだろうか。これまでの考察で明らかになったように、ストローブ＝ユイレの製作する作品は一見するほど実験映画的な意味の解体や、感覚の攪乱を目指すものでないことは明らかだ。そこで最後に改めて彼らのダイナミックな映画技法が指し示す映画や芸術の伝統との関わりについて考えてみたい。

ストローブ＝ユイレの様式化された演技と発話は、一九二〇―三〇年代のアメリカ映画で展開されてきた演技法と水面化でつながっているといえる。演劇の反イリュージョニズムを標榜するブレヒトは二〇年代アメリカの犯罪映画を好んでおり、彼の革新的な演劇実践には当時のサイレント映画の影響を多く見て取ることができる。字幕による演技の寸断、俳優の自由な動きを禁じる限定されたフレーム内での身振り演技、それらは映画から「叙事演劇」の手法として学び取られたものである。またトーキー初期の映画とりわけスクリューボールコメディにおいて、台詞を無表情にリズミカルに話すスタイルがハリウッド映画では常套的な手段となっていたように、かつてのハリウッド映画スタイルはいわゆるリアリズムとは一線を画し、高度に様式化された演技法に依拠していたのである。

またストローブ＝ユイレの取り上げる物語には極めて劇的な筋書きと事態の展開があり、その背景には高度に政治的なコンテクストがある。その意味ではストローブ＝ユイレは正統的な古典的物語の語り部であるといえるかもしれない。ただし事柄の連鎖は説明的パッセージによって滑らかに接続されるのではなく、映像や音楽や文学テクストの諸要素が断片のままコラージュされるために前衛映画的な表層を生み出すのだ。全編を通じたドラマの大きな弧を意識することによって、ようやく細部の描写の意味が多層的に立ち現れてくる。その典型的な例は、『アンナ・マクダレーナ・バッハの年代記』である。映画の大部分を占める演奏場面の間に、バッハ一家の小さなドラマが挿入される。映画の物語はバッハの職業生活と家庭生活に焦点をあてて描かれる。バッハの宮廷音楽家またはカントルとしての仕事、職場での軋轢、身内の死、そして夫婦や家族の愛情関係が常に中心的な事柄である。通常の劇映画と描写の配分が逆転してはいるが、ドラマの内容はまぎれもなくファミリーメロドラマなのだ。しかもそれぞれの場面に用いられる楽曲も、場面の内容に有機的に結びついている。例えば、映画の終盤近くアンナ・マクダレーナが体調を崩してバッハの演奏旅行に同行できなかったことを語る場面では、背後の壁に掛かっている《ヤコブの梯子》の絵の前で彼女が寝床に横たわっているカットが切り替わると、木立と明るい空を長回しで映す映像となり、カンタータ《目覚めよ、とわれらに呼ばわる物見らの声》から第三曲、魂とイエスの二重唱が流れる。女声またはボーイソプラノが魂の声「いつあなたはやって来る、わが救いよ」、男声によってイエス「今行く、わが一部よ」という掛け合いの歌である。木立と空の映像は病床のアンナ・マクダレーナが窓から見た光景の主観ショットとも解釈されるが、同時に雲や枝葉の繊細な動きを捉える記録映像でもあり、しかも天国で合一する魂とイエスの掛け合いは男女の愛の言葉の交歓でもあり、バッハ夫婦の再会への希望を暗示するイメージショットとなる。こうした多層的なコンテクストが示すように、この作品は映像・音声・言語の諸要素を緻密に構築したテクストである。映画中のイメージは様々なタイプのものが混淆する。自然の光景、絵画、銅版画、楽譜、手紙の文面など。楽曲はバッハの後半生の円熟から死へと向かう人生の展開を縦糸、アンナ・マクダレーナと子供たちとの愛を横糸にして、ストローブ＝ユイレの映画は根源的な生の物語を表現するのだ。そこにはカオスではなく明快な世界観が示されている。ストローブ＝ユイレにおいて原作テクストがそれ自体として映画中に置かれ、世界を構成する自然や社会の事物全てと並置されるとき、世界の秩序の拠り所を与えているのがその文学的テクストなのだ。世界のすべての要素を引き受けようとする限りなく透明かつ純粋な映画メディア、そこに彼らの映画における形式の革新性を読み解く鍵があるのかもしれない。

†1 リンダ・ハッチオンによると、アダプテーションは独立した作品であるが、それをアダプテーションとして解釈する態度は、ロラン・バルトに依拠しつつ、それを「作品」ではなく様々な模倣や引用の絡み合う「テクスト」として扱うことである。その二重の性質を見る場合のみアダプテーションは理論化されると述べる（リンダ・ハッチオン『アダプテーションの理論』片淵悦久・鴨川啓信・武田雅史訳、晃洋書房、二〇一二年、八―九頁参照）。

†2 これは、ストローブ＝ユイレが用いる原作のテクストが必ずオリジナル言語であることとも共通する。彼らにとって原典の言葉を損なう場合は翻訳も改変も認めないという徹底した創作態度がある。

†3 二〇〇九年にドイツで『和解せず』のシナリオ付ＤＶＤが発売された際の記事「一八九五年以来もっとも悪い映画？」において、この作品が初演以来受けてきた酷評がまとめられているが、この記事自体もさらなる酷評を与えている。「これを政治的映画というなら自ら失敗している。情報を伝えることをないがしろにしているからだ。残るものは傲慢な美的選民意識、不毛さの見せびらかし、身振りだけの前衛だ」（Jan Brachmann, "Der schlechteste Film seit 1895?" [http://www.berliner-zeitung.de/15194006]）。

†4 この手紙の内容は以下の文献より引用した。Reiner Rother, "Das mühsame Geschäft des Filmmachens," In *Machorka-Muff. Jean-Marie Straubs und Daniele Huilles Verfilmung einer Satire von Heinrich Böll*, Münster: MAkS Publikationen, 1988, S. 72.

†5 Ebd., S. 76f.

†6 Norbert Grob, "Film der sechziger Jahre," In *Geschichte des Deutschen Films*, Stuttgart/ Weimar: Verlag J.B.Metzler, 1992, S. 224.

†7　Reinhold Rauh, "Gespräch mit Jean-Marie Straub und Daniel Huillet," In *Machorka- Muff*, S. 79.

†8　Ebd., S. 79.

†9　"Interview von Karsten Witte," In *Herzog, Kluge, Straub: Reihe Filme 9*, München/ Wien: Carl Hanser Verlag, 1976, S. 209.

†10　Ebd., S. 207.

†11　Ebd., S. 211.

†12　Schütte, "Gespräch mit J-M. S. und D. H.," *Klassenverhältnisse. Von Daniele Huillet und Jean- Marie Straub nach dem Amerika- Roman 〉Der Verschollene〈 von Franz Kafka*, Frankfurt a.M.: Fischer, 1984, S. 46.

†13　Rauh, "Gespräch mit J-M. S. und D. H.," S. 87.

†14　Ebd., S. 92.

†15　Heinrich Böll, *Doktor Murkes gesammeltes Schweigen*, Köln: Kiepenheuer & Witsch, 1958, S. 113.

†16　以上の秒数は紀伊國屋ＤＶＤ『マホルカ＝ムフ』で計測した。

†17　この方法について Reinhold Rauh はストローブ＝ユイレへのインタヴューで以下のように説明している。
「あなた方が行っていることは、言語による時間短縮や抽象化をせずに映像にすることで、言葉が現実に対してどのような関係にあるのかを示している」（Rauh, "Gespräch mit J-M. S. und D. H.," S. 83）。

†18　Rauh, "Gespräch mit J-M. S. und D. H.," S. 83.

†19　映画には Francois Louis のオルガン曲と記される。

†20　"Interview von Karsten Witte," In *Herzog/ Kluge/ Straub*, S. 210.

†21　Rauh, "Gespräch mit J-M. S. und D. H.," S. 85.

†22　Schütte, "Gespräch mit J-M. S. und D. H.," S. 47.

†23　Ebd.

†24　ハインリヒ・ベル『九時半の玉突き』佐藤晃一訳、白水社、一九九四頁。

†25　同書、二五九頁。

†26 身振りや仕草が記憶に残り続けることについて、ベルの原作小説の中にすでに興味深い記述が見られる。以下はローベルト・フェーメルの独白の場面である。

「いろいろな人間や事件の思い出は、いつも、私の記憶のなかに図形として残るいろいろなしぐさの思い出に結びついていた。わたしは、通りのようすを偵察するために、階段の手すりから身を乗り出して、頭をあげたり、さげたり、あげたり、さげたりしたのだが、この動作の思い出が、いろいろなことばや、色彩や、光景や、気分を、ふたたび意識に呼びもどしてくれたのだ。フェルディの顔かたちではなくて、マッチをすって火をつけたり、心もち頭をもたげて、そうだ、そうだとか、ちがう、ちがうとか言う彼の動作……」(『九時半の玉突き』、六六頁)。

†27 カフカの『失踪者』の映画タイトルを『階級関係』とした理由は、ストローブ＝ユイレが原作からどの観点を抽出したかをはっきりと物語っている。この物語の新大陸は資本主義の中で皆が自分の居場所や職場を失う不安を抱えている社会である。そこに雇用者と被雇用者の階級関係が絶えず生まれ、搾取の連鎖が続いてゆく。映画でのカール・ロスマンはそうした理不尽な関係性に静かに反抗する人物という側面が強調される。

†28 これについてストローブは以下の発言を参照されたい。

「(我々の同僚の中の) ある者たちには、(何と言ったか、あぁ、競争だけに依拠する市場経済、つまり自由の反対) の人々より悪質な者がいる。彼らがスクリーンを通してもたらす感情は市場のために製造されているものよりずっと悪質だ。例えばタヴィアーニ兄弟、そして残念ながらファスビンダーの大多数もそうだ。〔……〕彼らは言語、しかも自らの言語に対して破廉恥な行為を行っている。おそらく彼らが自分の言語の外側で生きてきたか、今も生きているからだろう」(Schütte "Gespräch mit J-M. S. und D. H.," S. 48)。

ここでは例えばファスビンダーの様式化が虚偽の感情表現であると名指されているが、ファスビンダーが主題化したのはまさに人々の感情への囚われであった。アフレコの台詞はその不自由さを際立たせる手法と見なせるかもしれない。ここに両者の作家を大きく分かつラインが浮かび上がる。

附記：本稿は、平成二七年度東京国際大学特別研究助成を受けて執筆したものである。

2

映画監督の仕事

ストローブとユイレの文書から分かること

サリー・シャフトウ

（持田 睦＝訳）

それは些細なことだわ、でも……些細なことなんてないのよ。　――ダニエル・ユイレ[†1]

俺たちには少なくとも、現在を分析するのと同じように、過去を理解する必要が大いにある。人々を現在に閉じ込めておく権利は誰にもない。起きた事柄について考えることは、現在という牢獄を開け放つことを、俺たちに認めてくれるんだ。

――ジャン＝マリー・ストローブ[†2]

1　*MODUS OPERANDI*（仕事ノヤリ方）

ジャン＝マリー・ストローブとダニエル・ユイレの文書についての紹介文を準備している際、仕事という考えそのものを強調することは、極めて当然のように思われた。それが明示的であれ暗黙的であれ、仕事と労働は確かに、マルクス主義者に触発されたこの夫妻を理解するための一つの鍵である。ストローブは、ドキュメンタリー映画『あなたの微笑みはどこに隠れたの？』（二〇〇一）の被写体となる前日、監督であるペドロ・コスタに「芸術上の秘密なんか見えてこないよ。ただの仕事なんだから」と打ち明けている。[†3]映画を作ることは周知のごとく骨の折れる作業であるが、とりわけ独立系の映画監督たちにとってはそうである。一つのショットにつき四八ものテイクを重ねることで知られるストローブとユイレは、彼らの文書において、精神的な苦労と同様に身体的な苦労を、職人仕事の値打ちを、そして労働者の美徳を強調している。

2　言語を横断して翻訳する者たち

ジャン＝マリー・ストローブとダニエル・ユイレはフランス国民であるだけでなく、フランス、ドイツ、イタリアに居住した、国と言語を横断する者たち（transnationals and translinguals）でもある。この文脈から理解するならば、言語横断主義（translingualism）という言葉は、数か国語の中で同一の意味を持つことと、数か国語の間を行き来して活動することの両方を意味することになる。ストローブとユイレの文書の用語は――彼らの映画の手法と同様――彼らの母語の枠を超え、ドイツ語とイタリア語の両方を含んでいる。ヌーヴェル・ヴァーグの監督たちは、第二次世界大戦中に子供や青年であった者たちとして、ドイツ語に著しく魅了されていることをはっきりと示していた。例えば、クロード・シャブロルは『悪意の眼』（一九六二）の中に、ドイツ語の対話を取り入れている（ある箇所に至るまでは字幕のないまま）。ドイツ語を話すエリック・ロメールは同様に、ハインリヒ・フォン・クライストの同名小説の翻案『O侯爵夫人』（一九七六）を、かつてドイツ語で映画化した。一方、ジャン＝リュック・ゴダールの言語との関係は、ジーン・セバーグやアンナ・カリーナのような外国女優のキャスティングに伴い、直接的に、より複雑なものになっている。同様の仕方でストローブとユイレは、『オトン』（一九七〇）において、フランス語を話す外国人たちからインスピレーションを受けることになった。[†4] しかし、彼らにより近似したモデルとなるのは、ゴダールの『軽蔑』（一九六三）における通訳役のフランチェスカだろう。言語横断主義を演じるために、彼女は単なる二言語使用を超えて、四つの言語（イタリア語、フランス語、ドイツ語、英語）の間で途切れることなく交渉を進めている。一方、ゴダールの『ヌーヴェルヴァーグ』（一九九〇）は、その名人芸的な言語横断性（translinguality）（フランス語、イタリア語、英語）で語り草となっている。[†5]

それでもやはり、こうした類まれな例があるにもかかわらず、ストローブとユイレの野心の対象が及ぶ範囲そのものは、映画史において唯一無二であり続けている。彼らが属している範疇は、言語横断的な（translingual）

作家たち――『言語をスイッチすること――言語横断的な作者たちは自らの技能を熟考する』の編者であるスティーヴン・G・ケルマンによって定義づけられているように――ウラジーミル・ナボコフやサミュエル・ベケットのような作者たちの範疇であり、彼らは「自分たちが偶然生まれ合わせた文化による束縛から自由であることを誇示する」（ix頁）のである。最近、再発見された「ヘルダーリン、それがユートピアだ」（W50）〔1〕というタイトルの「掘り出し物」の文書において、ストローブは、フランス語の翻訳でマルティン・ハイデッガーを読む羽目に陥った同国人たちを酷評している。

> 彼をフランス語の翻訳で読んだ人々は、彼について何も語らない方がいい。それが一番自分自身のためになるし、ハイデッガーのためにもなるだろう。俺たちは与えられるがままに言語の制約を受け入れるべきだ。結局のところ俺たちは、階級の制約を受け入れ、地理的境界を受け入れ、身体的制約を受け入れ、国境を受け入れている……。言語の制約も受け入れられるはずだ。

これはベルナール・メッザドリとの会話（「インタビュー――宥めようがないわ」〔W60〕）で、ダニエル・ユイレ自らが強調している点である。

言語横断性という考えと、言語学者がコードスイッチングと呼ぶところのもの、すなわち特定の文脈に対して言語使用のスイッチがばらばらの仕方で入ったり切れたりすることや、コードメッシングと呼ぶところのもの、すなわち同じ修辞的な文脈の内側で異なる言語が混ぜ合わされることは、以下に続くストローブとユイレの仕事の考察において、有用であることが分かるだろう。なぜなら、ストローブとユイレの言語横断性が実のところ、彼らの全仕事を支えており、彼ら特有の翻訳の取り組みに対するこだわりや、生《なま》の同時録音に対するこだわりを理解するための鍵をもたらしてくれるからである。彼らは共に、ヘルベルト・リンダーによってなされた、ピエール・コルネイユの『オトン』のドイツ語初訳に力を貸した。また後に彼らは、アルノルト・シェーンベルクの『モーゼとアロン』と、カフカの『ジャッカルとアラブ人』をフランス語に翻訳した。続いてユイレは独りで、ドイツの詩人フリードリヒ・ヘルダーリンとドイツの劇作家ベルトルト・ブレヒトの作品の翻案を翻訳した。[†6] ストローブとユイレの協力者の中には、彼らの／彼女の方法についての知見をもたらしてくれる者がいる。例えば、アドリアーノ・アプラは彼らの特徴を「言葉の選択に細心の注意を払っていた。彼らの原理は、逐語的（literal）な仕方で原文に固執することだった」と言い表している。[†7]

究極的には、ストローブとユイレの逐語的な翻訳の考えは、言語横断主義の観点から最もよく理解されるが、この主義においては一つの単語がいくつかの言語の中で同じ意味を持っている。フランス語の séjour（滞在）／イタリア語の soggiorno（滞在）／英語の sojourn（滞在）はその一例に過ぎない。この英単語が、明らかにより高尚な言語使用域の性質を持つにしても、それらの類似性は言語考古学に基づいて明晰である。

それでもやはり逐語的な翻訳は、対応する言語にその単語が存在する時でさえ、常に機能する訳ではない。そのことは、彼らの四番目の映画『花婿、女優、そしてヒモ』*Der Bräutigam, die Komödiantin, und der Zuhälter*（一九六八）のタイトルにあるドイツ語の単語「Komödiantin（女優）」にも当てはまる。イタリア語では、この映画は時折 *Il fidanzato, la commediante e il ruffiano* と訳されているが、アドリアーノ・アプラは、commediante（喜劇役者）という単語には否定的な意味が含まれているので〔2〕、この場合、attrice（女優）の方が適していると述べている。[†8] 一九六八年一二月、ダニエル・ユイレは、この映画をアメリカで配給したダニエル・タルボット宛の手紙の中で、彼らがまさしくこの映画に、翻訳の上でどう取り組んだのかを、英語で説明している。

タイトルに関して――ドイツ語のタイトル *Der Bräutigam, die Komödiantin, und der Zuhälter* を逐語訳するとThe Bridegroom, the Comedian, and the Pimp/Ruffian? となるでしょう。*Zuhälter*（〔売春婦の〕ひも、女衒、

売春宿の主人）はドイツ語ではとてもきつい言葉で、もし私たちが語源に基づいてフランス語に翻訳していたら、*Zuhälter/Souteneur* となっていたことでしょう。ジャン＝マリーが *maquereau* を選んだのは、その方が可笑しいからです。イタリアの人は *ruffiano* と言います……。それから *Bräutigam*（花婿、婚約者）ですが、これは聖書による言葉で、*fiancé*（婚約者）でありますが、*époux*（夫）でもあります——フランス語には存在しません。

もはや決定はあなたにお任せします。もし変更を加えるには遅すぎるのでしたら、あるいは、より「comedian-like（喜劇役者のよう）」なタイトルの方が良いと思うのでしたら、このままにしておいてください《ママ》。

しかし、その月の下旬、彼女自らが「comedian（喜劇役者）」という言葉を却下した［図1］。極めて限られた集団でしか用いられていない「comedienne《コミーディアン》（喜劇女優）」という言葉が実際には英語にあるものの、より分かりやすい翻訳である「actress（女優）」の方が、一つには異形同音異義語の「comedian《コミーディアン》」との混同を避けるためにも、ここではより賢明であるように思われる。

一九六七年にこの二人の映画監督と出会い、彼らの映画の何本かに字幕を付けた親友ベルナール・エイゼンシッツは、ユイレの翻訳の特質について、もう一つの知見をもたらしてくれている。

［彼女の］字幕はその逐語性（literality）によって、フランス語の構文と語彙をその限界にまでもたらしているが、その一方でフランスの言語を心の底から尊重している。『モーゼとアロン』の字幕を作る際、彼女は「irreprésentable」（unvorstellbar〔想像を絶した〕、指名する神、この言葉は映画の冒頭で発音される）という単語の現出で［フランスの言語の中に］何か知られたものがないかを尋ねるために、友人たちに電話することがあ

ったが（その頃から、この単語はまた使われるようになっている）、それを一七世紀の辞書で見つけた時にようやく彼女は満足した。この逸話は、彼女がフランスの言語を誤用していると考える人々に向けられている（"Sous-tirtrage mon beau souci"〔「字幕、わが美しき悩み」〕）〔4〕。

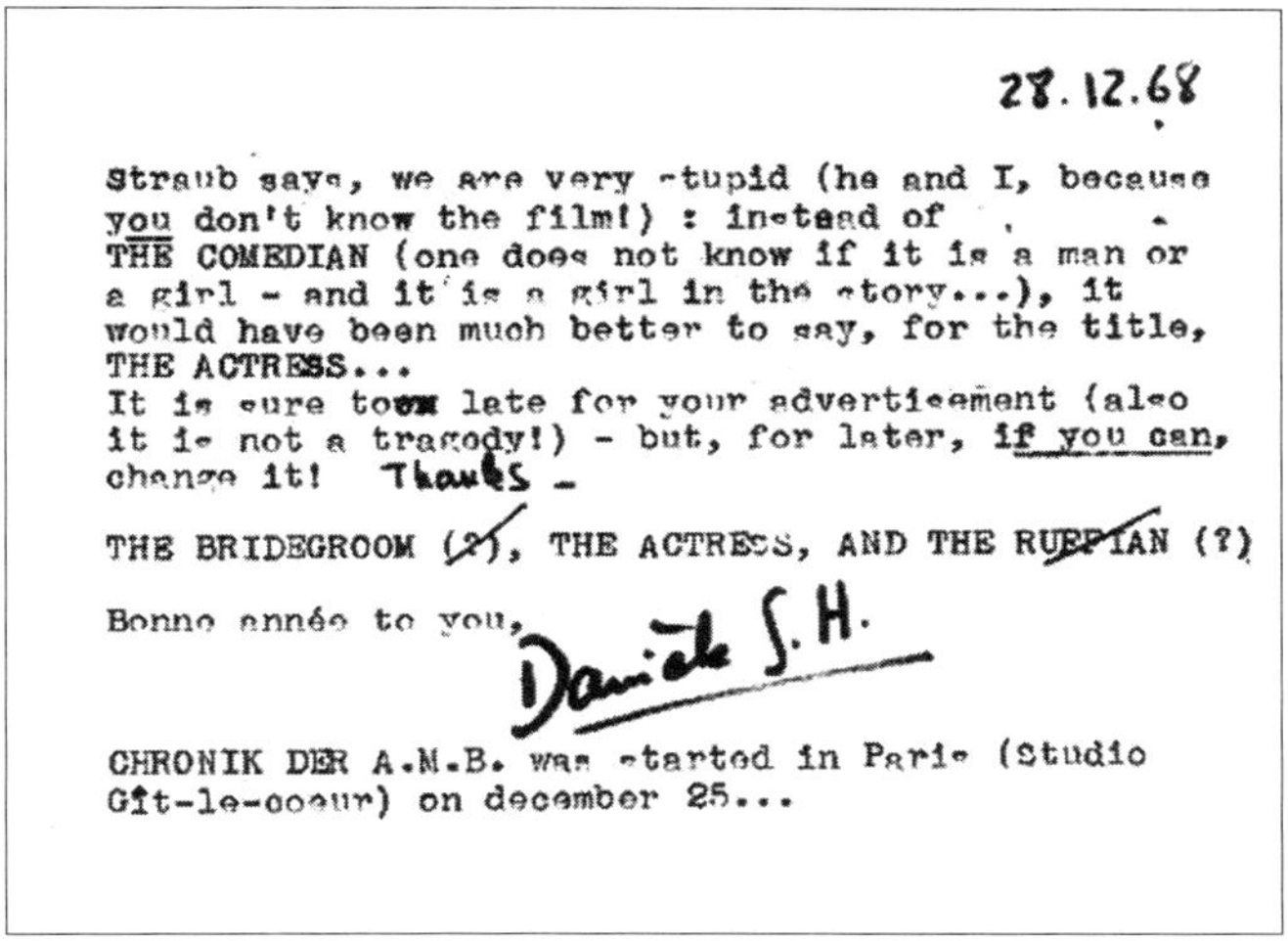
28.12.68

Straub says, we are very stupid (he and I, because you don't know the film!) : instead of
THE COMEDIAN (one does not know if it is a man or a girl - and it is a girl in the story...), it would have been much better to say, for the title,
THE ACTRESS...
It is sure too late for your advertisement (also it is not a tragedy!) - but, for later, if you can, change it! Thanks -

THE BRIDEGROOM (?), THE ACTRESS, AND THE RUFFIAN (?)

Bonne année to you, Danièle S.H.

CHRONIK DER A.M.B. was started in Paris (Studio Gît-le-coeur) on december 25...

図1　ユイレがダニエル・タルボットに宛てた1968年12月28日の手紙〔3〕

もしストローブとユイレによる翻訳の仕事と「同等のものが、ほんのわずかしか†10」ないのだとしても、それにもかかわらず彼らの取り組みは、その聖書のフランス語への翻訳が古代へブライ語の原典にあまりに密着しているため、フランス語自体が一種のブレヒト的な「異化効果」において奇異で異常なものにされている、アンドレ・シュラキの翻訳の仕事と同類であると言えるかもしれない。フランス語は古代へブライ語よりも洗練された言語であり、シュラキは究極的にはフランス語の「古代へブライ語化」に成功している。彼らの翻訳の慣習にとってもう一つ、はるか昔に遡ったところにある原型は、ギリシア語版の聖書、七十人訳聖書の中に見出すことができるが、哲学者エリザベート・ド・フォントネによると「たとえ、後に続く聖書の翻訳の元型となるこの翻訳が、真に文学的な創造物を形成したのだとしても、古代へブライ語のテキストの跡は、それを転写式（decal）翻訳にしてしまうのである」（四五頁）。

これは明らかにストローブとユイレが属している翻訳の流派である。

3　テキストのモンタージュとコードメッシング

ストローブとユイレはしばしば他の作者からの引用を行うが、ほとんどの場合、作家名までにしか言及していない。これらの引用は、彼らのフィルモグラフィにおけるどの仕事も、他の芸術家との出会いの上に成り立っているということを我々に思い出させてくれる。自分自身の小論に他の作家の短い一節を引用することによって、ストローブは時折、テキストのモンタージュやコラージュの一例と呼ぶことのできるテキストを丸ごと作り上げもした（テュルクティ）。例えば、一九七一年に『カイエ・デュ・シネマ』で発表されたストローブの小論「『フィルムクリティカ』、エイゼンシュテイン、ブレヒト」（W31）は、それに分類される。この小論は三つの異なる部分からなるが、まずは『フィルムクリティカ』によるイタリア語の質問に対するストローブのフランス語による返答がある。それに続くのは、セルゲイ・エイゼンシュテインの「風景の音楽」（一九四五）からの長い抜粋で、ストローブはこれを『カイエ・デュ・シネマ』で読んでいた。最後に来るのは、ブレヒトがニューヨークのシアター・ユニオンに宛てた書簡詩からの行間翻訳（ドイツ語と、おそらくはダニエル・ユイレによる無記名のフランス語訳）である。テキストのモンタージュのもう一つの例は、ストローブの「セザンヌ／エンペドクレス／ヘルダーリン／フォン・アルニム」（W51）である。これは、セザンヌのフランス語の引用と、それに続くヘルダーリンの『エンペドクレスの死』のドイツ語の長い抜粋から成っている。このテキストの連続的なモンタージュは、異なる言語と著作者がページ上で混ぜ合わされるコードメッシングの良い例になっているが、こうしたモンタージュは、一九八九年のセザンヌに関する彼らの映画を予期している。

ストローブの「『ユリウス・カエサル氏の商売』について」（W35）は、彼らの盗用からなるテキスト

(appropriation texts)の一つの良い例である。その公開史はまたしても、彼らの言語横断的な戦略の説明になっている。ここでストローブは、クラウス・フェルカーの『ブレヒト年代記』から注意深く、その断片を選び取っている。このテキストが作成されたのは、『ユリウス・カエサル氏の商売』と題されたブレヒトの未完の小説に基づく彼らの映画『歴史の授業』(一九七二)の制作と時期が重なっている。この盗用からなるテキストは、最初にドイツ語で作成されたものの、一九七三年九月の第九回ペーザロ映画祭の小冊子のため、アドリアーノ・アプラとダニエル・ユイレによる翻訳で、まずはイタリア語で発表された。その翌月、ユイレは映画専門誌『サ・シネマ』において、フランス語訳を発表した。一九七四年の五月、そのテキストはようやく『フィルムクリティーク』においてドイツ語で発表された。このような言語横断的な移り渡りは——彼らの映画同様——完全に意図的なものであった。

同様に言及すべき重要なことは、ストローブとユイレが映画の中で生み出すかたまり(blocks)は、彼らが翻案の対象となる文学テキストを編集する際の、ほとんど手術のような正確さに似ているという事実である。我々はここで、省略の美学について語ることができる。ストローブは早くも一九六五年、「暴力のフラストレーション」(W13)において、自らの取り組みを「空隙のある」と言い表しているが、[†11]それは彼がベルの小説から絵のように美しい要素をはぎ取ったからである。同様の仕方で「『ユリウス・カエサル氏の商売』について」において、彼らはフェルカーの『ブレヒト年代記』を削り落としている。フィリップ・ケオーとの討論(W57)で、ストローブは自らをトマス主義者と言い表している。しかし、彼とユイレが必要でないものを取り除く方法からすると、彼らの取り組みは、新プラトン主義の彫刻家ミケランジェロと極めて似通っているように思われる。

4　引用の美学

ストローブの引用に対する偏愛は、最初に発表された、アンドレ・バザンからの引用が延々と続く一九五四年の小論（W1）からして明らかである。一九八七年、ストローブとユイレは『カイエ・デュ・シネマ』の客員編集長ヴィム・ヴェンダースに宛てた手紙（W48）の中で、カフカの短編『ジャッカルとアラブ人』を、ユイレとストローブの名前を伏せたフランス語訳で、著者名の欄抜きで——そのタイトルすら抜きで再印刷するよう彼に要請しているが、このことから分かるように、彼らの引用の戦略は決然としたものである。「それで、ここには、何はともあれ、おそらくは決して作られることがない映画のテキストがあります。でもあなたは是が非でもこれを発表しなければなりません。お願いです。そのまま印刷してください（出典はなしでお願いします）」[†12]。彼らの引用は大抵、一字一句違わずになされ、時折、変更が含まれる。注目に値する一つの例外は、ジャン・ルノワールの小論をストローブが盗用した「吹き替えは殺人だ」（W29）である。

5　二人の映画監督の略歴

一九五四年の一一月、ジャン＝マリー・ストローブとダニエル・ユイレはリセ・ヴォルテールで出会ったが、それは彼らが、フランスの国立映画学校ＩＤＨＥＣ[†13]に入学するための準備講座をこのリセで受講していたからであった。同年にパリへ転居するよりも前、ストローブはストラスブール大学とナンシー大学の授業を受け、映画批評を書き始め、メッスでシャンブル・ノワールというシネクラブを設立し、フランソワ・トリュフォーやアンドレ・バザンやその他の著名な現代映画の批評家を招いて上映後の討論を行い、何百もの観客を動員することも少なくなかった。青年期、彼はイエズス会士から勉強を教わった。ロベール・ブレッソンの映画『ブローニュの森の貴婦人たち』（一九四五）を見たことが、彼にとっての真の啓示であり続けているようだ（ウェイクマン）。印象深いことに、ストローブは初めて発表された彼の小論（W1）の中で、『ブローニュの森の貴婦人たち』を鋭敏な仕方で擁護するジャック・ベッカーの一文を引用しているが、ここでベッカーは、ブレッソンが映画の新境地を開いていることを明示している。「私がこの映画を途方もなく面白いと思うのは、それがスタイルを持っているからであり、さらには完全に新しいスタイルを持っているからである」（強調原文）。これはストローブが絶対に忘れることのない教えであった。その年の秋遅くに、ストローブが準備講座の受講を中途でやめる頃には、彼の初めてとなる映画の企画、作曲家ヨハン・ゼバスティアン・バッハの企画をユイレと共にすでに決定していた。ストローブはこの主題を、まずはロベール・ブレッソンに提案したが、彼は二人にその映画は自分たちで作ったほうがいいと言った。

　ストローブとは対照的に、こうした形成期にユイレがどのような活動をしていたのかを詳細に述べることは、より困難なままであり続けている。彼女は五月一日、国際労働者の日に生まれたことを誇りに思っていた。興味深いことに、彼女の母方の祖父フランソワ・フーサリグ（一八八〇―一九四二年）は、『エーヴ』と『ミネルヴァ』という二つの女性誌の発起人であり発行人であった（バール）[†14]。彼女はロワールの田舎で育ったが、両親の離婚後、一九四九年に母親とパリに戻った。彼女は九区にあるリセ・ジュール・フェリーに通い、スペイン語と英語に秀でていた（英語は数年後、手紙のやり取りや映画の字幕作りに役立った）。後に彼女はドイツ語、それからイタリア語を語学のレパートリーに加えることになる。彼女にとっての映画の啓示は、ルイス・ブニュエルの『忘れられた人々』（一九五〇）と、溝口健二の映画を一本見た後にやって来た。それ以後、彼女は民族誌的なドキュメンタリー映画の監督がしたくなった。彼女の小論「懇願」〔5〕の中でユイレは、彼女とストローブがいつも、ドキュメンタリーの領域に片足を置いていると述べている。

　こうした早い時期に、ユイレには自らの意見を表明するための公認された発言の場こそ欠けていたかもしれないが、それにもかかわらず、IDHECの入試において、冷笑的で女性嫌悪の物語であるイヴ・アレグレの映画『乗馬練習場』（一九五〇）[†15]を陳腐として一蹴するだけの十分な自信があった。ユイレが成年に達したのが、フランスの若い女性たちにとって自ら映画作りをすることなど、ほとんど思いもよらない頃であったという点は、アニエス・ヴァルダや、より主流派のジャクリーヌ・オードリーのような顕著な例外があるとはいえ、二〇一六年、世界各国でなお女性の映画監督が不足している今、強調しておくに値する。こうした歴史的なジェンダーを巡る現実が、ユイレに影響を与えなかった訳がない。

　ユイレが当時の他の女性と同様、ありとあらゆる意図と目的のために、女性を大人しく人目につかないものにする、根深い性差別の対象であったことに疑いの余地はない。例えば、彼女の祖父の評論雑誌『ミネルヴァ』の目的は、「フランス流のフェミニスト」になることであり、「それはフェミニズムを女性らしさから決して区分けしないことを意味する」（バールにおける引用）。イヴ・アレグレの兄マルク・アレグレによる一九五八年のフランス映画のタイトルは、さらにもっとあけすけに言っている。*Sois belle et tais-toi*（『奇麗にして、黙ってろ！』）〔6〕。このタイトルをデルフィーヌ・セイリグは、映画における女性の扱いをテーマとした一九八一年のドキュメンタリー映画で再利用している。ユイレに関するいくつかの具体例を挙げてみよう（残念なことに例外ではない）。一九七七年四月発行の『カイエ・デュ・シネマ』（二七五号、八頁）には、映画『フォルティーニ／シナイの犬たち』（一九七六）の撮影で、数名の撮影クルーと共に、ストローブとユイレが写っている写真が掲載されている。キャプションにはストローブを含む全四名の男性の名前が記されているが、写真の中央に位置しているにもかかわらず、ユイレの名前は記されていない。一九七二年、アメリカの映画批評家であり、ニューヨーク映画祭の古くからのディレクター、共同創始者であるリチャード・ラウドは、この二人の映画監督についての最初の研究書を出版したが、その簡潔なタイトルは『ジャン＝マリー・ストローブ』であり、ユイレの貢献を完全に消し去ってしまっている。だが奇妙なことに、この本の口絵の写真では、ユイレがストローブの後ろに立ち、背景のミューズとして実際に姿を現している。また、すぐに廃刊となってしまったロンドンの映画雑誌『インシュージアズム』に掲載された一九七五年のフィルモグラフィは、彼らの五番目の映画『オトン』よりも前の作品に関しては、ユイレの名前を共同監督としてリストアップしていない。この欠落が不可解なのは、彼らの最初の三つの映画(『マホルカ＝ムフ』〔一九六二〕、『和解せず』〔一九六五〕、『アンナ・マクダレーナ・バッハの年代記』〔一九六八〕)のクレジットにおいて、彼女の名前は共同監督として明記されているからである。ストローブの名前よりも先に!

このような状況の中で、ユイレ自身はいつも正道を歩んだ。おそらくは彼女の静かな自信ゆえに。彼女にとって問題だったのは何よりもまず仕事であり、彼女が舞台裏で作成した書類は、彼女の途方もない作業能力を明らかにしている。しかし、その細やかさにおいてユイレ的であり、彼女の署名がはっきりと入った最初の公開文書である一九七三年の彼らの全作品のフィルモグラフィに、彼女自らが「ジャン＝マリー・ストローブのフィルモグラフィ」(W34)というタイトルを付しているという事実は、この共に働く夫妻の中でアイデンティティを求める、彼女自身の闘いを示しているのではないだろうか。ユイレがストローブの共同監督として積極的に認知されるのは、彼らの初めてのアメリカ訪問の間、一九七五年になってようやくのことであったが、彼女が皮肉たっぷりに述べているように、それはただ「流行って」いたからにすぎない。「なぜなら国際婦人年だったので」(『ヴァライエティ』)。幸いにも、女性解放運動のお陰で、物の見方はゆっくりと変わり始めた。例えば一九七七年に、ノエル・シムソロは、この二人の映画監督に等しい序列を与えている。「作家ファイル―ストローブ-ユイレ」。

一九七〇年代後半より、彼らの共同制作は一般的にストローブ／ユイレ、またはストローブ-ユイレと呼ばれている。一方、我々は、ブノワ・テュルクティの最近の例に倣い〔7〕、昔風の「と」で夫妻を結びつけることの方を好む。彼らの名前からハイフンを取り除くことにより、個々の貢献について考えることが可能となる余地を生み出せればと願っている。例えば、一九六八年の『花婿、女優、そしてヒモ』では、ストローブのみが監督としてクレジットに記載されているが、それは一九七三年の『アーノルト・シェーンベルクの《映画の一場面のための伴奏音楽》入門』も同様である。また、彼らの最初の三つの映画のクレジットにおいて（そして彼らが共に作った作品の実に大半において）、ユイレの名前がストローブの名前に先行している一方で、『オトン』のクレジットにおいて初めて彼の名前が先になるが、それはおそらく、彼がカメラの背後だけでなく、その正面にも立っていたこの企画に、自らを完全に投入していたことを認めてのことだろう。

6　作家であること

フランスのヌーヴェル・ヴァーグは周知のように、映画監督たちが、自分たちは映画監督兼作家であると宣言することによって発生した。古典文学作品の焼き直しからなる翻案を専門とする、いわゆる「時代遅れの映画（Cinéma de papa）」に背を向けて、彼らが利用したのは私的な話であった。最初こそいくつかの成功（クロード・シャブロルの『美しきセルジュ』（一九五八）と『いとこ同志』（一九五九）、フランソワ・トリュフォーの『大人は判ってくれない』（一九五九））を収めたものの、ヌーヴェル・ヴァーグの映画監督たちは、彼らの独我論的な焦点の中でたちまち座礁した。ストローブは友達のジャック・リヴェットの『王手飛車取り』（一九五六）――浮気をしている妻が愛人から贈られたミンクのコートを夫に秘密にする話――の撮影で一日、箱運びを手伝ったが、彼とユイレはこうした「恋愛遊戯」に興味はなかった。一九八八年のあるインタビューで、ストローブはフランソワ・アルベラに「俺たちは俺たちのちっぽけな考えには関心がなかったんだ」と語っている。そして、彼らよりもわずかに年上で名声の確立されている仲間が、後になって大衆小説の翻案（デイビッド・グーディスの『ピアニストを撃て』はその小説名の基となったトリュフォーの映画（一九六〇）に、ドロレス・ヒッチェンズのFools Gold（『愚か者の黄金』）はゴダールの『はなればなれに』（一九六四）に、ライオネル・ホワイトのObsession（『妄想』）はゴダールの『気狂いピエロ』（一九六五）に着想を与えた、等々）を始めた頃、ストローブとユイレはその代わりに他の芸術家、しばしば芸術の巨匠との出会いに基づいた作品を作り始めた。ベル、バッハ、フェルディナント・ブルックナー、十字架のヨハネ、コルネイユ、ブレヒト、シェーンベルク、カフカ、マラルメ、ヘルダーリン、フォルティーニ、バレス、ソポクレス、セザンヌ、パヴェーゼ、ヴィットリーニ、モンテーニュ、そしてマルロー。

一九五〇年代の中頃、ストローブはコルマールの新聞『リトゥム』と『シネマ／ラディオ／テレヴィジオン』に小論を発表した。これら初期の小論における彼の語彙、例えば「作家」や「天才」の繰り返しは、『カイエ・デュ・シネマ』でもてはやされたトリュフォーと「作家主義」への近しさを明らかにしている。ストローブは、小論「クルーゾーは見る者を汚す。ヒッチコックは民衆を高尚にする」（W5）において、アンリ＝ジョルジュ・クルーゾーに言及する際、「注意喚起の引用符」を付けて、「作家」という言葉に制限を加えているが、それはトルコの青年たち（young Turks）〔8〕が間もなく、忌むべき「時代遅れの映画」と評価することになる、この映画監督から距離を置くためであった。しかし、それから一〇年後、作家という考えは時に度が過ぎていることもあったのではないかと、ストローブは考え始めていた。それゆえ、カール・テオドア・ドライヤーに関するテキスト（W25）の中ではその言葉を、軽蔑的な仕方で、経験の浅い映画監督に言及する際に用いている。「そして現在、あまりにも多くの若い〈作家たち〉が彼らの映画の中で、誘惑したり、強姦したり（子どものお遊びのようなブレヒト、あるいは資本主義社会の宣伝のテクニックやプロパガンダの利用）――あるいは姿を消したり（コラージュなど）して、彼らの考えとちっぽけな内省を押しつけることばかり夢見ている時こそ、ドライヤーの言葉に耳を傾けようではないか」。

7　移住

一九三三年、ヒトラーが権力の座に上り詰めた年に生まれたジャン＝マリー・ストローブは、ドイツから程遠くないロレーヌ地域圏東部の都市メッスで育ったが、ここは何年もの間、二か国間の争奪戦の真っ只中にあった。この都市には、そしてとりわけ威厳のある鉄道の駅舎には、ヴィルヘルム様式のはっきりした特徴、一八七〇年の普仏戦争に続くほぼ半世紀にわたるドイツによる占領のしるしが、今なお残されている。この期間、フランス語教育を禁止する（そのようにして地元の住民をドイツ化する）というプロシアの試みは失敗に終わった（ヴァントロップ）。一九一八年、第一次世界大戦でドイツが敗北した後、この地域はフランスに返還され、ストローブの幼少期の間はフランス領であり続けた。しかし、一九四〇年の六月、フランスがドイツ軍により、不意に壊滅的に倒されたことで、ロレーヌはドイツに再併合されることになった。ドイツに支配される以前は、ドイツ語が話されるのを耳にしたことは一度もなかったと、ストローブは語っている（ヴァントロップ）。地元の生徒たちは日々学校で、侵略者の言語を話すことを強いられたのだ。こうした強制的な語学慣習は、厳格なコードスイッチング（学校ではドイツ語であるのに、家庭ではフランス語）を含んでおり、彼らの心に傷を残すものであったことは間違いないが、それはまた、フランス語、ドイツ語、イタリア語を切り替え、からみ合わせるという、ストローブの生涯にわたる慣習の土台を作った。ロレーヌにおける彼の幼少期は、モーリス・バレスの一九〇九年の小説『コレット・ボドーシュ――メッスの少女の物語』に基づく彼らの映画『ロートリンゲン！』（一九九四）に影響を及ぼしている。それはまた、ストローブをドイツ国民と認めず、ニューヨーク映画祭に出席するための航空運賃の支払いを拒否したドイツ輸出連盟の代表者に宛てて、ストローブが辛辣な口調の手紙（W38）を書いた背景を伝えてくれてもいる。

アルジェリア戦争は、初期のストローブにもう一つ、決定的な時期をもたらした。奇しくも彼がそのファーストネームを同じくしているのは、スペイン独立戦争中の一八〇九年に、ナポレオン軍から脱走したアルスの司祭ジャン＝マリー・ヴィアンネという徴兵忌避者の先人である。徴兵を忌避したのはストローブ一人ではなかった――一五〇〇〇の若いフランス人男性がその汚れた戦争で務めを果たすことを拒否した（ケムヌール）――ものの、その結果はやはり厳しいものであった。一九五八年の六月にフランスを離れた後、彼の家族が定期的に当局から嫌がらせを受けている間、メッスの裁判所は欠席裁判のまま、彼に禁固刑の判決を下した。彼とユイレはまずスイスに避難し、それからアムステルダムを訪問してオランダ人のチェンバロ奏者グスタフ・レオンハルトと会い、一九五九年の終わりからはミュンヘンに落ち着き、それからの一〇年間をその地で暮らした。

彼らはドイツで、バッハの映画に関する仕事を続けた。ストローブ自身が述べているように、彼らの映画の年表は、映画の企画が誕生した時とは一致していない。「『アンナ・マクダレーナ・バッハの年代記』が最初で、『モーゼとアロン』（一九七五）が二番目になるはずだったが、そのようにはならなかった。『マホルカ＝ムフ』が最初になるはずでは決してなかった」（アルベラのインタビュー）。『マホルカ＝ムフ』と、その後に続く『和解せず』――両方とも小説家ハインリヒ・ベルの作品の翻案だ――は、若いドイツの映画監督たちの間で芽生えつつあった運動に積極的な貢献をした。これらの初期作品の重要性を、どんなに強調してもし過ぎることはないと思われるのは、それらの作品が当時のドイツにおける映画製作の状況を爆破させたからである。ストローブは「自叙伝」（W17）の中で、『ドイツ零年』（一九四八）は一人のイタリア人によってのみ、『南部の人』（一九四五）と『パルムの僧院』（一九四八）はフランス人たちによってのみ作り出されることができたのかもしれないと伝えている〔9〕。そのリストに我々は、『マホルカ＝ムフ』と『和解せず』は、フランス-ドイツの映画監督の夫妻によってのみ作り出されることができたのかもしれないと、付け加えることができる。オーストリアの作家ペーター・ハントケは、この二人の映画監督に捧げられた、極めて美しい賛辞の中で想起している。

一九六〇年代に、『和解せず』――ベルの『九時半の玉突き』に基づいているが、私はこの小説を、その悦に入った無害な見かけ?が原因で、最後まで読み通せていなかった――と共に、私の扉がどのようにして、通常のドイツの背後にあるドイツへと向かって打ち開かれたのかを、私は絶対に忘れたくない。字句の穿鑿者のような、無防備な反逆者のような、情愛に満ちた、まさしくベルの描くこの「後進的なドイツ」が、映画の黒と白の光によって織り込まれていて、その光は、当時、映画の後、普段はくすんでまだらな色をしているクーアフュルステンダム通りの全長に沿って私に映し出された光のように、可視化する子午線、この国で破滅させられた世界の歴史を新たに測量し、新たに発見する地理学と似ているが、これは、そう、全てのストローブの映画の公然たる意図である。[†16]

一般的にストローブは――彼がくり返し熱烈に紹介文を書いているドキュメンタリー映画監督ペーター・ネストラーを除いては――戦後ドイツ映画を容赦なく批判するようになったと考えられている。[†17] この文脈からすると、「ニュー・ジャーマン・シネマとの出会い」(W14)と題された、ストローブのほとんど知られていないイタリア語のテキスト(アドリアーノ・アプラの記憶によれば、ストローブが彼の助けを借りながら、直にイタリア語で書いたもの)は、同時代の他の監督に対するストローブの見解に、新たな知見をもたらしてくれる。彼が挙げる名前は、しかしながら、ニュー・ジャーマン・シネマの映画監督として知られるようになる名前(クルーゲ、シュレンドルフ、ファスビンダー、ヘルツォーク)が並んだ攻撃対象者リスト(hit list)ではなく、ストローブがはるかに大きな親近感を覚えていた、他のあまり知られていない映画監督たちである。ネストラーはもちろんのこと、ジョージ・ムーアズ、マックス・ツィールマン、ヴラード・クリストル、ルドルフ・トーメ、そしてクラウス・レムケもまたそうである。

たとえストローブとユイレが、一九六八年春のパリの騒乱を経験していなかったとしても、青年の病に関するフェルディナント・ブルックナーの演劇のストローブによる翻案（あるいはむしろ要約）は、彼がどれほど六〇年代の時代精神に同調していたかを暗示している。一九六八年の五月、『カイエ・デュ・シネマ』の批評家から映画監督に転向した者たちは、その年のカンヌ国際映画祭を閉鎖するために攻撃の先頭に立った。数週間後、ストローブはアルフレッド・バウアーからのベルリン国際映画祭への招待を断ることにより、先例に倣った（W22）。その年の主たるコンペティション部門で、彼らの映画『アンナ・マクダレーナ・バッハの年代記』が上映されたにもかかわらず。

一九六〇年代の初めから、ストローブとユイレは定期的にイタリアを訪問していたが、その多くは新しく創設されたペーザロ映画祭に出席するためだった。ドイツでの『花婿、女優、そしてヒモ』の極めて否定的な評判は、彼らのローマへの転居を早めたかもしれない。「毛沢東の最後の審判」（W26）の中でストローブは、一九六九年の夏、コルネイユの戯曲『オトン』を撮影するためにイタリアへ転居するという彼らの計画を告知している。近しい友人であるアドリアーノ・アプラを「主役に据えて」、『オトン』は彼らの初めてのカラー映画、さらには、この二人の映画監督の母語による初めての映画にもなった。この映画には国際的なキャストが出演している。二人の例外はあったものの（ストローブとジャン＝クロード・ビエットがそれぞれ陰謀家のラクスとマルシャンを演じているが、彼らの言葉遣いは標準的なフランス映画から何光年も離れている）、非母語話者によって話される時、フランス語が刷新されていくことに、ストローブとユイレは興奮していた。悲しいことに、彼らの情熱は、ジャン＝マリー・ストローブが思い起こしているように、いつでも他者と共有されていた訳ではなかったのだけれど。

ローマでの上映中、フランス学士院からやって来た文化担当官はドアをバタンと閉め、コルネイユはフランスだ！と叫びながら出て行った。奴らはフランスの国家遺産に対する攻撃だと主張したんだ。フランス語は俺たちの母語だから、俺たちがどこまでやっていいのかは、とてもよく分かっていたし、詩の意味やその独

> 特なリズムにも、俺は非常に気を配っていた。オトンの早口な言葉遣いをガルバのゆっくりとした話し方と対比したのはそういう訳だ。異化なんてありはしない。俺たちはショックを与えることなんて、これっぽっちも望んでいなかった。重要なのは、この映画がアルジェリアで称賛されたということだ。もしアルジェリア人の理解が、俺たちの文化公務員の理解を上回ったのだとしたら、それはフランス語が彼らのよく知っている言語でありながら、母語ではないからだ。彼らは学校で話すのとは違った風にフランス語が話せることを把握したのさ。少なくとも学校でこの芝居が読まれることは、めったにないけどな。言語が息を吹き返すのは、言語をよみがえらせるために、外国人がその言語と闘わなければならない瞬間からだ。そのことを彼らは示してみせたのだ。（シュナイダーにおける引用、強調筆者）

ストローブとユイレは既存のテキストを、テキストの分節化だけでなく、役者の呼吸にも細心の注意を払いながら盗用することで知られている。それに加えて、『オトン』をはじめ、彼らの映画のほとんど全ては、心の底から畏敬の念を起こさせるような自然地理学の感覚によって傑出している。例えば『オトン』は、パラティーノの丘の威厳あるパノラマショットで幕を開くが、このショットは第二次世界大戦の間、反ファシストの闘士が弾薬を隠した洞窟へのズームインで終わる。彼らが古代遺跡と現代ローマとの間のつながりを生み出すのは、画面の背景に流れる車の騒音や木々のざわめきを我々が耳にする時である。その小論「懇願」の中でユイレは、「私たちにとって映画とは、ほとんどの場合、場所との遭遇なのだ」と述べている。この二人の映画監督が、同時代の映画に欠けていると認識しているところを修正したいと願っているのは明らかである。「現代の映画に欠けているのは」、D・W・グリフィスを引用しながらストローブはよく言っていた、「木々の中で動いている風の美しさだ」（エンゲル『インシュージアズム』一〇頁における引用）。

一九七一年六月、ストローブがアルジェリア戦争への不参加を赦された後、彼ら夫妻はフランスに戻ることもできたがそうはせず、イタリアに残ることを選んだ。翌年、彼らがシチリアを訪れて、この島に心を奪われ、撮影（『エンペドクレスの死』〔一九八七〕、『黒い罪』〔一九八九〕、『アンティゴネ』〔一九九二〕、『シチリア！』〔一九九九〕）のために何度も戻ることになるのは、彼らの作品における地理学と場所の重要性を思い起こさせてくれるもう一つの事例である。ローマでは、一匹の猫と一匹の犬と共に生活した。一九七八年にユイレの母親が亡くなった後は、イタリアとパリで時間を二分するようになった。一九九〇年代後半、夫妻は、ポーランドの演出家イェジー・グロトフスキが強力に革新的な演劇の伝統を発展させたポンテデーラから程近い、トスカーナ州のブーティで仕事をした。彼らはブーティ周辺の地域を、彼らのモニュメント・バレーと呼んだ。イタリアの田舎への転居は、しかしながら引退ではなく、彼らは最後の共同作品である『あの彼らの出会い』（二〇〇六）まで、そして、二〇〇六年一〇月一八日にユイレが亡くなるまで、仕事を続けた。[†18] 彼女の死去の前日、ヴェネツィア国際映画祭において、「映画言語の革新」に対する特別賞がストローブとユイレに授けられたが、それはこの映画祭に関する彼の最初の小論が発表されてから、五〇年と少しが経過した時のことであった。しかし、彼にとって、そのような表彰がほとんど慰めにもならなかったのは、彼の述べたところによれば、それがやって来るのは「俺たちの死からは近すぎるし——俺たちの生からは遠すぎる」（W69）からだった。それ以来、ストローブは、彼らの献身的な友人であり共同制作者でもあるバルバラ・ウルリッヒと共に映画を作り続け、パリとスイスのロールで時間を分け合っているが、ロールでは時折、彼の旧友「ジャノ」〔10〕と顔を合わせている。

8　多言語主義と言語横断主義——生《なま》の音

六〇年代、ストローブは精力的に、生《なま》の同時録音に賛成する論を唱えていた。彼はイタリア映画における吹き替えの慣習を繰り返し嘲る際、ジャン・ルノワールの言葉を誇張した仕方で盗用しながら、吹き替え映画を「殺された映画」（W32）とみなしている。事実、ストローブがここで繰り返し述べているのは、彼の初期のテキスト「吹き替えは殺人だ」に含まれている要素である。時折ストローブの声明は極端であるように思われるが――「ファシストの法律（イタリア語を守るための！）は、イタリアを外国映画のガス室に変えてしまった」――当時の『フィルムクリティカ』の編集長エドゥアルド・ブルーノが想起するところによると、一九七〇年にストローブの手紙を出版したのは、「失われた言論の自由」を求める現在進行中の闘いに、その手紙が貢献するからであった[†19]。この文脈上、言及に値するのは、「残忍な」（W25）の中で、生《なま》の音を使って現実的な空間を生み出すことに関するドライヤーの言葉が、ストローブによって長く引用されている点である。また「暴力のフラストレーション」の中では、『和解せず』のために音と映像を同時に記録したことに対する誇りが表明されている。同時録音を求めるこの雄叫びはもちろん、退屈な単一言語の口述空間を生み出す吹き替え（この話題に関しては、ストローブによる、ホルヘ・ルイス・ボルヘスの言葉からの素晴らしい引用〔W29〕をご覧あれ）に反対して、多言語主義と言語横断主義を強調する、もう一つの方法である。ストローブとユイレは、実際に多言語のヴァージョンを試してみた（とりわけ、彼らのバッハ映画に関しては、ドイツ語、フランス語、英語、イタリア語、オランダ語の五つのナレーション版、そして『早すぎる、遅すぎる』（一九八二）に関しては、四つの異なるナレーション版を生み出した）とはいえ、ほとんどの場合は字幕を用いて仕事をしていた。字幕は二つかそれ以上の言語が共存するコードメッシングのもう一つの例であり、一方の言語は音声トラックに、他方の言語は映像トラックに存在している。

9　多言語ヴァージョン

ストローブは、小論「〝演じる〟のではない、朗唱するのだ」（W12）において、ゴダールの初期トーキー映画に対する愛着の言葉、「なぜならそれは、人々が言葉を話すのを耳にする初めての機会だからだ」を引用している。映画史のこの期間において、同じ映画の多言語ヴァージョン（吹き替えではなく！）が巡回したことを、ストローブは付け加えてもよかったかもしれない。[†20]ドライヤーへのオマージュ（W25）において、ストローブが『吸血鬼』（一九三二）を、彼の映画の中で最も「音がよく響く（sonore）」ものとみなしているのは、それがこの映画監督の最初の発声映画だったからである。また、ストローブはそのことに触れてはいないものの、ドライヤーの映画は三つの異なる言語で撮られており、アフレコであるとはいえ、ストローブとユイレの映画作りの慣習にとっての重要な先例となっている。

10　言語に境界はない

ドイツへ転居した後、ストローブは頻繁にドイツ語で文書を発表し、夫妻はドイツ語でインタビューを受けた。ストローブが初めてドイツ語で発表した小論は「M＝M」（W10）である。そして一九六九年にローマに落ち着く前に、ストローブは意識的にイタリア語での発表を始めた。それゆえ、彼の「自叙伝」は、ドイツ語で作成されていたものの、まずはイタリア語で発表された。同時に一九六六年の一月にも、この声明の一段落だけが『フィルムクリティーク』において、ドイツ語で発表された。同様に、ストローブのテキスト「『花婿、女優、そしてヒモ』」（W23）は、一九六八年の夏、『チーネマ・エ・フィルム』に初めはイタリア語で掲載された。それはこの二人の映画監督の最初のイタリア語のテキストのうちの一つであり、アドリアーノ・アプラによって翻訳されたものだった。このテキストは続いて一九六八年一〇月に、『カイエ・デュ・シネマ』において、わずかに縮小されて、フランス語で発表された。ストローブの一九六九年のテキスト「システムと国家を廃絶せよ」（W27）は、彼らのコードスイッチングの初期の例を提示しており、ページ上には二つの言語が共存している。イタリアの映画評論雑誌『ビアンコ・エ・ネロ』の五‐六月号において発表された際、その小論はまず、直後に続くイタリア語版と共にフランス語で印刷され、その後『カイエ・デュ・シネマ』において、フランス語一か国語版が発表された。ストローブの一九八七年一二月の小論――「芸術作品の複製可能性に対する攻撃」（W49）は、タイトルがイタリア語、続くテキスト全体はフランス語で発表がなされた――は、コードメッシングの良い例になっており、二つの言語が同じテキストの中で混ざり合っている。偶然にも、やはり一九八七年一二月に、この同じ小論は、ほとんど無名の映画専門誌『フィルムヴェルツ――フィルム＋ゲシヒテ』に掲載されたが、その際のタイトルは完全に異なり、「映画の偉大さ、それは写真術を余儀なくされているという慎み深さである」となっていた。[†21]『労働者たち、農民たち』（二〇〇二）の注釈付きの台本に関する説明の中で、ストローブは「イタリア語とドイツ語を」混ぜ合わせる慣習について述べている。「それは昔からの癖だ。さらには映画のショットの指示は、ドイツ語の方が正確だからだ」〔11〕。

一九八五年のシェンゲン協定が、国境のないヨーロッパをその市民たちにもたらすよりもずっと前に、ジャン＝マリー・ストローブとダニエル・ユイレは、ヨーロッパの諸言語の深い結びつきと「混血（métissage）」を強調している。彼らの文書はしばしば、彼ら独特の言語の混合を示しており、例えば、当時の『カイエ・デュ・シネマ』の編集者ジャン・ナルボニに宛てたピエル・パオロ・パゾリーニについての手紙（W42）は、日付と場所は居住地に合わせてイタリア語で書かれ、書き出しと結びの挨拶は、同国人であるフランス人男性に宛てられているためフランス語である一方、テキストの中心であるバッハのカンタータからの抜粋はドイツ語になっている。この言語上のコードメッシングは、彼らの文書の特徴であり、それぞれの言語の近似性を強調している。つい最近では、こうしたコードメッシングは、『魔女―女だけで』*Le streghe: Femmes entre elles*（二〇〇九）や『アルテミスの膝』*Le Genou d'Artemide*（二〇〇八）のようなタイトルにさえ及んでいる〔12〕。ユイレ自ら、ベルナール・メッザドリとのインタビュー（W60）において、こうした言語の混ぜ合わせを「層（strata）」と呼んでいる。しかし、地質学的な層という考えが、垂直的な堆積において幾重にも層が重なる深さを示唆する一方で、この二人の映画監督の言語横断的な仕事が、広がり（breadth）もまた取り入れているのは、彼らの仕事が国境を越え、言語を越え、水平にも移動しているからである。ヨーロッパ市民として、彼らは自らの母語に加え、ドイツ語とイタリア語を「使用する権利」を主張している。また、言語の上での彼らの興味の対象は、地理的な位置に左右されることはない。それゆえ、彼らはイタリアに落ち着いた後も、アルノルト・シェーンベルク、フランツ・カフカ、ベルトルト・ブレヒト、そしてフリードリヒ・ヘルダーリンといった、ドイツ語の芸術家の作品の翻案を行い、ドイツ語による文書の発表を続けたのである。

11　異なるヴァージョン

ストローブとユイレには明らかに、芸術作品の大量再生産に対するヴァルター・ベンヤミンの熱意が欠けている。この二人の映画監督は――彼らの映画の字幕を丹精込めて監修し、彼らの小論を多様な言語のヴァージョンで発表していることに加え――彼らの映画の多様な完成ネガと巡回用コピーを生み出しもしたが、これは同時代の映画配給の慣習において、完全に常軌を逸している。彼らの先例はサイレント時代にあり、F・W・ムルナウのような映画監督は『ファウスト』（一九二六）を撮るために、カメラを三台使用した。一台は国内の観客のため、一台はアメリカの観客のため、そして一台はそれ以外の世界の観客のために。[†22] ストローブは小論「芸術作品の複製可能性に対する攻撃」――ベンヤミンの声明に対する明らかな反撃だ――において、彼らの意図をはっきりさせている。

俺たちの映画のこれら三つのヴァージョン（そして多分、四つ目も――最後のだ！――俺たちはすでにその選別を終えている）でもって、技術時代における芸術作品の複製可能性に攻撃を加えたことを、また、芸術作品

の唯一無二性に——もまた——攻撃を加えたことを、俺たちはとても誇らしく思っている。[†23]

それゆえ、彼らの慣習においては、コピーそのものがオリジナルになるのだ！　この具体的な細部から生じる差異は、観客が注意深く見聞きすることの必要性を強調してもいる（アプラ、Testi（『テキスト』）、x頁）。『エンペドクレスの死』以降、この二人の映画監督は、彼らの映画の大半において、複数のヴァージョンを生み出した。『エンペドクレスの死』『黒い罪』には四つ、『アンティゴネ』には二つのヴァージョンが存在し、『セザンヌ』（一九九〇）には二つ（フランス語とドイツ語）、そして『ルーヴル美術館訪問』（二〇〇四）には少なくとも二つのヴァージョンが存在する。彼らの『エンペドクレスの死』の一つのプリントは、トカゲ版として広く知られている。六一分二五秒のタイミングで、トカゲがフレームを駆け抜けるのだ！〔13〕『今日から明日へ』（一九九七）のために作られたユイレの撮影メモに関するストローブの説明〔14〕は、彼らの仕事の方法にさらなる知見を与えてくれている。彼らの慣習の先駆者として我々は、ベンヤミンと同時代の人物であり、パリへの亡命仲間でもあったドイツの美術史家カール・アインシュタインに目を向けるべきである。彼はストローブとユイレと同じく、芸術作品の大量生産を遺憾に思っている（ハックスタウゼン）。

12　*MONUMENTUM AERE PERENNIUS*（青銅ヨリモ永続スル記念碑）

ジャン＝マリー・ストローブとダニエル・ユイレの文書は、彼らの映画と似ている。セザンヌのサント・ヴィクトワール山のように、それらはひとつのかたまり（block）である。セザンヌの行った絵画の探究が、彼を深遠な地質学上の知見へと導いたのと同様に、彼らの文書や翻訳も、言語学的で歴史学的な層を際立たせる。この二人こそが、一八七一年の暴力的なコミューン蜂起での戦闘員の埋葬跡となるペール・ラシェーズ墓地の盛り土の上で、『すべての革命はのるかそるかである』（一九七七）を撮影した監督たちである。ジャック・オーモンにとって、彼らの映画の光景は「巨大な墓碑、慰霊碑、または何か名の知れぬ殉教者の歴史の記念碑」として機能している（「場所の考案」四頁）。究極的には彼らの文書と翻訳は、ヨーロッパの諸言語が、インドヨーロッパ語族の根源と深く結びついていることを強調している。彼らの慣習は、翻訳をヨーロッパ文化の基盤そのものとみなす、言語学者であり翻訳家でもあるアンリ・メショニックの考えに共鳴している。

かつて批評家たちを「皆、都会でてんてこ舞いしている」と特徴づけ、ハリウッドの終焉を予言した（『ヴァライエティ』）ダニエル・ユイレとジャン＝マリー・ストローブが、同時代の大多数の映画作りの軽薄さに対し、勇敢な反例を提供してくれている（コッホ）ことは、以上の熟考から明らかだろう。マイケル・フリードの過去の有名な主張にあるように、「我々は皆、生涯のほとんど、あるいは全てを通じて、リテラリスト〔15〕である」（「芸術と客体性」）ことを、彼らは我々に思い出させてくれる。彼らの現在性は、丹精込めた仕事の中、注意深く選択された地理学的、歴史学的な光景の中、そして映画の時間の中で築き上げられているが、こうした現在性は全て、恩寵である〔16〕。時代の中に刻み込まれ、彼らの作品は永続することだろう。

†1　一九八〇年八月一九日、ウィリアム・ルプシャンスキとカロリーヌ・シャンプティエに宛てたダニエル・ユイレの手紙より。Jean-Marie Straub and Danièle Huillet, *Writings*（New York: Sequence Press, 2016）, pp. 344-350 を参照のこと。

†2　Albert Cervoni, "Entretien avec Jean-Marie Straub"（1975）より。特に断りのない限り、フランス語からの翻訳は筆者による。本章においては通常、参考文献からの引用が簡略化されている。完全な出典は章末の参考文献を参照いただきたい。

†3　『あなたの微笑みはどこに隠れたの』の上映（ニューヨークのウォルター・リード劇場、二〇一五年七月二三日）後の、観客との質疑応答におけるペドロ・コスタの発言より（Pedro Costa, Q and A with the audience following the screening of Where Does Your Hidden Smile Lie?, Walter Reade Theater, Lincoln Center, New York, July 23, 2015）。

†4 ストローブは、小論「ロッセリーニによる五つの新しい映画」（W4）の中で、イングリッド・バーグマン自らが行ったフランス語の吹き替えを称賛している。

†5 実際のところあまりにも多言語的なため、アメリカでは一度も配給されていない。

†6 Friedrich Hölderlin and Danièle Huillet, *La Mort d'Empédocle*〔text and translation〕, in "Collection Ombres," Toulouse: October 1987.

†7 二〇一四年一一月六日、アドリアーノ・アプラとの私信より。

†8 二〇一五年一一月四日、アドリアーノ・アプラとの私信より。

†9 一九六八年一二月二〇日に受領された、ニューヨーカー・フィルムズのダニエル・タルボットに宛ててダニエル・ユイレが書いた手紙より（タルボット個人蔵）。

†10 Benoît Turquety, review of *Jean-Marie Straub et Danièle Huillet, Écrits*, in *1895: Revue de l'association française de recherché sur l'histoire du cinéma*, no. 67（2012）, pp. 144-148を参照のこと。テュルクティの詳細な論文、"Orality and Objectification: Danièle Huillet and Jean-Marie Straub, Filmmakers and Translators," *SubStance* 44, no. 2（2015）, pp. 47-65も参照のこと。

†11 ストローブはティエリー・ルナスとのインタビュー（一九九九）の五五頁で、この点を何度も繰り返し口にしている。

†12 二〇一一年、ストローブはこの映画『ジャッカルとアラブ人』を作った。

†13 IDHECとは、高等映画学院（Institut des hautes études cinématographiques）のことで、一九八六年に名前が変わりLa Fémisになった。

†14 週刊誌の『ミネルヴァ』は、文芸批評、「金融教育」のアドバイス、社会のゴシップ、そしてレシピを提供していた。Christine Bard, *Les filles de Marianne: histoire des féminismes, 1914-1940*（Paris: Fayard, 1995）, p. 426を参照のこと。『ミネルヴァ』の発行人の娘イヴォンヌ・フーサリグとアンドレ・ユイレの婚約は一九三三年二月五日の新聞『フィガロ』で発表された。

†15 この作品は、間もなくこの映画監督の前妻になろうとしていた主演女優シモーヌ・シニョレに対する *règlement de comptes*（仕返し）でもあった。

〔訳注〕*règlement de comptes* はフリッツ・ラングの映画『復讐は俺に任せろ』（一九五三）のフランス語タイトルである。

†16 *Trafic*, no. 7 (Eté 1993), p. 89 に掲載されているユイレのフランス語訳を翻訳した。

†17 ストローブは、イタリアの映画監督をさらに低く評価している。彼の辛辣な批評は「デイヴィッド・ウォーク・グリフィス、アメリカの資本家階級の花」（W39）を参照のこと。
〔訳注〕ストローブは、「デイヴィッド・ウォーク・グリフィス、アメリカの資本家階級の花」において、「グリフィスの全てのフレームが、イタリア映画など存在しないことを実証している——過去にも、現在にも、未来にすら」とまで述べている。

†18 ユイレは共同監督として、『ジャン・ブリカールの道程』（二〇〇八）と『影たちの対話』（二〇一四）の二度、死後に名前がクレジットされている。

†19 二〇一六年一月六日、エドゥアルド・ブルーノとの私信より。

†20 ドライヤーの最初の発声映画には、最小限の対話しか含まれていない。ドライヤーは、声（役者の声ではない）が、撮影後の編集において口の動きと合うように、対話のある場面では役者に、フランス語とドイツ語と英語で口を動かさせた（二〇一六年一月一七日、ベルナール・エイゼンシッツとの私信より）。
多言語のトーキーに関する更なる情報は、Ginette Vincendeau, "Hollywood Babel: The Coming of Sound and the Multiple Language Version," *Screen* 29, no. 2 (1988), pp. 24-39 を参照のこと。

†21 ドイツ語版には、『エンペドクレスの死』の三つのヴァージョンのそれぞれで異なる上映時間のリストも付いており、その後には、『フィルムクリティカ』には含まれていない長いインタビューが続いている。

†22 二〇一六年一月一七日、ベルナール・エイゼンシッツとの私信より。

†23 私がこの箇所で、長年引用文献として利用されている Harry Zohn, "The Work of Art in the Age of Mechanical Reproduction," in Walter Benjamin, *Illuminations: Essays and Reflections* (New York: Harcourt, Brace & World, 1968) の英訳の代わりに、ハーバード大学出版の最新の英訳を参照している理由は、とりわけそれがドイツ語の原文（"Das Kunstwerk im Zeitalter seiner technischen Reproduzierbarkeit"）に忠実だからであり、それゆえに、ストローブとユイレの言語横断的

で逐語的な翻訳に関する考えにより一層結びつくからである。

[訳注]

〔1〕本章は、筆者によって編集されたJean-Marie Straub and Danièle Huillet, *Writings*（New York: Sequence Press, 2016）に掲載されている筆者の論稿"Introduction: Filmmakers at Work"を、筆者の指導の下、改訂し、翻訳したものである。ついては、本章内の「（W〜）」という表記は全て、*Writings*に掲載されているストローブとユイレの文書の番号に対応している。

〔2〕「commediante」には「偽善者」という意味もある。

〔3〕この手紙の日本語訳は、次のようになる。

六八年一二月二八日

ストローブは言っています、私たちはとても愚かであると（彼と私のことです、なぜならあなたはこの映画を知らないのですから！）——THE COMEDIAN（これでは男の人か女の子か分かりません——そしてこの話の中では女の子なのです……）の代わりに、こう言った方がずっとよかったでしょう、タイトルとしては、THE ACTRESSと……きっとあなたの宣伝には遅すぎると思います（悲劇というほどのことでもありません！）——でも、後から、もしできるのであれば、変えてください！　ありがとう——

THE BRIDEGROOM ~~(?)~~, THE ACTRESS, AND THE ~~RUFFIAN~~ (?)

良いお年を、ダニエル・S・H

アンナ・マクダレーナ・バッハの年代記が一二月二五日にパリ（ジ・ル・クール・スタジオ）で始まりました……

なお、ニューヨーカー・フィルムズによって最終的に選ばれた英語タイトルは、*BRIDEGROOM, COMEDIENNE, PIMP*であったが、近年は、*THE BRIDEGROOM, THE ACTRESS, AND THE PIMP*と訳されるようになっている。Jean-Marie

Straub and Danièle Huillet, *Writings*, p. 552を参照。

〔4〕［　］内は筆者による補足である。

〔5〕Straub and Huillet, *Writings*, pp. 392-395.

〔6〕邦題は『黙って抱いて』である。

〔7〕章末の参考文献に記載されたテュルクティの論文のタイトルを参照のこと。

〔8〕フランス語（jeunes Turcs）で「政治改革を目指す青年たち」を意味するこの言葉は、トリュフォー、リヴェット、ゴダール、シャブロル、ロメールを指している。Fiona Handyside (ed), *Eric Rohmer: Interviews* (Jackson, MS: University Press of Mississippi, 2013), p. 4を参照のこと。

〔9〕ドイツを舞台とした『ドイツ零年』は、イタリア人の映画監督ロベルト・ロッセリーニよって、アメリカを舞台とした『南部の人』とイタリアを舞台とした『パルムの僧院』は、それぞれフランス人の映画監督ジャン・ルノワールとクリスチャン＝ジャックによって作られている。

〔10〕ストローブはジャン＝リュック・ゴダールのことを「ジャノ（Jeannot）」という愛称で呼んでいる。

〔11〕Straub and Huillet, *Writings*, p. 445.

〔12〕*Le streghe – Femmes entre elles*は、*Le streghe*がイタリア語である一方、*Femmes entre elles*はフランス語である。*Le Genou d'Artemide*は、*Le Genou d'*がフランス語である一方、*Artemide*はイタリア語である。

〔13〕ストローブとユイレの映画における「トカゲ版」の存在はゴダールを面白がらせたようで、彼は『ゴダールの決別』（一九九三）の中のビデオショップの場面において、ストローブとユイレの『雲から抵抗へ』（一九七九）の冒頭の対話をテレビのモニターで見ている男に、「駄目だ、トカゲが映っていない」という言葉を口にさせている。このビデオショップには、ストローブとユイレの『アンティゴネ』のポスターも飾られているが、『アンティゴネ』の二つのヴァージョンのうちの一つもまた、「トカゲ版」である。映画が始まって一三分が過ぎた頃、長老たちに偽りの戦勝報告をするクレオンの背後を、一匹のトカゲが通り過ぎている。

〔14〕Straub and Huillet, *Writings*, p. 374. この箇所でストローブは、複数ヴァージョンが可能になるのは、一つのショットでな

された複数回のテイクのうち、「最高のテイクは一つではない」からだと述べている。

〔15〕リテラリスト（literalist）には、逐語訳を重視する「直訳主義者」という意味がある。なるほど、ストローブとユイレはその意味ではリテラリストであるかもしれないが、フリードの用いる「リテラリスト」は、翻訳とは無縁の概念である。一九六〇年代のアメリカにおける「ミニマル・アート」を批判するために「リテラリスト」という言葉を用いたフリードによれば、リテラリストの芸術と理論の中心にあるのは「終わりのない、あるいは限界のない持続（endless or indefinite *duration*）」をリテラルに（＝そっくりそのまま）提示することである。一方、フリードが評価するモダニズムの絵画や彫刻には、「現在性と瞬時性（presentness and instantaneousness）」という特徴が備わっている。Michael Fried, “Art and Objecthood,” in *Art and Objecthood: Essays and Reviews*（Chicago: The University of Chicago Press, 1998）, p. 166-167を参照のこと。

〔16〕マイケル・フリードの論文「芸術と客体性」は、「我々は皆、生涯のほとんど、あるいは全てを通じて、リテラリストである」の後に、最後の一文「現在性は、恩寵である」が続いている。Fried, “Art and Objecthood,” p. 168を参照のこと。

［参考文献］

以下の参考文献の情報は全て、Jean-Marie Straub and Danièle Huillet, *Writings*（New York; Sequence Press, 2016）の中の“Selected Bibliography”に基づいている。

Albera, François, organizer. “Jean-Marie Straub et Danièle Huillet à Genève.” École supérieure d’art visuel, Geneva. mars 4, 1988. Video, 49 min.

Anon. “French Pair React to Slams, Say Critics All Urban Hectic; They Expect Hollywood to Die.” *Variety*, October 22, 1975.

Aprà, Adriano, ed. *Testi cinematografici*. Rome: Editori Riuniti, 1992.

Aumont, Jacques. “The Invention of Place: Danièle Huillet and Jean-Marie Straub’s *Moses and Aaron*.” Translated by Kevin Shelton and Martin Lefebvre. In *Landscape and Film*, edited by Martin Lefebre, pp. 1-18. New York: Routledge, 2006.

Bard, Christine. *Les filles de Marianne: histoire des féminismes, 1914-1940*. Paris: Fayard, 1995.

Becker, Jacques. "Hommage à Robert Bresson." *L'Écran français*, no. 16, octobre 17, 1945, p. 3.

Benjamin, Walter. "The Work of Art in the Age of Its Technological Reproducibility: Second Version." In *Selected Writings, Vol. 3*: 1935-1938. Edited by Marcus Bullock, Michael W. Jennings, et al., translated by Edmund Jephcott, Howard Eiland, et al. Cambridge, MA: Belknap Press of the Harvard University Press, 1996.

Cervoni, Albert. "Entretien avec Jean-Marie Straub." *Cinéma*, no. 203, November 1975, pp. 45-51.

Corneille, Pierre. *Otho*. Zum ersten mal ins Deutsche übersetzt von Herbert Linder, mit Danièle Huillet und Jean-Marie Straub. Zweisprachige Aussage. New York: bei Herbert Linder, 1974.

De Fontenay, Élisabeth. *La prière d'Esther*, 45 Paris: Éditions du Seuil, 2014.

Eisenschitz, Bernard. "Sous-titrage mon beau souci." *Mise au point 5* , 2013（http://map.revues.org/1481）.

Engel, Andi. "Andi Engel Talks to Jean-Marie Straub, and Danièle Huillet is There Too," *Enthusiasm*, no. 1, December 1975, pp. 1-25. First half originally published in *Cinemantics*, no. 1, January 1, 1970, pp. 15-24.

Fried, Michael. "Art and Objecthood." In *Art and Objecthood: Essays and Reviews*, pp. 148-172. Chicago: The University of Chicago Press, 1998. Originally published in *Artforum* vol. 5, no. 10, June 1967, pp. 12-23.

Handke, Peter. "Nuit de cinéma, nuit de bêtes de cinema." Review of Straub-Huillet film *Antigone*. *Die Zeit*, no. 47, November 13, 1992. French translation by Danièle Huillet in *Trafic*, no. 7, éte 1993, p. 89.

Haxthausen, Charles. "Reproduction/Repetition: Walter Benjamin/Carl Einstein." *October* 107, Winter 2004, pp. 47-74.

Kellman, Steven G., ed. *Switching Languages: Translingual Writers Reflect on Their Craft*. Lincoln: University of Nebraska Press, 2003.

Koch, Gerhard R. "Against the Dream Factory: Jean-Marie Straub's 60th birthday." *Kultur Chronik*, March 1993. Originally published in German as "Wider die Traumfabrik." *Frankfurter Allgemeine Zeitung*, Januar 8, 1993.

Lounas, Thierry. "La Sorcière et le rémouleur." *Cahiers du cinéma*, no. 538, septembre 1999, pp. 54-59.

Meschonnic, Henri. *Poétique du traduire*. Paris: Verdier, 1999.

Quemeneur, Tramor. "Ils ont dit 'non' à la guerre sans nom." *Section de Toulon de la LDH*, January 21, 2008 (http://ldh-toulon.net/ils-ont-ditnon-a-la-guerre-sans.html).

Schneider, Roland. "Entretien avec Jean-Marie Straub et Danièle Huillet: Le Constat immuable d'un monde déboussolé." Special issue: Le théâtre à l'écran, *CinémAction*, no. 93, 1999, pp. 256-259.

Simsolo, Noël. "Jean-Marie Straub et Danièle Huillet." *Cinéma*, no. 219, mars 1977, pp. 17-28.

Turquety, Benoît. "Orality and Objectification: Danièle Huillet and Jean-Marie Straub, Filmmakers and Translators." *SubStance* 44, no. 2, issue 137, 2015, pp. 47-65.

———. Review of Écrits, by Jean-Marie Straub and Danièle Huillet. *1895: Revue de l'association française de recherche sur l'histoire du cinéma*, no. 67, été 2012, pp. 144-148.

Waintrop, Edouard. "Danièle Huillet et Jean-Marie Straub, Réalisateurs de *Lothringen*." *Libération*, janvier 12, 1995.

Wakeman, John, ed. "Jean-Marie Straub." In *World Film Directors*. Vol. 2: 1945-1985, pp. 1054-1063. New York: H.W. Wilson, 1988.

3
ストローブ＝ユイレ、量塊的映画

小澤京子

はじめに

ストローブ＝ユイレの映画は、いかなる他の映画にも似ていない。演劇の要素を取り入れてはいるが、しかしそれ自体は演劇でも演劇の映像記録でもない。すでにしばしば指摘されてきた通り、言語や音楽の音声的な側面を厳格に重視したシネアストであるが、彼らの映画は朗読や演奏の記録そのものではない。撮影・録音機材の周囲に存在していた事物や音声を忠実に記録しているが、ドキュメンタリー映画という既存のジャンルに収束するものでもない。しかし、このように否定神学的に性質を規定しようとしても、彼らの作品の特異性を把握したことにはならないだろう。ただし彼らの映画を見れば、そのあらゆるショットに、ストローブ＝ユイレの署名が刻印されていることが分かる。

ストローブ＝ユイレの映像には、一種のミニマリズムというべきか、観るものを否応無く思索へと導くにもかかわらず、饒舌な言語化を戒めるような禁欲性がある。既にパスカル・ボニツェールやセルジュ・ダネー、ジル・ドゥルーズ、それからストローブとユイレ自身による語りがあるにもかかわらず。ストローブ＝ユイレの映画が持つ「異質さ」を、彼ら自身もしばしば原作としたブレヒトの提唱した「異化効果」という概念で説明すれば、少しは腑に落ちるような気がする。しかし、彼らの作品には――例えば古代ローマの人物たちがアレクサンドランを朗誦する背後に現代の自動車道が通り、この両者が、しかし分かりやすく「前衛らしさ」を狙った奇矯な試みには些かも映らないような、微細な違和感を内包した自然さで共存しているという『オトン』（一九七〇）の異様さを、繊細に掬い上げようとするならば――さらなる思考が必要なのではないだろうか？

ストローブ＝ユイレの固有性は、ひとつにはカメラが映し出す場所、映画中の物語が展開する空間の固有性、真正性、そして同時性に由来するだろう。もう一つは「同時録音」が担保する、声や音の同時存在である。これらは、動画を――持続的な視覚像と音声とを――記録する機器が、「その場所に確かに在った」という事実の証明でもある。彼らの映画は、「場所」の捉え方からして特異である（1）。同時に、場所と登場人物（俳優）たちの身体、そして音声は、いずれもなにか物質の「塊」のようなものとして現れ、おのおのの固有性を維持したまま、抵抗し合いながら絡み合っていく（2）。しばしば指摘されるように、彼らの映画では、俳優は台詞を「文字通りに」発話することを求められるが（彼らの映画作品のほぼ全てが、戯曲や小説、エッセイといったテクスト作品からの翻案である）、しかしテクストから映像への翻訳は、常に「リテラルに」行われるわけではない。文学も映画も共に、空間的なシークエンスの描写に適した媒体であるにもかかわらず、二人は敢えてこの部分に「改変」を加えたのである（3）。これらを貫くストローブ＝ユイレ的な性質が、「現前性」と「物質性」（これはドゥルーズ[†1]やジャン・ナルボニを受けて廣瀬純[†2]の言う「岩」や「石」という語と通じているだろうし、またその物質性ゆえに「抵抗」をもたらす）、そして翻案に際しての原テクストへの（様々なレベルにおける）愚直なまでの忠実さであろう。

1　場所の精霊《ゲニウス・ロキ》

現前する場所をとらえる

ストローブ＝ユイレの作品には、古代風の衣装を着けた人物たち――既存の戯曲に登場する古代ギリシア人や古代ローマ人たち――が、現代の都市風景を背景に群像劇を繰り広げるという、一見すると奇妙な趣向のものがある。コルネイユ原作の『オトン（両の目は常に閉じようとするわけではない、あるいは、おそらくいつの日かローマは自らの番を選ぶことができましょう）』やブレヒト原作『歴史の授業』（一九七二）、ソポクレス原作（ヘルダーリン訳、ブレヒト改訂）『アンティゴネ』（一九九二）である。そこに映し出されているのは、セットの中に構築されたフィクションとしての「古代」ではなく、しかし、ただ奇を衒った表現の一形態でもない。カメラがとらえた眼の前の場所と俳優の身体、録音機材が捕捉した空間の音と俳優の声、それらが共存している時間そのものである。

『オトン』のアヴァン・タイトルでは、ローマの丘からの眺望が映し出される。近景は濃い緑の草の繁る空き地で、石造りの古代遺構が基礎部分のみかろうじて残っている。騒音が流れ込んでくる。工事現場の重機のような音と自動車の走行音が絶え間なく持続する中、短く鋭いクラクションが一度だけ鳴らされる。カメラがゆっくりと旋回して、塀の向こうに広がるテラコッタ色の街並を映した後、赤茶けた崖で再び止まる。崖へとズームインしたカメラは、なにかの構築物の残骸（モルタルの崩れからレンガ造の部分が覗く）と、縦横斜めに断層の走る崖を映し出す。ここではローマの地層が、不穏な荒々しさでその断面を曝している。ところどころに断層の走る積層——それはこの『オトン』が映し出すローマの時間性そのものでもある。物語の舞台である古代、コルネイユが原作となる戯曲を書いた一七世紀、そしてフィルムに記録された一九六〇年代という、断絶を抱えた複数の時間である。

細川晋はこの映画における「ローマ」というロケーションのとらえ方を、いみじくも「歴史的遠隔性」という語で規定する。

> 舞台となるのは、古代ローマの遺跡だが、その丘の下には撮影時のローマの街を通る自動車も見える。言語そのものと《土地の記憶》を主題とするストローブ＝ユイレの方法意識が明快に現れた作品と言えるだろう。ここでも歴史的遠隔性が、異化効果をもたらしている。[†3]

ここで明らかになるのは、異時間の同時存在（アナクロニズム）でも重ね合わせ（インポーズ）でもなく、むしろ時間と時間の感覚の、その遠さなのである。

映画のなかで「土地」をいかに映し出すか。とりわけローマのような、すでに様々な「歴史」が刻印され、その一部は「名所」として記号化されたイメージの流通する場所を。この問いに対しては、映画史のなかで様々に応答が試みられてきた。ストローブ＝ユイレとは決定的に異なるような「ゲニウス・ロキの映画」の作例なら、いくらでも挙げることができる。一つには、一八世紀から一九世紀前半にかけての風景画や都市景観画のように、映像を観ることで空想上の旅行もできる、（ヴォヤージュ・ピトレスクならぬ）ヴォヤージュ・シネマトグラフィックとも言うべき映画がある。例えば、『眺めのいい部屋』（ジェイムズ・アイヴォリー監督、一九八六）のフィレンツェ旅行のシーンでは、映し出される街並はドゥオモや捨て子養育院、シニョリーア広場などのランドマーク的な「名所」ばかりであり、主人公たちにとっての生活空間であるイギリスのカントリーサイドも、同国の風景画の伝統を思わせるような、典型的・類型的な「絵画的風景」として撮られている。この映画ではたびたび「ベデカー」（ドイツのベデカー社が刊行する旅行案内書、ないしはこれに類する旅行ガイド一般も英語ではBaedekarと総称される）が登場するが、この映画自体がすでに、一種の旅行ガイドでもある。『ローマの休日』や、日本公開に際してパンフレットに陣内秀信による「ローマガイド」が付された『グレート・ビューティー：追憶のローマ』（パオロ・ソレンティーノ監督、二〇一三）なども、この種の「モニュメンタルな場所」をロケーションとした映画の系譜と言えるだろう。

あるいは、場所に刻み込まれた記憶や歴史を映し出すという系譜もある。第二次大戦による破壊の爪痕が、いたるところに廃墟と瓦礫として残るベルリンで撮影された、『ドイツ零年』（ロベルト・ロッセリーニ監督、一九四八）。すでに往時の建物は破壊されて礎石のみ残るヘウムノ強制収容所跡地に生存者が立ち、「確かに此処でした」とカメラに向かって証言する『ショア』（クロード・ランズマン監督、一九八五）。これらは、場所と記憶の結びつきを写した映画の極北であろう。

対してストローブ＝ユイレのカメラは、歴史都市ローマを撮影場所とするときですら、見てすぐにそれと分か

図1　ストローブ＝ユイレ『オトン』(1969)

るような歴史的なモニュメントを、ほとんど写さない。にもかかわらず、それは別の場所とも交換可能なロケーションでは決してなく、「この場所でなくてはならない」という必然性を帯びている。『オトン』のアヴァン・タイトルに続くシーンでは、バルコニーの上に二人の人物（オトンとアルバン）が立っている［図1］。古代風のトーガをまとっているが、遠景には現代の街並と道路が広がり、自動車の列がひどく緩慢に動いている。自動車の騒音が、二人のいるバルコニーまで響いてくる。古代ローマの人物（を演ずる俳優）たちが、それぞれに訛りのあるフランス語をほとんど棒読みで話すその後ろには、唐突に撮影当時（一九六〇年代）の市街の光景が広がっている。かといってこの映像は、古代劇を演ずる現代の人物たちを写した劇中劇にも、タイムスリップしてきた古代人というようなSF仕立てにもおよそ見えることはなく、古代ローマ風の衣装と現在の現実の街並（決して「絵になる」「美しい」風景ではなく、むしろ日常的で凡庸なものだ）が、カメラの前でただひたすら共に存在しているばかりだ。

ストローブ自身も、彼らの作品を規定する性質、すなわち現前する諸々の事物の共存に、極めて自覚的であった。

> 何より重要なのは、俳優を囲い込むフレームです。あるいはそのフレーム内における俳優の動きや位置、あるいは俳優の背後の背景です。あるいは光や色の変化や飛躍です。†4

『オトン』は「ローマ」という一つの空間と時間、その中に置かれた俳優たちの身体、それがいま目の前に、撮影機材の前に現れているということ、それを愚直なまでに記録したフィルムなのである。「古代」を舞台とした人物どうしのドラマの背景に、突然「現代」が侵入する——これはストローブ=ユイレの作品にしばしば登場するモティーフである。『歴史の授業』(次節で詳述する)然り、さらに後年の『アンティゴネ』(古代式野外劇場の外側に広がる景色の中央を、高速道路が蛇行する)然り。彼らの作品に対しては、しばしば「異化効果」という語が与えられてきた。[†5] しかし、時制を混乱させる「現在」の映り込みは、ストローブ=ユイレにとっては計算の上での演出というよりも、必然的なもの、これ以外の写し方はあり得ないものだったのではないだろうか。渋谷哲也は、この唐突とも思われる風景の出現を、「不可避」なものと捉えている。

つまり映像には高速道路だけが写っているのではなく、ここで初めて舞台の外に見える丘陵から平地そして海を見晴るかす展望を映画の中に取り入れるということで、その中に高速道路も不可避に含まれるということだ。したがってこの映像で高速道路だけに注目すると、映像が提示するずっと豊かなディテールを見失うことになる。またユイレは高速道路の外観が古代ローマ時代の水道と似ていることを示唆している。つまりこの映像には、人間が自然を暴力的に搾取する帝国主義の歴史を省察する契機も含まれているわけだ。[†6]

これをアナクロニスムと呼ぶのは不正確であろう。古代と現在という異なる時間の同時存在ではなく、古代ローマの衣装をまとった俳優の身体が、そしてその声が、カメラの前に、撮影当時のローマ市街の風景と共に、あるいはその風景の中に、確固として現前している、その証左としてのフィルムなのである。

空間移動と断片的な場所

『歴史の授業』の冒頭部では、古代ローマの版図を示す大理石製の地図から、モニュメンタルなカエサル像を

図2　ストローブ＝ユイレ『歴史の授業』（1972）

経て、ローマ市街の喧噪の中へとカメラが分け入ってゆく。[十七] 青年が自動車を運転し、街路を緩慢に進んでゆくのだが、その後部座席にカメラは据えられている〔図2〕。一階に個人商店が入る古い建築物に囲まれた石畳の街路（ヨーロッパの典型的な旧市街の風景）は狭く、ところどころで蛇行して見通しもきかず（つまり、古典的な一点透視図法が可能となるような空間が存在していない）、両側には路上駐車された車両が並び、歩行者が無秩序に往来し、さらにその幅の狭さにもかかわらず対面通行となっている。したがって青年の車は、歩くのとほとんど変わらない速度でしか進むことができない。自動車に乗る人物の視点とほぼ同じ高さのカメラによってフレーミングされた風景は、緩やかな移動によって徐々に変化してゆき、断片化された景観の連続体をつくりあげる。通景《ヴィスタ》を欠いた空間の中を緩慢に進む人物が、斜め後方から写されるという構造は、『オトン』で二人の青年（マルシアンとラクス）が対話しながら歩む場面（原作の第二幕第五場）とも、また『雲から抵抗へ』（一九七九）の第三話「盲人たち」で、オイディプスとテイレシアスが田舎道を牛車に揺られて行く場面とも共通している（後者では牛車の行く畦道は奥行きへと真っ直ぐに伸びているが、カメラの視点が低く、牛車の振動のためにしばしば下方へとぶれるのと、消失点付近で道が蛇行しているために、ここでもやはり一点透視図法は破綻している）。現代ローマの街中を撮影当時（一九七〇年代）の格好をした青年が自動車で走り抜けるさまを長回しで撮影したシークエンスは、この後も二回ほど、場面の転回するところに幕間劇のように差し挟まれる。

実はすでにベルトルト・ブレヒトの原作『ユリウス・カエサル氏の商売』においても、冒頭部分は語り手——ユリウス・カエサルの伝記を、その死から二〇年後に構想している人物——による空間移動の描写と独白に割かれている。語り手は一人称で、スピケルの邸館へと続く、蛇行を繰り返す道行きからこのテクストの記述を始める。

そこを行けと教えられた道は狭いうえにかなり急で、低い石垣に支えられて海辺の斜面に階段状に設けられたオリーヴ畑のあいだをうねうねと上ってゆく九十九折りの小道だった。朗らかな朝だった。ちょうど二度目の食事休みの時間のようだった。なぜならばオリーヴ園にはちらほらとしか奴隷の姿が見えなかったし、二、三の小屋からは炊事の煙らしいものがあがっていたからだ。†8

これと類似する「空間内の移動」の構造をもつ語りは、同書第三部の冒頭にも登場する。

ムムリウス・スピケルの館に通じる石くれだらけの小道を、まだ早い午前中の爽やかな大気に包まれてのぼってゆくと、道の両側のオリーヴ畑から歌声が聞こえてきた。ヴォリュームが増大されるかと思うとまた絞られ、それからまた新たに音量がふくらんでくる、かなり均等にそろっている。歌の文句はわたしには理解できなかった、たぶん外国語の歌なのだろう。†9

こうしてブレヒトによる原作と照合してみると、ストローブ＝ユイレによる、ともすれば独自の創意による「実験的」要素とも見なされかねない現代ローマ市街での運転シーンは、実は原テクストに――彼ら固有のやり方において――忠実なものだったことが分かる。語り手の伝記作者は彼が生きる時代のローマを、「うねうねと」緩慢に進む。周囲に広がるのは当代の現実的な生活風景であり、やがて視界には低い階級に属する無名の人々の姿が「ちらほらと」現れ、街の喧噪が音声として流れ込んでくる。原作の語り手は「外国語の歌」を耳にするが、終始ドイツ語で会話するストローブ＝ユイレ版の登場人物にとっても、断片的に飛び込んでくる話し声のイタリア語は「外国語」に他ならない。

ローマという、古代からの歴史が積層する都市で写した映画であるにもかかわらず、この『歴史の授業』に登場するモニュメントは、冒頭に登場する大理石製のローマ地図（ファシスト時代に作られたものとのことだが[†10]、帝政時代のフォルマ・ウルビス・ロマエに倣おうとしたものだろう）とカエサル像（ここで本作のいわば陰画としての主役が暗示される）、それからラストシーンのマスケローネの噴水くらいである。古代ローマ風の服装をした人物が登場する場面は、奥行きが浅く背景がほとんど映り込まず、目印となるようなランドマークも欠いているため、それがどこなのかも判別しづらい。自動車が街中を走り抜けるシーンでも、映し出されるのは労働者たちが暮らす街路の日常的な光景であり、看板の文字や切れ切れに聞こえてくる会話からイタリアであることは分かるものの、（よほど土地勘のある者でないかぎり）一見してローマと分かるようなものではない。ストローブ＝ユイレの映画内の都市や土地の光景は、三六〇度パンも含めて、すべて断片的であり、その集積から「全体」を再構成することは不可能なものになっている。

ストローブ＝ユイレの映像では、都市空間も田園風景も登場人物たちの後景をなす風景であって、人物たちが空間へと分け入ってゆく場面は少ない。『歴史の授業』のローマ市内の運転場面は数少ない例外と思われるが、しかし青年の身体とカメラは自動車の内部にあり、フロントガラスとサイドガラス、開け放たれたサンルーフ越しに、その外側に広がる街路と騒音が捉えられている（下半分を囲繞された開放空間という点では、この車内空間はバルコニーとも共通する）。さらには、カメラは運転席の青年の視点と同一化するのでもなく、「臨場感」のある助手席やダッシュボード上に置かれるのでもなく、後部座席の右側に固定され、いわば同乗する傍観者のような位置から、左斜め前に座りハンドルを取る青年の上半身と、バックミラーに映る青年の顔、それから計四つの窓によってフレーミングされた風景を淡々と映し出している。つまりそれらは、統合された空間ではなくて、断片的な場所の連続なのである。

2　肉体と声の固有性、そして物質性

フレームの外部、カメラの背後

『歴史の授業』では、市街の狭い道路を走り抜ける自動車を延々と映し出すショットが、すなわちフレームが限定され、フレーミングされた風景も刻々と移り変わっていくシークエンスが挿入されることで、ストローブ＝ユイレに特徴的なカメラワークであるパノラマ・ショットの特徴が対比的に際立ってくる。三六〇度、ときにはそれ以上に及ぶパノラマ・ショットは、視界から「カメラの背後」を追放する（水平に回転することはあっても上下のティルトは無いのだから、「カメラのフレーム外」が完全に払拭されているわけではないのだが）。このことはまた、後年の『セザンヌ』（一九九〇）や『ルーヴル美術館訪問』（二〇〇四）で、額縁《フレーム》によって囲われ、切り取られた「作品の内側」だけでなく、額縁そのものや周囲の壁面まで写していることとも対応しているだろう。

ストローブ＝ユイレの映像にはまた、人物がフレームアウトした後も、無人となった空間がしばらく映し出される固定ショットが頻出する（例えば『和解せず』『階級関係』『オトン』）。しかし、ここに映っているのはただの「空隙」ではない。通常であれば映像のフレーム外へと追いやられるような情景を、捕捉する試みの一つである。しばしばストローブ＝ユイレ的と呼ばれるパノラマ・ショットが、カメラの背後まで写す試みであることと繋がっている。さらには、彼らが「音声」を扱うときの固有の方法——恣意的なカットの否定と同時録音へのこだわり——とも通底しているだろう。夫妻で受けたインタヴューで、ストローブは一定時間の持続を持つ音声を、「塊（blocs）」に準えている。

同時録音で撮影するときには、映像と戯れるという不遜なことはできません。つまり、ある一定の長さの塊があり、その塊の中で、効果を得るために、ちょっとした遊び心で、こんな風にハサミを入れるなんてことはできないのです。†11

この発言を受けて、ユイレはさらに「フレーム外の音声」に話を進める。

吹き替えをしたフィルムと同じように同時録音を編集することはできません。それぞれの映像は固有の音声を伴っており、それを尊重しなくてはならないのです。フレームの内に何も写っていないとき、登場人物が画面から外に出たときですら、カットできないのです。画面の外側に、遠ざかっていく足音が聞こえ続けているからです。

「音声について」と題されたこのインタヴューの主眼は「同時録音の尊重」にあるが、ここでの「フレーム外」への示唆は、彼らの映像と空間を思考する上で決定的なものである。カメラが切り取った風景の外側にも、連続する空間が存在し続けていることを、フレーム外からの音声が示しているのだから。映画作品もまた、フレーミングや切断や境界確定によって成立するものであるが、ストローブ＝ユイレはむしろ切断されたフレームの外側に存在し、連続ないし持続する空間と時間をも、映画内に呼び込もうとする。

また別所でストローブは、カール・テオドール・ドライヤーの次の発言を、自らの制作を基礎付けるものとして引用している。

現実的な空間を創り出そうと努めるのであれば、音響についても同じ努力をしなければならない。この文章を書きながら、私には遠くで鐘が鳴るのが聞こえ、エスカレーターがガタガタと動くのや、路面電車が遠く離れたところでちりんちりんと鐘を鳴らしているのや、市役所の大時計の動く音、それにぱたんと扉が閉まる音を感じている……。たんに一人の男が仕事しているところを見ているのではなく、私の部屋の壁が、感動的でドラマティックで、象徴的な意味すらも付随するかもしれないようなシーンの証人であるとすれば、こうした音響もまたすべて存在することになるでしょう。†12

ここからは、彼らの同時録音へのこだわりも想起されるだろう。例えば『アンナ・マクダレーナ・バッハの年代記』(一九六八)では、会話の声のこもったような反響によって、この声が実際にこのあまり広くはない部屋で発せられていることが分かる。『歴史の授業』をはじめとする屋外の場面ではしばしば、登場人物たちが会話を交わす声に、小鳥のさえずりが重なり合う。それはカメラの向けられている「その場所」に、俳優の肉体とその声が、そして様々な音のまとまりが同時に存在していたことの、確固とした証左なのである。

声、抵抗する物質性

ストローブ゠ユイレの映画では、声と時間の持続という不可視で触知も不可能な二つのものが、ときに私たちに抵抗してくるような、ひと塊の物質として提示されている。

映像の中で、俳優たちは身じろぎもせず、長い台詞をただひたすら、抑揚も無しに発話する。言い間違えたり言いよどんだり、吃ったりすることもなく、さらには身振りによる「リアリズムの」演技もほぼ伴わない。演じているのではなく、むしろ一まとまりのテクストを暗唱しているかのようである。これは演技力の欠落によるものでは無く、声の真正性と、読み上げられるテクストの正確性への、徹底したこだわりがもたらすものである。

ストローブ自身、フィルムが空間と時間の抜粋であること、「フレーム外」をも映し出すべきであることを説くなかで、音声別録の映画を糾弾しつつ、「俳優の唇と声の対応」ということに触れている。インタヴュワーの「お二人の映画では、「フレーム外」は実在し物質的に感じ取れるものなのですね」という発言を受けて、ストローブはこう言う。

その点についても、音声別録の映画は欺いています。スクリーンの上で動く唇が、聴こえてくる言葉を発する唇ではないというのみならず、空間そのものが偽りとなります。[†13]

カメラの前の肉体からまさにそのときに発せられた声であること、肉体の置かれた空間の中に同時に存在していた音であることが、フィルムの真正性の賭けになっているというわけだ。

文字が声として再演される際の、厳密さへの要求は、楽譜という記号が演奏によって「音を与えられる」ときにも一貫している。『アンナ・マクダレーナ・バッハの年代記』では、ヨハン・ゼバスティアン・バッハによる楽曲が、古楽器専門の演奏家たちの手で、スピネットやチェンバロ、パイプオルガンといった当時の楽器を用いて奏でられる。

テクストへの忠実さが徹底して要求されている一方で、作品内の音声言語は、決して流暢で饒舌なものではない。さらには、言語は決して、ストーリーやプロットやドラマを説明しない。彼らの作品のほとんどが、原作テクストの理解が無ければ物語の展開を把握することが困難であるということは、しばしば指摘されてきた通りである。登場人物たちは、原文通りのテクストを一字も違えることなく朗誦するが、そのほとんどが抑揚を欠いた棒読みである。リアルな演技の付随も、ストイックなまでに排除されている。『オトン』のように古い時代の韻文が用いられている場合はいっそう、原文通りの箇所で区切られた朗誦が、不自然でぎこちないという印象をもたらす。さらに俳優たちの発する声には、同時録音が必然的にもたらす周囲のノイズ（自動車の走行音やクラクション、風の音、鳥の鳴き声、噴水の流水音……）がまとわりつく。つまり、言語情報を伝達する媒質としての声の明瞭さは、常に阻害され揺れ動いており、そこでは声が一種の物質として、周囲のさまざまな音とぶつかり合いながら共存しているかのようである。ストローブ自身、同時録音によってのみ捉えることが可能な、肉体から生ずる声の真正性、複数のノイズの同時存在と偶発性を重視していたと語っている。

何より重要なのは、俳優の特有の、その瞬間に捕捉された声です。それは物音、空気、場所、太陽、風と競い合うのです。何より重要なのは、俳優が無意識のうちにつく、ため息であり、同時録音されたその種の生の驚きです。特有の物音もまた突然、意味を持ちます。何より重要なのは、俳優のなす努力や労働であり、綱渡り芸人や夢遊病者と同じように俳優が立ち向かう、難しい台詞の一部を端から端まで暗唱するというリスクです。[†14]

台詞の朗誦はここで、危うい歩行をかろうじて完遂することに準えられている。俳優の発話は、あらかじめ完成されたテクストとして存在するひとまとまりの言語、自らの外部に存在する異物としての言語と格闘するプロセスとなる。

3　テクストから映画へ

翻訳の方法論

ストローブ＝ユイレによる映画の多くは、文学作品を原作としている。文学を原作とした映画となれば、初期映画の時代から数えて枚挙にいとまがない。実際アンドレ・バザンなどは、この種の翻案（アダプテーション）について詳細に論じている。しかしストローブ＝ユイレがテクストをフィルムへと翻訳するときの方法は、他の誰にも似ていない。

言語を用いた時間芸術であるテクスト作品を「忠実に」映画化しようとするとき、どのような方法がありうるだろうか。ナレーションの挿入やリアリズムに基づいた演技を廃し、台詞の正確さと原テクストへの忠実さを徹底するというストローブ＝ユイレ特有の映画術は、この問いに対する応答のひとつであった。この方法論をいくつかの特徴的な「別解」と比較することで、彼らの特異性がよりいっそう明確になるだろう。

例えばロベール・ブレッソンは、「語る声」と同時に、テクストの「書かれた文字」としての側面を重視した。この特徴がとりわけ顕著に表れた作例が、ジョルジュ・ベルナノスによる同名小説を原作とした『田舎司祭の日記』（一九五〇）だろう。この作品では、語り手／主人公の青年司祭によって書かれた日記という形式で物語が展開する。映画ではこの日記の文面が、過剰なほどのナレーションとして映像に重ね合わされる。音声としての言語だけではない。ノートに書かれた日記の文面そのものが映し出される場面も数度ある。文字を書き綴るペンの運動と、紙面に書き付けられ、次第に言語としての意味を生成させてゆくテクストとがクロースアップで映し出され、そこに文面を読み上げる（語り手の独白としての）ナレーションが重なり合う。読む声は書く手よりも速いので、ナレーションはまず既に書かれている文字を、次に今まさに書かれつつある文字を読み、さらには

「書く手」を追い越して、未だ書かれていない（これから書かれるであろう）文字を読み上げてゆく。基本的にはリアリズムに基づく演技とナレーションとの共振によって構成されたこの映画にあって、この「書かれつつある日記」のシーンは、物語の時間が緩慢になり、引き延ばされているような印象を観る者に与える。

　他方で、ジョルジュ・ペレック原作、ベルナール・ケイザンヌ監督の『眠る男』（一九七四）では、文学作品の「語り」を映画に翻訳するにあたって、革新的な実験が試みられている。主人公の青年の台詞はほとんど無く（原作の設定からして、彼はパリの下宿に引きこもり、ほとんど他者と会話を交わさないからなのだが）、フランス語の二人称単数「tu」による語り――これもペレックの原作に既に存在していた、実験的な新しさである――がひたすら読み上げられる。「君は～する」というナレーションはしかし、直截に主人公へと向けられた呼びかけではない（主人公にはこの声が聴こえていない）。映画内で展開する物語の外部からやって来て、物語には一切介入しない声である。例えば「君は眼を閉じる」というナレーションの入るシーンでは、狭いアパルトマンのベッドの上に座って、青年はまず両の眼を固く瞑ってみせ、数秒後、ナレーションの終わった頃合いに再び開く。原作の小説を読むと「主人公は眠りについた」とも解釈できるのだが、映画では青年が文字通りの意味で「両目を閉じる」。ここではナレーションが圧倒的に優位にあり、カメラが捉え画面に映し出す映像は、その愚直なまでの挿画《イラストレーション》となっている。

「文字通り」であることへの裏切り

　ストローブ＝ユイレによる、声として読まれるテクストの正確さへの絶対的な忠誠は、その特異性がもつ強度という点ではブレッソンやケイザンヌと並ぶ。しかし彼らとは決定的に別種のものだ。『オトン』や『歴史の授業』では、原作のテクストへの「文字通り」の忠実さ、いやむしろ愚直さゆえに、音声言語がなにか物質の塊のようなものとして立ち現れてくる。しかし、この「ストローブ＝ユイレ的」とも言うべき原テクストへの忠誠を、

う。映画における空間描写を、とりわけ移動やシークエンスという観点から捉えた際の特異性と結びついているだろう。もっぱらテクストによる空間描写を、映像へと翻訳する際に生じている。この裏切りはとりもなおさず、彼らの八四）である（ニューヨークが舞台の本作は、しかしその多くのシーンがドイツ国内で撮影されたという）。裏切りは、裏切っているかのような作品もある。カフカの『失踪者』（一九一二―一四執筆）[†15]を原作とする『階級関係』（一九

カフカによる原テクストでは、主人公カールが歩き回る（そして目的の達成が常に偶発的な事件によって引き延ばされる）通路は、目的地へと直接に繋がる近道を許さず、度重なる迂回路が方向喪失をもたらす、迷路じみた空間として描かれている。記述の冗長さそのものが、無限に引き延ばされた空間移動の印象を読む者に与える。しかしストローブ＝ユイレにおいては、人物の空間の通行にあたってこのまさしくカフカ的な遅延や迂回が省略され、さらに映像編集によって、むしろ空間と空間との移動にはショートカットがもたされている。

例えば、目的地のニューヨーク港についた船から降りようとして忘れ物に気づいたカールが、甲板から船室に戻ろうとするときには、原テクストでは次のような回り道を余儀なくされる。

だが下にきてみると、船客をひとりのこらず下船させるための必要からだろうが、手近な通路が閉ざされていた。やむなく、いくつもの小さな船室や、つぎつぎ現れる小階段や、たえず脇へとそれていく廊下や、書き物机がポツンと放置されている空き部屋を巡り歩かなくてはならなかった。そんなところはこれまで一度か二度、それも何人かといっしょのときに通ったことがあるだけだったので、やがて自分がどこにいるのか、まるで見当がつかなくなった。[†16]

この後に彼は火夫と出会い、共に会計本部の船室へと赴く。そこで繰り広げられる火夫と船長ら三人の男、そ

して青年との間の会話もまた、迂回や脇道への逸脱、方向喪失を延々と繰り返し、目的地への到達が遅延し、最後には逸らされる（火夫による不満と待遇改善の要求は受け入れられることのないまま、偶然にも同席していた男性のひとりがカールの伯父と判明し、物語は次の段階に進む）という点で、このテクスト内に登場する空間のあり方と共通している。

また、ある夜カールが招待されるポランダー氏の邸宅の廊下も、全体が把握できないために来訪者が迷い、見当を失うような構造の空間として描写されている。真夜中、主人公は広間に帽子を置き忘れ、ときおり風で吹き消されそうになる蠟燭の灯をたよりに取りに戻ろうとするが、その際に廊下で、つまり出発地と目的地をつなぐ中間の経路で——空間であれコミュニケーションの回路であれ、この媒介項としての中間領域における不明瞭さや信頼の喪失、繰り返される迂回や妨害の発生は、カフカ作品のライトモティーフである——、決定的な方向喪失に陥る。カールを視点人物としてなされる空間を迷い歩く描写を、やや長くなるが引用しておこう。

> いまやどうやって広間にもどるかが問題だった。あのときぼんやりしていて、広間のどこかに、うっかり帽子を置いたらしいが、それがどこか思い出せない。〔……〕この部屋が広間と同じ階なのかどうかさえ分からない。こちらに来るとき、クララがやみくもに引っぱってきた。まわりを見まわすひまがなかった。〔……〕カールはローソクをとり、廊下に出た。〔……〕そんなぐあいにしか前に進めないので、廊下が倍も長いように思えた。長い壁づたいに進んできたが、ドアひとつないのだ。いったい、どんな部屋なのか見当がつかない。つづいてこんどは、つぎつぎにドアが現れた。カールはときおり手をそえてみたが、どれも鍵がかかっていて、部屋は使われていないようだった。〔……〕
>
> 急に一方の壁がつきて、かわりにヒンヤリした大理石の手すりになった。カールはローソクを足元に置いて、そっと前をのぞきこんだ。黒々とした大きな闇が口をあけていた。この家の正面ホールかもしれない

――ローソクのかすかな明かりに、円天井らしい一部が見えた――しかし、それなら一度通ってきたはずだ。それにしても、どうしてこんなに大きな穴のようなつくりなのだろう。〔……〕手すりがまもなくつきて、カールはまたもや廊下に入った。廊下が急に曲がっていたので、つんのめるように壁にぶつかり、危うくローソクを落としかけたが、これひとつとばかりに握りしめていたので、なんとか消さずにすんだ。あいかわらず廊下がつづき、窓ひとつなく、上も下もわからない。もしかすると同じ廊下を堂々めぐりしているのかもしれず、それならばドアを開けっぱなしにしておいた部屋にもどってくるはずだ。しかし、あいかわらずその部屋の前にもこないし、手すりのところにももどらない。〔……〕前後に向かって叫んでみようと心を決めたとき、うしろの方角から小さな明かりが近づいてくるのに気がついた。おかげでようやく廊下の長さがわかった。この屋敷は城塞であって別荘ではないのではあるまいか。[†17]

冗長な描写や主人公の独白の挿入により、空間も時間も引き延ばされているかのような印象をもたらすカフカの文体と相まって、上記の引用部を読むと、先の見えない状況下での歩行がこの先も永遠に続くかのように感じられる。

しかしストローブ＝ユイレの映像では、このポランダー邸の廊下は短く真っ直ぐで、突き当たりには踊り場ひとつのシンプルな階段があるばかり、空間構成は単純明快で迷う余地がどこにも無い。彼らは原テクストに、より厳密にいえば登場人物の台詞として書かれた言葉に（つまり、映画では演者たちの「声」によって伝達される言葉に）徹底して忠実であるが、テクストによる空間描写には大胆な省略や改変を加えて憚らない。この空間描写こそが、原作者カフカの特異性であるにもかかわらず。このショートカットによって、サスペンス性は希薄となり、観賞者による視点人物（＝カール）への感情移入も妨げられる。映像が示すのは、カールがクララの部屋を出て仄暗い廊下を通り階下へと向かうという、リテラルで端的な事実そのものである。

同じくカフカの作品を原作とした映画でありながら、ミヒャエル・ハネケ監督の『カフカの「城」』（一九九七）は、ストローブ＝ユイレの試みとは対照的である。ハネケによる映像は、原作のまさしくカフカ的な空間構造――迂回と堂々巡りによって目的地に到達できず、そもそもその目的地の所在すら、初めから不可視である――を、映画という表現形式の特性において翻訳することに、ある程度まで成功しているように思われる。そこでは映像のさまざまな次元における断片性――カメラのフレームによる視界の断片化、カットによる映像の断片化、断章形式の模倣と原作の一部省略によるストーリーの断片化――のために、映し出される空間の構造とともに物語の構造も、全体を把握することが困難なものと化しているからである。

ハネケの『カフカの「城」』では、城を目指す主人公Kのひたすら雪道を歩く場面が、反復的に映し出される。しかし実際には種々の小事件が介入するたびに、限られた地点間の往復を繰り返しているにすぎず、Kは永遠に「城」に辿り着くことができない。この堂々巡りの迂回構造は、Kの歩行が常にカメラと平行の運動として捉えられていることによって、象徴的に示唆されている。あるときは画面の右から左へ、別のときには左から右へ。Kの歩く道は、奥行きの浅いカメラと平行の空間としてのみ映され、一点透視図法的なヴィスタを持つことはない。したがって映像を観る者は、Kが向かう先の風景も通りとその両脇に広がる街並の全景も把握することはできない。ただ単純で規則正しい歩行運動を間歇的に反復するKの真横からの姿と、カメラによってフレーミングされた断片的な街景の連続とを、眺めることができるだけだ。唯一、「城」の全貌らしきものが分かるのは、宿屋の扉の内側に貼られた古い景観図（冒頭のタイトルバックにもなっている）のみである。

空間描写ばかりでなく、カフカのテクストを映像へと翻訳する際にも、ハネケは「直訳」の手法をしばしば用いる。原作における「地の文」が、ほぼ常に三人称のナレーションとして、映画のフレーム外から流れ込む。このナレーションによる説明に、さらに俳優の演技が同期し、テクストの「再現」が試みられる。例えば「縉紳《しんしん》館《かん》」に戻ったKが、廊下の角にフリーダを見つけた場面である。「彼女は混乱した様子で皿を並べ替えながら言った」とのナレーションの間、フリーダは俯いて自らの手先に注意を向けている。手元はフレームアウトしているが、陶器が硬いものとぶつかり合うときの音がし、彼女が食器を並べ替えていることが分かる。ここでは、三人称によるナレーションの意味内容と俳優の演技が不自然なほどに同期しており、双方が互いにとっての愚直な説明となっている。これは、一般的な「文学作品を原作とする映画」ではむしろ、巧妙に避けられる冗長性ではないだろうか。何が起こっているのかを伝えるには、俳優の演技だけでも充分なはずだ。その後、フリーダと別れたKが縉紳館の廊下に腰を下ろす場面に至っては、「今ようやくKはあたりの静けさに気づいた」とナレーションが読み上げてしまう。「静寂さ」が、説明的なナレーションの挿入によって打ち破られてしまうという矛盾が、ここでは生じている。

ストローブ＝ユイレによる言語への忠誠、つまり音声として読み上げられる台詞の、テクストへの忠実さは、ハネケによるナレーションへの（素朴な）信頼とは決定的に異なっている。同様の素朴な信頼をもって、ハネケは原作にある空間移動の冗長性をそのまま映像に翻訳しようとするが、ストローブ＝ユイレの関心は、シークェンシャルなテクストの視覚化には無いように思われる。重要なのは、ここで「直訳」から零れ落ちる空間とは、例えば『オトン』や『歴史の授業』にとっての「ローマ」のような実在する固有の場所ではなく、フィクションであるがゆえに特定不可能な、映像化するならば恣意的にしか再現できない室内空間であることだ。『階級関係』と同様の空間処理、すなわちシークエンスの省略と単純化は、『シチリア！』（一九九九）でも行われている。

『シチリア！』はエリオ・ヴィットリーニの小説『シチリアでの会話』を原作としているが、多くの場面が省略されており、原作には濃厚なキリスト教的隠喩も登場しない。映画に登場する場所はきわめて限定的である。まず主人公が故郷シチリア行きの汽船を待つメッシーナ港、カターニャ駅経由シラクーザ行きの列車のコンパートメントと通路、母親が住む故郷の家の居間（白い壁にテーブルと椅子、料理用ストーブから構成されるミニマルな空間）、そして主人公が研ぎ屋と出会う広場。その間に、車窓の外を流れる街と駅と海面の風景や、シチリアの山間地帯（グランミケーレ）のパノラマ・ショットが挿入される。映画全編を通して、圧倒的に多いのは室内場面、それも列車のコンパートメントと故郷の母親の家という、狭く区切られた閉鎖空間である。ここで映画内空間は、ボックス型の舞台装置で上演される演劇に限りなく近づくが、実際この映画で助監督を務めたロマーノ・グエルフィは、『シチリア！』の舞台版も制作している。

時間の厚みを隔てて原テクストと「同じ場所」に立つことが、歴史的都市ローマを映す際のストローブ＝ユイレの賭金であったとすれば、そのような固有性・個別性を保証しえない空間が舞台となる場合には、徹底的に抽象化するのが彼らの律儀さなのであろう。同じ抽象化の操作は、時代背景に対しても加えられている。ストローブは『シチリア！』についてのインタヴューで、映画内の年代を意図的に分かりづらくしたことを明かしている。[†18] ヴィットリーニによる原作は、明らかにファシズム期を背景としており、この体制への抵抗こそが主題となっているにもかかわらず。特定の時代が巧みな紛い物として再現されるのではなく、「現代の自動車道の前に古代ローマの衣装をまとった人物がいる」例の手法がとられるのでもなく、場所同様に時代もまた、その固有性や具体性を徹底的に省略されることで、『シチリア！』の翻訳作業はストローブ＝ユイレ的な「忠実さ」を獲得するのである。

おわりに

俳優たちはその演ずる人物とはまったく別人であり、物語の舞台となった時代とカメラの捉える現在との間には、長い時間が流れている。ただ場所だけが同一である。模造品であるがゆえに迫真的なセットではなく、高架道路が伸び自動車の走行音の響く現在のローマが、ただ機材の前に存在した通りに記録され映し出される。別個の肉体が、遠い時間的距離を隔てて、同じ場に立っている。この、場所の同一性への愚直なまでの誠実さゆえに、

「物語内の時代」とは完全に異質な、それゆえに映像の内に異化効果をもたらすような「現在」を、ストローブ＝ユイレはカメラの前に据えなければならなかった。

同種の愚直さは、声によって読み上げられるテクストの精確さの徹底にも、また撮影の長回しの傾向にも見てとることができる。「カメラには一度にすべてを見ることはできない。しかしカメラは自らが見ることを選んだものに関しては、少なくとも何も見落とすまいと心がけるのである」[†19]とはアンドレ・バザンの言であるが、彼らの撮影はまさに、現前性への徹底した忠誠に基づくものだった。ストローブ＝ユイレはフィルムの中に、「もの」それ自体を写した。そこには、「場所」や「音」や「時間」も含まれる。発話者にとってその外部に、別個の異なる物質として存在する言語、塊のようなものとして映画経験の中に立ち現れてくる、時間の持続そのもの（彼らは一時間の出来事を五分に要約する、といった類の編集を決して行わない）、そしてカメラが回っていたそのときに、ただその場に在った陽光の戯れや小鳥のさえずりなどである。

この愚直さゆえに、ストローブ＝ユイレの映画からは、「隔たり」や「異なるもの」、「抵抗する物質性」といったものが立ち現れてくる。ローマという「同一の場所」での撮影は、時間的な距離を強調し、読み上げられるテクストへの忠誠は、肉体や声の偶有性と言語の他者性を暴き出す。俳優やナレーターの声は書かれた文字ではなく、リテラルな翻案を目指そうと「抄訳」であろうと、そもそも映像は決してテクストそのものたりえない。ストローブ＝ユイレの映画では、このような隔たりや遠さや断絶が、時間的な持続と相まって、なにか物質の塊のようなものとして観る者を押し返してくる。それは彼らの映画にしばしば登場する、赤茶色の地層が剝き出しになった崖や、地中海性気候特有の乾いた土、日差しの下にハレーションを起こす白い舗道、アパートメントの薄汚れた壁、それらの荒粗な質感と圧倒的な量塊感のメトニミーなのである。

†1　現代映画（ここではネオレアリスモやヌーヴェル・ヴァーグ）による「感覚運動」の崩壊がもたらした影響について、ドゥルーズは声と言語の決定的な変化（「自由間接話法」）を挙げた後に、視覚的イメージにおいても、空虚で分断された地層的な空間を現出させたと説く。この空隙を含む諸層へと送り返され、考古学的で構造地質学的なものと化した視覚的イメージの極北が、ドゥルーズによればストローブ的ショット（プラン・ストロビアン）である。ドゥルーズは言う。「だがそれ（考古学的、層位学的、構造地質学的なものと化した視覚的イメージ）は、さらに本質的にはストローブの空虚で間隙をはらんだ層位学的風景であり、そこでは、カメラの運動は（それが生じるときは、ことにパンにおいて）かつて起きたことについて抽象的曲線を描いており、大地は埋蔵しているものによって価値をもっている。レジスタンスが武器を隠した『オトン』の洞窟、『フォルティーニ／シナイの犬たち』の中の、民間人が虐殺された大理石の石切り場とイタリアの田園、生け贄となった犠牲者の血で肥えた『雲から抵抗へ』の麦畑（あるいは草とアカシアのショット）、『早すぎる、遅すぎる』のフランスとエジプトの田園。ストローブ的ショットとは何か、という問いに対しては、層位学の概説書におけるように、それは消滅した諸層の破線と、まだ触れることができる層相にみちた線を含んだ断面であると答えることができる。ストローブにおいて、視覚的イメージとは岩なのだ」（ジル・ドゥルーズ『シネマ2　時間イメージ』宇野邦一他訳、法政大学出版局、三三七頁）。

†2　廣瀬純「石が叫ぶ――ストローブ夫妻と「カイエ・デュ・シネマ」」『カイエ・デュ・シネマ・ジャポン（映画の21世紀Ⅵ）ゴダールとストローブ＝ユイレによる映画』勁草書房、一九九七年、一五三頁。

†3　細川晋編『ストローブ＝ユイレの映画』フィルムアート社、一九九七年、一〇頁。

†4　同書、五一頁。

†5　もっともストローブ＝ユイレ自身は、『アンティゴネ』DVD付属ブックレットの解説によれば、本作での「高速道路」はブレヒト的な異化効果を狙ったものではないと言明している（渋谷哲也「アンティゴネ　あるいは　早すぎる／遅すぎる抵抗」『アンティゴネ』DVD付属ブックレット、紀伊國屋書店、二〇〇八年、二六頁）。

†6　同前、二八頁。

†7　渋谷哲也「ストローブ＝ユイレ――言語・ナショナリティ・映像とテクストの階級関係」『階級関係：カフカ「アメリカ」

より』DVD付属ブックレット、紀伊國屋書店、二〇〇五年、一二頁。

†8 ベルトルト・ブレヒト『ユリウス・カエサル氏の商売』岩淵達治訳、河出書房新社、一九七三年、七頁。

†9 同書、一八七頁。

†10 渋谷哲也「受講者を叛逆へと誘うレクチャー『歴史の授業』」『歴史の授業』DVD付属ブックレット、紀伊國屋書店、二〇〇七年、一三頁。

†11 J. -M. Straub et D. Huillet (extraits de l'entretien avec E. Ungari), "Sur le son," *Cahiers du Cinéma*, No. 260-261, 1975, p. 49.

†12 ジャン＝マリー・ストローブ「カール・ドライヤーについて」坂本安美訳『カイエ・デュ・シネマ・ジャポン ゴダールとストローブ＝ユイレによる映画』、一三八頁。

†13 Straub et Huillet, "Sur le son," p. 49.

†14 『ストローブ＝ユイレの映画』、五一頁。

†15 フランツ・カフカ『カフカ小説全集① 失踪者』池内紀訳、白水社、二〇〇〇年、訳者による解説、三三八―三四九頁。

†16 カフカ『失踪者』、八頁。

†17 カフカ『失踪者』、七六―七九頁。

†18 「ジャン＝マリー・ストローブとダニエル・ユイレ、『シチリア！』を語る」『シチリア！ コレクターズエディション』DVD付属ブックレット、紀伊國屋書店、二〇〇九年、一一頁。

†19 アンドレ・バザン「映画言語の進化」『映画とは何か（上）』野崎歓ほか訳、岩波文庫、二〇一五年、一一〇頁。

Ⅱ

4

テクストの声、大地のざわめき

千葉文夫

おそらく『セザンヌ』（一九九〇）あたりからしだいに目立つ傾向となるように思われるのだが、ストローブ＝ユイレ映画が自作——場合によっては他作——を引用する作法にすでに慣れたつもりでいる観客でも、短篇『影たちの対話』（二〇一四）が、説明抜きでいきなり『アンナ・マクダレーナ・バッハの年代記』（一九六八）の抜粋映像から始まるのには戸惑いを覚えるのではないか。まず窓際の鳥かごがモノクロ画面に映り、さらにキャメラのフォーカスはかごのなかを飛び回る一羽の小鳥に合う。その傍らでは、体調のすぐれぬアンナ・マクダレーナが床に伏せっている。彼女の視線は窓の外へと向かうのだろう、その視線の移動を追いかけるようにして、かすかに揺れる葉陰に縁取られた空を仰ぎ見るショットに切り替わり、バッハのカンタータBWV140《目覚めよ、とわれらに呼ばわる物見らの声》第三曲の二重唱が流れ始める。バッハの曲は、もとはソプラノとバスのために書かれた魂とイエスの対話からなる二重唱だが、ここで聞こえてくるのはボーイ・ソプラノの声だろう。どことなく歌い回しもたどたどしい。このシークエンスにかぶさるアンナ・マクダレーナのナレーションでは[†1]、夫の留守中ひとり病の床に伏せる心細い思いが述べられるのだが、その言葉はバッハのカンタータの二重唱の言葉（「いつ来ていただけるのですか、私の救いよ」——「私は来る、お前の分け前として」）に重なるようでもある。

別の映画を観ているのではないのか、と一瞬不安な気分になった観客が『影たちの対話』本来の映画タイトルを目にするのは、時間にして三分半あまりのこの抜粋映像が流れたあとのことである。こうして黒画面の上にようやく「ジョルジュ・ベルナノスのテクスト（一九二八年）」、さらには「ダニエル・ユイレとジャン＝マリー・ストローブの映画、一九五四年—二〇一三年」など白抜きの文字が浮き上がることになるのである。ダニエル・ユイレは二〇〇六年にこの世を去ったが、七年後の作品にも彼女の名はクレジットされている。

同じく二〇一三年に製作された短篇『ヴェネツィアについて（歴史の授業）』（二〇一四）のラストにも『アンナ・マクダレーナ・バッハの年代記』の抜粋映像が用いられていた。そこに流れていたのはカンタータBWV205《満足せるエオールス「墓を裂け、破れ、打ち砕け」》であり、こちらの方は「何と楽しくわたしは笑うのだろう」という解放的な気分を思う存分歌い上げる。しかしながら、なぜこのように繰り返し「自己引用」がなされ、カンタータが聞こえてくるのか、あるいは自作の引用という以上にバッハの音楽そのものの引用だというべきではないか、さらに、果たしてこれは「引用」と呼びうるものなのかどうか。[†2] こうした問いの数々が、それに対する決定的な解答など容易に見つかりはしないだろうという別の思いとともに頭に浮かんでは消えてゆくなかで、『影たちの対話』も『ヴェネツィアについて』も同じ年の作品であり、抜粋映像が冒頭とラストにおかれていて、見方によって両者はシンメトリーの関係をなしていることに思い到る。この二つの作品は「二枚続きの絵」、もしくは向きあう鏡像として捉え直すこともできるのではないか。[†3]『影たちの対話』は揺らぐ木々の葉の下で男女がベルナノスのテクストを読むのに対して、『ヴェネツィアについて』では静かな波が押し寄せる水辺の光景に加えてモーリス・バレスのテクストをひたすら読み上げるナレーションの声が聞こえてくる。ベルナノスとバレス、この二人は言うまでもなく、ストローブ＝ユイレにとってきわめて重要な作家である。ベルナノスの原作にもとづくブレッソンの『田舎司祭の日記』（一九五〇）は、この映画の存在がなければ『アンナ・マクダレーナ・バッハの年代記』は生まれなかったというストローブ＝ユイレ自身の述懐に認められるように、特権的な参照点でありつづけたわけだし、ストローブが育ったアルザス＝ロレーヌ地方の歴史的記憶の問題に結びつく『ロートリンゲン！』（一九九四）および『ある相続人』（二〇一一）は、いずれもバレスの小説に依拠するものだった。

1　亡霊の領域

『影たちの対話』にあってテクストを読むのはコルネリア・ガイサーとベルトラン・ブルデール、『ヴェネツィアについて』にあってナレーター役をつとめるのはバルバラ・ウルリッヒ、いずれもユイレ亡き後、ストローブ映画を支える重要な役割を果たすことになった人たちである。テクストを読むといっても、画面外のナレーションの声なのか、実際に画面内の人物となって読むのかといった違いがないわけではないが、この二作が「朗読」という行為を前面に押し出すやり方をとっている点は共通している。

『ヴェネツィアについて』では、バレス作『ヴェネツィアの死』第三章、すなわち「アドリア海の夕暮れに漂う影たち」と題され、一九世紀のヴェネツィアと因縁の深い著名な旅行者の記憶を呼び出す一節が読まれる。実際には、スタンダール、ゲーテ、シャトーブリアンに関わる部分を抜き出してナレーションのためのテクストが作られている。[†4] 先のベルナノスのテクストと合わせて、このくだりもまた「影」という言葉と深く触れあっている点が興味深い。コルネリア・ガイサーがストローブのアパルトマンの一室で朗読する姿を撮影した『コルネイユ＝ブレヒト』（二〇〇九）におけるブレヒト作『ルクルスの審問』の朗読では、Schatten（影）という語が繰り返し聞こえ、その響きはオスティナートのように耳について離れない。この朗読の圧巻は、魚売りの女が死んだ息子を「影の王国」に訪ねる最後の一節に見出されることになるだろう。「影の王国」とは、いうまでもなく「黄泉の国」のことであり、ここでの「影」とは「死者」あるいは「亡霊」を意味する。[†5]

バレスとブレヒトのテクストにおいて浮き彫りにされる「影」の支配は、両者とはまったく別の趣をもつはずの『影たちの対話』にもその触手を伸ばし、ある種の翳りをもたらしているように思われる。ベルナノスの元の短篇は、作家とおぼしき男とイタリア亡命貴族の娘との対話からなり、情景描写など説明部分は比較的少ないが、ストローブ（＝ユイレ）の映画ではスクリプト作成のために大幅に編集の手が加えられ、テクストの分量が圧縮されるのに比例して人物像の輪郭は曖昧になり、小説の主人公というより何やら亡霊めいた存在の対話になりかわっているように思われる。妻になってくれと迫る男に対して、結婚は絶対無理で愛人になりたいのだと女が応じる不思議な関係だが、そのやりとりのなかで二人の声はまるで舞踏のように曲線を描きながら絡み合う。

「二枚続きの絵」というならば、『影たちの対話』はまさにそのような構造をもっていた。ジャックおよびフランソワーズの名で呼ばれる男女はこの短篇の最終局面に到るまで、両者の位置関係がはっきりと示されぬまま、それぞれ別々の画面枠におさまり続ける。構図はほぼ同一である。白っぽい服を着てネクタイを締めた姿のジャックの背後には、その頭上に迫るほどに豊かな木々の葉が垂れ下がり、画面左手によったフランソワーズは淡い色の服を着ていて、その右手背後に静かな水面がひろがるが、水が流れていないように見えるのは、たぶん池なのだろう。ストローブ＝ユイレ映画固有の色彩豊かなイタリア、南仏の風景に慣れ親しんだ観客にとって曇り空のもとにある全体の淡い色調そのものが挽歌のように眼に映る。二人はそれぞれ椅子に座っているのだろう、一貫してうつむき加減の姿勢で、手にした本を読んでいるようだが、その手元は画面には映らない。二人が隣り合わせのポジションに身をおき、手にしたテクストを読んでいたことが明かされるのは朗読が終わって、二枚の絵がひとつにあわさる瞬間でしかない。

ストローブ＝ユイレ映画は当初よりテクストを読むという行為にその軸をおいてきた。暗記したテクストを朗唱する場合もあるが、しだいに俳優が手にしたテクストを読むのをそのままキャメラに収めることが増えてきたのも確かである。そのあり方は器楽演奏者が譜面を見ながら演奏するのに似ている。『アンナ・マクダレーナ・バッハの年代記』では、鍵盤楽器の譜面台の上に筆写された楽譜がおかれていて、演奏者の肩越しに、演奏者の手元と楽譜を同時に収めるキャメラ・アングルが反復されていた。ストローブ自身が語るように、この映画の要が「音楽演奏の最中の人々の姿を映し出す」ことにあったとするならば、朗読を主軸とする映画では、キャメラが捉えるのは、いまそこで声を出して本を読む人々の姿なのである。

朗唱する（réciter）とは、もう一度この場に呼び出す（ré-citer）行為を意味するというべきではないか。限りなく亡霊的な存在に近づいた者たちの対話は、フランソワーズとジャックの姿と声のうちに、ダニエル・ユイレとジャン＝マリー・ストローブの姿を呼び出し、さらには『アンナ・マクダレーナ・バッハの年代記』の抜粋部分と本編とのあいだにもまた「二枚続きの絵」にも似た関係を成立させる。すでに見たように『影たちの対話』のタイトル・ロールには「一九五四年—二〇一三年」の日付が書き込まれていたが、ユイレ亡き後、この短篇を彼女の想い出に捧げようとするふるまいをそこに見ることもできよう。『アンナ・マクダレーナ・バッハの年代記』はストローブ＝ユイレのフィルモグラフィの上では第三作に相当するが、一九五四年一一月、ストラスブール大学で二年間、ナンシー大学で一年間学んだ後パリに出てきたストローブの頭にはこの映画のアイデアがすでにあり、[†6]その三年後にはグスタフ・レオンハルトにバッハ役を演じてもらう交渉のため二人はアムステルダムを訪れている。[†7]ストローブとユイレが国立映画学校（ＩＤＨＥＣ）受験準備クラスで出会ったのも一九五四年秋のことだったし、ユイレがベルナノスのテクストをもとにした映画製作のアイデアを得たのもこの時期のことだった。「一九五四年—二〇一三年」というタイトル・ロールに記された日付にはストローブ＝ユイレ映画の起源に関係するさまざまな記憶が書き込まれている。病に伏せるアンナ・マクダレーナの姿にユイレ追悼の思いが重なり、朗読を終えて静かに向きあう『影たちの対話』の男女にストローブ＝ユイレ自身の残像を見る思いが生じるとしても、それはごく自然な流れであるといえるだろう。

2　録音とミキシング

『影たちの対話』の観客を戸惑わせる要素のひとつとして独特のイントネーションをもつその朗読法が存在するのは確かだが、これとは違った次元においてさらに観客を戸惑わせるのは、声が聞こえてくる方向である。『影たちの対話』は二人の男女の対話からなるわけだが、その二人の位置関係がすぐにはわからないような仕掛けになっている。

「フランソワーズ」と呼びかけるベルトラン・ブルデールが位置するのはつねにフレーム中央からやや右寄りである。これに対して「ジャック」と応じるコルネリア・ガイサーはつねに画面の左手端に位置し、両者を収める構図は基本的に変化しない。ジャックの背後には、樹木の葉が揺れ、フランソワーズの右手は木立が途切れるあたりに水面が見えている。ほかのすべてのストローブ＝ユイレ映画と同様に、背後の樹木の葉の揺れの音、鳥のさえずりなどの物音も克明に記録されている。フランソワーズを映し出す画面に認められる葉のそよぎは、心なしかジャックを映し出す画面の葉のそよぎにくらべると穏やかで、それもまたかすかにわれわれを戸惑わせる要素となるが、より決定的なのは、声の扱いである。画面内の人物の声はジャックの場合もフランソワーズの場合も画面中央から聞こえてくる。奇妙なのはジャックであってもフランソワーズであっても画面外の声となるとき、それが画面左手から聞こえてくることである。鳥のさえずりの響きには、ステレオ空間のひろがりが感じられるが、この右手から聞こえる声はステレオ効果とは違う性質をもっている。ストローブ＝ユイレ映画の基本的原理のひとつに同時録音、モノラル音声という要素があるのはすでによく知られた点であるが、その原理から逸脱した何かがここに生じているのではないか。[†8]

ダニエル・ユイレの母から結婚記念の贈り物としてオーディオ装置をもらう際に、スピーカーは一個だけでいいと言ったという挿話からも想像できるように、二人のモノラル録音・再生へのこだわりはよく知られている。その八年後、『アンナ・マクダレーナ・バッハの年代記』の撮影が開始された時点では完全にステレオ録音再生の時代になっていたが、ストローブ＝ユイレは演奏を録音する際には原則としてマイク一本でこれをおこなったという。[†9]『モーゼとアロン』（一九七五）もまたモノラル録音のオーケストラ演奏に独唱、合唱など声のパートをミキシングして出来上がっている。『カイエ・デュ・シネマ』誌に掲載されたこの映画の撮影日誌には、マイクを吊すブームと呼ばれる装置をチネチッタの撮影所に借りにいったときの印象深いエピソードが語られている。[†10]「ブームとマイクとの関係は、クレーンとキャメラの関係に相当する」とユイレは言うわけだが、彼らにとって、残響を配したモノラル録音は同時録音方式と連動していて両者は切り離せない。ブノワ・テュルケティが言うように、ストローブ＝ユイレ映画にあってモノラル録音は「音響が生まれる本来の空間を尊重する唯一の手段」[†11]だったはずなのである。

マイクの位置に関する興味深い証言がある。ルイ・オシェの後を受けて『シチリア!』(一九九九)以降のストローブ=ユイレ映画の録音を担当しているジャン=ピエール・デュレは、撮影現場における鳥のさえずりと人物の声のミックスが可能なようにできるだけ遠く離れた位置にマイクをおいて録音し、さらにショットを撮り終えるごとにユイレの綿密なチェックが入るやり方が、ほとんど宗教的儀式に近いものとなっていたと語っている。[†12]モノラル録音が追求するのは、遠近の感覚であり、「ブーム」と呼ばれる装置もそのための必需品だった。なぜ同時録音にこだわるのか、以下のジャン=ピエール・デュレの発言はその理念を語っている。

彼らの仕事はその瞬間の真実に即したものとなっている。現場のリアリティ、思いがけない偶然の音響が録音に作用する。職業的俳優や素人俳優が話すやり方に作用する。それらはじかに関係しあっていて、一体となった分解不可能なかたまりをなしている。時間のかけらといってもよい。同時録音は時間のブロックだ。何か付け加えようとするともう同じではなくなってしまう。意図が違ってしまうのだ。[†13]

このようにストローブ=ユイレ映画はモノラル録音と同時録音の結びつきを尊重してきた。ならば『影たちの対話』にみられる逸脱は何を意味しているのだろうか。考えられるのは、デジタル機器の導入以後の、録音とミキシングの過程における変化ということだ。ここでは鳥のさえずり、ジャックの画面とフランソワーズの画面に感じられる音響の微妙な差異、画面内人物の同時録音の声とミキシングによって加えられた画面外の声、そのような音響ブロックの重ね合わせがなされているのではないか。ここでの操作がとくに左右の方向に関してある種の不安定さを引き起こす結果になっているのが意図的なのかそうでないかは不明だが、いずれにせよ声の亡霊が浮遊するような印象が強まるのである。

3　スコアを読むように

「《演じる》のではなく、朗唱する」と題され、『フィルム』誌一九六五年五月号に掲載されたストローブの短い文章がある。[†14] 以下その一部を引用する。『影たちの対話』よりも半世紀ほど前の時代に書かれたものだが、ストローブ＝ユイレの映画の特質を考える上で示唆的な要素を多く含んでいる。

小説の「アダプテーション」と呼ぶべきものではない。俳優にテクストを与えて「演じる」ように求めたりはしなかった。求めたのは、明確な指定のあるスコアにしたがってこれを朗唱する（réciter）ことだった。ジャン＝リュック・ゴダールが言うに、「いつだって初期のトーキー映画の音響に愛着を覚えたのは、その音響にはまぎれもない真実があったから、というのも人々が話すのを耳にできたのはそれが最初だったからだ」。

物語を演じるのではなく、テクストの声そのものを響かせる。ひとまずストローブ＝ユイレ映画に潜む欲望をこのような言葉で捉え直してみるのはごく常識的な行為であるだろう。ヘルダーリンの『エンペドクレスの死』に言及しながら、テクストへの関心が文学という以上に、作家の言葉そのものにあるとストローブが言い切るのもこうした流れにおいて理解することができる。[†15] 要するに本質的なのは物語ではなく、言葉という物質なのであって、ストローブ＝ユイレ映画が抱え込むことになる特異性もまたこの点に深く関係している。

さらに上記の引用では、スコアという表現が用いられていたが、彼らの映画の製作過程を検証するなかで、これが比喩的な意味にとどまるものではないことも明らかになるだろう。そのための資料として『ルーヴル美術館訪問』（二〇〇四）あるいは『おお至高の光』（二〇一〇）のスクリプトの複写図版を参照することができる。[†16]

『ルーヴル美術館訪問』はジョアシャン・ガスケ編著『セザンヌとの対話』を底本としたものだが、ストローブによれば、ここでテクストを読んでいるジュリー・コルタイは、彼の自宅近くのバーでよく姿を見かける風変わりな人物で、関心をもったのは、彼女がしゃべる言葉に紛れ込む時代遅れの独特な語彙のせいだったという。彼女に出会う以前はミシェル・ピッコリにナレーションを依頼しようと考えていたというが、これには無理があったかもしれない。というのも、ナレーションのリハーサルで用いられたスクリプトに書き込まれた細かな指示を見ると、経験豊かな俳優がこれに逐一対応するのは逆に難しいのではないかと思えるのである。

『ルーヴル美術館訪問』のスクリプトのタイプ原稿のカラー印刷の複写を見ると、原稿は全部で一五頁に及ぶ。いずれも下方に余白をたっぷりと設け、そこに手書きの文字で書き込みがなされている［図1］。赤、青、緑、黄色などさまざまなマーカーもしくはボールペンによって細かな指示が書き込まれている。ストローブの説明によると、色の違いはリハーサルの日時の違いに対応している。たとえば「ハンマーで打つように」と赤字で書かれた指示が青のマーカーで囲まれたり、その数行後では、「息をする」という同じく赤字の指示が緑のマーカーで囲まれたりするという具合である。ジュリー・コルタイの朗読を聞き直してみると、「ハンマーで打つように」という指示の部分では、これに対応するようにそれぞれの音節を明確に区切って発音がなされている。語尾まではっきりと聞こえるように発音するようにという指示もなされている。たしかに、どの言葉もはっきりとした輪郭をもって聞こえてくる。それ以上に、刃物で切断されたように言葉の語尾が耳に突き刺さってくる瞬間がある。

ストローブ＝ユイレ映画の製作に関係する人々がこのようなスクリプトをスコアと呼んでいたことは、ジャン＝ピエール・デュレの証言にも見えるが、『ルーヴル美術館訪問』のスクリプトはまさにこの言葉が比喩以上の意味をもつことを示している。楽譜の休止符、指示記号に近いものが、そこにはびっしりと書き込まれており、そのような指示を踏まえた上で朗唱を理想型に近づけるのに長いリハーサル期間が必要だったことも理解できる。一本から四本まで斜線を使って息継ぎの長さの違いが指定され、「呼吸する」という指示のほかに「短い休止」、

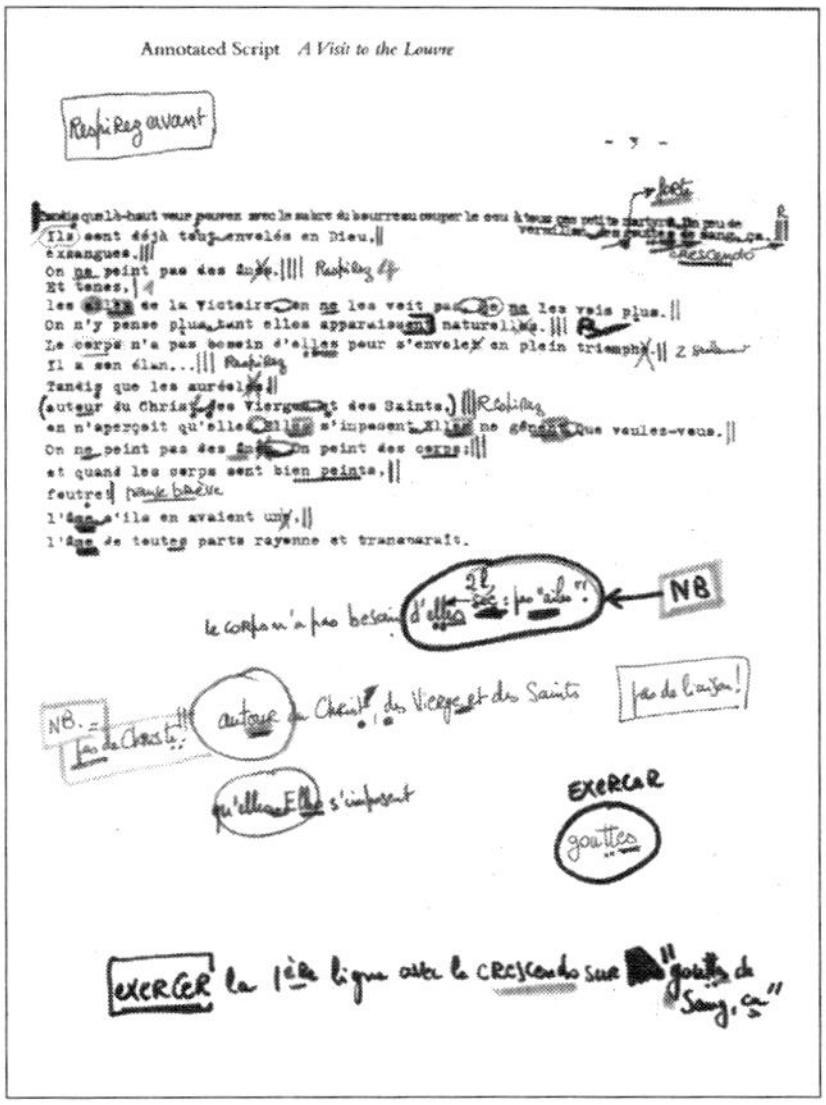

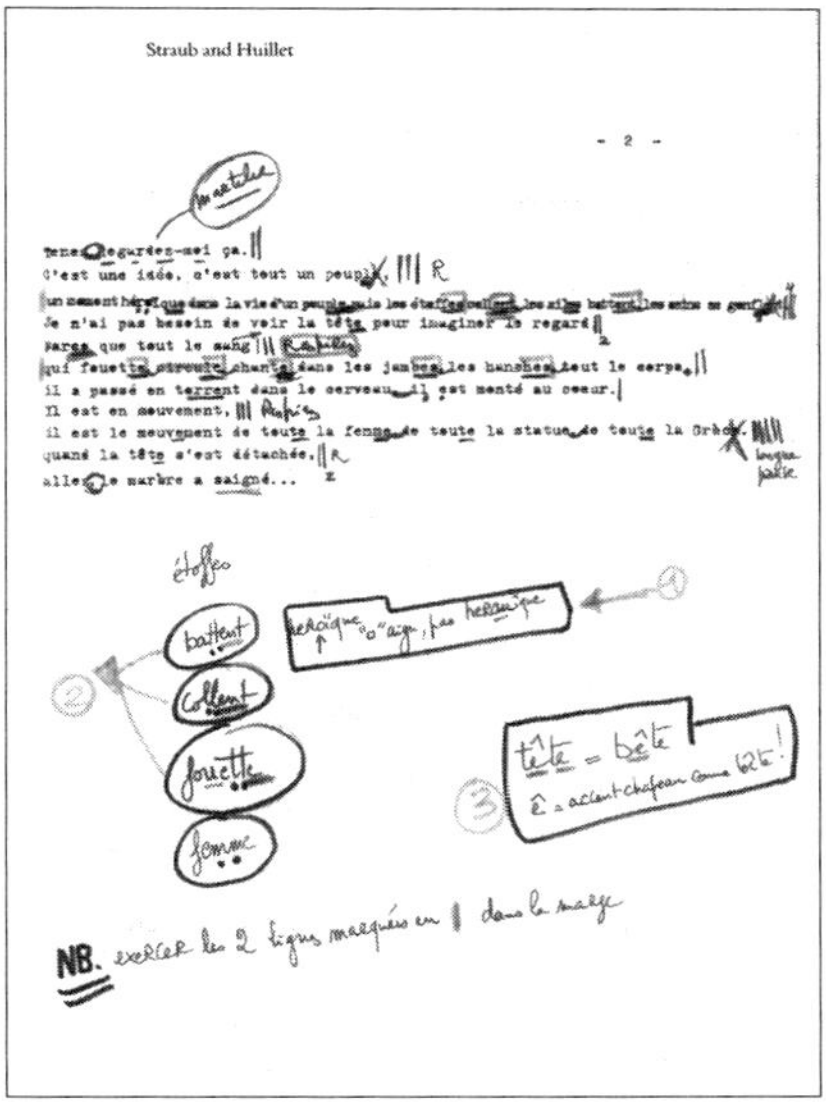

図1（右）・2（左）『ルーヴル美術館訪問』の註釈が加えられたシナリオ（Jean-Marie Straub and Danièle Huillet, *Writings*, New York, Sequence Press, 2016, p. 460〔1〕, p.461〔2〕）

「長い休止」という指示も加わる。沈黙部分あるいは黒味の重要性はストローブ＝ユイレ映画の特異性としてわれわれの肉体的記憶になっているはずのものであるが、スクリプトの上でもこの点についての細やかな配慮がなされていることがわかる。余白に記されている手書きの文字は、リハーサルの過程での注意点のコメントのように読める。そこでは母音の発音など細かいチェックがなされていて、その細かさには驚かされる。たとえば“elles”の二つの“l”の発音は、通常はほとんど差異が意識されない“ailes”の発音と区別しなければならないことが注意点として書き込まれていたりする［図2］。

『ルーヴル美術館訪問』では、黒画面にナレーションがかぶさる場合もある。つまりナレーションに観客の全神経が集中するという局面も考慮に入れて、ナレーション役の選定から始まって、読みのリハーサルに到るまで入念に準備が進められた。われわれのこの映画についての記憶の少なからぬ部分は幾分ハスキーなジュリー・コルタイの声の感触によるものとなっているはずなのである。

4　テクストの声

ストローブ＝ユイレは朗唱の対象となるテクストをどこに見出したのか。フィルモグラフィを辿り直してみると、彼らのコーパス形成の特徴が見えてくる。とりあえず『マホルカ＝ムフ』（一九六二）および『和解せず』（一九六五）のハインリヒ・ベル、『階級関係』（一九八四）のカフカは考察の対象からはずすことにしよう。上記の作品群は、多かれ少なかれ「演じる」という要素が強くはたらいているわけであり、「テクストの朗読」という観点から見るだけでは不十分なはずだ。こうして長篇と短篇の別を問わず朗読の対象となる作家名を並べてみると、コルネイユ、ブレヒト、ヘルダーリン、パヴェーゼ、ガスケ編セザンヌ、ヴィトリーニ、バレスなどが繰り返し取り上げられていることがわかる。このほかにベルナノス（『影たちの対話』）、マラルメ（『骰子一擲』）、カフカ（『ジャッカルとアラブ人』）、ダンテ（『おお至高の光』）、モンテーニュ（『ミシェル・ド・モンテーニュのある話』）などについては、扱われるのは一回だけだが、いずれも選び抜かれたテクストであることは間違いない。朗唱に用いられる言語は、フランス語、ドイツ語、イタリア語であるが、ダンテのイタリア語、一六世紀あるいは一七世紀のフランス語、ヘルダーリンのドイツ語、マラルメのフランス語など、固有の言語というべきであり、三カ国語などという大まかな言い方ではすまされない。

『オトン』（一九六九）および『エンペドクレスの死』（一九八七）にすでに見られるように、ネイティヴではない人間を起用し、むしろ外国語訛りを積極的に利用したこともまた特徴のひとつと考えられる。ただし、正確に言うならば、この場合の「訛り」とは、標準形に対する偏差という以上に、発音、リズム、抑揚など声を特徴づける諸々の力の配分の多様なあり方、あるいは灰汁が強いというときの「あく」に近いものを含むのである。

『オトン』はストローブ＝ユイレの独自の朗唱法についての思考を徹底して実践に移した最初の例と考えることができる。テクストはフランス語、それもアレクサンドランと呼ばれる一七世紀フランス語の韻文だが、この映画はコメディー・フランセーズ流の朗唱法とは異なる思想をもって、アクセント、読むスピード、抑揚など異質な要素を組み合わせることで、これを個性的で特異な読みの対位法的空間へと変えてしまった。その朗唱法の極致は、ほとんど棒読みといってもよいスピディーな台詞回しにあり、アドリアーノ・アプラ演じるオトンおよびアンヌ・ブリュマーニュ演じるプロティーヌがその代表例となる。表情にもほとんど変化がなく、いわばアスリートのように速度を競うその読みは、思わずグレン・グールドによるモーツァルトのピアノ・ソナタの録音に比すべきという形容が頭に浮かぶほどだ。いったいなぜこのように速く読まねばならないのかと怪訝な気もするが、ここまで徹底すると、逆にある種の爽快さも感じられる。読みに過剰な表情をつけない、読みのスピードを加速するなどの点では、当然のことながら、ジゼル・ブロンベルジェの短篇『ジャン・ルノワールの演技指導』（一九六八）で言及される「イタリア式読み」との関連が気になるところだが、この場合の演技指導がめざすのは、最初は感情を込めずにできるだけフラットな読みを心がけることで余分なものをいったん取り除き、そのうえで役柄への接近をはかることだった。ストローブ＝ユイレの映画がオトンあるいはプロティーヌの人物造型に心を砕いているとは考えにくい。背景となるローマ市街からたちのぼる車の騒音のように、その朗唱の声は物質的でドライだ。

『オトン』を出発点として、しだいにドイツ語朗唱とイタリア語朗唱からなる二つの系列の作品群が分水嶺のように作りだされることになる。いっぽうには『歴史の授業』（一九七二）、『アンティゴネ』（一九九二）、『エンペドクレスの死』、『黒い罪』（一九八九）などのドイツ語朗唱をともなう作品群があり、もういっぽうには『フォルティーニ／シナイの犬たち』（一九七六）、『雲から抵抗へ』（一九七九）、『シチリア！』、その先にはさらに『労働者たち、農民たち』（二〇〇一）およびパヴェーゼの『レウコとの対話』をもとにした作品群のイタリア語朗唱の世界がある。とくに、濃い緑の風景がとくに印象的な『労働者たち、農民たち』以後のイタリア語による作品群にあっては、樹木のように大地に根ざす人物群の鍛えられた強い声の存在感が印象的だ。濱口竜介は『ハッピーアワー』（二〇一五）の製作と平行して組織されたワークショップでの経験を通じて獲得された声を「はらわたから発されるような声」と形容していた。[†17]『労働者たち、農民たち』以後のイタリア語作品群については、「はらわた」よりもさらに下方にベクトルが向かい、「大地の声」というべきものがたちあらわれているというべきではないか。ほぼ直立不動でパヴェーゼのテクストを朗唱する人々はまるで樹木のように大地に根が生えているように思えるのだし、仮にそれが『魔女―女だけで』（二〇〇九）の場合のように横たわる姿勢で朗唱がなされることで一見不自然なものに見えるにせよ、樹木の根もまた地面に沿って這うように伸びることを思えば必ずしも奇異とはいえない。

『セザンヌ』および『ルーヴル美術館訪問』は、いずれもガスケ編著『セザンヌとの対話』からの抜粋を用いている。前者のナレーションはユイレ自身、後者のそれはジュリー・コルタイと入れ替えがあるが、ことテクストの読み方に関しては、ユイレの指示が隅々まで貫かれ、連続性が感じられる。おそらくストローブ＝ユイレ映画におけるフランス語朗読のなかでもっとも標準形に近いものは『ロートリンゲン！』に見出されるのではないか。これに比べると、ユイレ、コルタイ、ガイサーの読みには独特のアクセントがある。コルタイがユイレの指示通りにふるまったとすれば、ユイレの死後、二作で朗唱＝朗読にあたったガイサーは、ユイレが導入した読みにさらにひねりを加えたあり方を考案したといえるだろう。彼女の声のしなやかな感触、とくに細かく上下するその抑揚の独自のあり方は、時としてシェーンベルクの《月に憑かれたピエロ》のシュプレッヘ・シュティンメを思わせる動きを見せる。ミュンヘン生まれで、コメディー・フランセーズの舞台に立った経験もあるというし、『コルネイユ＝ブレヒト』では、コルネイユとブレヒトをそれぞれフランス語とドイツ語で自由自在に読んでいるところから見ても、バイリンガルなのだろうが、その二重性は翻訳の問題ともかかわりがあるようで興味深い。

『影たちの対話』の二人の出演者、ガイサーとブルデールはコルネイユの『メデ』をもとにした映画を二〇一一年に製作している。パリ一五区の新建築が立ち並ぶ一角を舞台とするひとり芝居に類するものであり、一七世紀フランス語の朗唱のための舞台としては何とも似つかわしくない場をあえて選んで彼女ひとりで朗唱に取り組んでいる。おそらくバッハのカンタータと思われる曲が最後に流れて映画が終わっているのも、ストローブ＝ユイレ映画との関連を感じさせる点である。『わが魂を読む眼』というそのタイトルは、四十数年の歳月をへた後で『オトン』のフランス語題名「つねに眼は閉じようとはしない……」への応答を試みているかのようである。

5　字幕を読む

ストローブ＝ユイレ映画の観客はスクリーンを見るだけでなく、多かれ少なかれこれを読むことを強いられる。すなわちドイツ語、イタリア語、フランス語の朗唱に対して、英・独・仏・伊・日などの字幕が配されることになり、テクストを理解しようと思うならば字幕を読む作業に追われることになるのだ。朗唱されるのが、ヘルダーリン、マラルメなどの難解なテクストを含むものであることを考えた場合、これはかなり負荷の高い作業だといえるだろう。それ以前に翻訳字幕の作成じたいが途方もない力業となる。ユイレはその翻訳の仕事に関しても大きな役割を果たしている。

ユイレによるドイツ語からフランス語への翻訳は徹底的な逐語訳の原理に依っている。語順を変えない、そしてまた詩行の枠を遵守することで原典と翻訳の同期がはかられている。朗唱を聞き、字幕を読む、このプロセスのなかでテクストの二重化がなされる。あるいは朗唱と字幕の鏡像関係が成立するといってもよい。ベンヤミンは「翻訳者の使命」において、ヘルダーリンによるソフォクレスの翻訳（『オイディプス』と『アンティゴネ』）に触れ、「この翻訳のなかでは、二つの言語がきわめて深く調和しているので、〔原作の〕意味は風に触れて鳴る風琴のようにかろうじて翻訳の言語に触れられているにすぎない」としている。ヘルダーリン訳の『アンティゴネ』をブレヒトは舞台用に改作し、そのテクストをもとにストローブ＝ユイレは『アンティゴネ』を撮影し、この映画のためにユイレはフランス語字幕を作っている。何とも興味深い連鎖である。ところでベンヤミンは別の一節でヘルダーリンのソフォクレス翻訳に絡む問題に触れ、以下のように述べている。

一九世紀の人びとの目には、ヘルダーリンのソフォクレス翻訳が、このような逐語性の途方もない実例と映っていた。結局、形式の再現に忠実であることが意味の再現をいかに困難にするかは、おのずと明らかである。したがって、逐語性の要請は意味の保持という関心からは導き出せない。意味の保持ということだけに限れば、悪しき翻訳者の無規律な自由のほうが――もちろん文学と言語にとってはまったくそうはいかないが――はるかに役に立つ。それゆえ必然的に、逐語性の要請は、その正当性は明白であるとしてもその根拠は深く隠れているのだから、もっとも適切な連関から理解されなければならない。つまり、ひとつの器のかけらを組み合わせるためには、それらのかけらは最も微細な部分に到るまで互いに合致しなければならないが、だからといって同じ形である必要はないように、翻訳は、原作の意味にみずからを似せるのではなくて、むしろ愛をもって細部に至るまで、原作のもっている思考する仕方を己の言語のなかに形成しなければならない。そうすることによって原作と翻訳は、ちょうどあのかけらがひとつの器の破片と認められるように、ひとつのより大いなる言語の破片として認識されうるようになるのである。[†18]

翻訳すべきもの、それは意味ではなく、統辞法とその枝葉であり、破片となった言葉である。ストローブ＝ユイレにおける断片的なるものの強い関心もまたこのベンヤミンの文中に語られる「大いなる言語の破片」と深く関係しているにちがいない。

アントワーヌ・ベルマンはすでに古典となったその翻訳論において、逐語訳の試みの極限的な例として、ヘルダーリンに加えて、ピエール・クロソフスキーによるウィルギリウス『アエネイス』の仏訳をあげている。[†19] 当のクロソフスキーはこの仏訳の序文において「無理にでも原文のテクスチャーにしたがおうとした」と述べるとともに、訳者としての彼が追求したのは「響きの豊かさ」であり、「イメージの威光」であると言っている。クロソフスキーによれば、「ウィルギリウスの叙事詩はまさしく一個の劇場となって、そこで言葉は登場人物の所作と魂の状態を模倣する」のである。ブノワ・テュルケティはおそらくこのベルマンの議論に触発されてのことだろうが、ユイレの翻訳作業とクロソフスキーのウィルギリウス訳の仕事を同一平面上に並べ、あえて原文通りに語順を変えない逐語訳の追求によって意味の理解の面でマイナスが生じ、ある種の奇態が生み出されるにせよ、オリジナルの感触をとどめようとする点で、それ以上の成果が得られているとしている。

ところでユイレが作成した字幕には、奇妙なことに、ところどころ穴がある。朗唱の言葉がつづくのに、字幕部分に欠落が生じ、その部分が一瞬のあいだ黒画面に変わったような印象が生まれる場合があるのだ。決して単なる欠落ではない。字幕の欠落は意図的なものであるはずだ。本来は字幕があるべきはずの部分の空白については、さまざまなことが考えられる。いまここでは、その空白部分もまたわれわれにとってのストローブ＝ユイレ映画の感触の重要な要素をなす黒画面、朗唱の切れ目の沈黙の持続など、ものを言わぬ持続的時間に通じる何かを孕んでいるように思われると言っておくにとどめよう。

6　音響空間としての『セザンヌ』

すでに紹介したようにドミニク・パイーニはストローブ＝ユイレの『セザンヌ』を論じる文章のなかで、ヘルダーリンとセザンヌを「二枚続きの絵」という構成原理のもとにこの映画を読み直す作業をおこなっている。ヘルダーリンとセザンヌはどのように応答し合い、エンペドクレスとセザンヌはどのように応答し合うのか。彼によればモンタージュは映画的というよりは美術館的である。何枚かのセザンヌの肖像写真、映画の抜粋、セザンヌの絵画作品のスライドなどを織り込んだ進行のなかで、ガスケ編著『セザンヌとの対話』から抜き出してきた画家の言葉を読むナレーションが流れる。ジャン・ルノワールの『ボヴァリー夫人』(一九三四)とストローブ＝ユイレ自身の『エンペドクレスの死』の引用を介して、われわれは自然への畏敬の念、サント・ヴィクトワールとエトナという名をもつ燃え上がる二つの山など、さまざまな結節点を改めて意識することになるだろう。

ドミニク・パイーニも言うように、セザンヌの《数珠をもつ老婆》(一八九五—九六)を画面に召還し、続けてこの絵に言及するセザンヌ自身の言葉からフローベールと色調の話題へと移り、さらに小説『ボヴァリー夫人』の「農業共進会」の老女の姿に言及する一節を引用し、これを合図にジャン・ルノワールの映画への転換をはかるストローブ＝ユイレの手法は流れとしてはむしろ順当なものだ。ただしそこには驚くべき仕掛けもあり、ルノワールの映画の農業共進会の場面で表彰を受ける老婆の姿を追うなかで、われわれは、まるでセザンヌの絵からそのまま抜け出てきたようなその姿に思わず眼を見張ることになるのである。

しかしながら、ルノワールの映画への転換がなされる瞬間、まずトランペットによるファンファーレが鳴り響き、画面からは「初期のトーキー映画」の音声が奔流のようにあふれ出してくるその瞬間もまた同じように驚くべきものだ。『ボヴァリー夫人』と『エンペドクレスの死』という異質な二作品は、どのような資格でここに同居するのか。

『セザンヌ』における『エンペドクレスの死』の引用は二箇所にわたっているが、ここではショット34に相当する「天の光よ……」の朗唱に始まる最初の部分だけを見ておこう。これを読むのはアンドレア・フォン・ラウヒ、あいだに「幸せなる者よ」と呼びかけるパウサニアスの一行をはさんで朗唱は長々とつづく。セザンヌの言葉を読むユイレのナレーション、そしてこのラウヒによるヘルダーリンの詩句の朗唱、画家の言葉と詩人の言葉、いっぽうはフランス語であり、もういっぽうはドイツ語であって、フランス語は語末に強勢のアクセントをおき、ここでのドイツ語は語頭に強勢のアクセントをおくなど、むしろ語彙、発音、イントネーション、リズムなどの面で差異が際立つはずだが、字幕を手がかりに言葉の意味を追うのをやめ、ひたすら朗唱の声に聴き入るならば、奇妙なことに、二人の声が刻む独特のリズムがまるで重なり合うようにわれわれの耳に響いてくることに気づく。あまりにも主観的な印象といわれればそれまでだが、ヘルダーリンの詩句とセザンヌの言葉が響き合うとして、その重なり合いの原理をアナロジーにもとづくモンタージュの操作に求めるのではなく、声の存在様態そのものに求めるあり方も考えうるはずだ。この場合の声とは、結論的には、強拍・弱拍の重なりの連続が生み出すリズム、そしてまた肌理という分析しがたい物質的感触ということになるだろう。ユイレあるいはラウヒの声の感触は、この『セザンヌ』という映画についてのわれわれの記憶の少なからぬ部分を占めているはずなのである。

ドミニク・パイーニとは別の視点から「二枚続きの絵」の片方をジャン・ルノワールの映画に定めるやり方が考えられる。すでに引用したストローブの短文には初期のトーキー映画の音響に触れるゴダールの言葉を引く部分があった。そこに特定の映画作家の名があげられていたわけではなかったが、われわれはその最も華やかな例を一九三〇年代前半のジャン・ルノワールの映画に見出すことができる。『牝犬』（一九三一）、『素晴らしい放浪者』（一九三二）、『ショタール商会』（一九三三）、『ボヴァリー夫人』の四作をあげるだけでわれわれはすでに満ち足りた気分になる。映画が音声を獲得し、その悦びにひたっているかのように、そこでは声の饗宴が演じられることになるのである。

『ボヴァリー夫人』は興行的には失敗作となったが、ジャン・ルノワール自身はブレヒトの賛辞に大いに勇気づけられたという。彼はまた自身の回顧的な文章のなかで、この映画は、ピエール・ルノワール、ヴァランティーヌ・テシエ、マックス・デアリなど演劇人との実験だったことを強調している。ジャン・ルノワールは兄ピエールとヴァランティーヌ・テシエを讃えているが、農業共進会の場面にかぎっていえば、全体を支配するのはマックス・デアリ演じる薬剤師オメーの訛声《だみ》とその台詞回しだというべきだろう。この声に比べれば、エンマを口説く台詞の紋切型表現とどこか似通った性格をもつロドルフの声の平板さが際立つことになるのだが、そのような対比も織り交えながら「初期のトーキー映画の音響」の世界がたちあらわれる。ルノワールは声に対する独特の感性をもっていた。『ショタール商会』の主役を演じたフェルナン・シャルパンはマルセル・パニョルの映画の常連だったことからもわかるように、南仏訛りの台詞回しがトレードマークとなっていて、舞台版『ショタール商会』でもやはり主役を演じた演劇人だった。また『牝犬』と『素晴らしき放浪者』の出演者ミシェル・シモンは『ジャン・ルノワールの演技指導』のなかで紹介される「イタリア式読み」をルノワール自身に伝授したその人なのである。ストローブはRAI DUEのディレクター宛に「吹き替えは殺人だ」というタイトルの文章を書き送っているが、このタイトル表現はジャン・ルノワールに由来するものだった。[†20] 文章中に引用されるルノワールの言葉を最後に引いておこう。

つねに人生を不意に捕らえることが問題なのだ。人生を不意に捕らえるとは、その瞬間の声、物音を不意に捕らえることなのだ……わたし自身はいまなお旧派に属している。人生を不意に捕らえること、ある特定の状況で若い女が思わずもらすため息、二度と再現できないそのため息の力を信じている。[†21]

ここにはストローブ＝ユイレ映画の思想がすでに語られている。ジャン・ルノワールは『ボヴァリー夫人』のロケ地として、ルーアン、リヨン＝ラ＝フォレなど小説の舞台となった場所を選んでいる。朗唱のための土地の選定に特別なこだわりを見せるストローブ＝ユイレの姿勢にもこれに通じるものがある。『影たちの対話』もまたノルマンディ地方のサント＝オノリーヌ＝ラ＝シャロンヌに理想的なロケ地を見つけたことが映画撮影に結びついたという。われわれはこのようにして『セザンヌ』におけるルノワール映画の思いがけぬ、そして驚くべき引用の背後にある連関の糸を見出すのである。

†1 『アンナ・マクダレーナ・バッハの年代記』は各国語字幕版のほかに、ナレーション音声を入れ替えた「フランス語版」「オランダ語版」「イタリア語版」「英語版」がある。ここでの引用に用いられているのは、フランス語版であり、アンナ・マクダレーナ・バッハ役のクリスティーネ・ラング自身がフランス語のナレーションをおこなっている。そのフランス語はドイツ語訛りが強いものである。

†2 『共産主義者たち』（二〇一四）は、『労働者たち、農民たち』、『フォルティーニ／シナイの犬たち』、『早すぎる、遅すぎる』（一九八一）、『エンペドクレスの死』『黒い罪』など旧作五本からの抜粋を含む構成になっていた。さらにまた『四部の提案』（一九八五）は、グリフィスの『小麦の買い占め』（一九〇九）のほか、『モーゼとアロン』『フォルティーニ／シナイの犬たち』『雲から抵抗へ』の三作からの抜粋によって構成されたビデオ・モンタージュとなっている。このようなモンタージュ作業はいわゆる「引用」の枠には到底おさまりきらない。

†3 ドミニック・パイーニはヘルダーリンとセザンヌを結ぶ「二枚続きの絵の原理」に触れている。Dominique Païni, *Le temps exposé. Le cinéma de la salle au musée*, Cahiers du cinema, 2002, p. 106.

†4 この作品はまた「歴史の授業」という副題をもつことで、ブレヒトのテクストにもとづくローマを舞台とする『歴史の授業』を参照系とする回路ができあがる。ここにもまた「引用」に関係する要素が認められる。

†5 もちろん『エンペドクレスの死』における Schattenreich（黄泉の国）という語の響きもこれにつらなるものである。

†6 Benoît Turquety, "Jeunesses musicales. L'invention de *Chronik der Anna Magdalena Bach*," in Danièle Huillet/Jean-Marie Straub, *Chronique d'Anna Magdalena Bach. Le Bachfilm, Découpage intégral, Textes, entretiens, documents*, Editions Ombres/Belva Film, Editions Montparnasse, 2012, p. 71.

†7 Entretien avec Jean-Marie Straub et Danièle Huillet, in *Chronique d'Anna Magdalena Bach*, Ombres, 1996, p. 131.

†8 この短篇を最初に観たのは、二〇一六年二月、アテネ・フランセ文化センターでの上映においてだった。このとき二人が左右のどちらに位置しているのかを即座に判断しがたく思った記憶がある。画面外の声が向かって左から聞こえてくるという印象は、YouTube上にあがっている映像を確認した結果である。

†9 Danièle Huillet/Jean-Marie Straub, *Chronique d'Anna Magdalena Bach*, Petite Bibliothèque Ombres, p. 137.

†10 Danièle Huillet/Jean-Marie Straub, *Moïse et Aaron*, Ombre, 1974, p. 68.

†11 Danièle Huillet/Jean-Marie Straub, *Chronique d'Anna Magdalena Bach. Le Bachfilm, Découpage integral. Textes, entretiens, documents*, p. 93.

†12 *Jean-Marie Straub & Danièle Huillet*, edited by Ted Fendt, Synema, 2016, p. 137.

†13 Ibid, pp. 137-138.

†14 "Ne pas « jouer »", réciter, in Jean Marie-Straub et Danièle Huillet, *Écrits*, Independencia éditions, 2012, p. 35. 同書はストローブとユイレが書いたさまざまなテクスト、さらには映画撮影に使用されたさまざまなドキュメント、レナータ・ベルタによる映画撮影風景の写真とそのコメントなどの資料を収めたフランス語版（全二八七頁）の一冊である。英語版（全六〇七頁）はその増補版ともいえる規模をもっている。Jean-Marie Straub and Danièle Huillet, *Writings*, New York, Sequence Press, 2016.

†15 *Jean-Marie Straub & Danièle Huillet*, edited by Ted Fendt, p. 120.

†16 『ルーヴル美術館訪問』のリハーサル用スクリプトの図版は上記の「著作集」に掲載されている。また『おお至高の光』でダンテ『神曲』天国篇最終歌を朗読したジョルジォ・パッセローネのストローブ＝ユイレ論には撮影時に用いられたテクストの複写が掲載されている。Cf. Giorgio Passerone, *Un lézard. Le Cinéma des Straubes,* Presses Universitaires du Septentrion, 2014.

†17 濱口竜介『カメラの前で演じること』左右社、二〇一五年、六三頁。

†18 ヴァルター・ベンヤミン「翻訳者の使命」内村博信訳『ベンヤミン・コレクション② エッセイの思想』浅井健二郎編訳、ちくま学芸文庫、四〇四頁。

†19 Antoine Berman, *L'Epreuve de l'étranger,* Gallimard, 1984; *La Traduction et la lettre ou l'auberge du lointain,* Seuil, 1999.

†20 Straub et Huillet, *Écrits*, p. 66.

†21 Ibid., p. 67.

5
セザンヌに映り込む

中尾拓哉

S 1

サント＝ヴィクトワール山を望む。ジャズ・ド・ブッファンの庭に並ぶマロニエの木々の間から。ポール・セザンヌ（一八三九―一九〇六年）にとってそれは、将来に期待を膨らませた青春の、パリとプロヴァンスを行き来し、やがて老後に身を落ち着かせた故郷の風景であった。

エクス＝アン＝プロヴァンスの中心部から西に二キロほど離れた郊外にあり、プロヴァンス語で「風の館」を意味するジャズ・ド・ブッファンは、セザンヌの父、ルイ＝オーギュストによって一八五九年に購入された別荘の名である。赤色の屋根、黄色の壁をもつその屋敷は、かつてのプロヴァンスの領主の旧邸であり、およそ一五万平方メートルに及ぶ広大な敷地には、石彫で飾られた池、農場、小麦畑、そしてマロニエの並木道があった。若きセザンヌは、このジャズ・ド・ブッファンの大広間をアトリエ代わりにして制作を始め、後に屋敷から続くこれらの景色を描いた。

サント＝ヴィクトワール山は、紀元前一〇二年にローマの執政ガイウス・マリウスが、テュートン人の侵略を防いだことに由来し、無秩序にたいする秩序の勝利を表す地質学的な標となった。一六世紀には山の高所に巨大な十字架、クロワ・ド・プロヴァンスが設置され、キリスト教化を経る。「聖なる勝利の山」と名付けられた山は、この地方の象徴として人々に親しまれてきた。ジョワシャン・ガスケ（一八七三―一九二一年）による評伝『セザンヌ』（一九二一）の冒頭には、次のような記述がある。

町の北方は、地形も浪立ち騒ぐかのように野性的になり、トローネの上にアンフェルネの峡谷が混沌たる巨石をくりひろげ、ヴォーヴナルグの高原はやぶと石ころに満ち満ちてどこまでも荒廃感をおしひろげていて、地平には厳しさが加わってくる。小径の曲り角に、一塊となって空色の聖壇のように晃々と輝くヴィクトワ

ール山〔勝利の山〕の姿が現れると、初めて不安が消え去るのだ。[†1]

セザンヌがサント＝ヴィクトワール山の頂を、風景画として初めて画布に描いたのは、ジャズ・ド・ブッファンの近くから見える鉄道の線路と切通しをモティーフにした《サント＝ヴィクトワール山と切通し》（一八七〇頃）[†2]であった。[†3]この頃、空想と情感を重んじたロマン主義的傾向から抜け出したセザンヌは、移ろいゆく日常、すなわち緩やかな丘陵を分断する切通しと、その奥にあり、変わらない姿でそびえ立つ山をとらえようとした。一八七八年には、鉄道の窓から見たサント＝ヴィクトワール山を「何と美しいモティーフだろう」[†4]と、エミール・ゾラ宛の書簡に綴っている。そして、技術の進歩によって風景が変化することを恐れたセザンヌは、「エクスの町は道路管理の役人のために風情を失った。急いで見ておかなければならない。すべてがなくなる」[†5]と告げたのだ。画家はこの山を繰り返し描き、油彩画および水彩画を、それぞれ四〇点あまり残している。

図1　《葉を落としたジャズ・ド・ブッファンの木々》(1885-86, カンヴァスに油彩, 60.3 × 73cm, 国立西洋美術館)

ジャン＝マリー・ストローブは言う、「晩年期を除いて、セザンヌがほとんどのサント＝ヴィクトワール山を描いた場所でその山を撮影した」[†6]と。画家がアトリエにしていたジャズ・ド・ブッファンの庭より、カメラを右から左へ、ゆっくりとパンしていく。[†7]それゆえに、ちょうどセザンヌが画布の右側に遠方の丘陵、左側にマロニエの木々を描いた《葉を落としたジャズ・ド・ブッファンの木々》（一八八五―八六）[†8]［図1］から、画布全体に広がるマロニエの木々の奥に青色のサント＝ヴィクトワール山を描いた《ジャズ・ド・ブッファンのマロニエの木々》（一八八五―八六）[†9]［図2］の景色をなぞる。

サント＝ヴィクトワール山を望む。ジャズ・ド・ブッファンの庭に並ぶマロニエの木々の間から――都市のノイズとともに。道路には車が行き交っている。葉は風に揺れ、その奥には《サント＝ヴィクトワール山と切通し》［図3］に描き残された風景のように線路が続き、入り組んだ集合住宅の連なりから、緩やかな丘陵、大気によって遠く青へと溶け込む、セザンヌが幾度も描いた山が、現代より映し出される。絵画と映画の二つのフレーム、このわずか七〇秒間が、映画『セザンヌ』（一九九〇）の冒頭のシーンである。

図2 《ジャズ・ド・ブッファンのマロニエの木々》（1885-86, カンヴァスに油彩, 73.3 × 92.5cm, ミネアポリス美術館）

図3 《サント＝ヴィクトワール山と切通し》（1870頃, カンヴァスに油彩, 80 × 129cm, ノイエ・ピナコテーク）

S 2

画面には一枚の写真が映し出され、ヴォイス・オーヴァーで「高すぎたり、低すぎたりすれば、すべてぶち壊しだ[†10]」と語り出される。画架に掛けられた画布に向かい絵筆を持つセザンヌの姿と、セザンヌの言葉を朗読するダニエル・ユイレの声である。セザンヌは、両手を離して、一〇本の指を開き、両手をゆっくりと、ゆっくりと近づけ、そして手を合わせ、握りしめ、指を交互に絡み合わせたという。[†11]「ふるいの目がひとつでも甘ければ、その穴から、感情も、光も、真実もこぼれ落ちてしまう」というセザンヌの絵画論に、ストローブ＝ユイレの映画論が重なり合う。

映画『セザンヌ』のセリフは、ガスケの評伝『セザンヌ』のテクストから、内容に基づき綿密に選定されたものである。[†12]評伝『セザンヌ』は「青春／パリ／プロヴァンス／老後」からなる伝記としての第一部「私の知ることやこの目で見たこと」、および「モティーフ／ルーヴル／アトリエ」からなる対話篇としての第二部「彼が私に語ったこと……」で構成されている。映画『セザンヌ』の脚本は、第二部第一章「モティーフ」の大部分、および第三章「アトリエ」の後半のわずかな部分、すなわちすべて対話篇からの引用である。

この評伝は、刊行当初から事実関係の真偽が問題視されてきた。一九七八年にセザンヌに関する重要なテクストをまとめ、アンソロジーを編集したP・ミカエル・ドランは「こうしたあらゆる要素が渾然一体となって、厳密さを欠いた、まったくガスケ流に翻案されたセザンヌの語りが作り上げられており、その粉飾の目立つ語り口はガスケ自身の著作『勝利の芸術』（一九一九）の文体と非常に似かよっている[†13]」と指摘した。そして、この評伝の再録に際し、一次資料と照合した多くの註釈を付けたのである。評伝『セザンヌ』は、ガスケ自身の見聞、およびセザンヌから届いた手紙に加え、収集された書簡および記録等を再編した、典拠のない引用の束に他ならなかった。

しかし、肝心なセザンヌ自身の言葉の信憑性が疑われる中で、ストローブ＝ユイレが直接的な証言や直筆の書簡ではなく、この評伝『セザンヌ』から画家の言葉を引用したのは、それが対話形式をとっていることのみならず、詩人であったガスケの文体が織りなすテクストには、事実を基にしたフィクション、という二重の魅力があったからではないか。ガスケ自身が「〔……〕私が彼と実際に交した幾度もの談話から取り出されたこの三つの想像上の談話を巡って、見て集めた数々の情景と、私が思い出せる限りの、絵画についての彼の考えをすべて集録した」[†14]とする二人の対話を、ユイレがセザンヌ、ストローブがガスケとして朗読していく。

評伝によれば、この対話はエクスとジャズ・ド・ブッファンから徒歩で四五分ほど離れた、レ・ミルからも遠くないブラック地区の、アルク川を見おろす丘に生えた松の大木の下で行われたことになっている。[†15]ガスケは「右手にはリュイヌとピロン・デュ・ロワの眺め、そして海。目前にはウェルギリウス的な太陽に照らされたサント＝ヴィクトワール山の壮大な、青みを帯びた穏やかな姿[†16]〔……〕」が見えたと描写する。セザンヌはベルヴュにある義弟宅に滞在しながら「彼は二ヶ月前からここに通い、午前中に一点の油絵を、午後にもう一点を描いていた」のであり、また二つの絵画は「同じモティーフを描いたもの」であったとされる。[†17]

こうした記述から、ここで語られる／描かれる絵画にあたるものとして、《サント＝ヴィクトワール山と大きな松の木》（一八八六—八七）[†18]、および同題の油彩画（一八八七頃）[†19]が想起されうる。[†20]けれども、制作年からも明らかだが、これら二枚の絵画はガスケと出会う以前に描かれたものである。セザンヌと小学校以来の友人であるアンリを父にもつガスケが《サント＝ヴィクトワール山と大きな松の木》（一八八七頃）を展覧会で見て感動し、父にこの画家を紹介してもらったのは一八九六年のことであった。[†21]評伝の第一部には当時、二人は毎日のように会っていたと記され[†22]、その関係はセザンヌがこの頃に描いた《ガスケの肖像》（一八九六）[†23]からも偲ぶことができよう。

セザンヌは上手くいかなかった多くの絵画を廃棄したというが[†24]、ガスケはそこで「〔……〕山の頂と、軽やかに昇る大気と、そして緑色を帯びた空の円柱、二本の樹木[25]〔……〕」が描かれていたとするのだから、やはり対話に登場する絵画は、二人が出会う以前に仕上げられた二枚の《サント゠ヴィクトワール山と大きな松の木》と一致していよう。ガスケがセザンヌと親交を深めていた時期において事実的に、しかし描かれている絵画の時期において創作的に、対話の時間は定まらない。

こうした在り方に重ねて、ストローブ゠ユイレは画面に、一九〇六年にセザンヌのアトリエを訪れた画家ケル゠グザヴィエ・ルーセル（一八六七―一九四四年）が撮影した、サント゠ヴィクトワール山を描くセザンヌの写真を映し出しているのである。[26] セザンヌの母が亡くなったその二年後となる一八九九年、財産整理からジャズ・ド・ブッファンは人手に渡ってしまう。住居と制作の場を兼ね備えることが常であったセザンヌは、一九〇二年にエクス市街の外れにあるレ・ローヴの丘に、制作へと捧げる二つ目の、そして最後のアトリエを建設した。[27] そこからは、サント゠ヴィクトワール山を高い位置より望むことができる。映画形式の中でフィクションとならぬよう、写真は写真であることが強調されたまま、赤茶色の背景の上で特有の白い縁とともに、長回しの固定ショットで撮影されている。レ・ローヴの丘でサント゠ヴィクトワール山を望む一九〇六年当時の画家の姿が、映画における現在から、変わらずに映し出される。

ガスケが書き留めた創作的なセザンヌと、来訪者が撮影記録した事実的なセザンヌが同時に映り込む。こうして入れ子状となった創作と事実の掛け合いによって、どちらにも留まることのない時間が生み出される。まるでセザンヌの語りに立ち会うように――しかし、映画における現在からユイレの声で。[28]

その内にある先入観の声を一切黙らせる必要がある。忘れることだ。忘れなければ。沈黙させ、完璧な反響となるべきだ。そうすれば、その知覚の感光板に、すべての風景が刻印されるだろう。それを画布に定着させるには、外在化するには、それに続く技巧（メチエ）が介入する。とはいえその技巧には敬意が込められ、それ自体も、ただ忠実に、無意識のうちに表現するためだけに用いられる。自らの言語に通じているかぎり、それが読み解くテクストを。二つの照応するテクスト。目に見える自然、感じとれる自然。この二つは、渾然一体となるべきだ……。風景は、自らを反映し、自らを人間向きに変え、自らを思考する。私の内部で。私はそれを客体化し、投影し、画布に定着する……。

芸術家は「受信装置[†29]」であるとするセザンヌが「知覚の感光板（plaque sensible）」と語るもの、そこで「目に見える自然」と「感じとれる自然」は渾然一体となって、映り込む。ガスケは、セザンヌが「目に見える自然」にたいして「緑と青の平野」を指差し、「感じとれる自然」にたいして自身の「額」を叩き、それぞれの場所を示したと描写する[†30]。ストローブ＝ユイレは、創作と事実の間にあり、それらの距離を隔てる画家の目と頭脳が読む二つのテクストを、そのまま引き受けるかのように映画『セザンヌ』を複数の層で構成していく。そして、ベルヴュとレ・ローヴ、いずれにおいても、語られる／映される二人のセザンヌの目前にはサント＝ヴィクトワール山がそびえ立つ。

＊

「目に見える自然」と「感じとれる自然」、その二つのテクストを「読む」行為が問題となる。セザンヌは「芸術家にとって、モデルを読みとくこと、そしてそれを実現することが非常に時間のかかることである場合があります[†31]」と述べたが、画家である者が「見る」ことを「読む」ことと表現する事態は特筆すべきである。彼が学生時代に学び、アルク川の畔でゾラと詩をつくり親しんだラテン語では[†32]、「読む」という語は「集める」と語源を同じくする。セザンヌは自然をテクストとして「読む」のだ。まるで、目と頭脳において絵画的対象を「集める」ように。
画面に、《ロザリオを持つ老女》（一八九五―九六）[33]が映し出される。先の記録写真と同様に、映画形式の中でフィクションとならぬよう、絵画は絵画であることが強調されたまま、所蔵されるナショナル・ギャラリー（ロンドン）の壁の上で額縁とともに、長回しの固定ショットで撮影されている。セザンヌ（＝ユイレ）は、モデルを「読む」という行為について、ギュスターヴ・フローベール（一八二一―八〇年）が『サランボー』（一八六二）の執筆中に赤色が見えたというエピソードを例に、「私は《ロザリオを持つ老女》を描いている時……」と語り出す。

〔……〕フロベールの色調、ある雰囲気を目にしていた。何とも言いがたい、青味がかかった赤茶色が漂い、『ボヴァリー夫人』を思わせる。私は相当アプレイウスを読んだ。この強迫観念を追い払うためだ。私はしばらく、あまりに文学的すぎると危惧していた。何の効果もなかった。その強烈な青味がかった赤茶色が私にのしかかり、私の魂の中で歌っていた。私はその中にどっぷり浸っていた。

フローベールの小説『ボヴァリー夫人』（一八五七）には「足に大きな木靴《きぐつ》をはき、腰のまわりに青い前掛けをしていた。縁飾りのない頭巾につつまれた痩《や》せた顔はしなびた林檎《りんご》よりもっと皺くちゃだった」[34]と書かれた老女が登場する。描かれたロザリオを持つ老女の前掛けが青味を帯び、その顔が赤茶色となっていたのは、セザンヌ（＝ユイレ）によって「その絵を仕上げたあとで初めて、私は農事共進大会の老女中の記述を思い出した」と打ち明けられた通り、そこから暗に影響を受けていたためである。
それゆえに、ここでストローブ＝ユイレはジャン・ルノワール（一八九四―一九七九年）の白黒映画『ボヴァリー夫人』（一九三三）にある農事共進会のシークエンスを引用する。画面に題字が出てから暗転するまで、およそ七分半をかけて長々と映し出されることになった理由について、ユイレは一つのテクスト、あるいは一つの大理石のようなルノワールの映画をカットできなかったためだと述べた。[†35] 老女カトリーヌ・ルルーが、五四年間の勤労にたいし銀メダルと二五フランの報奨をもらい喜ぶシーンは、そのうちのわずか四〇秒間ほどでしかない。[†36]

　しかし、セザンヌと共同制作をしながらサント＝ヴィクトワール山を描き、家族ぐるみの付き合いもあった画家ピエール＝オーギュスト・ルノワールの次男であるジャンが、ガスケの評伝を未読だとするべきであろうか。[†37] 映画『ボヴァリー夫人』においては、《ロザリオを持つ老女》が描かれた角度と同じく、重なり合うような姿で、うつむき、掌を握った、老女が登場する。こうして、この映画『セザンヌ』における唯一の白黒映像となるシークエンスを数分間追うことでこそ、どこかセザンヌが――アプレイウスをラテン語の原文で読み[†38]――追い払おうとした、彼の脳裏につきまとっていたフローベールの小説に漂う「青味がかかった赤茶色」の色調が映り込むのである。

　画布に定着されたのは、「目に見える」モデルと「感じとれる」色彩の総合ではなかった。それは、ガスケ（＝ストローブ）が「それ（フローベールによる色調）が、あなたと現実の間を、あなたの目とモデルの間を仲介したのですか」と尋ね、セザンヌ（＝ユイレ）が「そうじゃない。それは、ほかの場所同様、漂っていた」と否定していることからも明らかである。重要なのはモデルを読み、画布の上に実現することであり、小説を読み、過剰に解釈された「青味がかかった赤茶色」の色調を描くことではない。

　セザンヌは、生涯を通じて熱心な読書家でもあったが、ガスケと対話しているその場所の、太陽の下で強烈に匂う松の青い香り、涼しげな草原の緑や石の匂い、遠くのサント＝ヴィクトワール山の大理石の香りを先入観なく描かなければならない、と話している。晩年のセザンヌは、トロンプ＝ルイユや文学などを絵画から気を逸らすものとして好まず、[†39]「文学的精神をも疑う必要があります。これは実にしばしば画家をしてその真の道から――つまり自然の具体的研究から遠ざけ、触知できない思弁のなかに長い間迷いこませるのです[†40]」と述べた。映画『ボヴァリー夫人』のシークエンスが引用されたことによって、セザンヌが抱いたフィクショナルなものへの抵抗が映り込む。セザンヌ（＝ユイレ）ははっきりと「それを表わさねばならない。しかも色彩で、文学抜きで」と語ったのだ。

『ボヴァリー夫人』のシークエンスとともにセザンヌの回想をしばらく映画的に漂ってきた観賞者は、松の木の下で行われている対話へと引き戻される。《ロザリオを持つ老女》のくだりは余談であったかのように、セザンヌ（＝ユイレ）が「さっき言ったように、芸術家の自由な中枢は感光板、記録装置に徹すべきだ」と繰り返す場面である。こうした時点に至って、ついにサント＝ヴィクトワール山が、画面全体に広がる固定ショットで映し出される。

図4　《ビベミュスから見たサント＝ヴィクトワール山》（1897頃，カンヴァスに油彩，65×81cm，ボルティモア美術館）

ストローブ＝ユイレが撮影したのは、山の見え方から一八九〇年代——やはり晩年期ではなく——にセザンヌが《ビベミュスから見たサント＝ヴィクトワール山》（一八九七頃）[†41]［図4］を描いた、ビベミュスの方角であると推測される。セザンヌと青年時代からの友人である彫刻家フィリップ・ソラリとともに、その息子エミールは、実際にセザンヌと訪れたという、ビベミュス付近からゾラ・ダム越しに、雄大なサント＝ヴィクトワール山が望める場所を伝えている。映画に映し出される山の形状は、そこからの見え方とほぼ一致する。[†42]しかしなぜ、想像上の対話が行われているベルヴュでも、来訪者が記録したレ・ローヴでもない場所から撮影されたのか。

《ロザリオを持つ老女》は、セザンヌとガスケが出会った一八九六年頃、ジャズ・ド・ブッファンにおいて制作された絵画である。

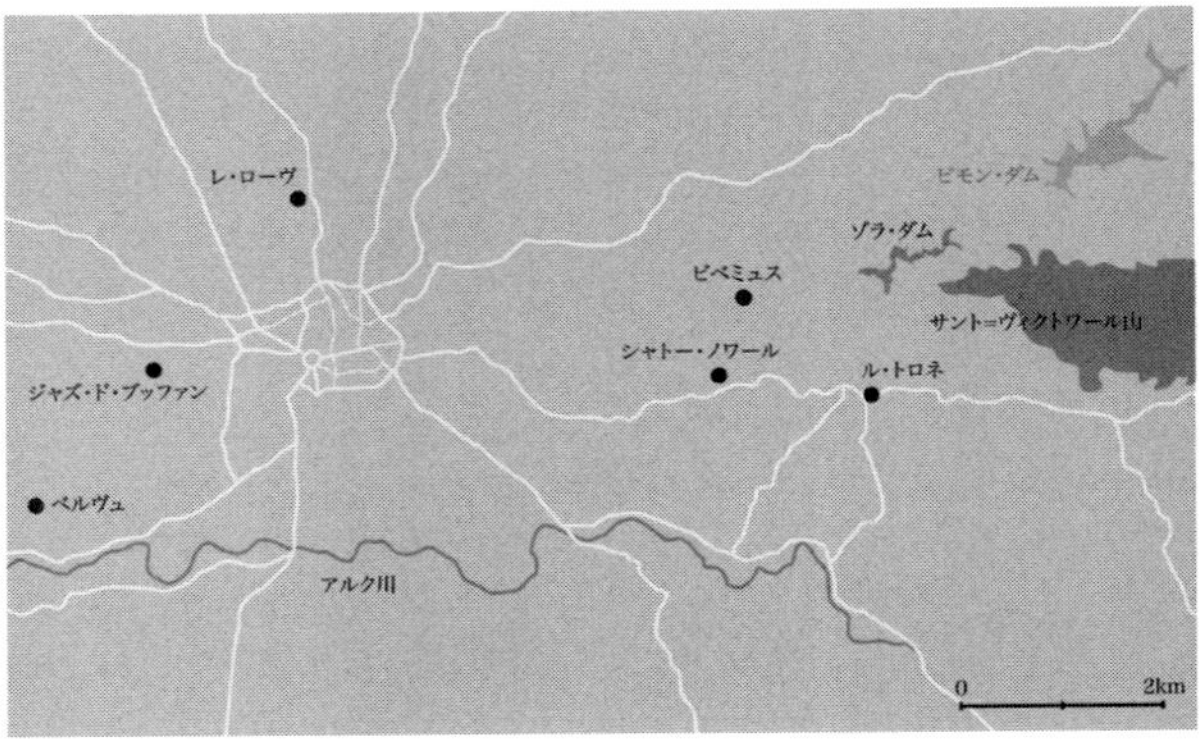

図5　セザンヌがサント＝ヴィクトワール山を描いた場所

アトリエの隅で埃をかぶり、踏まれていたこの油彩画を発見し、最初の所有者となったのは他でもない、ガスケであった。[†43] ガスケは、セザンヌの求める「色彩」が、文学を通じたイメージであるところの色調ではないと、まさに「読む」対象を区別するために、自らが埃を払った《ロザリオを持つ老女》のくだりを、その評伝に挿入したのであろう。

このモデルを「読む」ことにまつわるセザンヌとガスケの対話を、ストローブ＝ユイレが朗読したのは、フローベール（＝ルノワール）による農事共進会のシークエンスを通過させるためである。そしてその先でストローブ＝ユイレは、セザンヌをレアリスムへと到達させる創作的なものと事実的なものとの掛け合いを、さらに想像上のセザンヌとガスケの対話と、それを映画における現在から朗読する自身らの対話と重ね合わせ、サント＝ヴィクトワール山へと映り込ませるのだ。ベルヴュとレ・ローヴ、地理的にちょうどそれらの中間に位置するジャズ・ド・ブッファンの庭から、ビベミュスは直線的に、サント＝ヴィクトワール山へと接近したところにある［図5］。

S 3

セザンヌの「感覚をもち「自然」を読むこと」[†44]という理念が展開されていく。ストローブ＝ユイレはセザンヌとガスケの対話をたどり、セザンヌ（＝ユイレ）による「光線の巡り合せ、世界を通過する太陽の運行、浸透、顕現、それはいつか表現されるだろうか、誰がそれを語るだろう？　それは自然学の問題、大地の心理学となるだろう」という問いに答えるため、もう一度別の映画のシークエンスを引用する。フリードリヒ・ヘルダーリン（一七七〇―一八四三年）による戯曲、未完の二幕悲劇『エンペドクレスの死』（一七九八）を映画化した同題の自作『エンペドクレスの死』（一九八七）のシークエンスを、ガスケの想像上の対話へと入れ込んでいく。ストローブは言う、「それはセザンヌとの対話を始める方法だった。公開書簡のようなものだ。われわれは彼にこう答えた。『ここに、それをなし遂げた者がいる』†45」と。

ガスケは評伝に、セザンヌが「〔……〕立てた筆で音綴《シラブル》の拍子を取りながら、何十行ものボードレールやウェルギリウス、ルクレティウスやボワローの詩を暗唱しているのを私は目にしたものだ†46」と記している。そして、ストローブはセザンヌがルクレティウスの著した『物の本質について』をラテン語で読み、そらんじていたことを挙げる†47。ストローブはルクレティウスの代わりに別の人物、例えばヘラクレイトスを選ぶこともできたとほのめかしながら、撮影を終えた自作に写していたエンペドクレスを、セザンヌとの対話の相手として取り上げたのである。

セザンヌの問いにたいする応答は映画『エンペドクレスの死』において撮影された、戯曲『エンペドクレスの死』の第一幕第四場より開始される。エンペドクレスが愛弟子パウサニアスの前で、太陽を見上げ滔々と朗誦する場面である。

〔……〕汝〔天上の光〕の恵み深い光輝は、それぞれの事物に相応に浴びせるので、万物が汝の霊の色を帯び、生は私にとっても詩となった。〔……〕そして、たびたび聖なる夜に、私は大地に誓いを立てた。死に至るまで、忠実に、恐れることなく、運命に満ちた大地を愛すると。すると、大地は以前と違うざわめきを森の中で立て、大地の山々の水源は優しくこだました。そして、花の香気の中、激しく寛大に、神々の穏やかな霊が私に向けて送られてきた。

「天上の光」と「太陽」、そして「色」「大地」「自然」と朗誦される言葉に、セザンヌの制作論が重なり合う。画面には再び同じ方角から、しかしいっそう接近し、クロワ・ド・プロヴァンスもうっすらとうかがえようかというほどの距離から、サント＝ヴィクトワール山が——「空色の聖壇のように」——映し出される。セザンヌ（＝ユイレ）はこの山にたいし「あの塊は火だったのだ。あの中にはまだ火がある」と言い放つ。そして、落ちる影は火を恐れ震えているとして、「〔……〕影は突出し、中心から遠ざかる。沈没するのではなく、蒸散し、放散する。影は青味を帯びながら、周囲の息吹きに加わる」と語る。影は光の消滅ではなく、あくまでも一つの色としてとらえられている。ある影はある色、別の影は別の色というように[†48]、明暗法において黒として奥まる凹状の影は「青味を帯びながら」、空気遠近法を超えて飛び出す凸状の色彩へと変えられるのである。

「ちょうど向こうの、右のピロン＝デュ＝ロワでは、逆に光が和らぎ、湿り、きらめいている。それは海だ……。あれを表現すべきなんだ」とセザンヌ（＝ユイレ）が言うと、カメラは右側にあるマルセイユ湾の方角に向かってパンしていく。まるでセザンヌの語りに立ち会うように——しかし、画面に映し出されているサント＝ヴィクトワール山は、対話の行われているベルヴュからの景色ではないため、マルセイユ湾を思うように望むことはできない。セザンヌはレスタックで見たマルセイユ湾を数点描いている。転調することのないベタ塗りの海。「青い海に赤い屋根が映えてまるでトランプの札のようです[†49]」と。セザンヌの多くの絵画は青味を帯びているが、ここで画面に映り込むのは自然に浸透している青であり、空、陸、海を判別することのできない大気の色、すなわち「周囲の息吹きに加わる」青の深さである。

＊

これ以後、サント＝ヴィクトワール山は映し出されない。セザンヌは同郷の博物学者であるアントワーヌ＝フォルテュネ・マリオンに、サント＝ヴィクトワール山の地質について詳しく尋ねていたという。ガスケはそれゆえ、「〔……〕このプロヴァンスの片隅で彼らが今描いている風景がいかにして誕生したか、氷河の上に初めて浮き上がってきたことや、何世紀にもわたるその変化を語り、その起源の表記された生命が目の前にあるあらゆる色やニュアンスのなかに伝わっている[†50]〔……〕」と記している。確かに、セザンヌは風景を描くために、地質を知る必要があると考えてはいた。しかしここでストローブ＝ユイレは、セザンヌとガスケの対話における「風景をきちんと描くためには、私はまず地層を知らなくてはなりません[†51]」という言葉をカットしている。そして、セザンヌ（＝ユイレ）は次のように語るのだ。

世界の歴史を想起したまえ。二つの原子の出会った日、二つの旋回、二つの化学的なダンスが組み合わされた日のことを。あの大きな虹、あの宇宙の分光器、無の上に生じる我々自身の曙光、それらの上昇を目にし、それらに満たされるのは、ルクレティウスを読む時だ。あの細かい雨の下で、私は世界の純潔状態を感じる。濃淡の鋭い感覚が私に働きかける。私は無限の存在のあらゆる濃淡を通じ色合いを感じる。その時、私は自分の絵と一体化している。私たちは虹色の混沌だ。太陽は私をひそかに貫く。

明暗ではなく濃淡として感知される色彩とは、無の中に生じるセザンヌ自身の「曙光（aube）」である。「世界の純潔状態（virginité）」ともなるそれは、エンペドクレスが「聖なる自然」を「粗野な感性から逃げ去る純潔存在（virginale）」と朗誦した在り方に重なり合う。

こうして、画布の上に構想が生まれ出てくる。地層、石の骨組み、水面に頭を出す岩、のしかかる空。それらは安定し、かすかな動悸が線的な相を包み隠す。赤土が深遠から飛び出してくる。そして、セザンヌ（＝ユイレ）は、「私は次第に風景から切り離され、風景を見る」と呟くのだ。

地質学の学識の定着液に浸され、あらゆる濃淡によって色合いを感じさせるサント＝ヴィクトワール山の「火」が「知覚の感光板」に映り込む。それは、明暗法に基づく影だけではなく、セザンヌ（＝ユイレ）が「濃淡遠近法の論理が、不意に、陰気で強情な幾何学にとって代わる」と語るように、厳密な幾何学をも崩していく。と同時に、セザンヌの風景画は構成されていくのである。

すべてが有機化される。木々、野原、家々。私はそれを目にする。色斑を通じて。地層、下塗り、素描の世界は崩壊し、流れ去る。まるで大災害だ。天変地異がそれを奪い去り、再生させる。新時代の到来だ。真の時代！　その時、私は何ひとつ漏らさず、すべてが濃密であると同時に流動的で、自然だ。もはや色彩しかない。その色彩の中にあるのは、輝き、色彩を思考する存在、大地の太陽への上昇、それらの深みから愛へと向かう発散だ。

地層、下塗り、素描を壊し、大地が太陽へと向かうように、「知覚の感光板」に「色彩そのもの」が映り込んでいく。「目に見える自然」と「感じとれる自然」が渾然一体となる、「曙光」「世界の純潔状態」の訪れが求められる。セザンヌ（＝ユイレ）が「〔……〕その上昇を均衡のとれた一瞬に固定し、なおかつその勢いを想起させる」と発する、こうしたプロセスこそが、「〔……〕分析を土台として利用し、破壊的で決定的な綜合だけにしか執着しない[†52]〔……〕」とされる、セザンヌの創出した制作論に他ならない。

太陽の霊気を浴びたエンペドクレスが「癒しの力をもって、愛に傷ついた我が胸の周囲に。そしてその深遠さ〔profondeur〕の中で魔法のように、我が難問を解消した」と朗誦したように、セザンヌ（＝ユイレ）は「その色彩の中にあるのは、輝き、色彩を思考する存在、大地の太陽への上昇、それらの深み〔profondeur〕から愛へと向かう発散だ」と語る。そして、画面はエミール・ベルナール（一八六八―一九四一年）によって一九〇四年[53]に撮影されたレ・ローヴの丘に立つセザンヌの写真へと切り替わる。セザンヌ（＝ユイレ）は一九〇四年にベルナールへと宛てた書簡[54]に綴った「自然は面より奥行き〔profondeur〕にあるという事実」、そして「〔……〕奥行きに達するためには、真実に達する必要がある」という言葉を伝える。ストローブ＝ユイレはエンペドクレスの言葉と掛け合わせ、この画家の着想、すなわち自然の「奥行き」の位置を確かめるのだ。

ルーセルによって一九〇六年にレ・ローヴの丘で撮影された、パレットを持ち、画布を摑んでいるセザンヌの姿が映し出されると、セザンヌ（＝ユイレ）はその「色彩の論理」について語る。

> すべてを表現し、すべてを翻訳する道はひとつしかない。色彩だ。農民たちは黄色を見れば直感する。やらなければならない刈り取りの身ぶりを。私もそれと同じように、熟した濃淡を見たら、本能的に画布にそれに合致する色を置くことができなければならない。それが麦畑を波打たせる。その時、色を加えるたびに大地が生き返るだろう。

一つひとつの筆触、そしてその色斑を通じてゆっくりと行われる、再生。「目に見える自然」と「感じとれる自然」の二つのテクストは、色彩の中で翻訳されていく。たとえ、太陽そのものを再現することはできないにせよ、それは色彩を通じて表象されるのである。この「色を加えるたびに大地が生き返るだろう」というセザンヌの言葉が、映画『エンペドクレスの死』の副題ともなった、エンペドクレスが市民に向けた言葉、すなわち「大地の緑が新たな輝きを見せる時」に通底する。そして、エンペドクレスは次のように語るのだ。

> 〔……〕掟と慣習、古い神々の名を、思いきって忘れるがいい、そして新生児のように目を上げ、神々しい大

自然を仰ぐがいい。霊が天の光によって燃え上がる時、生の甘美な息吹が汝ら民の胸を、初めてのように満たし、黄金色の無数の果実が森をざわめかせ、岩から湧き出る水源をざわめかせるだろう。世界の生が汝ら民の心を支配する時、世界の平和の霊が、聖なる子守唄のように、汝ら民の魂を鎮める時、美しい曙光〔aube〕の歓喜と共に、大地の緑は新たに輝きを際立たせるだろう。

画面には、風に流される雲に覆われたエトナ山が映し出される。ガスケがセザンヌの暗唱をその耳で聞いたであろう、ルクレティウスの六歩格詩『物の本質について』には、イタリアの火山であるエトナ山に関する記述がある。そこには、大地の震動、陸や海を走る旋風は原子に基づくのであり、「〔……〕エトナの火が吹き出すことも、天空が焔を発することも可能となるその基となるものはすべて充分に、これと同様に、無限に全天空にも、大地にも補給されるのだと考えなければならない」[†55]と書かれていた。ただし、「大いなる古典主義の国、私たちのプロヴァンスや、私が想像するギリシアとイタリアでは、明るさが精神性を帯び、風景は鋭敏な知性の微笑みなのです……」[†56]とセザンヌがガスケに語った、エンペドクレスが生きたギリシア、およびエトナ山のあるイタリアを連想させ、ともすれば『エンペドクレスの死』と『セザンヌ』の二つの映画を結びつける言葉を、ストローブ＝ユイレはカットしている。ここでは、セザンヌ（＝ユイレ）による「私たちの生活環境の繊細さは、私たちの精神の繊細さにつながる」という言葉が遠回しに述べられるのみである。

それでも映画『エンペドクレスの死』と続編の『黒い罪』（一九八九）において、エトナ山を撮影してきたストローブ＝ユイレが、セザンヌの自然観にたいし応答するため、この自作を選んだ理由に、二つの山を巡る奇妙な一致は認められていたはずである。映画『セザンヌ』は、ストローブ＝ユイレが『黒い罪』の撮影に入る前、オルセー美術館で一九八八年九月から一九八九年一月まで開催される「セザンヌの初期：一八五九―一八七二」展に合わせて依頼されたものであった。二人はこれを一度断るものの、『黒い罪』の撮影が終わった後、制作を承諾する。

　この展覧会にはある一枚の油彩画が出品されていた。それは、セザンヌが遠景にではあるが、初めてサント＝ヴィクトワール山を描いたと目される《誘拐》（一八六七）[57]〔図6〕である。カタログには、次のように書かれていた。セザンヌは「エトナ山の代わりになるサント＝ヴィクトワール山を取り入れる」[58]と。そこでは、この《誘拐》と、ルーヴル美術館所蔵の一六世紀に描かれたニコロ・デッラバーテの《ペルセポネの誘拐》とを比較するメアリー・トンプキンズ・ルイスの解釈が寄せられていたのだ。オウィディウスの『変身物語』では、女神ペルセポネは冥界の神プルートに誘拐され、地獄の入口となるエトナ山へと連れ去られるが、もしこのような神話をモティーフにしながら、サント＝ヴィクトワール山を描いたのであれば、「あの塊は火だったのだ」、そう語るセザンヌにとって、これら二つの山が限りなく一体化していた可能性がある。《誘拐》に描かれた山は、サント＝ヴィクトワール山の形状よりも、どこか火口をもつエトナ山のそれに近い。こうしたこの画家における二つの山の重なり合いを、ストローブ＝ユイレは見逃しておらず、かつ一層、多面的にとらえているのだ。

図6　《誘拐》(1867, カンヴァスに油彩, 90.5 × 117cm, フィッツウィリアム美術館)

　エンペドクレスは「神々は私にとって今や下僕となり、私一人が神となった」と自身を神に見立て身を投げるために火を噴く山、すなわちエトナ山の火口を目指す。ガスケが、セザンヌは「生命を与えること、人間を生み出すこと、それが神になる唯一の方法だ」[59]と高らかに笑ったと描写しているが、画家は「火」であるサント＝ヴィクトワール山を描くためにレ・ローヴの丘へと向かう。そして一九〇六年、その制作の最中に雷雨に倒れ、それから一週間後に息を引き取るのであった。

ストローブ=ユイレはエンペドクレス（=ヘルダーリン）の言葉と二つの山を重ねることによって、一見間接的に、しかし直接的に、セザンヌ（=ガスケ）の身に起こっていた、サント=ヴィクトワール山から受ける「曙光」、すなわち「世界の純潔状態」、そして「火」、すなわち「大地の太陽への上昇」というインスピレーションを浮かび上がらせる。エンペドクレスが天上の光から万物を詩に変えるように、セザンヌも太陽の光から万物を色彩へと変えるのだ。エンペドクレスは「大地の緑は新たに輝きを際立たせるだろう」と、そしてセザンヌは「色を加えるたびに大地が生き返るだろう」と、山を望む。それらは自然の「奥（profondeur）」にある「大地の心理学」の探究となって重なり合うのである。

S 4

ストローブ=ユイレは時間をかけ、水平垂直に正確な位置でセザンヌの絵画を撮影した。[†60] 色味やサイズが変えられてしまう図版やポストカードとは違い、映画形式の中で、先の白い縁のある記録写真や《ロザリオを持つ老女》と同様にフィクションとならぬよう、壁に掛けられ額縁に入れられたままの、美術館における現実的な風景が連続する。[†61]
そして始めに、セザンヌの代表的な絵画である、オルセー美術館所蔵の《りんごとオレンジ》（一八九九頃）[†62] が映し出される。ここでセザンヌ（=ユイレ）は「オレンジにも、りんごも、球、頭にも、極点がある」としながら、一九〇四年のベルナール宛の書簡[†63] に綴られ、後にキュビスムの動向において創造的解釈を呼び、その理論的根拠の一つとして援用されることにもなった「自然を円柱、球、円錐で扱うこと。すべてを遠近法に従わせ、ある対象やある面の各辺がひとつの中心点に向かうようにすること」というテクストを朗読する。セザンヌは「自然は深さ［profondeur］にある。／絵画とそのモデルの間には、ひとつの面《プラン》、大気がある。／空間のなかに見える物体はすべて凸状である」[64]と考えていたと伝えられるが、対象が「円柱、球、円錐」に見えるのは、それらをひたすら凝視し続ける「動かないと仮定した画家の眼」が等距離射影方式（魚眼レンズ）のように作用することに依るものであろう[65]。

しかし、ガスケとの対話の中で、セザンヌ（＝ユイレ）はこうした幾何学を支えとすることにたいして、やはり「今話したことのすべて、円柱、球、円錐、窪んだ影、どれも私に付着する残りかすだが、〔……〕私は見るやいなや、それらを忘れる」と、繰り返し強調している[66]。画家は「目に見える自然」と「感じとれる自然」を総合する「知覚の感光板」となることに徹しなければならない。

ここで、映画『セザンヌ』において、セザンヌの描いたサント＝ヴィクトワール山が初めて映し出される。すなわち、スコットランド国立美術館所蔵の《サント＝ヴィクトワール山》（一九〇〇―〇二）[67]である。その風景は、まさにセザンヌとガスケが対話しているアルク川を見おろす丘から描かれたものであった[68]。

セザンヌ（＝ユイレ）は一九〇五年にベルナールへと宛てた「光をもたらす色合いの感覚が抽象の原因であり、そのせいで、私は画布を色で覆うことができないし、対象の境界を追求することができない。接点が微妙な場合は。このせいで、私の映像や絵は未完成だ」という書簡[69]を読み上げる。現実と認識を一致させることは困難を極め、セザンヌは自身の絵画において明らかな狂いが確認されても、長時間考え抜いた一筆以外、決して置きはしなかった[70]。ゆえに、本来的に輪郭線のない世界をとらえる色彩の面と面の「移行（passage）」において、逆説的に接合の不可能性を表す塗り残し、すなわち風景の裂け目が生じることになる。

問題は対象同士のつなぎ目にこそある。バーゼル市立美術館所蔵の《レ・ローヴから見たサント＝ヴィクトワール山》（一九〇四―〇六）[71]が映し出されると、セザンヌ（＝ユイレ）は声を強める。

色の中の複数の面だ。面だ！　複数の面の魂が融合する彩られた場所、獲得された分光の熱、複数の面の太陽の中での出会い。私は面を色で作る。パレットの上の色で。〔……〕面が変わり、それと同時に、互いに干渉し合う必要がある。量感だけが重要だ。対象と対象の間が必要だ。うまく描くには。

セザンヌが描く風景とは、隣接する対象同士の重なり合いから生じる色彩を、面の連続として、画布の上に配置したものである。「目に見える自然」と「感じとれる自然」は二つのテクストとして読み解かれ、色彩の中で翻訳され、ストロークの平等性によって、絵画平面に構成される。「色彩は面において奥行きを表現する」と、セザンヌ（＝ユイレ）は言う。光が乱立させる面が含有する奥行きとは、幾何学のみならず、一点透視図法の空間そのものを押しつぶしていくものとなる。「肉付けする（modeler）」のではなく「転調する（moduler）」ために。[†72]

　こうしてベルヴュとレ・ローヴ、二つの方角から描かれたサント＝ヴィクトワール山が連続して映し出されたことになる。次に、パリ市立プティ・パレ美術館所蔵の《ビベミュスの岩と枝》（一九〇〇―〇四）[†73]へと画面が切り替わる。ここまで、セザンヌとガスケが対話しているベルヴュ、来訪者が撮影記録したレ・ローヴ、いずれからも描かれたサント＝ヴィクトワール山が連続して映し出されている。にもかかわらず、ストローブ＝ユイレがビベミュスで描かれたサント＝ヴィクトワール山、すなわちボルティモア美術館所蔵の《ビベミュスから見たサント＝ヴィクトワール山》を映すことはなかった。それゆえ、実は映画『セザンヌ』の中で絵画と映画の二つのフレームにおいて、絵画に描かれた／映画に映された対象が、リテラルに重なり合うことはない。ここでの《ビベミュスの岩と枝》の画布を覆うように茂る枝は、セザンヌ（＝ユイレ）の「緑の中で、私の中枢全体が、樹液の充溢と共に流動するだろう」という言葉に対応している。

「絵画は、一切と共に消え去る。そっとしておいてもらえれば幸せだ。仕事中、ひっそりと死なせてもらえるならば」、セザンヌ（＝ユイレ）がそう告げると、ランゲン美術館所蔵（撮影当時は個人蔵）の《レ・ローヴから見たサント＝ヴィクトワール山》（一九〇四—〇六）[†74]が映し出される。自然と感覚の調和は絵画において起こったのであろうか。実現されるならば、色、音、質感、味、匂いのすべてが画布上に物質化されていなければならない。黒い背景の中に浮かぶ、多くの余白が残された、完成とも未完成とも言えないこの一枚が画面に映し出されている七秒間、完全な無音が広がる。[†75]

＊

画面には再び静物画、すなわちコートールド美術館所蔵の《りんご、瓶と椅子の背のある静物》（一九〇四—〇六）[†76]が映し出される。ここで二人の対話は一転、評伝『セザンヌ』の第三章「アトリエ」からの引用となる。対話は一八九六年頃にセザンヌがジャズ・ド・ブッファンのアトリエでガスケの父をモデルに《アンリ・ガスケの肖像》[†77]を描いていたときに行われたものとされる。

ナショナル・ギャラリー（ロンドン）所蔵の《大水浴図》（一八九四—一九〇五）[†78]は晩年に彼が涼を求めたアルク川をモティーフにしている。ルーヴル美術館で巨匠たちの研究を行ったセザンヌにとって、その成果をいかんなく発揮するジャンルこそが水浴図であった。それは、ミケランジェロ、ラファエロ、ヴェロネーゼ、ルーベンス、プッサン、ドラクロワらの絵画から模写した人物たちに加え、かつてセザンヌが通ったアカデミー・シュイスで制作した、自身の青年時代からのスケッチ、素描、油彩画など、多くの水浴図に関する絵画、そして彫刻作品からの引用がなされている。裸体は間接的に画像として作用し、その連なりとして、後にキュビストが導き出す、コラージュのように配置されることとなる。

セザンヌはゾラと一緒に過ごした若い頃の思い出とともに生きていたのかもしれない。[†79]青春時代より水泳を好んだセザンヌが[†80]、ゾラや友人たちと一緒に故郷の自然を散策し、地元のアルク川で水浴を楽しんだことは、生涯忘れられない幸福な記憶となっていた。一分五〇秒間、《大水浴図》が映し出されている間、風の音が聞こえる。それは（映画の最後に聞こえるパリのノイズよりも）冒頭のシーン、エクス＝アン＝プロヴァンスの風景の中で聞いた音に近い。[†81]ストローブ＝ユイレは、この絵画にこそ自然を描く画家セザンヌの中にある、近代化への最後の抵抗を映り込ませるのだ。

画面は、セザンヌの絶筆となる連作のうちの一つ、画架に掛けられたテート・ブリテン所蔵の《庭師ヴァリエ》（一九〇五—〇六）[†82]へと切り替わる。セザンヌは雷雨に打たれ、倒れた翌朝もヴァリエを描こうとレ・ローヴのアトリエへと向かった。[†83]最晩年のセザンヌが「むしろ絵を描きながら死のうと自分に誓いました」[†84]と述べた制作とは、それでも農民たちの刈り取りのように、一つの仕事に他ならなかった。しかし、ベルナールが「セザンヌは生きている絵画だ」[†85]と表したように、セザンヌの事物と主観の総合を貫こうとする強靱なレアリスムは、絵画の目的でありながら、画家の生そのものとなった。セザンヌ（＝ユイレ）は「それが人生だ」、そして映画の最後のセリフとなる「恐ろしいものだ、人生は！」と呟く。ベルナールの書簡[†86]にはセザンヌが一〇〇回もこの言葉を言ったと綴られている。

S 5

画架に掛けられたルーヴル美術館所蔵の《裸婦立像》（一八九八—九九）[†87]が映るわずか四秒間が過ぎると、パリのエジェシップ・モロー通りにあるヴィラ・デ・ザールの映像が、長回しの固定ショットで映し出される。この場所に、セザンヌが制作へと捧げた一つ目のアトリエがある。パリでセザンヌが週に一度は通っていたというルーヴル美術館に入れられた《裸婦立像》は、このアトリエにおいて描かれ、その姿はセザンヌがこの頃理想を追い求め、取り組んでいた水浴図と結びつく。[†88]

画家がこのアトリエを借りていたのは一八九八年から一八九九年までのことであった。セザンヌは故郷のプロヴァンスと、美術館やサロンのある芸術の中心地としてのパリを二〇回以上も行き来している。しかし、この数ヶ月間のパリ滞在以後は、二度とパリを訪れることはなかった。セザンヌは、ジャズ・ド・ブッファンが売却されるため、エクスへと戻るのである。こうして、一八九六年から始まったガスケとセザンヌによる想像上の対話は、一八九九年までパリで借りられていたこのアパートの前で終わりを迎えた。二人が親密であったのは一九〇〇年までであり、一九〇一年からは書簡のやり取りばかりでほとんど会うことはなく、一九〇四年以降その交友は途絶えたという。[†89]評伝『セザンヌ』はセザンヌの死後、一九一二年末から一九一三年の初めにかけて執筆されるが、刊行は一九二一年まで待つことになる。このアトリエの映像とともに、一八九九年に売却されたジャズ・ド・ブッファンへと慌てて戻るセザンヌを想像するならば、その庭で撮影された冒頭のシーンへと、もう一度、引き戻されるようである。そして、彼は一九〇二年に制作へと捧げる二つ目のアトリエを建設するのであった。

長回しで映し出されているアパートは、絵画におけるグリッドのような鉄格子に遮られている。鉄格子はちょっとしたクーデター、私的介入として取り入れられた。ストローブは、自身らとセザンヌのつながりについて、一九五四年にこのアパートの近くにユイレの祖父が住んでいたことを回想し、一八九九年のパリのアトリエにおいて《アンブロワーズ・ヴォラールの肖像》（一八九九）[†90]が制作された際に描き込まれた窓があったとする。[†91]セザンヌはこの肖像画の手の部分を二箇所塗り残したまま放棄した。それを塗るためにはルーヴル美術館へと研究に行かなければならず、「もし私がいい加減に何かをそこに置いたら、この場所から出発してすべてをやり直さなければならなくなるでしょう！」[†92]と言い放ったという。

鉄格子とは、都市であり、パリである。それはストローブ＝ユイレが一九六二年から避けてきたメタファーであった。[†93]そして、そのグリッドに、セザンヌの眼が一点透視図法の空間を押しつぶすほどに凝視した面《プラン》と、ストローブ＝ユイレのカメラが絵画的構図を固定ショットの長回しで撮る面《プラン》が重なり合う。重なり合うことのなかった二つのフレームにおいて、一つの眼差しが暗示されるのだ。何よりも、セザンヌは絵画の前景に樹木や柵を描き、奥行きを生み出す構図を多く用いてきた。だからこそ、この鉄格子が冒頭のシーン、すなわちジャズ・ド・ブッファンの庭に並ぶマロニエの木々へと結びついているのである。

何度も、自然をテクストとして読み込み、翻訳し続けた絵画に宿る奥行き。その面の奥には、何が映り込むのであろうか。セザンヌ（＝ユイレ）はガスケとの対話の冒頭で「絵画芸術は、私たちに自然の永遠性を味わわせなくてはならない。自然の外観の下には何があるのか。何もないかもしれない。すべてがあるかもしれない。すべてだ」と語っていた。一つひとつの筆触に表出する違和感に留まり、それを一つひとつ忍耐強く解消していくことで、画面が少しずつその感触に合わせて覆われ、構成され、物質化していく。漂うイメージではなく、感覚を実現すること。[94]ストローブ＝ユイレは、コンテクストが編み込まれることによって創作的につくり出されたセザンヌ像を、フィクションとも、ノンフィクションとも固定させぬままに映し出してきた。それはセザンヌの影響を受けたキュビストが文字と画像を結びつけ、平面において融合させたコラージュの手法にどこか通じている。[95]ただ一つの視点により全体を透視するという空間を直接的に切断し、糊付けし、別の時空間を導き入れる。キュビスムのコラージュを、そうしたレアリスムとするならば、そのとき、面と面の間は、分離した距離を飛び越え、全体を構成するプロセスそのものとなろう。地と図を壊し、すべてを前面に、等価に。

ゆえに、それぞれが現実的だと信じるものの集まりとなった、一つの実像とはならないセザンヌに、歴史的な現実があると言いたいのではない。ストローブはヴィム・ヴェンダースに宛てた書簡に次のように綴っている。

われわれの映画は、誰かに夢を見させようとするものでは決してない。それぞれの映画ごとに、夢や悪夢——しばしば第三者の夢、たとえばヘルダーリンの（共産主義的な）夢——を物質化（「感覚の物質化」とセザンヌは言った）しようとしてきた。[96]

絵画と映画の二つのフレーム、ジャズ・ド・ブッファンの庭に並ぶマロニエの木々の間から、一八九六年のベルヴュでの対話、すなわち引用の束であるガスケとの対話を礎にし、レ・ローヴでの記録写真とともに、創作であるフローベールの小説、事実を基にした創作であるヘルダーリンの戯曲、そして事実であるベルナールへと宛てられた書簡へと次第に移行しながら、複数の層をつくり出し、一八九九年から一九八九年のアトリエの現在、「進入禁止(No trespassing)」[†97]の鉄格子へと到達する。自然と都市に在る——面でも、奥行きでもあるかのような——二つのグリッド、すなわちマロニエの木々と鉄格子が重なり合うのだ。プロヴァンスとパリ、二つの都市のノイズが聞こえてくる。そのとき、セザンヌが絵画においてどうしても接合できなかった色斑と色斑の裂け目のように、ストローブ＝ユイレの映画に一つの大きな裂け目が映り込むのである。

†1 Joachim Gasquet, *Cézanne*, Paris: Éditions Bernheim-Jeune, 1921, p. 2(ガスケ『セザンヌ』與謝野文子訳、岩波文庫、二〇〇九年、一〇頁)。

†2 *The Paintings of Paul Cézanne: A Catalogue Raisonné, vol.1*, ed. John Rewald, collaboration with Walter Feilchenfeldt and Jayne Warman, New York: Harry N. Abrams, 1996. セザンヌの作品の制作年は、カタログ・レゾネによって表記が異なる。本章ではセザンヌの絵画について、映画『セザンヌ』の制作時には出版されていなかったジョン・リウォルド版における制作年のみではなく、リオネロ・ヴェントゥーリ版(一九三六)の年代も併記する。なおヴェントゥーリのカタログ・レゾネは映画制作年と同年の一九八九年に改訂版が出版された。ヴェントゥーリ[50]:一八六七–七〇年(改訂版:一八七〇年頃)、リウォルド[156]:一八七〇年頃。[ ]内のアラビア数字はそれぞれのカタログの通し番号、特に書誌名を記載しない場合は以下同。

†3 風景画以外では《誘拐》(一八六七)において、男が女を抱きかかえ、聖壇のような山に向かって進む姿が描かれている。

その遠景にうっすらと見える山はサント＝ヴィクトワール山であるとされる（後述）。

†4　エミール・ゾラ宛、一八七八年四月一四日、エクス。*Paul Cézanne: Correspondance*, ed. John Rewald, Paris: Éditions Bernard Grasset, 1937, p. 138（『セザンヌの手紙』ジョン・リウォルド編、池上忠治訳、美術公論社、一九八二年、一二二頁）.

†5　Émile Bernard, “Souvenirs sur Paul Cézanne,” *Mercure de France*, Paris, 1907, quoted from *Conversations avec Cézanne*, ed. P. M. Doran, Paris: Macula, 1978, p. 65（『セザンヌ回想』P・M・ドラン編、高橋幸次・村上博哉訳、淡交社、一九九五年、一二二頁）.

†6　“Sur Cézanne, 1989,” *Quand les artistes font école: vingt-quatre journées de l'Institut des hautes études en arts plastiques 1988-1990, tome 1*, Paris: Éditions du Centre Pompidou, 2004, p. 380.

†7　現在もジャズ・ド・ブッファンの屋敷は残っている。ストローブ＝ユイレのシューティング・スケジュールは以下を参照。Jean-Marie Straub and Danièle Huillet, *Writings*, edited and translated by Sally Shafto with Katherine Pickard, additional translations by Barton Byg, Ted Fendt, Tag Gallagher, Daniel Heller-Roazen, Jonathan Rosenbaum and Gregory Woods, New York: Sequence Press, 2016, p. 361.

†8　ヴェントゥーリ［414］：一八八二−八五年（改訂版：一八八六−八八年）、リウォルド［552］：一八八五−八六年。

†9　ヴェントゥーリ［476］：一八八五−八七年（改訂版：一八九〇年頃）、リウォルド［551］：一八八五−八六年。

†10　映画『セザンヌ』で朗読されるセリフは、すべてＤＶＤ「ストローブ＝ユイレ・コレクション３」（細川晋訳、紀伊國屋書店、二〇〇五年）の構成台本から引用した。

†11　Gasquet, *Cézanne*, p. 80.

†12　“Sur Cézanne, 1989,” pp. 368-369.

†13　*Conversations avec Cézanne*, pp. 106-107（『セザンヌ回想』、一九三頁）.

†14　Gasquet, *Cézanne*, p. 77（ガスケ『セザンヌ』、二一〇頁）.

†15　Ibid., p. 79.

†16 Joachim Gasquet, *Cézanne*, Paris: Éditions Bernheim-Jeune, 1921, quoted from *Conversations avec Cézanne*, p. 108（『セザンヌ回想』、一九五頁）.

†17 Gasquet, *Cézanne*, quoted from Ibid., pp. 108 and 126（同書、一九五、二二二頁）.

†18 ヴェントゥーリ［455］：一八八五―八七年（改訂版：一八八六―八七年）、リウォルド［598］：一八八六―八七年。

†19 ヴェントゥーリ［454］：一八八五―八七年（改訂版：一八八六―八七年）、リウォルド［599］：一八八七年頃。

†20 ベルヴュにおいて、サント＝ヴィクトワール山と松の大木が描かれた油彩画は他にもある。ヴェントゥーリ［452］：一八八五―八七年（改訂版：一八八六―八七年）、リウォルド［511］：一八八二―八五年、およびヴェントゥーリ［453］：一八八五―八七年（改訂版：一八八六―八七年）、リウォルド［512］：一八八二年頃など。

†21 セザンヌはこの絵画に署名をして、ガスケへと贈った。*The Paintings of Paul Cézanne, vol.1*, p. 399.

†22 Gasquet, *Cézanne*, pp. 55 and 57.

†23 ヴェントゥーリ［694］：一八九六―七年（改訂版：一八九六―九七年）、リウォルド［809］：一八九六年。

†24 Gasquet, *Cézanne*, p. 61.

†25 Gasquet, *Cézanne*, quoted from *Conversations avec Cézanne*, p. 124（『セザンヌ回想』、二二九頁）.

†26 ルーセルは、《セザンヌ礼賛》（一九〇〇）を描いたモーリス・ドニとともに、レ・ローヴのアトリエを訪れた。*The Paintings of Paul Cézanne, vol.1*, pp. 546-547.

†27 セザンヌは朝六時からアトリエへと通うのが日課であったと伝えられる。Bernard, "Souvenirs sur Paul Cézanne," quoted from *Conversations avec Cézanne*, p. 57.

†28 蓮實重彥『ゴダール マネ フーコー――思考と感性とをめぐる断片的な考察』ＮＴＴ出版、二〇〇八年、二一四頁。

†29 ジョワシャン・ガスケ宛、一八九六年七月二一日、タロワール。『セザンヌの手紙』、一九八頁。

†30 Gasquet, *Cézanne*, p. 81.

†31 シャルル・カモワン宛、一九〇四年一二月九日、エクス。*Paul Cézanne: Correspondance*, p. 267（『セザンヌの手紙』、二四四頁）.

†32 Bernard, "Souvenirs sur Paul Cézanne," quoted from *Conversations avec Cézanne*, p. 56.

†33 ヴェントゥーリ［702］：一九〇〇–〇四年（改訂版：一八九五–九六年）、リウォルド［808］：一八九五–九六年。ガスケは一八九六年七月の『レ・モワ・ドレ』に発表した「七月」という文章で、セザンヌが一八ヶ月間、ジャズ・ド・ブッファンで《ロザリオを持つ老女》に取り組んだと記している。モデルは、マリー・ドモランの女中である。ジョワシャン・ガスケ宛、一九〇二年、エクス。『セザンヌの手紙』、二二七–二二八頁。

†34 フローベール『ボヴァリー夫人』生島遼一訳、新潮文庫、二〇〇七年、二〇二–二〇三頁。セザンヌは一八九六年秋から冬にかけパリに滞在したおり、ガスケ宛の書簡に「近ごろはフローベールを読みなおしたり、あなたの雑誌を読んだりしています」と綴っている。ジョワシャン・ガスケ宛、一八九六年九月二九日、パリ。『セザンヌの手紙』、二〇〇頁。

†35 *Rencontres avec Jean-Marie Straub et Danièle Huillet*, ed. Jean-Louis Raymond, Beaux-arts de Paris-les éditions, École supérieure des beaux-arts du Mans, 2008, p. 35.

†36 ユイレはこのシーンが非常に印象的だったと話している。Ibid.

†37 ジャン・ルノワールは、実父に関する長大な伝記を著している。そこにはルノワールとセザンヌとのエピソードを含め、自身とセザンヌの息子ポールとの兄弟のような関係についても記される。Jean Renoir, *Pierre-Auguste Renoir, Mon Père*, Paris: Éditions Gallimard, 1981, pp. 126 and 399-400.

†38 Gasquet, *Cézanne*, p. 66.

†39 Maurice Denis, "Cézanne," *L'Occident*, Paris, 1907（excerpt from *Théories*, Paris: L. Rouart et J. Watelin, 1920）, quoted from *Conversations avec Cézanne*, p. 173.

†40 エミール・ベルナール宛、一九〇四年五月一二日、エクス。*Paul Cézanne: Correspondance*, p. 261（『セザンヌの手紙』、二三八頁）.

†41 ヴェントゥーリ［766］：一八九八–一九〇〇年（改訂版：一八九五–九九年）、リウォルド［837］：一八九七年頃。

†42 Philip Conisbee and Denis Coutagne, *Cézanne in Provence*, contributions by Françoise Cachin, Isabelle Cahn, Bruno Ely, Benedict Leca, Véronique Serrano and Paul Smith, Washington, D.C.: National Gallery of Art; New Haven, London: Yale

University Press, 2006, p. 192. 映画のシューティング・スケジュールにはロケ地としてビモン・ダム（一九五二年建設）が記載されているが、映し出されるサント＝ヴィクトワール山はそこから少し移動したビベミュス付近の方角から望む山の形状に近い。なおセザンヌは現在のビモン・ダム付近で《アンフェルネから見たサント＝ヴィクトワール山》を描いている。ヴェントゥーリ［664］：一八九四―一九〇〇年（改訂版：一八九〇―九五年）、リウォルド［762］：一八九五年頃。

†43 Gasquet, *Cézanne*, p. 67, and *The Paintings of Paul Cézanne, vol. 1*, p. 486.

†44 Émile Bernard, “Paul Cézanne,” *L’Occident*, Paris, 1904, quoted from *Conversations avec Cézanne*, p. 37.

†45 *Rencontres avec J-M. S. et D. H.*, pp. 34-35（「ストローブ＝ユイレ・コレクション3」構成台本、三頁), and “Sur Cézanne, 1989,” p. 371.

†46 Gasquet, *Cézanne*, p. 14（ガスケ『セザンヌ』、二六頁).

†47 “Sur Cézanne, 1989,” p. 380.

†48 Denis, “Cézanne,” quoted from *Conversations avec Cézanne*, p. 177.

†49 カミーユ・ピサロ宛、一八七六年七月二日、レスタック。*Paul Cézanne: Correspondance*, p. 127（『セザンヌの手紙』、一一二頁).

†50 Gasquet, *Cézanne*, p. 50（ガスケ『セザンヌ』、一三五頁).

†51 Gasquet, *Cézanne*, quoted from *Conversations avec Cézanne*, p. 112（『セザンヌ回想』、二〇一頁). セザンヌの「青年時代の手帳」には、地質学用語のリストと地質学の略図が記されている。これは自身の手によるものではないとされるが、一部はマリオンの説明書きであったと考えられている。*The Drawings of Paul Cézanne: A Catalogue Raisonné, vol.1*, ed. Adrien Chappuis, Greenwich, Connecticut: New York Graphic Society, 1973, p. 59.

†52 Bernard, “Paul Cézanne,” quoted from *Conversations avec Cézanne*, p. 34（『セザンヌ回想』、七三頁).

†53 リウォルドのカタログ・レゾネでは一九〇五年。*The Paintings of Paul Cézanne, vol.1*, p. 559.

†54 エミール・ベルナール宛、一九〇四年四月一五日、エクス。*Paul Cézanne: Correspondance*, p. 259.

†55 ルクレーティウス『物の本質について』樋口勝彦訳、岩波文庫、二〇一六年、二九三―二九四頁。訳文の「アェトナ」は

本文の表記に合わせ、変更した。

†56 Gasquet, *Cézanne*, quoted from *Conversations avec Cézanne*, p. 112（『セザンヌ回想』、二〇〇頁）.

†57 ヴェントゥーリ［101］：一八六七年（改訂版：一八六七年）、リウォルド［121］：一八六七年。

†58 *Cézanne: les années de jeunesse 1859-1872*, ed. Lawrence Gowing, translated by Florence Austin, Évelyne Briffault and Catherine Fraixe, Paris: Réunion des musées nationaux, 1988, p. 112.

†59 Gasquet, *Cézanne*, quoted from *Conversations avec Cézanne*, p. 116（『セザンヌ回想』、二〇六頁）.

†60 *Rencontres avec J-M. S. et D. H.*, p. 32.

†61 ストローブは額縁が嫌いであったようだが、一方でセザンヌは自身の絵画が額に入れられることを喜んだと伝えられている。“Sur Cézanne, 1989,” p. 369, and Gasquet, *Cézanne*, p. 63.

†62 ヴェントゥーリ［732］：一八九五―一九〇〇年（改訂版：一九〇〇―〇五年）、リウォルド［847］：一八九九年頃。

†63 ベルナール宛、一九〇四年四月一五日。*Paul Cézanne: Correspondance*, p. 259.

†64 Léo Larguier, *Le Dimanche avec Paul Cézanne*, Paris: L'Édition, 1925, quoted from *Conversations avec Cézanne*, p. 16（『セザンヌ回想』、三九頁）.

†65 R. P. Rivière and J. F. Schnerb, “L'Atelier de Cézanne,” *La Grande revue*, Paris, 1907, quoted from Ibid., p. 88.

†66 セザンヌは書簡に「さて、展開すべき主張は、――われわれの気質や自然を前にしての能力の形式が何であろうと――われわれ以前にあらわれた一切を忘れてわれわれが見るところの姿《イマージュ》を描くことです。そうすれば芸術家は、それが大きかろうと小さかろうと自分の全個性を作品に与えることができるはずです」と綴っている。エミール・ベルナール宛、一九〇五年一〇月二三日、エクス。*Paul Cézanne: Correspondance*, pp. 276-277（『セザンヌの手紙』、二五一頁）.

†67 ヴェントゥーリ［661］：一八九〇―九四年（改訂版：一八九〇―九五年）、リウォルド［901］：一九〇〇―〇二年。

†68 *The Paintings of Paul Cézanne, vol. 1*, p. 531.

†69 ベルナール宛、一九〇五年一〇月二三日。*Paul Cézanne: Correspondance*, p. 277.

†70 Bernard, “Souvenirs sur Paul Cézanne,” quoted from *Conversations avec Cézanne*, p. 78.

†71 ヴェントゥーリ［1529］：一九〇四–〇六年（改訂版：一九〇二–〇六年）、リウォルド［931］：一九〇四–〇六年。

†72 Denis, "Cézanne," quoted from *Conversations avec Cézanne*, p. 177.

†73 ヴェントゥーリ［785］：一九〇〇–〇四年（改訂版：一八九五–九九年）、リウォルド［881］：一九〇〇–〇四年。

†74 ヴェントゥーリ改訂版：一九〇二–〇六年、リウォルド［917］：一九〇四–〇六年。

†75 この映画のドイツ語版である『ポール・セザンヌ』（一九九〇）では、このカットに朗読（歌）が加えられ、三分半の長さに変更されている。

†76 *Paul Cézanne, The Watercolors: A Catalogue Raisonné*, ed. John Rewald, London: Thames and Hudson, 1983. ヴェントゥーリ［1155］：一九〇四–〇六年（改訂版：一八八〇–八一年）、リウォルド［643］：一九〇四–〇六年。

†77 ヴェントゥーリ［695］：一八九六–九七年（改訂版：一八九六–九七年）、リウォルド［810］：一八九六年。

†78 ヴェントゥーリ［721］：一九〇〇–〇五年（改訂版：一九〇〇–〇二年）、リウォルド［855］：一八九四–一九〇五年。

†79 Francis Jourdain, *Cézanne*, Paris: Éditions Braun & Cie, 1950, quoted from *Conversations avec Cézanne*, p. 83.

†80 Paul Cézanne, "Mes confidences," quoted from Ibid., p. 102.

†81 Marc Chevrie, "Le Retour d' Empédocle," *Cahiers du cinéma*, Paris, no. 418, April 1989, p. 64.

†82 ヴェントゥーリ［715］：一九〇〇–〇六年（改訂版：一九〇六年）、リウォルド［950］：一九〇五–〇六年。

†83 妹マリーから甥ポール宛の手紙、一九〇六年一〇月二〇日。*Paul Cézanne: Correspondance*, p. 299.

†84 エミール・ベルナール宛、一九〇六年九月二一日、エクス。Ibid., p. 291（『セザンヌの手紙』、二六二頁）.

†85 Bernard, "Souvenirs sur Paul Cézanne," quoted from *Conversations avec Cézanne*, p. 65.

†86 ベルナールから母宛の手紙、一九〇四年二月五日、マルセイユ。Ibid., p. 24.

†87 *Paul Cézanne, The Watercolors.* ヴェントゥーリ［1091］：一八九五年頃（改訂版：一八九五年頃）、リウォルド［387］：一八九八–九九年。

†88 Ibid., p. 179.

†89 *Conversations avec Cézanne*, p. 106. ジョワシャン・ガスケ宛の最後の手紙、一九〇四年七月二七日、エクス。『セザンヌ

の手紙』、二四二頁。

†90 ヴェントゥーリ［696］：一八九九年（改訂版：一八九九年）、リウォルド［811］：一八九九年。

†91 "Sur Cézanne, 1989," p. 385.

†92 Ambroise Vollard, *Paul Cézanne*, Paris: Galerie A. Vollard, 1914, quoted from *Conversations avec Cézanne*, p. 8（『セザンヌ回想』、二七頁）.

†93 "Sur Cézanne, 1989," p. 385.

†94 息子ポール宛、一九〇六年九月八日、エクス。*Paul Cézanne: Correspondance*, p. 288.

†95 "Sur Cézanne, 1989," p. 374.

†96 Jean-Marie Straub and Danièle Huillet, *Écrits*, Philippe Lafosse and Cyril Neyrat eds., translations by Bernard Eisenschitz, Giorgio Passerone and Jeanne Revel, Paris: Independencia éditions, 2012, p. 114.

†97 "Sur Cézanne, 1989," p. 385.

6

カヴァロッティ通りの老狐

『アンナ・マクダレーナ・バッハの年代記』をめぐるストローブとの対話

伊藤はに子

パリ一八区のその通りには石造りの旧建築が両側に立ち並び、その谷間に停められた車の列が歩道にまで迫っていた。辿り着いた家番号の石壁にはめられたプレートに指定されたコードを打ち込むと、厚くて重い木の扉が開いた。ひんやりとほの暗い中庭を横切って、昔の映画に出てくるような枠組みだけのエレベーターに乗り、降りたところが訪問先の玄関前だった。半開きのドアの向こうに、思っていたよりも小柄な老人が立っている。一言だけの挨拶で、その日の共通の言語が何であるかの確認が交わされた。

インタヴューの概要を伝えた私の手紙を「ジャン＝マリー・ストローブ氏が読みました」と、アシスタントの女性から連絡をいただいていた。映画『アンナ・マクダレーナ・バッハの年代記』*Chronik der Anna Magdalena Bach*（一九六八）について、なぜこのタイトルなのか。それが私の最初の質問だった。映画のタイトルと一九三〇年にドイツ語で出版された小説の書名 *Die kleine Chronik der Anna Magdalena Bach* (Leipzig)[†1] との類似性はしばしば指摘される。しかし、この作品とストローブ＝ユイレのバッハ映画は内容的には何らかかわりはない。では、なぜこのタイトルなのか。

質問者の目を下から覗き見るように、しかし視線が止まった後は、射るようにではなく深く見入るようにして、そして、その眼を逸らしたあと放たれたのは、強い否定だった。

〈私は、その本を読んでいない。〉

バッハ映画が公開された年にドイツの『フィルムクリティーク』誌に刻まれた「この本を読まなければ、おそらく私はこの映画を撮ることはなかっただろう」[†2]というストローブの言葉と、今しがた耳にした声との間には半世紀近い歳月が流れている。しかし、過ぎた時間の長さやそれによる記憶の劣化が問題ではないのと同様に、その本が読まれたか否かの真偽も重要ではない。試されているのは、質問者自身なのだ。

一瞬、グスタフ・レオンハルトにインタヴューをしたときのことが頭を過ぎった。「あなたにとってバッハとは？」という私の安易な問いに、「私はバッハを知らないし、会ったこともない」という答えが返ってきた。「あるのは、バッハの音楽だけです」という次の発言までの沈黙の重さが蘇ったとき、その記憶に、葉巻をくわえたままのくぐもった声が重なった。

〈最初は匿名で出版されたが、その後、作者が名を明かした。タイトルのクロニクルという言葉が気に入った。この本から得たのはそれだけだ。年代記であり、物語であり、そして愛の物語。バッハの生涯をアンナ・マクダレーナが年代順に語る。ただ、それだけだ。クロニクルはギリシャ語でクロノス（Χρόνος）、すなわち時の神、時の物語……〉と続けようとしたとき、電話が鳴った。

世界でおよそ三〇の言語に翻訳されたその書物は、日本でも戦前に『バッハの思ひ出』†3（服部龍太郎訳、春陽堂、一九三六）として邦訳出版され、その後、版元を替えながら二〇世紀末まで版を重ね続けた。ヨハン・ゼバスティアン・バッハの妻であるアンナ・マクダレーナに一人称で語らせるフィクションなのだが、バッハの妻が著したノンフィクションとして取り違えられたことから、バッハの音楽を愛する人々の間で偽書と呼ばれるようになった。ストローブ＝ユイレは、なぜその〝偽書〟からほぼ同一のタイトルを用いたのか。

電話口は、私たちが座っているずっしりとした木製の楕円テーブルを中央に据えた部屋に隣接するもうひとつの部屋にあった。隣といっても、高い天井を持つふたつの部屋を分断する壁もドアもなく、本来はひとつの広間であったに違いないところに、中央の鴨居のような象徴的な仕切りで境界が示されている。戦前の旧建築に典型的なその造りの空間には、ソファーも飾り棚もそして本棚もない。それぞれの部屋の壁際に、使い込んだ木の机があるだけだ。修道僧の部屋にあるような質素なふたつの机は、同じ空気を纏いながら互いに背を向け合うように置かれている。電話が鳴った部屋の机の椅子には淡いサーモンピンクのカーディガンが掛かっていて、ノートパソコンほどの机上の空白が、現在の机の主の不在を告げている。

偽書という言葉を使わずに最初のテーマに終止符を打つ術はないものかと考えあぐねているところに、長めの通話を終えてテーブルに戻ったストローブが、〈もうずいぶん昔のことで、あまり覚えていない〉と前置いて、少し考えるような目つきをした後、次のテーマであるバッハ役を演じたレオンハルトについて語り始めた。

〈最初に会ったとき、彼は無名だった。だから彼を選んだ。人に知られていない姿がスクリーンに映ることが重要だった。バッハ役としてチェンバロとオルガンの名手を探した。レオンハルトは、当時まだ数枚のレコードしか出していなかった。誰も彼のことを知らなかった。《フーガの技法》とカンタータのアリア集のレコードを聴いた。彼の音楽が、それまでのバッハ演奏と全く異なることが分かった。新しい音楽だった。〝この人だ〟と決めた。

彼の年齢も、どのような容姿なのかも知らなかった。調べてみると、アムステルダムに住んでいることが分かった。私は彼に電話をして、「ある提案があるのですけれど」と言った。「では、アムステルダムに来てください」というので、ダニエルとふたりで台本を持って、ミュンヘンから列車に飛び乗った。一九五六年の冬のことだ。レオンハルトが三日間、時間がほしいと言うので、その間私たちはオランダの島へ行って、過ごした。アムステルダムに戻ると、彼は「やります」と言ってくれた。

嬉しかったのは、彼がのちにある雑誌のインタヴューで、「若き音楽学者たちが訪ねて来たのかと思った」と語ったことだ。私たちは、まだ二〇代前半の若さだった。そして、私の台本を読んで、レオンハルトが承

諾してくれた。小説みたいな話だよね。〉

それにしても、ストローブにとって、なぜバッハだったのか。

〈バッハの音楽に興味があった。ずっと以前から、多くのバッハ作品を聴いた。しかし、バッハに関して私はほとんど何も知らなかった。あらゆる資料を集めて、編年体でまとめることをした。映画のために伝記的資料として参考にしたのは、バッハの次男が著した『故人略伝』[†4]だけだ。その他の手稿譜や書簡など、映画に使ったものはいずれもバッハが生きていた時代の資料だ。

始まりは、学ぶことへの好奇心だった。そして、バッハが私の最初のプロジェクトとなった。構想は、パリに来た一九五四年にすでに固まっていた。台本は、一九五六年までに完成した。それは、私の映画の夢の出発点だった。しかしそれが実現するまで長く待たねばならなかった。〉

ストローブとユイレのふたりがレオンハルトを訪問した一九五六年から撮影開始の一九六七年までの一一年間は、映画の製作資金を調達するために費やされた。

〈レオンハルトを知っている人は、誰もいなかった。レオンハルトのためには、誰も資金を出してくれなかった。お金が必要ならカラヤンを使えば、と言われた。カラヤンはしかしオルガンもチェンバロも弾けない、と言うと、編集すればいい、と言われた。カラヤンは、私は音楽的にも政治的にも好きじゃない。

オーケストラに必要な音楽家を集めるために、レオンハルトがアーノンクールのところへも行きなさいと言ってくれた。彼には、ケーテン侯レオポルト役としてガンバ・ソナタの演奏を依頼した。アーノンクールも、当時は無名だった。

レオンハルトに会ってほどなく、私たちはアンナ・マクダレーナ役の女性を見つけた。パリのコンサートで彼女が歌っているのを聴いた。クリスティアーネ・ラングは、撮影が開始するまでの一〇年の間に指揮者ドレヴァンツと結婚し、子供をもうけた。母親となった彼女は、アンナ・マクダレーナ役として以前よりいっそう相応しくなった。

バッハ映画の撮影に入るまでに、私たちは二本の映画を完成させていた。『マホルカ＝ムフ』（一九六三）をアムステルダムで観たというレオンハルトが手紙をくれた。「これほど凝縮された映画を観たことがない」と書いてあった。彼には、この作品を撮ったことさえ知らせていなかった。撮影までの歳月、私たちの関係は全く変わることはなかった。ただ、深く、より深くなっていった。〉

撮影の延期による一一年の空白は、レオンハルトの演奏に大きな変化をもたらした。そしてそれは、ストローブ＝ユイレのバッハ映画にとって大きな幸運であった。

バーゼルで音楽修行を積み、ウィーンでチェンバロ教授を務めた後、一九五五年にオランダに戻ったレオンハルトは、アムステルダムを拠点に活発な演奏活動を開始する。ストローブとユイレが彼を訪問したのは、このころだ。その後の一九六二年、レオンハルトはマルティン・スコヴロネックが製作した歴史的コンセプトに基づいたチェンバロとの運命的な出会いを果たす。バッハ映画にも使用されたこの楽器で六〇年代中葉から七〇年代初めにかけて《ゴルトベルク変奏曲》や《フーガの技法》の再録を含む数多くのバッハ作品が立て続けに録音された。正しい道具を得たレオンハルトは、バッハの音楽語法を独自の方法論で習得していく。

鍵盤楽器で自らの方法論を確立したレオンハルトにとって、バッハ映画はそれをオーケストラで応用する最初の機会となった。自らの名を冠した器楽アンサンブルを率いて、いわゆる弾き振りはしていたものの、合唱を伴う大編成のカンタータや受難曲などの指揮の経験はなかった。撮影が行われた一九六〇年代後半、古楽器のみによるオーケストラを編成すること自体がまだ容易ではない時代だった。当時、古楽演奏の中心地であったバーゼルとウィーンからバッハ映画のためにふたつの団体が集結した。古楽器という共通項があるとはいえ、演奏へのアプローチが異なるこのふたつの団体は、レオンハルトというひとつの方法論のもとで新しいバッハ演奏を形成することとなる。

撮影準備が整ったとき、レオンハルトは、もはやストローブが発見したひとりの無名の音楽家ではなかった。西ヨーロッパを越え、国際的なキャリアへの出発点に立っていた。一方で、古楽演奏の先駆者としてのレオンハルトは、既存の概念からの抵抗との闘いも余儀なくされた。ストローブ＝ユイレにとっても、新しい映画の波の前衛で闘争の只中に身を置いていた時期である。その両者が、ジャンルを異にしながらも共に闘う同志として再会したのが、一九六七年八月、バッハ映画の撮影現場だった。

〈最初に撮ったのが、《マタイ受難曲》の冒頭の曲だった。レオンハルトは、このとき初めて《マタイ》を指揮した。二晩、マタイの夢を見たと言っていた。私たちは、三日間リハーサルをした。編成は二群に分かれ、それぞれの群に器楽奏者は一五名、合唱の各声部が三名、全員で一二名。それに七人のリピエニスト。バッハは、これ以上の奏者が必要だとは言わなかった。それがベストだとして、作曲したはずだ。レオンハルトも、すぐにこの編成を承諾した。
《マタイ》で歌った少年合唱の子供たちは、合唱指揮者のもとですでに練習を積んできていた。レオンハルトはリハーサル中に少年たちに、「歌わないで！　歌わないで！　話すのです！」と言っていた。
レオンハルトは、選曲には一切かかわっていない。演奏だけだ。撮影の期間、私たちの間で見解の相異からのディスカッションはなかった。唯一、意見が分かれたところがある。《ヤコブの梯子》の絵画の下でアンナ・マクダレーナが病に臥せるシーンのあと木立の上に流れる雲の光景。そこにカンタータ一四〇番からソプラノとバスのデュエットが重なる。このソプラノは、私はテクストの内容からしても女声だと考えた。しかしレオンハルトは歴史的な根拠から少年に歌わせるべきだと言った。私たちの意見が分かれたのは、このときだけだった。〉

撮影中のエピソードからは、台本の執筆から撮影に至るまでストローブがいかに同時代のバッハ研究や演奏の潮流を捉えていたかを窺い知ることができる。奏者の数や少年によるソプラノの問題は当時からの関心事であり、二一世紀の現在に至ってもなお、その論争に決着を見ない。そして何よりも、編年で配置したバッハ作品を柱にバッハ伝を構築するという、一見、凡庸にも見えるこのアイディアにこそストローブの戦略が潜む。というのも、バッハは作品のほとんどに作曲年を記すことがなかったため、作品の成立年は永きに渡ってバッハ学者たちの主要な研究対象のひとつであった。特にバッハ映画の準備期間と重なる一九五〇年代半ばから六〇年代半ばにかけては、新説の成立年によって、伝承されたバッハ像が覆される事態が起きるなど、バッハ学者たちは成立年の論争に熱中していた。ストローブがタイトルの「クロニクル」に込めたこだわりも、この辺りと関係しているのかもしれない。

成立年の問題と表裏一体にあるのが、その根拠となる原典資料の研究である。二〇世紀中葉以降のバッハ研究を支える最重要事項であった原典主義もまた、ストローブのバッハ映画に貫かれている。演奏される楽曲を繋ぐのは、語られる『故人略伝』、そして映し出される楽譜や文書や図版などであり、これらはいずれもがバッハの時代に人の手が綴り、あるいは刷り遺した原典資料である。ストローブはバッハに関するあらゆる二次資料を回避し、すなわち後の時代の主観を排除して、核である原典資料という最小限の素材のみでバッハ伝を構築した。

しかし、ストローブは、なぜこれほどまでに徹底して音楽学の手法にこだわるのか。
「時代考証に基づいた鬘や衣装なしで、バッハ映画を撮ることは可能でしたか」という私の質問に〈バッハ映画はサイエンス・フィクションなんだ。あの時代の鬘や衣装を着けることで、サイエンス・フィクションになっている〉とストローブは答えた。
音楽学Musikwissenschaftという科学（Wissenschaft＝サイエンス）もまた、ストローブにあっては、バッハ映画を歴史的過去へと向けたフィクションとして完結させるためのツールであったのだろうか。その意味では、音楽作品が作曲された当時どのように響いたのかという問いを出発点として、あらゆる歴史的情報を現代の演奏に反映させる試みである古楽演奏の方法論もまた、サイエンス・フィクションの手法には違いない。歴史への深い敬意を前提とした上で、しかし〝オーセンティックか否か〟という論争からは距離を置き、確認する術のない歴史的事実の再現をあくまでフィクションとして認識する姿勢は、ストローブとレオンハルトの両者に通底する。

〈レオンハルトから、完成した映画をシカゴの映画館で観た、と絵葉書が送られて来た。彼は、当時アメリカに滞在していた。彼が気にしていた音響がすばらしい完成度で仕上がっていること、そして、「自分の演奏による部分が、映画全体の構成の中でどのように機能しているかがすぐに理解できた」、と書いてきた。私たちは、レオンハルトを音楽家としてだけでなく、人として尊敬した。彼は、虚栄や自惚れのかけらもない人だ。彼は常に穏やかで、私たちふたりの間に亀裂が入ることはなかった。彼とは、まさに人間的な仕事ができた。〉

バッハ映画公開の二年後、レオンハルトはニコラウス・アーノンクールと分担して二〇〇曲に及ぶバッハの教会カンタータ全曲録音を開始した。音楽録音史上稀に見るこのプロジェクトは二〇世紀の記念碑的事業として評価され、一九八〇年には、両者にヨーロッパで文化のノーベル賞と称されるエラスムス賞の授与という名誉をもたらした。なによりも、七〇年代初めから八〇年代終わりまでの二〇年近い歳月をかけて実施されたプログラムからは、古楽演奏を牽引する双璧のもとで次世代を担う数多くの演奏家が育った。更に第三世代が活躍する九〇年代になると、古楽演奏の方法論はクラシック音楽界全般にその影響を与えることとなる。音楽史的には、「第二次世界大戦後の古楽の運動」として位置づけられるレオンハルトとアーノンクールを旗手としたムーブメントにとって、バッハ映画は、その先駆けの実験的現場であった。それを提供したのが、ストローブ＝ユイレである。

〈いくらかでも役に立ったことを、願っているよ。バッハ映画は、始まりだった。バッハの音楽を、旧態依然とした悪い習慣で演奏することに対する怒りと決意だった。この映画は愛の物語だが、〝宣戦布告〟でもある。バッハの人生もまた、闘争の人生だった。〉

気がつくと、どこから来たのか一匹の猫がテーブルに上がり、広げた私のノートの上を歩いている。その猫を諭すようにフランス語で話しかけながら立ち上がったストローブは、机の引き出しを開け閉めして何やら探し始めた。書類や本が置かれた机の前には、ピンで留めた大きさがまちまちの写真がいく葉もあり、机に付いたとき、ちょうど正面に当たる位置に、低い山を背景に大きな犬を連れて佇む女性の細いシルエットが浮んで見える。

探し物を見つけたストローブは、ドイツ語で〈フランス語を読みますか〉と尋ねながら私に数枚のコピーを渡した。「いいえ、フランス語は読みませんし、話しません」と答えると、すでにテーブルを降りておとなしくしている猫に向かって、ストローブは再びフランス語で語り始めた。コピーは、レオンハルトのインタヴュー記事のようだった。問いかけるような猫への語りを耳にしながら、フランス人もペットに親称を使うのだろうか、では、神に対してもやはり親称なのかと思いをめぐらす間、いっこうに終わらない猫への語りかけに、もしやここで話題にされているのは東洋から来た不可解な訪問者なのかもしれない、という思いに至ったそのとき、彼はドイツ語で、しかし語調は変えずに、〈君は音楽学が専門なのに、今になって突然、映画に興味を持つとは〉と言ったあと、眼をあげてこちらを向くと、〈君は、キツネなのか〉と続けた。意味を取りかねた相手の答えを待たずして、〈私もキツネだがね〉、そして〈年老いたね〉と二度、繰りかえした。

玄関口で別れの挨拶をしようというときになって、ふいに〈他の映画も観ましたか〉と尋ねられた。私は正直に、「観たのはバッハ映画だけです」と答えた。すると、いくぶんおぼつかない足取りで玄関から奥へと続く長い廊下を進んで、そこに貼られたポスターのうちの一枚の前で立ち止まった。〈君はケルンに住んでいたのなら、まずはこの映画から観なさい〉と指差された先には、ケルン大聖堂を背景にピストルを構えて立つ老婦人の後ろ姿があった。それが、『和解せず』（一九六五）の終盤のワンシーンであることを知ったのは、日本へ戻ってからだった。

持ち帰ったフランス語のコピーは、ストローブの『コルネイユ＝ブレヒト』（二〇〇九）に出演しているコルネリア・ガイザーと『影たちの対話』（二〇一四）に出演しているベルトラン・ブルデールのふたりが、一九九九年にレオンハルトにインタヴューをした記事だった。バッハ映画に関してあまり語ることをしなかったレオンハルトが、ストローブとの出会いについて述べている。

ストローブ氏が私の前に現れたとき、私は、彼のことを何も知りませんでした。バッハの映画と聞いて、私には、身の毛もよだつようなものになるだろうとしか思えませんでした。音楽映画というものは、私が知る限りでは、そんなものです。ところが、シナリオを読むと、それが歴史的根拠に基づいた全く厳密な内容だったのです。そこには、バッハに対して私と同じアプローチをする、そしてバッハに対して私と同じ尊敬の念を持った映画監督がいたのです。[†5]

レオンハルトとストローブの関係性は、選曲への関わりに顕著に現われている。音楽監修という意味合いからは、選曲に関わってもおかしくない立場でありながら、レオンハルトは決してそこに立ち入ることをしなかった。ストローブ自身により緻密に練られた選曲が台本自体に組み込まれたものであることを理解したレオンハルトは、台本という領域に演者が踏み込まないという原則を、出会いから撮影の終了まで貫いた。そこに、レオンハルトのストローブに対する信頼の形を見ることができる。

バッハ生誕三〇〇年の一九八五年、日本でストローブ＝ユイレのバッハ映画が公開されたとき、レオンハルトを通してストローブ＝ユイレを知ることとなる人々は、蓮實重彥が作品とその監督に寄せた「厳格であることの自由」[†6]が、レオンハルトの音楽のために探していた言葉そのものであることに気づかされたことだろう。ふたつの〝厳格と自由〟が、同質の歴史観のもとで〝小説のような〟出会いをし、一一年の空白を経たひと夏に完成させたのが、映画『アンナ・マクダレーナ・バッハの年代記』だった。

私がパリにストローブを訪ねたのは、グスタフ・レオンハルトが逝去して後の初めての復活祭の頃だった。対話の間、ストローブは彼の死に触れることはなかった。そして私は、最初にバッハ映画を観て四半世紀を経てようやくストローブ＝ユイレを知ることを始めた。

その年の暮れ、クリスマスの挨拶を添えて、歌川広重の《大晦日の狐火》のカードをパリへ送った。アシスタントのバルバラ・ウルリッヒさんから電子メールでお礼の返信が来て、「〝狐はジャッカルだ〟とストローブ氏が言っていました」と伝えてきた。それを読んで初めて、あの部屋の床の寄せ木模様が『ジャッカルとアラブ人』

（二〇一一）で観たのと同じだったことに気づいた。
そのアパートメントについてストローブは、〈一九五四年に初めてここに来た。ダニエルの祖父がこの家のオーナーだった。私は別のところで、屋根裏に住んでいた〉と遠くを眺めるような眼をして話した。そして、〈ダニエルがパート譜をすべて手書きした。演奏者があの衣装を着て鬘をつけているのに、現代の印刷譜を手にしていたら、おかしいだろう?〉と言ったとき、老人は少し笑った。バッハの妻であったアンナ・マクダレーナには肖像もなければ、筆跡もわずかしか残っていない。彼女が遺したのは、夫の作品の数多くの筆写譜だった。愛の物語だというバッハ映画は、ストローブとユイレの物語だったのだろうか。ふたりの出会いと同時に着手されたバッハ映画のプロジェクトが、ストローブ＝ユイレという共同体の半世紀以上に渡る闘争の物語の始まりであったことだけは、確かなようだ。

†1 原書は *The little chronicle of Magdalena Bach*, London 1925. 著者はエスター・メイネル（Esther Meynell）。英語の原書初版も独語版（一九三〇年）も、いずれも匿名で刊行された。
†2 Helmut Färber, “Gespräch mit Danièle Huillet und Jean-Marie Straub,” in *Filmkritik*, 1968. 10, S. 688.
†3 現行版は『バッハの思い出』山下肇訳（講談社、一九九七年）。邦訳では、初版からすべての版で、著者はアンナ・マグダレーナ・バッハとなっている。
†4 Carl Philipp Emanuel Bach und Johann Friedrich Agricola, *Der Nekrolog auf Johann Sebastian Bach*, Leipzig 1754.
†5 C. Geiser et B. Brouder, “Entretien avec Gustav Leonhardt,” Weltkunst, 1999（http://weltkunst.blogspot.jp/2012/01/entretien-avec-gustav-leonhardt-1999.html）.
†6 蓮實重彦「厳格であることの自由」『アンナ・マグダレーナ・バッハの日記』欧日協会、一九八五年。

7

語りの時間差による音楽の解放

『アンナ・マクダレーナ・バッハの年代記』

筒井武文

二〇一五年の三月、所用でパリに滞在していたとき、ストローブの『共産主義者たち』（二〇一四）を上映していた名画座で配られたチラシで、短篇四本の上映を知り、翌日同じ会場に足を運んだ。そこでの一本で、いきなり『アンナ・マクダレーナ・バッハの年代記』（一九六八）の断片が映し出されたのに驚愕した。それは鳥籠のショットから始まる、アンナ・マクダレーナが病に伏せるシークエンスである。樹木が揺れ、広くフレーミングされた空を雲が流れるショットに、《カンタータ第一四〇番》のソプラノとバスの二重唱が響き渡るのを受け止めていたとき、感情の高ぶりを抑えることは難しく、「ああ、これを体験するために、パリに来たのだ」という問答無用の非合理な確信が体を貫いた。これを自分なりに分析すると、新撮されたカラー画面にいきなりモノクロ画面が侵入し、それがよりによって、『アンナ・マクダレーナ・バッハの年代記』だという驚きが大きいのだが、問題は引用されたシーンだ。このとき、ヨハン・ゼバスティアンは、妻の元にはいない。夫の旅行中に病を患ったアンナ・マクダレーナを見つめていると、亡きダニエル・ユイレを思うストローブの心情が、このシーンを選ばせたに違いないという確信が湧いてくる。つまり、ヨハン・ゼバスティアンとアンナ・マクダレーナの関係が、ストローブとユイレの関係に二重写しになるのである。ただ、これは異郷にいた時期の感傷と言われてしまうかもしれないのだが。

ともあれ、ふたりの若き記念碑というべき『アンナ・マクダレーナ・バッハの年代記』に関して、ストローブ側というより、まず単にバッハの映画としてどうなのかを検討してみたいと思う。そこではバッハの何が描かれ、何が描かれないのか。

1　音楽的革命

まず、映画の最初に、《ブランデンブルク協奏曲第五番》が置かれている意味である。それは、これがアンナ・

マクダレーナの視点で描かれることに繋がっている。バッハのケーテン時代の傑作の一つであり、最も親しまれている曲の一つだということもいえるだろう。ともかく、アンナ・マクダレーナと知り合った地点から、映画は始まるのである。とはいえ、その演奏の場には、彼女の姿は見えない。そればかりか、演奏する音楽家の姿は映っても、それを聴いている聴衆の姿が映し出されることはない。この聴衆の不在こそ、『アンナ・マクダレーナ・バッハの年代記』の特異な点なのである。

《ブランデンブルク協奏曲第五番》に戻ろう。クレジット・タイトルが続くなか、唐突に第一楽章終盤が流れ出す。フルウトや弦に混じって、チェンバロも響いている。タイトルから実景に切り替わるのと、チェンバロ以外の楽器の音が止むのが同時である。ここから、当時としては長大なチェンバロのカディンツァが繰り広げられる。画面の中央には、チェンバロの二段鍵盤と譜面が置かれ、演奏者の斜め後ろからのアングルなので、演奏者の指は見えるものの顔は見えない。もちろんヨハン・ゼバスティアン・バッハを演じるグスタフ・レオンハルトの演奏である。

ここで、チェンバロとはどういう楽器だったかを知っておく必要がある。当時、チェンバロ、オルガン、チェロ等は、楽曲を下で支える通奏低音として使われていた。つまり演奏の主役ではない。ところが、ここでは通奏低音としてあったはずのチェンバロが独奏楽器として、フルウトとヴァイオリンと並び、堂々の主役を張っている。歴史的に、《ブランデンブルク協奏曲第五番》は、史上初めてのチェンバロ協奏曲であり、またチェンバロ、クラヴィコードから、ピアノ・フォルテへと変化する鍵盤楽器の歴史を踏まえれば、ニコラウス・アーノンクールが言うように、初のピアノ協奏曲と言ってもいい。その晴れがましい瞬間が映し出されるのだ。

もちろん、これはチェンバロが主役になると同時に、弾き手であるバッハ自身が主役になった瞬間でもある。それは、器楽の歴史に一種の革命が生起した瞬間とも言い得る。つまり、『アンナ・マクダレーナ・バッハの年代記』は、音楽的革命が成就した瞬間を冒頭に据えるのである。

次なる画面の変化は、カデンツィアが終わり、他の楽器が加わり、冒頭主題を再現するのに合わせ、キャメラが後退移動で演奏者全員をフレームに入れることで起こる。だが、その中に一人だけ合奏に加わらず、バッハを見つめている人物がいる。このフラウト・トラヴェルソを手にした人物は、アーノンクール演じるケーテン公である。宮廷楽長として、バッハを召しかかえ、そこに優秀な奏者を集めて、室内楽団を組織した音楽好きで知られる大公である。バッハの人生において、ケーテン時代とは、教会音楽より世俗的な純音楽を量産したことでも例外的な時代であった。バッハの旅行中に妻のマリア・バルバラの死が訪れる。まだ幼い子供たちを残して。そうしたバッハが巡り合ったのは、宮廷楽団のトランペット奏者を父に持ち、自身も宮廷の専属歌手であったアンナ・マクダレーナ・ヴィルケであった。バッハと彼女の結婚は、一七二一年一二月三日である。

次なるショットは、演奏が続くなか、インサートされるアンナ・マクダレーナの横顔であり、同時に彼女の声がそうした事情を語り出す。だが、そのショットの異常な短さに驚かされる。一秒あるか、ないか。この映画では、ショットは演奏に合わせて長く続くか、極端に短いかに二分され、そのことが音を聴くべきか、映像を急いで消化しなければならないかの選択を観客に強いることになる。映像は、すぐ長男フリーデマンのクラヴィコード演奏の後ろ姿に移るが、瞬間的なアンナ・マクダレーナの姿は、父と息子の橋渡し役のようでもある。

この作品の中心となるのは、同時録音されたバッハの曲の演奏シーンであり、それはほぼ一楽章まるごと続く長さを持つ。ただ、その終結部に音を欠いた映像が度々短く挿入されることも重要になる。それから、物語を進展させるアンナ・マクダレーナの声。後にはヨハン・ゼバスティアンの声も使われることになるだろう。しかし、通常の映画のように、登場人物が会話し演技をするシーンも多くはないが存在するので、必ずしも、ナレーションのみで物語が進行するわけでもない。とはいえ、通常の映画のナレーションは場面説明のために使われることが多いのに対し、ここでは映像に対するナレーションの位置（早いか、遅いか）が決定的に重視される。つまり、ナレーションのタイミングが、映像や音楽と同等に、表現の要素として関わっている。それは、各映像の長さの不均衡が極限にまで拡大され、心地よいショットのリズムで編集される大多数の映画とは、構成原理がまるで異なるのである。

2　ケーテンからライプティヒへ――映画の音楽的構造

ともかく、アンナ・マクダレーナ・バッハ（一七〇一―六〇年）の視点に従って、映画は進行する。彼女と知り合う前のヨハン・ゼバスティアン・バッハ（一六八五―一七五〇年）の半生は、各地域の銅版画や自筆譜の映像に、彼女の語りが被さるかたちで解説され、ケーテンの宮廷から、バッハの後半生の舞台となるライプティヒに移ることになる。ストローブ＝ユイレによるシナリオ執筆は、バッハの次男エマーヌエルと弟子のアグリコーラによる『故人略伝』（一七七五）とバッハや周辺の人々による手紙や日記、雑誌や新聞の記事、公文書等が参照されている。ここで、この映画に登場する曲を以下に挙げておこう。

ケーテン時代（一七一七―二三）

①《ブランデンブルク協奏曲第五番》（BWV1050）第一楽章アレグロ
②「フリーデマン・バッハのためのクラヴィア小曲集」より《第六プレリュード》（BWV854）
③「アンナ・マクダレーナ・バッハのための音楽帖」（一七二二）よりメヌエットⅡ《フランス組曲第一番》〔BWV812〕第六曲）
④《ヴィオラ・ダ・ガンバ・ソナタ第二番》（BWV1028）第一楽章アダージョ

リューネブルク、アルンシュタット、ミュールハウゼン、ヴァイマル時代（一七〇〇―一七）から、ライプティヒ時代の解説へ

⑤《トリオ・ソナタ第二番》（BWV526）第二楽章アダージョ

ライプティヒ時代（一七二三―五〇）

⑥《マニフィカト》（BWV243）第一一曲、第一二曲

⑦「アンナ・マクダレーナ・バッハのための音楽帖」（一七二五）よりテンポ・ディ・ガボット（《パルティータ第六番》〔BWV830〕第六曲）

⑧カンタータ第二〇五番《引き裂け、破れ、砕けよ、幕を（満足した風の神）》（BWV205）第二曲レチタティーヴォ（バス）、第三曲アリア（バス）

⑨カンタータ第一九八番《侯妃よ、なお一条の光を》（BWV198）第一〇曲終結合唱

⑩《ケーテン侯葬送音楽》（BWV244a）「喜びをもってこの世を去ろう」ソプラノ・アリア

⑪《マタイ受難曲》（BWV244）第一部第一曲冒頭合唱「来なさい、娘たち」コラール「ああ神の子羊、罪なくして十字架上にほふられた御方よ」

⑫カンタータ第四二番《同じ安息日の夕べに》（BWV42）第一曲シンフォニア、第二曲テノール・レチタティーヴォ

⑬《プレリュードとフーガ　ロ短調》（BWV544）よりプレリュード

⑭《ロ短調ミサ曲》（BWV232）キリエ第一曲合唱「キリエ・エレイゾン」

⑮カンタータ第二一五番《お前の幸をたたえよ、恵まれたザクセン》（BWV215）第一曲冒頭合唱

⑯《昇天祭オラトリオ》（BWV11）第一一部終結合唱「いつそれがおこるのでしょう」

⑰レオ・レオニウス作曲モテット《八声の三位一体後第一一日曜日用モテット》
⑱「ドイツ・オルガン・ミサ」より五声のコラール《キリエ、聖霊なる神よ》(BWV671)
⑲《マタイ受難曲》(BWV244)第二部第三五曲テノール・アリア「耐え忍ぼう」の通奏低音による前奏部
⑳《イタリア風協奏曲へ長調》(BWV971)第二楽章アンダンテ
㉑カンタータ第一四〇番《目覚めよと呼ぶ声あり》(BWV140)第三曲ソプラノとバスの二重唱
㉒《ゴルトベルク変奏曲》(BWV988)第二五変奏
㉓カンタータ第八二番《われは満ち足れり》(BWV82)第四曲バス・レチタティーヴォ、第五曲バス・アリア
㉔《音楽の捧げもの》(BWV1079)より「六声のリチェルカーレ」
㉕《フーガの技法》(BWV1080)「三つの主題によるフーガ(対位法第一四)」
㉖オルガン・コラール《汝の玉座の前にいまぞ歩み出て》(BWV668)

問題は、これらの曲が選ばれた理由である。もちろんバッハの作品歴で重要だと判断されたわけだが、代表作でありながら、ここに出てこない曲は幾らでもある。《ヨハネ受難曲》《クリスマス・オラトリオ》がない。それは《マタイ受難曲》や《昇天祭オラトリオ》で代行されているのかもしれない。《無伴奏チェロ組曲》や《無伴奏ヴァイオリンのためのソナタとパルティータ》もない。《管弦楽組曲》や《チェンバロ協奏曲》《ヴァイオリン協奏曲》もない。それは、バッハが市民の娯楽として、息子たちと(一台から四台までの)チェンバロ協奏曲などの演奏会を行ったカフェ・ツイマーマンのシーンがないから登場しようもないのであるが。そうした世俗的側面が欠けていることに残念な思いがしたことも事実である。

まず、①から④までのケーテン時代。②長男フリードリヒのクラヴィコード演奏と③アンナ・マクダレーナのスピネット(小型チェンバロ)演奏。ヨハン・ゼバスティアンによる音楽教育のひとこまである。③の終わりに

バッハと娘のダンス・シーンがやはり驚くべき短さで挿入される。

「フリーデマン・バッハのためのクラヴィア小曲集」より《第六プレリュード》(BWV854) が、長男フリーデマンへの音楽の基礎教育を示すのに対し、《フランス組曲第一番》(BWV812) 第六曲は、単に音楽の基礎教育というより、すでに歌手としての経験を積んできているアンナ・マクダレーナとヨハン・ゼバスティアンの間での音楽性の共有という側面が大きい。

④《ヴィオラ・ダ・ガンバ・ソナタ第二番》第一楽章アダージョ

宮廷音楽室でのヴィオラ・ダ・ガンバを弾くアンハルト＝ケーテン侯とチェンバロを弾くバッハの二重奏。ここで、曲の頭に、アンナ・マクダレーナのナレーションが入り、侯爵の結婚相手が音楽嫌いで、それがバッハがケーテンを離れる決心の原因であることが告げられる。しかし、決心をするまでに三ヶ月も迷い続けたことも語られる。この移動によって、バッハは宮廷生活から教会生活に移るわけである。ナレーションが終わっても、演奏は長く続き、ふたりの音楽的交流の最後の時が近づくような感動が伝わる。しかも、それを演じているのが、ニコラウス・アーノンクールとグスタフ・レオンハルトという古楽復興を担った同志なので、この共演は音楽史的に感慨深いものになっている。ちなみに、彼らが演奏している場所が、冒頭の《ブランデンブルク協奏曲第五番》と同じ、ケーテン宮殿の鏡の間であるので、初回の楽団員は消え、ケーテン侯とバッハのみが残った効果が、遠隔モンタージュとして得られる。ケーテン侯を演じるアーノンクールが実際にフルウト・トラヴェルソを吹くとは考えにくいので、先の場面で、侯にフルウト・トラヴェルソを持たせたのは、このシーンを見据えた演出であったということだろう。

《トリオ・ソナタ第二番》第二楽章アダージョ

⑤は、バッハの前半生を巡った各都市の銅版画に被せて流れる。オルガニストとしてのバッハの経歴紹介というべきパートであり、旅を模倣するようなパンニングと静止した教会が独特のリズムを形成する。ケーテン時代以前のバッハは、主にオルガニストとして活動していた。ヴァイマル時代はオルガニスト兼宮廷楽士であり、宮廷楽長が死去した後は、その代理を務めたが、後任が前楽長の息子に決まったことで、ケーテンへの移住を決意する（バッハが子供の教育のため、大学都市を選んだとも言われている）。それを止めようとする領主により、二ヶ月牢獄入りしたという逸話がある。このシーンでオルガン曲が使われるのは、当然かもしれない。しかし、この曲はライプティヒ時代のものであり、年代として若い頃のバッハ作品ではないが、それも後年のアンナ・マクダレーナの視点ということで、正当化できるのだろう。

ここから、バッハの後半生、ライプティヒ時代に入る。ただ、ライプティヒ時代に入ってからも、バッハは自らの肩書きに、トーマス・カントルと共に、ケーテンの宮廷楽長を使い続けたことに留意したい。カントルという職は、トーマス教会付属学校で、校長、教頭に次ぐ三番目の役職で、毎週のカンタータの作曲、演奏、子供たちの音楽教育ばかりか、ラテン語の指導まで担当しなくてはならなかった（バッハは自費で、ラテン語教師を雇って、授業を代行させたが、それが問題となった）。やがて、一七二九年に顕在化するライプティヒの行政との対立により、ケーテンばかりか、ザクセン選帝侯国の首都ドレスデンやベルリンといった都市との関係を強め、常にライプティヒから脱出したいという緊張関係が底辺に存在していた。

ともあれ、⑥祝祭的な《マニフィカト》より、バッハのライプティヒ時代が開始される。これは《マニフィカト》の第一稿（BWV243a）の方でないと、年代的におかしなことになる。第一稿の初演が、一七二三年一二月二五日（改訂稿〔BWV243〕は、一七三一年）。場所は聖トーマス教会のオルガン階上席。ここは、⑪⑫⑯⑰㉓と、ライプティヒでの大規模な宗教行事で登場することになる。この⑥は、⑦のカントル寄宿舎での家庭空間と対比される。

《マニフィカト》終曲は、第一曲序奏が反復される直前でカットされ、アンナ・マクダレーナのチェンバロ演奏に繋がれる。

ここで、アンナ・マクダレーナは、⑦二冊目の彼女のための音楽帖から、《パルティータ第六番》第六曲「テンポ・ディ・ガボット」を弾く。彼女の足元では娘が無心に人形と遊んでいる。このワンショットは素晴らしい。母と娘が別のことをしながら、同一空間にいる在り様が、厳格さと自由さの共存という、このフィルム自体の様相を提示しているからだ。そして、このアンナ・マクダレーナが最初に生んだ娘クリスティーネ・ゾフィーア・ヘンリエッタが、三年余りで死んでしまうことを知ってしまうと、キャメラがアンナ単独に寄っていき、最後にフレームの下に目を向ける仕草に胸が詰まる想いがするのである。この幸福な情景にもかかわらず。しかし、ナレーションがふたりの子の死を告げるのは、ショットの前半なので、ショットの内容とは関連づけ難く、感傷とはほど遠い。

⑧ライプティヒ大学での世俗カンタータ第二〇五番の演奏。大学の人気教授アウグスト・フリードリヒ・ミュラー教授の聖名祝日を祝う。一七二五年八月三日。風の神エオルスの豪快な笑い声が聞こえてくる。ここで初めて、バッハの横顔がはっきり示される。ここから、声楽曲は歌詞を紹介しておく。映画の字幕には出ないので、内容の理解に必要と思われるからだ。

カンタータ第二〇五番《引き裂け、破れ、砕けよ。幕を》第二曲　レチタティーヴォ（バス）[†1]

よし、よし。

その時は近いぞ。

おまえさんたち忠実な僕《しもべ》を
このさびしい場所から解放し
やがて夏も終わるとき
自由へと解き放つ日も近い。
おまえたちに力を与え、
夕方から朝まで、
昼から真夜中まで
荒れ狂うにまかせ、
花に葉に草に
寒気と霜と雪とを
恐ろしいほど吹き付けさせよう。
おまえたちに力を与え、
ヒマラヤスギを打ち倒し
山の頂上を打ち砕かせよう。
おまえたちに力を与え、
荒れ狂う海の潮《うしお》を
その力で高からしめ、
星ぼしさえも恐れさせよう、
その火もおまえたちに吹き消され落ちてしまいはせぬかと。

第三曲　アリア（バス）

なんと楽しく笑うことか、
すべてのものが飛び散るとき。
岩山さえもしっかり立てず、
屋根という屋根が大きくきしむとき、
わたしは楽しく笑うのだ。

ここで、ストローブ＝ユイレの画面至上主義が垣間見える。それは、手前に配置されたヴィオラ・ダ・ガンバ奏者が、指揮者が目に入らない位置で演奏していることである。実際には、あり得ない配置である。キャメラは手前の奏者をナメながら、前進移動して行き、チェンバロを弾きながら指揮するバッハの後景に、歌うバス歌手とオーボエ奏者を捉える。

内容は、風の神エオルスが祠の閉じ込めらた風を解放し、暴風を吹かせようとする。このままでは、人気教授の式典は中止になってしまう。そこで、他の神が風の神を説得し、教授を讃える大団円になるのだが、この曲は風の吹く野外で演奏されたと言われている。しかし、ストローブ＝ユイレは大学の大教室を舞台とした。もうひとつ付け加えれば、この曲は、一七三四年にザクセン選帝侯フリードリヒ・アウグスト二世のポーランド王戴冠式の記念に、別の歌詞を当てはめたパロディーとなる。

⑨ライプティヒ大学付属の聖パウロ教会のオルガン階上席で、カンタータ第一九八番《侯妃よ、なお一条の光を》（BWV198）から終結合唱「だが、王妃よ、あなたはまだ死んでいません」。一七二七年一〇月一七日に行われたザクセン選帝侯妃追悼礼拝。

国民的人気のあった王妃なのだが、その理由は宗教にある。ザクセン選帝侯国はルター派プロテスタントの地盤であったにもかかわらず、フリードリヒ・アウグスト一世は、一六九七年に、カトリック国ポーランドの王位を継承する条件を受け入れ、カトリックに改宗した。ところが王妃エーバーハルディーネは、ルター派の信仰を捨てず、宮廷を出て、夫と別居したのである。そのため、国民の信望は王妃に集まり、ライプティヒでも、王妃の逝去にあたり、大学学生の音頭で、追悼礼拝が行われることになり、バッハに作曲が依頼されたのである。したがって、ライプティヒ大学での世俗の祝典と追悼礼拝というふたつの催しが、対比的に描かれることになるのだ。もちろん、これはバッハのドレスデンへのラブ・コールの一環ということになろう。

カンタータ第一九八番《候妃よ、なお一条の光を》第一〇曲終結合唱[†2]

だが、王妃よ、あなたは死んでいません
あなたのもとで得られたものを、誰もが知っています。
後世は、あなたを忘れないでしょう。
この世の造りが、いつの日かついえるまでは。
詩人よ、お書きなさい！　読みたいのです。
彼女は美徳の持ち主だった、
臣下の者たちの快であり誉れであった、
王妃たちの賞賛の的であった、と。

ここでも、ストローブ＝ユイレの構図感覚が絶妙である。聖パウロ教会のオルガン階上席を右翼側から捉えた固定画面で、手前の二列の弦楽奏者から奥の合唱隊までを二等辺三角形の奥行きで見せ、その頂点に、バッハを小さいながらも誰とも被らない位置に置いたのである。ここでも、バッハが集団の中央で指揮をするのではなく、極端に合唱団に寄っているという演奏上の不自然を平然と行なっている訳だ。
⑩ケーテン大聖堂のオルガン階上席。一七二七年一〇月一七日。《ケーテン侯葬送音楽》（BWV244a）。この曲は、《マタイ受難曲》から借用された。映画中で、アンナ・マクダレーナとヨハン・ゼバスティアンが演奏を共にする唯一の場面である。
ここで舞台はライプツィヒからケーテンに移る。と言っても、その移動が描かれる訳ではない。バッハにとって、ケーテン時代の世俗音楽の共演者として、深く結ばれたケーテン侯を悼む場面である。バッハが作曲した《ケーテン侯葬送音楽》は、楽譜は失われているが（歌詞はピカンダーの詩集に残っている）、《マタイ受難曲》から一〇曲（第六、八、一三、二〇、二三、三九、四九、五七、六五、六八曲）、前の「侯妃よ、なお一条の光を」から二曲（第一曲、第一〇曲）が使われたことが判っている。もちろん、歌詞に合わせ、曲も手直しされたであろう。

アンナ・マクダレーナはケーテン時代に宮廷歌手として華やかなキャリアを築いていたわけだが、ライプツィヒに移ってからは、主婦業に専念して、公的な場所で歌う機会は失われた（ライプツィヒでは女性歌手が舞台上で歌う機会はなかった）。ここケーテンでその機会が巡ってきたわけである。彼女が歌うに相応しいソプラノのアリアは、マタイの第八、一三、四九の三曲である。映画で歌われたのは、第四九曲「愛ゆえに」。群衆がキリストを十字架につけろと叫ぶなか、愛ゆえに死のうとしているイエスを嘆く悲痛な原曲のパロディーである。

ここでも、ストローブ＝ユイレは合唱も含まれる全体の演奏は無視し、この曲だけが歌われたかのように画面を構成している。ライプツィヒとは雰囲気を一変させ、薄暗さの中に演奏者を配置する。正面から指揮するバッハの目の前に、アンナ・マクダレーナを立たせ、ということは画面上背中を向け、歌う顔は全く見えない。これは歌が吹替であるという事情も関係しているかもしれないが、それだけではないだろう。横には、フラウト・トラヴェルソ一名。オーボエ・ダ・カッチャ二名の楽師がいるだけだ。そして、一七二九年の聖金曜日、地響きのように押し寄せる《マタイ受難曲》の冒頭へと繋がれるのである。ここでのカット繋ぎの効果は全く見事としか言いようがない。

⑪聖トーマス教会での《マタイ受難曲》（BWV244）冒頭合唱「来なさい、娘たち」及びコラール「ああ神の子羊、罪なくして十字架上にほふられた御方よ」。ここで、聖トーマス教会の左右に拡がる階上席を利用して、二重合唱の掛け合いが行われる。中央で指揮するバッハの姿は小さく捉えられる。《マタイ受難曲》の初演は長らく一七二九年と言われていたが、一九七五年に音楽学者ジョルジュ・リフキンの研究により、一七二七年四月一一日の聖金曜日という説が決定的になった。だが、ストローブ＝ユイレが撮影を行った一九六七年の時点では、ケーテン侯葬送音楽が《マタイ受難曲》の初演に先行され、こういう順序で示されたことになる。

《マタイ受難曲》第一曲[†3]

おいで、娘たち、共に嘆こう
「ごらんよ」「誰を」「あの花婿を」
「ごらんよ」「どんな」「まるで子羊のよう」、
おお、神の子羊、罪もなく
十字架につけられたあなたよ、
「ごらんよ」「何を」「あの忍耐を」、
どんなときでもあなたは耐え忍ばれた、
どんな辱めをこうむろうとも。
「ごらんよ」「どこを」「われらの罪」、
あなたは全ての罪を担われた、
さもなくばわれらの望みは果てよう。

ごらん、愛と慈しみから
ご自身で十字架を背負われるのを。
われらを憐れみたまえ、おお、イエスよ。

ここでは、聖トーマス教会オルガン階上席左翼側にキャメラが据えられ、手前と奥に少年の合唱隊、中央部に管弦楽、その前をバッハが周りの鬘の群より、頭ひとつ高く指揮しているという、極めて合理的というべきか、演奏面が画面構成と調和した固定ショットで延々と描かれる。まさしく前半の頂点を形作るシーンであり、それが一七二九年というライプツィヒの境の年になるのである。

曲の終わりに、朝日が見える海の情景が短く挿入される。ここでの空間の拡大は見る者を戸惑わせるが、しかし曲の叙事詩的スケールに見合っているようにも思える。

ここで、様相が一変する。続くのは、ライプツィヒの市庁舎の一室で、参事会員三名が、バッハについて苦情を述べているシーンだ。そして、バッハが書斎で原稿を読み上げている場面となる。驚くのは、バッハの声が続きながら、アンナ・マクダレーナが本棚の前でバッハを見つめている寄りのショットである。そして、キャメラが引かれ、彼女はバッハの背後に廻り、肩をたたくような仕草の後、そこが定位置であるかのように、窓辺に腰掛けるのである。ここまで、ほぼワンシーン＝ワンショットで描かれていた映画が、カット・アウェイ、マッチ・カットの繋ぎになる三ショットに分割されるシーンを登場させたのである。そして、ふたりが同一画面に収まるのも、ケーテンでの追悼演奏を除けば、このシーンが唯一である。バッハがここで述べるのは、ライプツィヒの音楽の発展を進めるにあたっての、音楽家に対する待遇の悪さであり、それに対して、国王自らが音楽を嗜むドレスデンの理想的な姿である。この文章の出典は確認できなかった。ストローブ＝ユイレが創作した台詞の可能性もある。

それを受けるように、アンナ・マクダレーナのナレーションが「ロシア皇帝のダンツィヒ駐在官になった、若い頃の友人あてに、彼は手紙を書きました」と告げる。画面はオルガン演奏をするバッハだが、ここでの主役は声である。バッハの声で、これは有名なバッハのエールトマン宛の嘆願書が読まれる。†4 日付は、一七三〇年一〇月二八日。極めて人間臭いバッハ像が表れているこの就職依頼の手紙では、ケーテンからライプツィヒに移った事情（ケーテン侯の妻が音楽嫌いだった）や、ライプツィヒの物価高や市当局との軋轢、天気が良く、葬式が少ないと収入が減るとまで、あけすけに事情が書かれている。このナレーションは第一曲のシンフォニアのうちに終わる。

⑫聖トーマス教会オルガン階上席でのカンタータ第四二番《同じ安息日の夕べに》（BWV42）第一曲シンフォニアでは、オルガンを弾くバッハを斜め後方から、第二曲テノール・レチタティーヴォに移るところで、キャメラが後退移動をして演奏者の全景になる。一七二五年四月八日復活祭後第一祝日初演。

カンタータ第四二番《同じ安息日の夕べに》第二曲テノール・レチタティーヴォ†5

「同じ安息日の夕方、弟子たちはユダヤ人を恐れて、自分たちのいる家の戸に鍵をかけていた。
そこへ、イエスが来て、真ん中に立った。」

ここでの画面は左翼側からのキャメラで、オルガンを弾くバッハの背後に楽団員が立ち、キャメラが引いてくると、手前に座っていたテノール歌手がフレーム・インする。左翼側はキャメラ移動の空間として空けてあるかのように、演奏者は誰もいない。画面至上主義者ならではの構図だ。ここまで見てきたように、演奏シーンがワンシーン＝ワンショットによる同時録音で収められているからと言って、この映画をドキュメンタリーとは言えないことがお分かりだろう。それは、ストローブ＝ユイレが、シェーンベルグの歌劇を題材にしたとき、よりはつきりとする。つまり舞台の演出家に近い位置で、演奏に向き合っているのである。

続くのは、やはりオルガンを弾くバッハの姿だが、キャメラが逆の右翼側に切り返されている。重要なのは、この切り返しにより、空間も移動し、そこがドレスデンであることである。もっとも、それが分かるのは、演奏がかなり進んでからなのだが。

⑬ドレスデンの聖ゾフィー教会オルガン階上席で、《プレリュードとフーガ ロ短調》（BWV544）よりプレリュードを弾くバッハ。一七二七年から三一年の間に作曲。実際に、この曲はドレスデンにて披露されたと言われている。息子フリーデマンは、一七三三年六月、この教会のオルガニストとなる。

仰角で捉えられたパイプオルガンの上部。ドレスデンの威光が示されるようである。アンナ・マクダレーナのナレーションの最後には、幼い子供たちの死が語られ、それを受けるように、ロ短調ミサ曲の冒頭が響く。

⑭《ロ短調ミサ曲》（BWV232）キリエ第一曲合唱「キリエ・エレイゾン」。この段階では、「キリエ」と「グローリア」のみ。ラテン語によるミサ曲。楽譜が映されるが、演奏の実景はない。その理由は、単純だ。この曲が実際に演奏された記録がないからだろう。バッハは、新しいドレスデンのザクセン選帝侯に、この曲を献呈し、宮廷作曲家の称号を求める手紙を送った。その日付は、一七三三年七月二七日。ドレスデンで演奏された可能性はあるが、その場合でもバッハ自身が演奏に立ち会ってはいない。その後も、バッハは選帝侯のために幾つものカンタータを贈る。そして、唐突に選帝侯がライプツィヒを訪れることになる。

⑮ライプティヒ市庁舎前で、カンタータ第二一五番《お前の幸をたたえよ、恵まれたザクセン》（BWV215）第一曲冒頭合唱。この曲は、後年《ロ短調ミサ曲》の「オザンナ」に転用される。一七三四年一〇月五日ザクセン選帝侯フリードリヒ・アウグスト二世のポーランド王（アウグスト三世）戴冠一周年記念。選帝侯は、父王の後を継ぎ、ポーランド王に即位するが、追放されていた前ポーランド王が挙兵し、王位継承を巡る戦いが始まる。その戦争に勝利したのが、この式典の三ヶ月前なので、まだ生臭い時期なのであろう。

カンタータ第二一五番《お前の幸をたたえよ、恵まれたザクセン》第一曲冒頭合唱[†6]

お前の幸を讃えなさい、恵まれたザクセンよ、
神がお前の王の玉座を授けられたのだから。
　喜ばしい国よ、
天に感謝し、王の御手に接吻しなさい、
お前の繁栄を日々に増され

お前の市民たちに安全を与えられる御手に。

この映画で最も奇妙なショットがこれだろう。バッハとドレスデンを巡る物語の頂点に位置する。ライプツィヒ旧市庁舎（東独の撮影所ＤＥＦＡの協力を得て撮られた実景）がリア・プロダクションで映され、前景にチェンバロを弾きながら指揮するバッハと松明が配置される。後景と前景では捉える角度が違い、まるでキュビズムの絵画ではないか。しかも、バッハは立ってチェンバロを弾いているのだが、チェンバロの位置が異様に高いのである。バッハとチェンバロは空中に浮いているようですらある。そして、楽団はフレーム外にいるはずなのだが、バッハの視線からはあり得ない位置関係なのである。まるで、バッハの夢の中だと解釈したくなる光景だ。しかし、それにしてはあらゆるものが即物的である。記録では、選帝侯と妃が泊まっているのは、市庁舎ではなく、その斜向かいの貴賓館らしい。もしかして、バッハの視線の先にいるのは、選帝侯その人なのだろうか。そうならば、これは宮廷作曲家の称号を得ようと必死なバッハ自身の形象化なのか。

クリスマス、そして昇天祭に、オラトリオが書き上げられたと語られ、「昇天祭オラトリオ」の演奏になる。

⑯聖トーマス教会オルガン階上席で、《昇天祭オラトリオ》（BWV11）第二部終結合唱「いつそれがおこるの

でしょう」。一七三五年五月一九日、キリスト昇天日。

《昇天祭オラトリオ》第二部終結合唱「いつそれが起こるのでしょう」[17]

いつ起こってくれるのか、
いつあのうれしい時は来たる?
それはあの御方にまみえる時、
栄光のお姿に。
その日よ、お前はいつ来たる?
救い主に御挨拶する日、
救い主に口づけする日よ。
来たれ、とく訪れよ!

聖トーマス教会のオルガン階上席で、市庁舎前の不安定な光景を日常に戻すかのような落ち着いた演奏風景である。そして、終結部で海の情景が挿入される。

一七三六年夏、トーマス学校で起こった、いわゆる「副指揮者論争」。

トーマス学校内の教区監督室で、バッハが教区監督に校長の横暴を訴えている。校長は第一合唱団の副指揮者に、バッハお気に入りのキトラーに代わって、クラウゼを据えようとし、その任命権を巡るバッハと校長の対立である。

⑰聖トーマス教会オルガン階上席で、レオ・レオニウス作曲モテット《八声の三位一体後第一一日曜日用モテット》。

奥にオルガン奏者。手前に合唱隊を指揮するクラウゼの後ろ姿。合唱が続くなか、足音が聞こえる。バッハが現れ、文字通り、クラウゼをつまみ出す。画面右端で行われるアクションで、振り返るバッハの顔が見えるのは、ほんの一瞬である。代わりに指揮する手がフレーム・インするが、キトラーであろう。この曲だけ、バッハのものではないのは、バッハの楽曲がアクションの背景になるのを避けようとしたストローブ＝ユイレの配慮であろうか。

この場面は階段の上下でのバッハとクラウゼの対立、合唱の練習が終わった後、扉から出てくるバッハを待ち受けるクラウゼと続く。

校長がバッハを監視していることが告げられ、学生たちが食前の祈りをしている食堂に続く。この遠近が強調された奥行きは、オーソン・ウェルズの画面を思い起こさせる。奥に立っていたバッハへ寄る。これも正統的なマッチ・カットの繋ぎなのだが、またアクションも繋がっているにもかかわらず、繋ぎ間違いのような奇妙な感触を与える。仰角のアングルのせいだろうか。

ドレスデンの景観が描かれた銅版画に、クラウゼとの争いは決着してないという語りの後、ついに選帝侯からバッハに宮廷作曲家の称号が授与されたことが告げられる。

⑱ドレスデン大聖堂オルガン階上席で、「ドイツ・オルガン・ミサ」より五声のコラール《キリエ、聖霊なる神よ》（BWV671）を弾くバッハ。作曲は一七三五年以降、一七三九年出版。大角欣矢氏の優れた解説を部分的に引用する。

この曲に見られる劇的な高揚、特に後半部分に増加する痛みと嘆きの音調が、「私たちの最期の時」という言葉に由来することは明白である。この世は「異郷（Elend＝悲惨）」であるので、そこから去ることは「喜び」なのである。8分音符の活発なリズムがしばしば暗示する「喜び」と、半音階と不協和音が表現する痛

みと嘆きの不思議な混合が、この曲の魅力を形作る。[†8]

バッハ（＝レオンハルト）の演奏が、ロングに固定されたキャメラでじっくり写される。このまま終わりまでいくと思っていた時、キャメラが緩やかな前進移動を開始する驚き。それは観客にとって、そのタイミングの遅さへの驚きであるのと同時に、バッハに近づくにつけ、レオンハルトの驚嘆すべき演奏能力が細密画のように描写される驚きでもある。

クラウゼはトーマス学校を去って行く。バッハは選帝侯に副指揮者の任命権がカントルにあることを教区監督に明言してもらうよう嘆願する。選帝侯は聖職会議に適切な対応を取るよう指示した。映画上ではここで、校長とバッハの対立の挿話で終わる。この後は、バッハ晩年の音楽へと主題が移行する。

⑲聖トーマス教会カントル寄宿舎音楽室で、《マタイ受難曲》（BWV244）第二部第三五曲テノール・アリア「耐え忍ぼう」の通奏低音による前奏部を弾くバッハ。

《ブランデンブルク協奏曲第五番》で、チェンバロが通奏低音を脱した瞬間から始まった作品が、通奏低音の重要性を説くことになる。そして、これが《マタイ受難曲》の番外編となることも面白い。

三男ベルンハルトの後見人宛の手紙を映しながら、バッハの息子たちがどう羽ばたいていったかが語られる。長男フリーデマンは、ドレスデンからハレに移り、聖母教会の学長兼オルガニストに、次男エマーヌエルは、プロセイン王フリードリヒ大王の宮廷楽士になる。しかし、ベルンハルトはミュールハウゼンのオルガニストになったものの、放蕩を繰り返し、借金を作った後、若死にしてしまう。バッハの息子たちは、映画の序盤で演奏する幼いフリーデマンの後ろ姿以外は、全く姿が見えない。

語りは、『クラヴィーア練習曲集』の出版の話題になり、その印刷楽譜の表紙が映されるなか、チェンバロの音が聞こえてくる。

⑳聖トーマス教会カントル寄宿舎音楽室で、《イタリア風協奏曲ヘ長調》（BWV971）第二楽章アンダンテ。楽曲の成立は一七二〇年代。『クラヴィーア練習曲集第二部』に収められ、一七三五年に出版される。

先ほどと同じ部屋で、若者が《イタリア風協奏曲ヘ長調》を弾いているのだが、その人物の正体が語られるのは、演奏が随分進んでからである。彼は、バッハの従兄の息子であるヨーハン・エリアス・バッハ。ライプツィヒ大学の神学生であり、バッハ家の書生として住み込み、バッハに音楽の手ほどきを受けるかたわら、三人の息子の家庭教師やバッハの食事の世話もする。彼がライプツィヒにいたのは、一七三七年から四二年までで、彼の手紙が当時のバッハ家の様子を伝える第一級の資料となった。おかげで、アンナ・マクダレーナの趣味が園芸であると知られる。エリアスは、黄色いカーネーションや、美しい声で鳴くベニヒワ鳥を手に入れるのに尽力した。

寝室の窓辺に置かれたベニヒワの鳥籠。ベッドに横たわるアンナ・マクダレーナ。エリアスがベルリンに旅行中のバッハに彼女の病を伝える。樹木と空に流れる雲。そこに、《カンタータ第一四〇番》第三曲が流れる。

㉑カンタータ第一四〇番《目覚めよと呼ぶ声あり》（BWV140）第三曲ソプラノとバスの二重唱。アンナ・マクダレーナが病の床につくのは、一七四一年夏のバッハがベルリン旅行の間である。カンタータの初演は、一七三一年一一月二五日、三位一体後第二七祝日。

カンタータ第一四〇番《目覚めよと呼ぶ声あり》第三曲　魂（ソプラノ）とイエス（バス）の二重唱[†9]

魂　：わが救い主よ、いつおいでになるのですか。
イエス：私はおまえの受けるべきものとしてやって来る。
魂　：私は明かりを灯して待っています。
魂　：｝広間の扉を｛開けて下さい
イエス：｝　　　　　｛開けよう

両者　：天の宴に通じる扉を。
魂　　：イエスよ、おいで下さい。
イエス：おいで、愛しい魂よ。

ここでは、映像と音楽の間で、これまでになかった結びつきが見られる。これまで長く映し出されることのなかった匿名的な風景のショットが、音楽の持続の間に現れ、観客は揺れる樹木の葉や緩やかに流れる雲の動きを見続けることになる。そこに、天の救いを待つ魂とイエスの対話が響く。これまで具体的な日付の中で演奏されてきた音楽が、実体のない祈りの歌として、空に解放される。もちろん、これはアンナ・マクダレーナの視点でも、ヨハン・ゼバスティアンの視点でもないだろう。ただ、これほど風景とバッハの曲が美しい結合を遂げたことはない。

アンナ・マクダレーナの病の経緯は示されず、しかし、彼女のナレーションは、ヨハン・ゼバスティアンが『クラヴィーア練習曲集第四部』を出版したことを告げる。

㉒聖トーマス教会カントル寄宿舎音楽室で、《ゴルトベルク変奏曲》（BWV988）第二五変奏を弾くバッハ。この曲が『クラヴィーア練習曲集第四部』として出版されたのは、一七四一年の春。これも、ドレスデンでの交遊で生まれた曲である。ドレスデンに旅したバッハは、宮廷作曲家の称号請願に当たって尽力してくれたロシア公使カイザーリング伯爵が不眠症に悩まされていることを聞く。伯爵は眠れぬ夜に、お付きの少年ゴルトベルクが弾いて、気分が晴れるような曲をバッハに注文したのである。

ここでも、例外的なショットが来る。二段鍵盤チェンバロを弾く手が俯瞰の近接ショットで捉えられ、やがてティルト・アップされ、バッハの顔が斜め正面から収められる。この距離で演奏者を見ていいのだろうかと不安を覚えるほどの近さなのである。この《ゴルトベルク変奏曲》の核心とも言いうる第二五変奏の終わりで、ふたたび風景ショットが挿入される。ただ、これも異様な短さであり、しかも止めを欠いた急速なティルト・アップなので、一瞬の印象でしかないのだが、しかもその風景は絵なのである。

寝室の鎧戸が開き、朝の光が射す。アンナ・マクダレーナが鳥籠を窓辺に吊るす。彼女の回復を告げるイメージではあるのだが、その安堵感は扉をノックする音で遮られる。アンナ・マクダレーナが扉を開けると、エリアスが、教頭の自殺を告げるのである。エリアスは、その報告をアンナ・マクダレーナに向けていた眼差しを下手に振って行うので、その先にヨハン・ゼバスティアンがいることは間違いないのだが、その姿が画面に映し出されることはない。このリアクションを欠いた視線は、語られる内容以上に不気味でもある。そして、その衝撃を受け止めるのは、やはり音楽なのである。

㉓聖トーマス教会オルガン階上席で、カンタータ第八二番《われは満ち足れり》（BWV82）第四曲バス・レチタティーヴォ第五曲バス・アリア。初演は一七二七年二月二日、マリアの清め日。

カンタータ第八二番《われは満ち足れり》第四曲バス・レチタティーヴォ†10

神よ！　あの美しい言葉、「今！」は
いつ来るのでしょうか。
その時、私は平穏のうちに逝き、
冷たい大地の砂に入り、
かの地で、あなたのふところに安らぐのです。
別れはなされました。
この世よ、おやすみ！

第五曲バス・アリア

私はこの身の死を待ち望む、
ああ、それが今にも現れたらよいのに！
その時私はあらゆる困苦から逃れ去る、
地上でなお私をつなぐ困苦から。
ああ、それが今にも現れたらよいのに！
その時私はあらゆる困苦から逃れ去る、
地上でなお私をつなぐ困苦から。

バッハはベルリンに旅をする。プロセイン王フリードリヒ大王の宮廷楽士を務める息子エマーヌエルを訪ねたのである。馬車に揺られるバッハのクローズアップ。馬の蹄と馬車の走行音が響く。これまで描かれることのなかった、街から街への移動がついに可視化された。といっても、バッハの見る風景は映されず、同行しているはずの息子フリーデマンの姿も見えない。バッハの顔に落ちる光線の変化のみで、ライプツィヒとベルリン（ポツダムも）の距離が示されるのである。

㉔聖トーマス教会カントル寄宿舎音楽室で、《音楽の捧げもの》（BWV1079）より「六声のリチェルカーレ」を弾くバッハ。バッハのポツダム訪問は、一七四七年五月七日のことである。

ここで、ストローブ＝ユイレは黒画面に音楽を流すという究極の選択を選ぶ。フィルム作品なので、黒画面といっても、映像の情報量がゼロになる訳ではないが、音楽のみに耳を傾けるようにとの誘いであるには違いない。そして、バッハ晩年の作《音楽の捧げもの》はその特権に値する音楽である。ここで、大王がフーガの主題を出し、バッハがその主題を基に即興演奏を繰り広げ、満場の喝采を浴びた挿話がアンナ・マクダレーナによって語られる。しかし、ここの場面で流れているのは、六声のリチェルカーレである。さすがのバッハでも、六声のフーガという御所望は難しく、ライプツィヒに戻ってから作曲し、大王に献呈したという逸話を知っている者にとっては、アンナ・マクダレーナの語りより、曲は未来にある。つまり、ふたつの時間が共存していることになる。

しかし、音楽が続くなか、黒画面が途切れ、バッハの顔が現れて、そこから例外的に息の長いパンニングで、ベルリン国立歌劇場の大食堂の天井の四隅が映し出されていくのを見ると、何が起こったのだろうと思わずにはおれない。もちろん、ナレーションはこの意味を伝える。このホールの音響効果の見事さをバッハが見抜いたという逸話である。誰かがホールの片隅でひそひそ話をすると、対角線の壁側の人にははっきり聞き取れるが、ホール中央や他の位置の人には一切聞こえないのである。ここで、未来形の音楽に対し、アンナ・マクダレーナの語りと映像は同じ時を刻むことになる。

ところが次に、ライプツィヒの音楽室で、六声のリチェルカーレを弾くバッハの姿に引き戻され、映像と音が現在として一致してしまう。まるで引き裂かれた意識が、演奏の現在形に連れ戻されるようなのだ。こんなふうに、《音楽の捧げもの》は三ショットの旅をする。そして、この曲の献辞や印刷楽譜を見せながら、声は前述したエピソードを述べ、語りを安定させていく。

ここで、また意表を突く映像が現れる。バッハの宿舎の階段を幼い娘が駆け下りてきて、バッハにエリアスおじさんから葡萄酒の樽が届いたことを告げるのである。

エリアスとの挿話の最後は、バッハからエリアスへ宛てた手紙である。招待した娘の結婚式にエリアスが来られないのを知ったバッハが、子供たちの幸福を祈ってくれるよう手紙で頼むのである。そして、最後の大作《フーガの技法》の未完に終わった曲が流れ出す。映像は、アンナ・マクダレーナの署名が入った頁が開かれる聖書に変わり、子供たちのその後が語られ、そのひとりが宮廷音楽家に任命されたことを語るが、それがヨハン・ゼバスティアンの死ぬ数週間前だったと、さりげなく告げる。

バッハは、かつてザクセン選帝侯に献呈した「キリエ」と「グローリア」に、長大な「クレド」、それに「サンクトゥス」「ホザンナ」「ベネディクトス」を付け加えたことを「クレド」の楽譜の映像とともに語る。プロテスタントではあり得ない規模の大きさであり、カトリックのミサ曲とも微妙に異なる《ロ短調ミサ曲》の完成である。もちろん、この曲がバッハの生前に響いたことはない。バッハはどんなにか、実際の響きを聴きたかったことだろうか。

㉕《フーガの技法》(BWV1080)「三つの主題によるフーガ(対位法第一四)」。

バッハの死後、最も早い伝記『故人略伝』によれば、《フーガの技法》はBACHの主題が出現したところで、目の病によって未完に終わったと書かれている。最近の研究では、《フーガの技法》は一七四〇年の早い時期には書かれていたとされ、この未完は、バッハの意図的な選択だった可能性も出てきた。その場合、最後にまとめ上げた大作は《ロ短調ミサ曲》ということになる。ともあれ、ストローブ=ユイレは、時代の神話に忠実に、《フーガの技法》と、最後に口述筆記されたと伝えられる《汝の玉座の前にいまぞ歩み出て》で、この映画を締めくくる。

㉖オルガン・コラール《汝の玉座の前にいまぞ歩み出て》(BWV668)。歌詞が歌われるわけではないが、参考に。[†11]

私に至福の最期を備えてください
私の魂をあなたの御手の中に受け止めてください
そしてあなたを永遠に仰ぎ見るようにしてください
然り、アーメン、然り、わが願いを聞き入れてくださいさて、この作品で使われた曲の意味、あるいは機能の分析を中心に、ここまで辿ってきたのだが、バッハの後半生を過ごしたライプツィヒとの葛藤、その不満への対抗策として、ケーテン、ドレスデン、ベルリンといった都市との関係が現れてくる。しかし、ストローブ＝ユイレは決して、その政治的といってもよい主題を前景化しない。もちろん、バッハの音楽を通した伝記映画という形態をとってはいるが、作中で使われている曲が、いかに各都市やそこの権力者と関わっているか、そしてルター派プロテスタントとして、いかに音楽と向き合ったかが、お分かりになるだろう。演奏の場所はフィルム上で特定されるとは限らない。それは演奏自体を直結するモンタージュだからでもあるが、クリスティーネ・ランゲ演じるアンナ・マクダレーナのナレーションが演奏の間のどのタイミングで意味を伝えるかが重要な要素になっている。その時差で、音楽そのものをダイレクトに味わう場合と、ナレーションで語られる背景の意味が二重写しで迫ってくる場合に分けられよう。

ところで、音楽史上、バッハはまことに特異な時代を生きたものだと感嘆してしまう。ここでは登場しない《平均律クラヴィーア曲集》にしても、平均律が発明された時代に、その可能性を最大限に追求した作品である。《ロ短調ミサ曲》にしても、それまでの音楽史全てとも言い得るあらゆる技法が、古きも新しきも含め集大成されている。ひとつの時代を終わらせると共に、次の時代の出発点となった。《ブランデンブルク協奏曲第五番》で、イタリアのコレルリに始まる合奏協奏曲の形式では通奏低音の楽器であったチェンバロを主役（独奏楽器）に用い、古典派のピアノ協奏曲の隆盛に道を開いた。しかし、一七三〇年代以降、バッハは流行遅れの古めかしい存在と認識されるようになっていく。彼の名声は生前、そして死後も、天才的なオルガンの演奏家としての評価が一番だった。一七〇〇年代中盤は、バッハの息子たちが、次世代のハイドンやモーツァルトとの間を繋ぐ存在になる。バッハの晩年は、ある意味で抽象的な形式の実験に変わっていく。《フーガの技法》では、使用楽器も指定されず、現在でもオルガン、チェンバロ、ピアノ、弦楽四重奏、弦と木管の合奏、シンセサイザーなどといったあらゆる形で演奏されている。グスタフ・レオンハルトは、チェンバロ二台が正しいという信念の持ち主で、自説について長大な論文も書いているが、『アンナ・マクダレーナ・バッハの年代記』撮影の二年後にあたる一九六九年の録音では、映画でヨーハン・エリアス・バッハを演じた弟子のボブ・ファン・アスペレンを第二チェンバロに起用し、《フーガの技法》を二台のチェンバロで演奏している。

そこで、『アンナ・マクダレーナ・バッハの年代記』が資金難で、企画が構想された一九五四年にも、さらにレオンハルトに直接会って出演を取り付けた一九五七年にも実現できなかったのは、この映画にとって逆に幸福なことだっただろう。一九五〇年のライプツィヒのバッハ祭をきっかけに、新バッハ全集の編纂が始まり、新資料の発掘に伴ってバッハ研究に広がりが起こった時期。それは、レオンハルトやアーノンクールが先導した古楽器演奏による正統的な響きを求める運動とも重なり合う。古楽器であることの野蛮とも聴こえる響きがが、前時代の情感的な演奏を駆逐していく。そして彼らが成熟し、演奏に単に気を衒っただけではない深みが出てきた時期、それが一九六七年。しかも、それは全世界的に革命の機運が高揚した一時期だった。レオンハルトとアーノンクールが折半して、バッハの教会カンタータを古楽器で全曲録音するという大企画を開始したのは、一九七〇年ではなかったか。そうした機運に、この映画自体も寄与しているはずである。

3　世界の光——モンタージュの力学

作品自体を再考するにあたって、同時録音ワンシーン＝ワンショットで演奏を撮影するという基本原理に対する違和としての、ショットを知覚できるギリギリまで短く、長廻しのショットに挿入するという編集技法について、全体を通して考えてみよう。最初はアンナ・マクダレーナの初登場のショットだった。後で考えれば、これが彼女の最大のクローズアップではなかったか。しかし、その構図はやや見下ろされたアングルで、アンナ・マクダレーナが画面左端に寄り、しかも顔は画面の余白のない左を向いている。普通はよい構図と思われないかもしれない。しかし、そのことで、彼女の背後に大きなスペースができ、そこにあるのは窓である。もっとも、これがすぐ記憶に留まるかは疑わしい。潜在意識に残ればいいのかもしれない。ケーテンとライプツィヒと二度に渡る彼女のチェンバロ演奏でも、顔の背後には、緑の樹木を背景にした窓があった。これがヨハン・ゼバスティアン・バッハにしても、エリアス・バッハにしても、背後は灰色の壁である。これが家庭空間と教育空間の描き分けと言われるなら、そうではあるのだが。

だから、ヨハン・ゼバスティアンがライプツィヒへの抗議を音読している書斎の本棚の前で、アンナ・マクダレーナが冒頭に次ぐクローズアップで登場する時の微かな違和感も、窓を欠いているからかもしれない。もっとも、次のショットで、彼女はバッハの背後を回って、定位置たるべき窓辺に腰を下ろすのである。その後のシーンで、窓前に置かれたベニヒワの鳥籠のショットの美しさには思わず息を呑んでしまうのだが、それはショットの配置にだけ秘密があるのではなく、それがアンナ・マクダレーナの視線によって支えられたことによろう。

だが、そのことを言う前に、もうひとつの短いショットについて触れないわけにはいかない。あの海である。バッハは海を見たことがあるのだろうか。見たとすれば、北のハンブルクか、リューベックでの記憶であろう。どちらにしても、内陸のライプツィヒとは遠く離れている。《マタイ受難曲》と《昇天祭オラトリオ》の最後に訪れる海。もちろん、バッハの内的イメージでもないだろう。言えることは、海が現れると何か事件が起こる。どちらもライプツィヒ当局との争いのシーンへと移り、これがそうしたシグナルとして機能しているのは間違いないが、それだけだろうか。

ここで重要なのは、三度目の空と三度目の海である。あの鳥籠、そしてアンナ・マクダレーナが病に伏せる寝室の後に現れる、樹木と空で空間が上下に二分割されたショット。ここでは自然がバッハの音楽を持つことで、ある程度の視線の自由を伴いつつ（つまりどこを見てもいいと言うことだ）、魂とイエスの対話に聞き入ることができる。この映像と音楽の結合がもたらす自由な持続。本来、海もこうした持続を持つべきショットではなかったか。

ところで、一回目の海と二回目の海の違いは何か。最初は陽光が海面に波紋を作っていたのに対し、次は曇天だった。《ゴルトベルク変奏曲》の終わりに、三度目の海のようなショットは、素早くティルト・アップされると太陽が出現する、と思った瞬間に画面は切られる。これは、ジョルジュ・ルオーの五八枚の銅版画連作「ミセレーレ（憐れみたまえ）」、その二九番《朝の祈りを歌え　陽はまた昇る》（一九二二）である。当然、二〇世紀の絵画をバッハが知る由もない、この版画をストローブ＝ユイレがなぜ使ったのかは分からないが、彼らが欲しかったのは、強烈な太陽の出現のイメージであろう。それは、先ほどの空に欠けていたものでもある。太陽を知覚した瞬間、暗闇から扉が開かれ、窓から朝の光が室内を満たす。この画面連鎖は強烈な印象を残す。そこで窓枠に鳥籠を吊るすのは、回復したアンナ・マクダレーナである。つまり、ここでの直接、あるいは遠隔のモンタージュには、ショットの長さも含め、映画的論理が行き渡っている。付け加えるべきは、ここでアンナ・マクダレーナが初めて窓外を見ることである。そして、このショットは映画全体のラスト・ショットと呼応する。バッハがアンナ・マクダレーナの領域に入るとでも言ったらよいか、妻の姿勢を模倣するように、ヨハン・ゼバスティアンが初めて窓外を見るのである。ここで、失明したバッハが一時的にでも視力を回復したのかは分からない。ただ、室内と野外の境界線上で、世界の光を全身で受け止めようとしている。ここで、前進移動するキャメラによって、窓外の風景が大きく映し出される。

補遺　アンナ・マクダレーナのために

アンナ・マクダレーナ・バッハその人について、補足しておこう。

バッハの二番目の妻が最初に全世界的な関心をもたらしたきっかけは、英国の女流小説家エスター・メイエルが、『アンナ・マクダレーナ・バッハの小さなクロニクル』を出版した一九二〇年代末に遡る。もっとも、そのドイツ語訳が出たとき、出版元が原作者を伏せるという策略を巡らし、アンナ・マクダレーナの手記としてベストセラーになった。『バッハの思い出』と題された日本版でも、著者はアンナ・マクダレーナ・バッハと記され、一九九〇年代に出た文庫版の訳者解説でも、それがフィクションだとバレているのにもかかわらず、何やら真偽を曖昧にしたままなのには呆れるばかりだ。子供の頃読んだ時には、それなりに感動した記憶があるが、読み直すと、甘ったるい描写に読み続けることはできなかった（出会いの後に、それ以前のバッハの前半生を語るという構成だけは、映画と似ているが）。

原著が二〇〇四年、日本語訳が二〇一〇年に出た初めてのモノグラフィ『アンナ・マグダレーナ・バッハ――資料が語る生涯』に収録されたハンス＝ヨアヒム・シュルツェによる伝記的エッセイ「そのうえ、今の私の妻はなかなかよい　澄んだソプラノを歌うゆえに…」の中に以下のような記述がある。

エスター・メイエルが、いくぶん涙を誘う手法で描写したバッハ家の家庭生活の模様が、果たして歴史的事実に近づいたかどうかは、当該の資料が不足するため判断しかねる。しかしこの実直な英国人女流作家の筆になるかいがいしい状況描写に比べると、一九六〇年代フランスの映画監督ジャン＝マリー・ストローブが、その僅かな台詞と固定したカメラアングルでセンセーションを巻き起こした〝黒い〟バッハ映画のほうが、どう見ても、一八世紀初頭から中葉の家父長制が根強い社会に生きたあるひとり女性の存在について、彼女の出番は少ないながらも、はるかに多くを物語っている。†12

この本で驚かされるのは、未亡人となったアンナ・マクダレーナの財政的な苦労の数々だ。トーマス学校の官舎は追い出され、支給を受けるために市当局への要請を繰り返せねばならず、また未成年の子供たちの後見人となるため、自身の再婚の権利を放棄しなくてはならない。ともかく、彼女は七年戦争という悲惨な時期の最中、夫の死の一〇年後まで生きた。

近年では、アンナ・マクダレーナを作曲家として評価しようとする動きがある。彼女がバッハの楽譜の清書をしていたことは有名だが、そればかりか、それ自体が彼女の作曲だと言うのである。NHK-BSで二〇一六年に放送されたドキュメンタリー「ミセス・バッハ〜バロックの名曲は夫人によって書かれた〜（Written by Mrs. Bach）」（英国、アレックス・マッコール演出、二〇一四）が、それだ。《ゴルトベルク変奏曲》のアリアや《無伴奏チェロ組曲》がアンナ・マクダレーナの手によって書かれたと主張する音楽学者マーティン・ジャービスの説に基づくこのドキュメンタリーは、その作られ方自体のワイドショー的ないかがわしさで辟易させられる。アンナ・マクダレーナはヨハン・ゼバスティアンによって、音楽的教育を受けたのだから、ふたりが共作していても何の問題もないし、その可能性を示唆することはいい。だが、一七二〇年のケーテン侯の保養地カールスバート旅行に同行したバッハが、アンナ・マクダレーナを同伴していたという根拠のない憶測や、その旅行中に亡くなった最初の妻マリア・バルバラの死因が、ふたりの不倫に絶望しての自殺であった可能性をほめのかす下品さには閉口する。筆跡鑑定が悪いわけではないが、《無伴奏チェロ組曲》におけるアンナ・マクダレーナの作曲を実証するのに、楽曲自体の分析を欠いているのは音楽学者として如何なものか。

気分を直すために、アンナ・マクダレーナに関する美しいオマージュで終わろう。レオンハルトとも親しい古楽派のチェリスト、アンナー・ビルスマの言葉である。彼はアンナ・マクダレーナの写譜を好んで、演奏に生かしている。

　バッハの自筆譜こそ現存していないが、バッハが考えていた《無伴奏チェロ組曲》のボウイングは、アンナ・マクダレーナ写本に伝わっていると私は考えているんだ。この写本が書かれたのは、おそらく二人が結婚した一七二一年か、その直後くらいで、ひじょうに仲の睦《むつ》まじい時期だったに違いない。バッハは妻にチェロ用の楽譜の書き方を教え、そして妻は夫に応えるようにていねいに美しく写したんだ。ひょっとすると、バッハの自筆譜よりも美しい出来映えじゃないかと思うよ。とかく女性のほうが男より何事もきれいに、ていねいにやるものじゃないか？ じつはね、私はバッハ夫人の熱烈なファンなんだ。きっと彼女は、奇跡的なほどに素晴らしいパートナーだったと思うんだよ。[†13]

†1 「カンタータ歌詞対訳」樋口隆一訳『バッハ全集⑥ 世俗カンタータ』小学館、一九九八年、二〇八—二〇九頁。
†2 「カンタータ歌詞対訳」磯山雅訳『バッハ全集⑤ 教会カンタータ⑸』小学館、一九九九年、一九四頁。
†3 「収録曲歌詞対訳」樋口隆一訳『バッハ全集⑧ ミサ曲、受難曲⑵』小学館、一九九八年、二二七頁。
†4 この手紙の邦訳は『バッハ資料集』（バッハ叢書10、白水社、一九八三年、一五—一七頁）所収。
†5 「カンタータ歌詞対訳」樋口隆一訳『バッハ全集② 教会カンタータ⑵』小学館、一九九七年、二四一頁。
†6 「カンタータ歌詞対訳」樋口隆一訳『バッハ全集⑥』、一八一頁。
†7 「カンタータ歌詞対訳」松浦純訳『バッハ全集① 教会カンタータ⑴』小学館、一九九六年、二一六頁。
†8 大角欣矢「作品解説（BWV645-689）」『バッハ全集⑩ オルガン曲⑵』小学館、一九九九年、二四〇頁。
†9 「カンタータ歌詞対訳」樋口隆一訳『バッハ全集④ 教会カンタータ⑷』小学館、一九九八年、二三七頁。
†10 「カンタータ歌詞対訳」磯山雅訳『バッハ全集③ 教会カンタータ⑶』小学館、一九九七年、二二六頁。
†11 大角欣矢「作品解説（BWV645-689）」『バッハ全集⑩』、二四二頁。
†12 ハンス＝ヨアヒム・シュルツェ「そのうえ、今の私の妻はなかなかよい 澄んだソプラノを歌うゆえに…」『アンナ・マグダレーナ・バッハ——資料が語る生涯』マリーア・ヒューブナー編、伊藤はに子訳、春秋社、六頁。
†13 アンナー・ビルスマ＋渡邊順生『バッハ・古楽・チェロ——アンナー・ビルスマは語る』加藤拓未編・訳、アルテスパブリッシング、二〇一六年、一二八頁。

III

8

「ストローブ＝ユイレ派」は存在するか？

同時代の作家たち

赤坂太輔

1　「ミュンヘン派」？

ペーター・ネストラーの *Von Griechenland*（一九六八）について、ジャン＝マリー・ストローブは、「本当に重要な、美学的テロリスト的映画で、私にとって常に重要以上のものだ」と言っており、またネストラーを戦後ドイツ最高の映画作家であり、「彼の映画はまるで呼吸をしているかのようだ。ゴダールにさえこんなことはできなかった」と絶賛している。[†1] ネストラーのインタビューによると、彼らの出会いはストローブ＝ユイレが一九六四年に『和解せず』（一九六五）のワンシーンを当時ネストラーが住んでいたミュンヘンのアパートで撮影しようとしたことに始まり、数日後ストローブ＝ユイレがネストラーの作品の上映を観に行ったことから親交を深めていったという。[†2] ストローブ＝ユイレはネストラーの *Mülheim*（Ruhr）（一九六四）を当時カイエ・デュ・シネマ誌にいたミシェル・ドラエに見せるために上映会を行い、*Mülheim*（Ruhr）はパリのいくつかのシネクラブで上映されたという。またストローブは当時ペザロ映画祭で若いドイツ映画を紹介していたアドリアーノ・アプラ（後に『オトン』（一九七〇）に主演する）にネストラーを紹介し、上映を行ったという。

Mülheim（Ruhr）を「溝口的だ」と絶賛したストローブの言葉に、当時の人々は同意しなかったようだ。日本人がこのネストラーの作品を観ることができたのは、ネストラーのＤＶＤボックスセットが発売された二〇一二年のことである。今この *Mülheim*（Ruhr）を観て驚かされるのは、その後に完成し国際的に名声を轟かせることになるストローブ＝ユイレの他ならぬ『和解せず』への影響であろう。時折デレク・ベイリーを思わせるような、ディーター・ズーデュルクルプ演奏のギターと口弓の伴奏がつけられた、この黒白サイレント一四分のドキュメンタリー映画の、さまざまな建物をとらえた速い固定画面の編集による、めまぐるしい街のモザイクを思わせる構成、サッカーをプレーする学生たちの画面や川岸で乳母車を押すカップルのショット、労働者と思われる人々が出てくる入り口を正面から撮ったショット等々は、『和解せず』のディテールへの反映を見出すことができる

のではないか。もちろん *Mülheim* (Ruhr) には物語はなく、ロベール・ブレッソン的な画面外の速いモノトーンの声とリズムの活用や、人物が画面外に出た後に残る空画面、人物の背後に占める空間等といった我々がストローブ＝ユイレの映画と認識する特徴はない。しかしどちらかと言うと古典的な照明や装置や効果が目を引く前作『マホルカ＝ムフ』(一九六三)と『和解せず』の間に大きな違いを認めるとするなら、ネストラーの *Mülheim* (Ruhr) に漲るドキュメンタリー性を目の当たりにしたことが、その引金ではなかったかと想像することはできよう。

そして *Von Griechenland* に話を戻すなら、ストローブはネストラーが「群衆のスローガンを同時録音するのではなく、コメンタリーとして述べたこと」を天才的だと書いている。確かにそこには映像と音の分離がある。ネストラーはインタビューで、最初は同時録音を行っていたが、ある時点で止めた、と語っている。「サウンドを伴わないイメージはダイレクトシネマ全盛の時代に挑発的だった」。そこで今見ても真にすばらしいのはコメンタリーが突然消える瞬間だろう。佇む老婆の映像に、あるいは海岸に生えている一本の木の映像に息子を軍事政権に処刑された母親の手紙が読まれ、突如それが断ち切られる時、我々は事故に遭ったかのような、視覚に置き去りにされてしまった瞬間を体験する。それは後のストローブ＝ユイレの『早すぎる、遅すぎる』(一九八一)の先駆けになったのではないだろうか。例えばひたすらな大地と朗読のコンビネーションからラストで不意に波の打ち寄せる岩の画面が現れるとき、街中の喧噪を離れてただ打ち寄せる波音が際立って聴こえてくるが、あの衝撃はストローブ＝ユイレが *Von Griechenland* のコメンタリーが消える瞬間を、別の形で自らの作品世界に見出そうとした結果なのではないだろうか。その後ストローブ＝ユイレがネストラーを朗読の出演者として迎えて『アーノルト・シェーンベルクの《映画の一場面のための伴奏音楽》入門』(一九七三)を制作するなど親交は続き、ダニエル・ユイレ逝去の折にネストラーからのオマージュとして撮られた『時の擁護』*Verteidigung der Zeit* (二〇〇七)については、二〇一一年の東日本大震災後の六月に、監督本人の協力で、ラップランドの環境破壊

を扱った傑作 *Die Nordkalotte*（一九九一）とともに京都で上映することができた。

劇映画からドキュメンタリーへの歩み――それが戯曲をカメラの前で「上演する映画」であったとしても、上演すなわちワンテイクの最中に記録される音を含む歴史的現実を見せることであり、観客にとってよりミクロの世界を見聞する可能性を遮断してしまうような、作り込まれた見せ物を解体することとなる。最初はブレッソンに監督を依頼した『アンナ・マクダレーナ・バッハの年代記』（一九六八）からルノワールの『黄金の馬車』（一九五三）の入れ子構造を思わせる『花婿、女優、そしてヒモ』（一九六八）を通って『オトン』（一九七〇）へのプロセスで、ライナー・ヴェルナー・ファスビンダーがストローブ＝ユイレと交差し、離れたのはごく当然の結果なのだろう。さらにその後『花婿、女優、そしてヒモ』同様に俳優として、ファスビンダーはダグラス・サークとの出会いを通過する。もっともハリウッドから帰ったサーク晩年の短編の傑作はファスビンダーが出た *Bourbon Street Blues*（一九七八）よりもシュニッツラー原作ハンナ・シグラ主演の *Silvesternacht - Ein Dialog*（一九七七）と思われ、ハンナ・シグラのモノローグシーンで、サーク自身がドライヤーから学んだ「遅さの美学」[†3]というべきものが実践されている。もっともファスビンダーはそれ以前に自らはストローブ的な厳格さの現実ともサークの精緻な虚構とも別の、弛緩、汚さ、頽廃から浮かび上がるものを志向していて、それを確認するためにはファスビンダー自身が監督し、ストローブ＝ユイレの影響が最もうかがえる『出稼ぎ野郎』（一九六八）を見ればよかろう。

またネストラーと同時期、ルドルフ・トーメがストローブ＝ユイレのドイツ時代に親交を結び、ダニエル・ユイレが編集を務めた『ジェーンはジョンを撃つ、彼がアンと寝たから』*Jane erschießt John, weil er sie mit Ann betrügt*（一九六七―六八）を制作することになった理由も、トーメの第一作『和解』*Die Versöhnung*（一九六四）を見ればすぐに納得できる。倦怠期のカップルの夫が若い女性に心を動かすというだけの短編で、例えば食事シーンをいくつかの画面に分けながらも、リアルタイムの現実を組み立てることで夫婦の微妙な亀裂を描写することができていたからだ。さらに続くトーメの短編『ステラ』*Stella*（一九六六）はゲーテの作品に想を得た翻案作品で、ストローブによる助言もあっての同時録音による厳格な室内劇である。もちろん演技や撮影・編集はストローブ＝ユイレ作品と全く違って古典的・自然主義的と言えるものだが、ストローブがその出来栄えに非常に感動していたとのことで、後にイタリアで『オトン』を制作するストローブ＝ユイレにとって、こうした作品も当時は作ってみたかったのではなかったろうか。ストローブ＝ユイレとトーメの協力は前述の *Jane erschießt John, weil er sie mit Ann betrügt* でも続き、これは明らかにジャン＝リュック・ゴダールからの影響の色濃い作品だが、ダニエル・ユイレの鋭角的な編集に加えて、ストローブ自身がフランソワ・トリュフォーから提供された資金で音楽の使用料を支払い、『アンナ・マクダレーナ・バッハの年代記』の余りのネガフィルムを提供し、完成後は『アンナ・マクダレーナ・バッハの年代記』との二本立て上映を申し出て実現させたという。二〇一五年京都での回顧上映の際に、トーメ自身から、この頃ストローブ＝ユイレの家に招かれていつもバターとチーズのパスタを食べたものだ、と懐かしさ混じりに貴重な話を聞くことができたが、やがて一九六〇年代の終わりにストローブ＝ユイレがイタリアに制作の場所を移し、トーメがミュンヘンからベルリンに移住することによって彼らの協力関係は解消される。

2 オランダ、イタリア

そしてもう一人、この時期からストローブ＝ユイレと親交を結んだ作家として知られるのが、オランダの映画作家フランス・ファン・デ・スタークである。二〇〇一年に彼が死去した際、ストローブはネストラー、後述するジャン＝クロード・ルソーとともにスタークをヨーロッパ最高の映画作家と呼び、ジガ・ヴェルトフの真の後継者だとコメントしている。スタークは学生時代の一九六五年に『和解せず』に感動してストローブを訪ね、その後アムステルダムの映画館に働きかけて三週間の上映を実現させて以来の親交だったという。その後スタークは映画作家として自主製作の作品を発表し続け、ヨハン・ファン・デル・クーケン（スタークとはストローブ＝ユイレの家で出会ったという）ら同時代や後続のオランダのインディペンデント映画作家に大きな影響を与えている。私自身も二〇〇三年に*Sepio*（一九九六）、二〇一二年に『バールーフ・デ・スピノザの仕事 1632-1677』*Uit het werk van Baruch d'Espinoza 1632-1677*（一九七三）の二本を東京で上映することができたが、ストローブ＝ユイレとの関係で最も知られているのは、この『バールーフ・デ・スピノザの仕事 1632-1677』を参照したストローブ＝ユイレ作品が、一九七七年の『すべての革命はのるかそるかである』だという事実である（冒頭にジャック・リヴェット、ジャン・ナルボニとともに謝辞が映る）。スピノザの『エチカ』から抜粋されたテクストを複数の登場人物が読み継いでいく『バールーフ…』の手法は、マラルメのテクストを複数の人物が読み継ぐ『すべての革命は…』に受け継がれたと言えるが、やはりそこでも朗読者のミスをドキュメントとして記録していくスタークの大らかさに対して、列に並んで座った人々の厳格な画面、朗誦法と間はストローブ＝ユイレのものである。その他スターク作品では、ナチス時代の作家の作品を登場人物が朗読する*Friedrich Griese, meine Heimat, mijn vaderland*（一九七六）の構図や人物の位置が後のストローブ＝ユイレの『労働者たち、農民たち』（二〇〇〇）を思わせるし、ダニエル・ユイレ亡き後の制作中も、ストローブが『バールーフ…』を再見したがったと、最近のストローブ作品の製作・出演者を務めるバルバラ・ウルリッヒから筆者も聞いており、スターク作品がストローブに今もインスピレーションを与えることがあるのは確かなのだろう。

一九六九年の『オトン』からイタリアへ制作基盤を移したストローブ＝ユイレは『歴史の授業』（一九七二）、『アーノルト・シェーンベルクの《映画の一場面のための伴奏音楽》入門』に続いて『モーゼとアロン』（一九七五）の制作に取りかかった時期にイタリアの映画作家パオロ・ベンヴェヌーティと出会う。日本では二〇〇九年に『プッチーニの愛人』が公開されているが、代表作というなら来日時に東京の映画美学校でのレクチャーの際に一度だけ上映された『魔女ゴスタンザ』（二〇〇〇）や *Segreti di Stato*（二〇〇三）のほうが相応しいだろう。前者は一九五四年にある老婆がかけられた魔女裁判、後者はフランチェスコ・ロージやマイケル・チミノも映画化したサルバトーレ・ジュリアーノが殺害された事件記録というテクストを用い、明らかにストローブ＝ユイレ作品の朗誦を踏まえて作られているシーンが随所に見られる作品であるのに対し、『プッチーニの愛人』は、言葉を省いた映像と音楽で映画が今なしうることを探求しており、それまでのベンヴェヌーティの作品からはむしろ例外的な作品と言えるからだ。ロベルト・ロッセリーニの *L'età di Cosimo de' Medici*（一九七二）で助監督を務め、自作短編 *Del Monte pisano*（一九七一）を発表していた頃に、この短編を気に入ったストローブ＝ユイレから助手にならないかという連絡を受け、『アンナ・マクダレーナ・バッハの年代記』に感動していたベンヴェヌーティは一九七二年から二年間『モーゼとアロン』の製作助手を務め、時には二台のカメラの片方を担当したり、俳優の一人として出演することもあったという。またベンヴェヌーティが撮った中編 *Medea, un maggio di Pietro Frediani*（一九七二）は、ストローブを通じて知り合った、ＲＡＩ（イタリア国営放送）の実験的な映画製作の責任者イタロ・モスカーティによるプロデュースで、*Del Monte Pisano* の撮影中にブーティの農民演劇のことを知ったベンヴェヌーティが、一九五二年に演出家アンジョロ・ベルナルディーニが死去して以来行われていなかった、古くからの演劇スタイルを映画のために蘇らせたものである。ブーティでは一八三二年に農民詩人ピエトロ・フレディアニによって劇団が作られたという。ストローブ＝ユイレはこの出演俳優たちに興味を持ち、ベンヴェヌーティに紹介を頼んだ。ベンヴェヌーティとストローブ＝ユイレの関係は、ベンヴェヌーティが撮った短編 *Frammento di cronaca volgare*（一九七四）を二人が気に入らなかったことで疎遠になってしまったとのことだ[†4]が、その後ストローブ＝ユイレはブーティの人々に出演を依頼し、『雲から抵抗へ』（一九七九）以来、ダニエル・ユイレ死去後の今日まで、彼らのイタリアでの映画制作＝演劇上演のシステムとして存続することになったのである。

3　ポスト・ストローブ＝ユイレ？の作家たち

一方ネストラー以後、ドイツに現れた映画作家＝理論家たちは、ストローブ＝ユイレの強力な影響下にあった。ドイツ赤軍派のメンバーとなり、一九七四年に獄中死したホルガー・マインス（短編 *Oskar Langenfeld*〔一九六六〕は彼のドキュメンタリー映画作家としての優れた才能を示す一編だ）もその一人であり、ストローブ＝ユイレは『モーゼとアロン』をマインスに献呈しているが、その同世代の三人の映画作家は、いずれも映像史のパースペクティヴから現在の世界をとらえる視線を観客に思索させるという点で共通している。いずれも他の作家の作品の断片やファウンド・フッテージを使った作品を制作していて、その点ではストローブよりむしろゴダールのフィルム・エッセイ作品の後継者とも考えられる（フランスではジャン・ユスターシュの後期作品がそれに当たるが、作家自身の自殺によってその流れは絶たれてしまったと言える）。

そのうちハルーン・ファロッキは『アメリカ（階級関係）』（一九八四）の出演俳優として登場し、またその制作過程のドキュメンタリー *Jean-Marie Straub und Danièle Huillet bei der Arbeit an einem Film*（一九八三）を制作した。ファロッキはかつてドイツ文化センターで上映された劇映画『二つの戦争の間』*Zwischen Zwei Kriegen*（一九七八）を「ストローブに気に入られたいためだけに作った」と述べているが、ルイ・スコレッキによると、ストローブ自身もフランスでこの作品を上映してくれるように推薦していたという。『和解せず』『花婿、女優、そしてヒモ』からの影響が見られ（例えば壁沿いの長い移動撮影や、心を病んだ青年と対話する女性の窓辺のイメージ）、それ以上に戦争においてゴダールの『カラビニエ』（一九六三）を思い出させる映画だが、ラストの自殺者の人型を描いたチョークを洗い流す雨が、後に代表作『この世界を覗く：戦争の資料から』*Bilder der Welt und inschrift des Krieges*（一九八八）でも、アウシュヴィッツで蜂起した人々の処刑を告げる画面外の語りが波動研究装置による波の運動のイメージへと進化するように（この「波」は『早すぎる、遅すぎる』に由来するのだろうか）、ファロッキ独自のディテールが表れている作品である。私自身も二〇〇四年にイラク戦争時のメディア批判としてゴダールの『パート2』（一九七五）の影響下に撮られたマルチスクリーン作品『アイ・マシーンⅢ』*Auge/Maschine III*（二〇〇三）を上映させてもらったのだが、当初上映予定だった『隔てられた戦争』*Erkennen und Verfolgen*（二〇〇三）のスケジュールが他の上映と重なってしまったため、相談の末作家本人がシリーズの中から選んでくれたという事情や、また二〇一四年に逝去してしまったこともあり、今となっては感慨深い。

ファロッキと同じくフィルムクリティークの出身であるハルトムート・ビトムスキーは、二〇〇一年の『B-52』と、二〇一〇年の『塵』で山形国際ドキュメンタリー映画祭に参加し、二〇〇二年には東京の映画美学校でワークショップも行っていて、私もインタビューを行った際に「自分はロッセリーニ的、ハルーン（ファロッキ）はエイゼンシュテイン的」という言葉で表していたように、編集でイメージを比較または併置するのではなく、道路、車、飛行機、そして塵というように物質＝被写体を追っていく作家であると自認しているようだ。それゆえにナチス・プロパガンダのフッテージを使って、そのグロテスクさを暴いた『ジャーマン・イメージ』*Deutchlandbilder*（一九八三）や、第二次世界大戦からイラク戦争までの危険かつ壮大な浪費物として爆撃機を描いた『B-52』では、作者が狙ったズレや距離感が伝わらなかったドイツとアメリカの観客から非難を浴びたという（おかげで映像を批判的に見る能力の欠如こそがファシズムを招くことが明らかになった）。ストローブとの接点はファロッキ、マインスと同様に一九六六年から六八年までベルリン映画テレビ大学で学んでいた時代とのことだが（大学は『アンナ・マクダレーナ・バッハの年代記』製作に参加している）、ストローブもビトムスキーの作品は好きだと、一九七六年の『Jump Cut』誌一二月一三日号のインタビューで語っている。時期から考えるとヴェンダースらの影に隠れているが、実はロードムーヴィーの最高作と言える『ハイウェイ40・ウエスト アメリカの旅』*Highway 40 West*（一九八〇）だろうか。またビトムスキーも友人たちと資金を出し合い『雲から抵抗へ』をドイツで上映したと来日時に語ってくれた。ビトムスキーにも映画史についての優れた作品『死と映画』*Das*

Kino und der Tod（一九八八）、『風と映画とフォトグラフィー』*Das Kino und Der Wind und Die Photographie*（一九九一）、『プレイバック』*Playback*（一九九五）があるが、いずれも作家本人が登場して、自らの思考のプロセスまで被写体とするスリリングなエッセイであり、ウーファ社を扱った傑作 *Die Ufa*（一九九二）や *The Theater of War- The Cinema of John Ford*（一九七六）など、全貌の紹介が望まれる作家である。

二〇一六年に来日したクラウス・ウィボニーも前記二人と同世代だが、一九六〇年代末に物理学者として渡米、ニューヨークでホリス・フランプトン、ポール・シャリッツやトニー・コンラッドら実験映画作家たちと親交を結び、ドイツに帰国後はハーマン・メルヴィルの小説を黒白一六ミリで映画化した *Bartleby*（一九七六）や、ヒッピーたちの物語をグリフィス以前の初期映画のように撮ろうとした *Birth of Nation*（一九七二―八四）でビトムスキーやファロッキに注目され、親交を結ぶ。作曲家でありピアニストでもあるウィボニーは、独自の理論とスーパー8フィルムを使ったほとんど一人での音楽映画の連作を制作、ベートーヴェンのソナタの一音を一画面に同期させた *Hommage to Beethoven*（一九七六／二〇〇六）、ストローブに絶賛されたというアフリカ他で撮影された *Verlassen Verloren Einsam Kalt*（一九八五―九二）、コロンブス三回目の航海を辿る *Ein Andere Welt*（一九九三―二〇〇五）、神戸映画資料館で上映された『西洋の没落のためのエチュード』*Studien Zum Untergang ded Abendlands*（一九七五／二〇〇五）などのフリッカー系（赤や青などフィルターを使った早い画面をフェードイン・アウトでつなぐ）ランドスケープ・フィルムである。また *2084*（一九八三）は自作自演、ヴィデオで撮ったサイエンス・フィクションで、崩壊した未来社会の住人の日記という設定で、アンディ・ウォーホル的な固定画面を使って自撮りと風景画面が延々と続いていく作品だ。*Elementary History of Cinema*（一九七二―七四）のように、映画史を踏まえた作品を制作している実験的な映画作家でありながら、その文脈にとらわれない開放性は「映像は抽象的な量子的全体で、観客と出会い、消えるもの」ととらえる彼の物理学者、作曲家＝即興演奏家としての映像についての思考に由来するのではないだろうか。

さらに、ストローブ＝ユイレと親交のある実験映画系の人物と言えば、フランスの映画作家ジャン＝クロード・ルソーである。彼もまた一九七〇年代はニューヨークに滞在して実験映画を発見し、帰国後一九八三年からスーパー8で作品を作り始めた。風景や窓、自分自身を被写体とし、繊細で想像力への刺激にみちた声とサウンドで構成された長編『閉ざされた谷』*La Vallée Close*（一九九五）を観たストローブ＝ユイレが、『オトン』とともにシネマテーク・フランセーズでの上映を行い、これが反響を呼んでかヴェネツィア国際映画祭での特集や、ベルフォール映画祭でのグランプリ受賞を経て二〇〇〇年に一般公開された。二〇〇二年からはデジタルヴィデオによる映画作りを続け、長編『彼の部屋から』*De Son Appartement*（二〇〇七）でマルセイユ国際映画祭グランプリとなったが、これは自作自演、デジタル時代におけるブレッソンの唯一の後継者というべき傑作である。また近年は各国での上映滞在時に撮影した、作家本人が「俳句」と呼んでいる短編や、ローマの屋上にあるカフェで二七分ワンカット固定画面で撮影された*Terrasse avec vue*（二〇一四）、それと対照的にオーバーラップを使った幻想的な*Fantastique*（二〇一四）などを手がけている。二〇一三年と一四年に京都で行われたレトロスペクティヴのために来日し、特に一四年には日本で撮影を行い、二〇一六年末には『晩秋』*Arrière-Saison*（筆者に献呈、出演も）、『かくも遠く、かくも近く』*Si lion, Si proche* の二作として完成、上映された。

後見人的存在となったストローブ＝ユイレとの親交はその後も続き、彼らがデジタルヴィデオによる制作に移行するときに使ったカメラはルソーが持っていたものだったという（『ヨーロッパ2005年、10月27日』〔二〇〇六〕）。まったく異なる作品ではあるがストローブの『水槽と国民』（二〇一五）の、水槽を延々と撮った固定画面と、京都でも上映されたルソーの *Eaux profondes*（二〇一二）で、水槽の前に監督自身が座る部屋の全景ショットから不意に金魚の鮮やかな緋色がスクリーンに広がる瞬間を比べると、フィルムが消滅してしまった後もデジタルヴィデオで軽やかに撮り続けるルソーは、ダニエル・ユイレ死後も単独で短編制作を続けたストローブに刺激を与え得た唯一のフランス映画作家だったのではないか？　と思える。

本章ではストローブ＝ユイレと直接コンタクトを持った、ファスビンダーを除けばより語られていない同時代の人々に絞って述べてきた。そのためストローブ＝ユイレが映画作家となる以前に出入りしていたカイエ・デュ・シネマ誌の人々つまりジャン＝リュック・ゴダール、ジャック・リヴェット、リュック・ムレ（ストローブはムレを「ブニュエルとジャック・タチの唯一の後継者」と呼んだ）、ジャン・ルーシュ等や、『あなたの微笑みはどこに隠れたの?』『六つのバガテル』（共に二〇〇一）を撮ったペドロ・コスタやさらに若い作家たちについて、ここでは割愛した。もちろんストローブ＝ユイレからの影響を中心に見た構図から述べてきたとはいえ、これらの人々を一括りに「ストローブ＝ユイレ派」とするのは難しいだろう。例えば一九六〇年代初頭の西ドイツでは、ストローブとネストラーとトーメはいわゆる「ミュンヘン派」として括られており、一九六四年には共同で第二オーヴァーハウゼン宣言に署名しているが、ストローブ自身のステートメントは実質的にネストラーとトーメを擁護するためのものであり、どこかカイエ・デュ・シネマの人々、つまりヌーヴェルヴァーグの批評家たちを思い起こさせる行動である。それはストローブ＝ユイレが擁護した人々が、同時代各国それぞれのジャンルを超えて唯一無二の存在だったからである。そして彼らもまた、古典映画の巨匠たちほどではなかろうが、同時代人としてストローブ＝ユイレの創作活動に影響あるいはインスピレーションを与えたと推察しうる（もしかすると彼らがいなかったらストローブ＝ユイレはより古典的な映画制作に向かったかも知れないからだ）、見る聴く者の意識を変えうる豊饒な映像と音の造り主たちなのである。

†1　shomingeki Nr. 4, Sommer 1997.

†2　"Traces: A Conversation with Peter Nestler," Martin Grennberger, Walden nr. 1/2 (https://mubi.com/notebook/posts/traces-a-

conversation-with-peter-nestler).

†3 ジョン・ハリディ編『サーク・オン・サーク』明石政紀訳、ＩＮＦＡＳパブリケーションズ、二〇〇六年。

†4 "Videointervista a Paolo Benvenuti," Michele Guerra, Arabeschi n. 3 (http://www.arabeschi.it/videointervista-a-paolo-benvenuti-/).

9

イメージから抵抗へ

アドルノ美学とストローブ＝ユイレ

竹峰義和

はじめに

テオドール・W・アドルノはストローブ＝ユイレの映画にどのような反応を示しただろうか。アドルノが六五歳で逝去したのは一九六九年夏のことであるから、彼らの処女短篇『マホルカ＝ムフ』（一九六二）や『和解せず』（一九六五）、『アンナ・マクダレーナ・バッハの年代記』（一九六八）、『花嫁、女優、そしてヒモ』（一九六八）をスクリーンで観ることは一応は可能だったはずだが、テクストや書簡などの遺稿資料から判断するかぎり、これらの作品を実際に鑑賞したという形跡はない。もっとも、アドルノは、一九五二年に知り合って以来、きわめて親密な関係にあった映画監督のアレクサンダー・クルーゲと定期的に会い、映画についても幾度となく議論を重ねていたというのだから、[†1]〈ニュー・ジャーマン・シネマ〉の牽引役の一人であるこの二九歳年少の友人の口から二人の名前を聞いていた可能性は完全には否定できないものの、あくまで想像の域を出ない。ましてや、一九五八年に徴兵忌避のために西ドイツに亡命していたストローブ＝ユイレとアドルノが実際に対面したという事実も存在しない。それゆえ、フランクフルト学派を代表する哲学者とフランス出身の若き映像作家たちの生涯は、結局のところ一度も交錯することがなかったと結論づけるのが妥当だろう。

しかしながら、ストローブ＝ユイレのフィルモグラフィーを眺めてみると、アドルノの思弁的・美学的な関心ときわめて親和性が強い題材やモティーフが散見されることも事実である。バッハ、ヘルダーリン、カフカ、シェーンベルク、ブレヒトなど、ストローブ＝ユイレは好んでドイツ語圏の芸術家を取り上げてきたが、これらの固有名はすべて、アドルノにとっても少なからず重要性を帯びたものであった。[†2]なかでも、ストローブ＝ユイレがこれまで三本の作品を映画化したシェーンベルク――『アーノルト・シェーンベルクの《映画の一場面のための伴奏音楽》入門』（一九七三）、『モーゼとアロン』（一九七五）、『今日から明日へ』（一九九七）――は、アドルノにもっとも大きな影響を及ぼした芸術家といっても過言ではなく、[†3]とりわけオペラ《モーゼとアロン》とその映画版の双方の主題である〈図像化禁止（Bilderverbot）〉がアドルノの芸術美学を根底から規定していることはよく知られている。

〈図像化禁止〉とは、絶対者である神を図像《ビルト》によって表象することを禁じたユダヤ教の戒律であり、アドルノにおいてそれは、来たるべきユートピア的な理想世界を実体的に描き出すことを禁じるという哲学的な主題や、対象を模像として再生産するような芸術作品を批判するという美学的な主題へと、一種の世俗化をおこなうかたちで変奏されていることがしばしば指摘されてきた。†4 また、一般的な理解においてアドルノは、映画をはじめとする複製技術メディアとその受容者である観客大衆に革命的な潜勢力を認めたベンヤミンとは対照的に、映像《ビルト》メディアとしての映画に徹底的に拒絶的な姿勢を貫いたとされるが、それもまたアドルノ哲学における〈図像化禁止〉に起因するものとされる。そして、そのようなアドルノ理解がもっぱら『啓蒙の弁証法』（一九三九—四四）の「文化産業」における人口に膾炙した議論——とりわけそこでの容赦のないハリウッド映画批判——から導き出されたものであることは言うまでもない。

だが、このあと触れるように、映画音楽について共著を執筆したこともあるアドルノにとって、確かに芸術表象において図像《ビルト》＝映像はつねに問題含みでありつづけたものの、だからといって映画というメディアそのものがアプリオリな否定の対象でありつづけたわけではない。むしろ、映画というテクノロジー・メディアがもちうる美学的な可能性について、アドルノは生涯にわたって思弁的関心を抱きつづけた。そしてそれは、芸術作品が本来的にもつ模倣《ミメーシス》的・表象的な本質と〈図像化禁止〉というタブーとの狭間でおのれの美学理論を練り上げることを最重要課題のひとつとしたアドルノにとって、必然的な思考の流れだったと言ってよい。それゆえ、〈図像化禁止〉を主題にしたシェーンベルクの未完のオペラを映像《ビルト》へと翻案するというストローブ＝ユイレの逆説的な試みのうちに、音楽や音響という要素にたいする強いこだわりも含め、アドルノの芸術美学と通底するものを看取することはけっして不可能ではないだろう。†5

以下、この章では、アドルノ美学という観点から、ストローブ＝ユイレの映画作品がもついくつかの特徴を素描することを試みたい。まず、映画メディアの美学的可能性をめぐるアドルノの考察を検証することで、そこに広義における〈モンタージュ〉への志向性が一貫して見られることを示す。つづけて、アドルノにおける〈モンタージュ〉と、ストローブ＝ユイレの映画作品の方法論とが有機的調和という仮象に〈中間休止〉を穿つことで抵抗するという点で共通しているものの、アドルノの映画美学が弁証法的モデルを完全には払拭できないのにたいして、ストローブ＝ユイレの場合、アドルノがそのヘルダーリン論のなかで「パラタクシス」と形容したような、複数の異なる契機が非従属的なかたちで並置されるという点にその美学的特徴があることを明らかにする。そして最後に、しばしば「絶対映画」と形容されるストローブ＝ユイレ作品の特徴を、アドルノの「名」をめぐる議論を補助線にしつつ考察することで、イメージによる〈図像化禁止〉の戒律の内在的突破の可能性という問題について考えてみたい。

1 アドルノの映画美学——モンタージュと文字

アドルノが映画メディアの美学的可能性について論じているテクストとしては、作曲家ハンス・アイスラーとの共著である『映画のための作曲』[†6]（一九四二―四四）および「映画の透かし絵」[†7]（一九六六）の二つを真っ先に挙げることができる。かたやハリウッドの映画産業、かたや西ドイツの〈ニュー・ジャーマン・シネマ〉を念頭に置いて書かれているという違いはあるものの、両者はひとつの映画技法に焦点を当てているという点で共通している。すなわち〈モンタージュ〉である。

『映画のための作曲』において一貫して追求されているのは、そのタイトルが示すように、映画音楽をめぐる諸々の問題であり、映像と音響とのあるべき関係について、理論面と実践面の双方から省察を加えることだといえるだろう。[8]ごく大雑把に定式化するならば、それまでの——すなわち、一九四〇年代半ばまでの——ハリウッドの標準的な映画製作システムにおいて、音楽や音響といった聴覚的契機は映像やストーリーに全面的に従属するものとして位置づけられており、つまりは視覚的・説話的な流れを補完したり補強したりするという限定的な機能のみしか付与されてこなかった。さらに、映画音楽としてもちいられる素材もまた、いわゆる〈クラシック音楽の名曲〉を通俗的にアレンジしたものから構成された紋切り型の「ストック」や、ヴァーグナーやR・シュトラウスを真似た後期ロマン派風の管弦楽曲がほとんどであり、メロディ偏重で装飾過多なその響きは、観客がスクリーン上で表象されたイメージに無批判的に没入することを促進するという大衆欺瞞的な目的に奉仕するものにすぎない。

そのような指摘は現在の商業映画にたいしてもなおも当てはまるところの多いといえるが、それにたいしてアドルノ／アイスラーは、すべての映画作曲家に向けて、映像／音響／物語の有機的調和という仮象を強化するための「悪しき慣習」を打破して、新たな表現の次元を開拓するよう繰り返し呼びかける。すなわち、無調音楽や一二音音楽、不協和音などの「進んだ音楽素材」を積極的に活用したり、ある場面に敢えて異質な音響を付すことで、物語進行の連続性を中断し、視覚的映像がもたらす無媒介性の幻想から観客が距離を置くことが可能になるのであり、それによってスクリーン上での出来事に観客が批判的省察を加えるための余地がはじめて開けるというのだ。[9]

そして、映像と音響のモンタージュをめぐる主張の理論的モデルとしてアドルノとアイスラーが考えていたのが、『映画のための作曲』の執筆時に何度も助言を仰いだブレヒトの叙事演劇論における「異化」と「中断」をめぐる主張であった。[10]いうなれば、ここで二人の著者は、ブレヒトに由来するこれら二つのモティーフを、映画という別のメディアないしジャンルへと応用することを試みていると見なすことができる。だが、そこにはさらに、アドルノが映画音楽論のほぼ同時期にマックス・ホルクハイマーと共同執筆に取り組んでいたもうひとつの共著である『啓蒙の弁証法』における、次のよく知られた一節とも呼応するものがあることは見逃せない。

弁証法はむしろ、あらゆるイメージ（Bild）を文字（Schrift）として開示する。弁証法はイメージのさまざまな相貌から、みずからの虚偽性の告白を読み取ることを教えるのであり、この告白によってイメージは力を奪い取られ、その力を真理へと捧げることを強いられるのである。[†11]

ここで「弁証法」の機能として規定されているのは「イメージ（Bild：映像）」にアンチテーゼとなる諸要素を意図的に組み合わせることによって、その断絶面から生まれた空隙から新たな意味作用の次元を開示することであり、まさにモンタージュ的な手法が問題になっているといえる。実際、『映画のための作曲』においても、「喜劇のなかの挿入歌やソング・ナンバー」を「真の原型」とする映画音楽が「閉ざされたドラマ的な連関を中断することによって〔……〕無媒介性の領域から引き離し、意味するものの領域へと移し変えるという傾向をもつ」[†12]と明確に述べられているのであり、ここでのブレヒト的な「中断」によって——あるいは、ベンヤミンとアドルノが好んでもちいた術語をもちいるならば、〈中間休止（Zesür）〉によって——開示される「意味するものの領域」こそが、『啓蒙の弁証法』からの上記の引用文において「文字」と形容されるものにほかならないのである。「イメージ＝映像」から「文字」へ。そのような要請のうちには、あらゆる「イメージ＝映像」、とりわけそこにアプリオリに備わる「虚偽性」と「力」にたいするアドルノの強い不信があることは間違いない。端的にいって、アドルノにとって、狭義における映像も含めた「イメージ」とは、そのすべてが現実を実定的＝肯定的に二重化し、さまざまな矛盾や差異を図式化されたパターンによって置換するなかで暴力的に捨象するという意味において「虚偽性」を孕んだものであり、大衆の意識を現実の欺瞞的なコピーによって埋め尽くし、思考や感覚の余地をあらかじめ奪うべく強制的に作用するという意味においてイデオロギー的な「力」をもっている。『映画のための作曲』の最後の個所で定式化されているように、映画というメディアにおいて、映像が「ここにあること」という様態そのものが「避けることができない根本的な罪悪」を形成しているのであり[13]、だからこそアドルノ／アイスラーは、音楽を映画のうちに積極的に介入させ、説話進行にそって連続的に呈示されるイメージの「虚偽性」と「力」をそのつど打ち砕いていくことで、その「罪悪」を絶えず中和することを要求するのだ。そのとき、スクリーンを眺める観客大衆は、表象されたイメージと幻想的・受動的に同一化することをやめ、そこからみずから批判的な距離を取り、能動的に省察することが可能になる。つまり、「イメージ」が「意味するもの」としての「文字」へと変容するのである[14]。

一九四〇年代に執筆された『映画のための作曲』と『啓蒙の弁証法』の双方に見られるこのような主張を、ひとまず〈弁証法的モンタージュ〉の要請と呼ぶことにしよう（エイゼンシュテインの批判者だったアドルノにとって、そのような呼称はおそらく絶対に容認できないものであろうが[15]）。そして、この要請は、その二〇年後にアドルノが、クルーゲを含めた〈ニュー・ジャーマン・シネマ〉の映画作家たちの国際舞台での活躍に刺激されるようにして執筆された「映画の透かし絵」においても、いささか消極的なかたちではあるが、そのまま繰り返されることになる。すなわち、このエッセイを構成する全部で一一のアフォリズム的な断章のひとつでアドルノは、目指されるべき「解放された映画」にあっても、制作者の主観的な志向性と被写体となる諸事物がもつ客観的な無志向性という二つの契機がたがいに矛盾しあうと指摘したうえで、かかるアポリアを解消するための「回答」として、次のように記しているのである。

> はじめに考えつく回答は、四〇年まえと同様、モンタージュである。モンタージュは諸事物のなかに侵入していくのではなく、諸事物を文字のような星座的布置《コンステラチオーン》へと押しやるのだ[16]。

ここで「四〇年まえ」という言葉で暗に言及されているのは一九二〇年代に流行したシュルレアリスムの芸術実践であるが、そこでもちいられた「モンタージュ」という技法が、「解放された映画」を制作するうえでなお も有効性をもっているとアドルノは見なす。さらに、この同じ断章の末尾において、作曲家マウリシオ・カーゲルの実験テレビ映画『アンチテーゼ』（一九六五）を具体例に挙げつつ、「他のメディアが映画へと移行していくうち」にこそ「映画のもっとも豊かな潜勢力が求められるべき」であると記述されていることからも明らかなように、[†17]ここでの「モンタージュ」のうちには、映像と映像、映像と音響のあいだだけでなく、映画と音楽といったジャンルやメディアのあいだのモンタージュも含まれていると考えることができる。ともあれ、ここで問題となっているのはやはり、『啓蒙の弁証法』で要請されていた「あらゆるイメージを文字として開示する」という課題である、つまり、映像＝イメージをいったん複数の断片へと破砕したうえで、映像断片どうしを新たに配置したり、さらには異質な契機と接合させたりするという「モンタージュ」の操作をつうじて、映像＝イメージにもともと備わっていたさまざまな要素（主観性、無志向性、虚偽性……）をいったん宙吊りにするとともに、それとは別の意味を観客に「文字」として読み取らせることが要請されているのだ。

要するに、アドルノにとって「モンタージュ」とは、イメージに〈中間休止〉を穿つことによって、受容者自身が批判的・能動的に読解しうる一種のテクストへと弁証法的に転換させる技法であった。それはまた、〈図像化禁止〉という戒律を遵守しつつ、映像＝イメージによって表現するというアポリアを克服するためのひとつの方途であったといってもよい。もちろんながら、このような「弁証法」の要請において、肯定的・普遍的な次元へと自己止揚することが重要なのではなく、あくまでアドルノが呼ぶところの「否定弁証法」として、映像＝イメージによって覆い隠されてきた諸々の矛盾を矛盾として浮かび上がらせることが重要であり、その点においてヘーゲル的な弁証法モデルとは厳密に区別されなくてはならない。だが、最終的にあらゆる差異が有機的な全体性へと目的論的に還元されることはないにせよ、にもかかわらず、モンタージュ技法を根幹に据えたアドルノの映画美学は、相矛盾する複数の契機の対立をつうじて新たな意味の次元を獲得することを志向しているのであり、その点において、徹頭徹尾、弁証法という古典的形式の枠内で展開されているのである。

2　映像と音響のパラタクシス——ストローブ＝ユイレの方法論

では、このようなアドルノの〈弁証法的モンタージュ〉を、ストローブ＝ユイレの方法論と比較してみた場合、どのようなことが言えるだろうか。まず、二人の映像作品において、従来的な意味における映画音楽が使用されるケースはきわめて稀であるものの、音響という契機につねにきわめて大きな重要性が付与されていることは言を俟たない。さらに、ストローブ＝ユイレの映画にあって、音楽や台詞、ノイズなどの音響を含めた聴覚的な要素は、映像や物語と有機的に関連し、登場人物の視点や感情、説話上の展開に観客がイリュージョナルな次元で同一化するように働きかけることはけっしてない。むしろ音響は、まさにアドルノ／アイスラーが『映画のための作曲』のなかで要請しているように、俳優や物語進行に感情を没入させることをたえず妨害し、距離を取らせるべく機能していると見なすべきだろう。そして、『歴史の授業』（一九七二）や『アーノルト・シェーンベルクの《映画の一場面のための伴奏音楽》入門』、『アンティゴネ』（一九九二）においてストローブ＝ユイレがブレヒトの作品や言葉を積極的に題材として活用している以上、そこで意図されているのはまさにブレヒトの「異化効果」にほかならならず、映画メディアにおけるブレヒト主義的な音響実践の試みという点で、アドルノ／アイスラーの『映画のための作曲』の精神をもっとも忠実に受け継いだのがストローブ＝ユイレであると断言することも、あながち不可能ではないように見える。

実際に具体例を見てみよう。たとえば『アンティゴネ』の冒頭部分。B・A・ツィマーマンによる《ユビュ王の晩餐の音楽》（一九六六）の激しい音に伴奏されてクレジットが流れたあと、小高い丘のうえの建物の跡を背景に、二人の女性——右側にアンティゴネ、左側にその妹のイスメネ——が横に並んで立つ様子が映され［図1］、すぐさまアンティゴネが語りはじめる。風ではためく衣服と、台詞を発するときにわずかに上下する女性主人公の頭部以外に動くものは何もなく、いささか硬い響きの女性の声が空間を満たしていく。『オトン』（一九七〇）や『エンペドクレスの死』（一九八七）など、古典古代を舞台としたストローブ゠ユイレの歴史劇に見られる典型的な一場面であるが、ここでの映像と音響が通常の劇映画とはまったく異なる論理によって組み合わされていることは明白である。聴覚的契機を主に構成しているのは——ときおり微かに聞こえる風の音を別にすれば——女性たちの台詞であるが、それは、たとえば会話するアンティゴネとイスメネの上半身をリバースショットによって交互に映すなど、古典的物語映画において一般的な手法をつうじて自然に発せられた声に擬態することはなく、発話行為が視覚的に正当化されることのないままでありつづける。要するに、語る身体の映像とその声は、映画音楽が「弁証法的」に介入するまでもなく、つねにすでに相互に解離しているのであり、かくして俳優が〈いま・ここ〉でおのれの感情や思考を表現しているかのような幻想的な現前性を構築することも、観客が物語世界におのれを没入することもないのである。

図1　ストローブ゠ユイレ『アンティゴネ』（1992）

さらに、この作品に限らず、ストローブ゠ユイレの映画において、映像や音響によるモンタージュがこれ見よがしに前景化されることはないが、にもかかわらず、一見したところきわめて静的な『アンティゴネ』であっても、そこではきわめて厳密かつ周到な計算のもとに、相異なる複数の契機が意識的に接合されているという点を看過してはならない。オープニング・タイトルの背後に流れるツィマーマンの楽曲が、ヴァーグナーの《ヴァルキューレの騎行》、ベルリオーズの《幻想交響曲》、シュトックハウゼンの《ピアノ曲Ⅸ》の断片をアイロニカルに組み合わせることで構成されたモンタージュ作品であることに象徴されるように、モンタージュはこの映画の隠れた根本原理をなしているといっても過言ではないだろう。そもそも原作となるテクストからして、ギリシア語で書かれたソフォクレスの悲劇を一九世紀初頭にヘルダーリンがドイツ語に翻訳したものを、第二次世界大戦後にブレヒトが改作した戯曲であり、それがさらに現代においてフランスの映画作家であるストローブ＝ユイレによって、まずは舞台作品として上演され、つづけて映画という異なる表現ジャンルへと翻案・翻訳されている。いうなれば、この作品はまさに、複数に分裂した作者／時代／言語／地域／ジャンル／メディアのモンタージュによって構成されているのであり、映画の最後では、人類の想像力と戦争をめぐるブレヒトの警告的な言葉が字幕で示される場面にたいして軍用ヘリコプターのノイズが重ねられることで、この作品のモンタージュ的な性格があらためて強調されるのである。

ただし、ここで重要なのは、映画版『アンティゴネ』において、作品を構成する各契機のあいだの諸々の差異が、モンタージュによって総合へともたらされることはなく、むしろ、翻案される過程のなかにあっても、それぞれがもつ独自の性質や、諸要素間の断絶や亀裂がどこまでも残存しつづけるという点である。ヘルダーリンによるソフォクレス翻訳が、その徹底した逐語性ゆえに、ギリシア語とドイツ語双方のシンタックスを破壊し、ベンヤミンの言葉を借りれば「意味が深淵から深淵へと転落し、ついには言語の底なしの深みへと失われる」ものであったことを想起しよう。[†18] 先に冒頭のアンティゴネの台詞が自然に発せられた声に擬態することがないという点を指摘したが、言い換えるならばそれは、テクストが台詞として発話される場合であっても、書かれた文字としての性質を失わないことを示している。あるいはむしろ、オリジナルのテクストがもつ固有性が、他なる表現形式へと翻訳されることで、いっそう際立たせられると述べたほうが正確かもしれない。『アンティゴネ』において、登場人物たちが発する台詞は、透明なパロールへとスムーズに移行することはなく、あくまで音声化されたエクリチュールとしての性質を保ちつづけるのであり、その昇華しえない物質性が、観客が演劇的・映画的なイリュージョンへと縫合されることに頑強に抵抗するのである。

これはブレヒトのいう「異化効果」と同じものであろうか。視覚的・説話的な連続性に〈中間休止〉を穿つことで、観客による感情的な同化を意図的に妨げるという点ではそうであるように見える。事実、これまでの研究文献では、ストローブ＝ユイレの方法論の起源をブレヒトの異化効果に求めるような見解が繰り返されてきた。[†19]だが、ブレヒトにおいて——さらに、ブレヒトを踏襲した『映画のための作曲』でのアドルノ／アイスラーにおいて——問題になっているのが、舞台ないしはスクリーン上の出来事にたいして批判的な距離を取らせることであるとするならば、ストローブ＝ユイレの真の狙いはそれとは少々別のところに置かれていると見なすべきだろう。確かに、ストローブ＝ユイレの映画作品をまえにして、われわれが登場人物の心理に感情移入することも、説話展開のサスペンスに心を奪われることもない。しかしながら、そこで呈示される通常の慣習的語法からかけ離れた映像や音響は、観客たちを物語世界のイリュージョンから遠ざけると同時に、その徹底して即物的なありようを、優越的な批判者としての立場からではなく、スクリーン上の出来事の純粋な経験者として、ただひたすら画面を凝視することを要請しているのではないだろうか。すなわち、物語や意味内容や指示対象といった外部の審級にけっして回収されることのない、あらゆる記号作用から解放された剝き出しの映像と音声そのものが、ただおのれ自身のみを伝達するさまを。[†20]

アンティゴネをはじめとする登場人物たちが台詞を朗誦するとき、衣服や木々の葉が風にそよいで揺れるとき、ギリシアの大地がパンでカメラに捉えられるとき、われわれはまさに、意味作用や説話進行とはほとんど無縁のところで、音、事物、運動、時間など、映画を構成する基本要素そのものを知覚する。言い換えるならば、声が発せられ、事物が静止／運動し、時間が流れるといったプリミティヴな現象を、異化された現実としてではなく、あるがままの個別的な実在として、なかば身体的に受容するのだ。そこで観客は、ひとつの〈出来事〉に遭遇するということすらできるかもしれない。すなわち、この声が、この身体が、この動きが、〈いま・ここ〉において一回的に——しかし、映画という複製技術メディアが介在している以上、つねに反復可能で媒介されたかたちで——生起するという〈出来事〉を、われわれはスクリーンをつうじて経験するのである。

したがって、ストローブ＝ユイレ作品における映像と音響は、いかに非調和的にモンタージュされているように見えるにせよ、アドルノの映画美学を暗に規定する弁証法モデルに還元されるものではないと結論づけるべきだろう。なぜなら、そのなかで試みられているのは、対立しあう複数の要素を対位法的に結合することで新しい意味や観念を現出させることではなく、映像と音響の乖離という映画メディアが抱えもつ所与の条件を徹底的に引き受けることであり、空隙を空隙として——ひとつの〈出来事〉として——無媒介的に露呈させることであるからである。つまり、ストローブ＝ユイレの作品にあって、映像と音響とは弁証法的に総合されることなく、両者の対立から観客によって解読されるべき「文字」が開示されることのないままに、ただひたすら乖離しつづけるのだ。

ふたたびアドルノの名前を引き合いに出すならば、ここで想起されるべきは、晩年のアドルノが後期ヘルダーリンの詩を論じるなかで提起した「パラタクシス（Parataxis：並列）」という概念であろう。[†21] すなわち、一九六三年におこなわれた講演「パラタクシス——ヘルダーリンの後期抒情詩に寄せて」においてアドルノは、ヘルダーリンの後期の抒情詩が「概念なき総合」を志向しているという点で音楽と一致していると指摘したうえで、かつて青年期のベンヤミンが執筆したヘルダーリン論——「フリードリヒ・ヘルダーリンの二つの詩作品」（一九一四／一五）——における「並列（Reihe）」という概念を踏襲するかたちで、[†22] ヘルダーリンの詩的言語に備わる「伝統的な総合の論理を〔……〕宙づりにし」、「従属的な統語法の論理的なヒエラルキーを回避する」ような「技巧に満ちた中断」という特徴を「パラタクシス」と呼んだ。[†23] それに倣ってわれわれは、ストローブ＝ユイレにおいて映像と音響は、弁証法的にモンタージュされているのではなく、むしろ絶えざる「宙づり」状態のなかで

「並列《パラタクシス》」されていると言うことができるのではないだろうか。つまり、彼らの映画作品において映像と音響は、ヘーゲル的な意味における「総合」にいたることなく、複数の諸契機がひたすら矛盾したまま並置されつづけるのであり、その葛藤から生まれた空隙において、それぞれの固有性が純粋なかたちで浮かび上がってくるのである。

「パラタクシス」という技法をつうじて現出するものについて、ヘルダーリン論のなかでアドルノは、あくまで示唆というかたちであるが、ひとつの概念を与えているように見える。すなわち、「名」である。「名は、絶対的なものには欠けているものの、そこにのみ絶対的なものが存在するのであるが、それは概念を超えたところへと通じている」。ある存在を極度に抽象化された別の形象へと変換するものが「概念」であるとすれば、それは映像＝イメージの機能ときわめて近いところにあると言えるだろう。それにたいして、「名」は、「たんなる記号」である以上、「絶対的なものとの差異」をけっして埋めることはできないものの、にもかかわらず、そのうちには「つねに、それ（＝名）が望んではいるが到達しえないものの残滓がある」。言い換えるならば、「名」はつねに、その不完全で対象に即した具体的なありようにおいて、不在である「絶対的なもの」の「残滓」を、願望という形態のなかで密かに表現しているのである。

「概念」と「名」を分かつ基準となるものを、ひとまず抽象性と普遍妥当性の有無であると規定するならば、映像を意味論的な連関から引き離し、それ自体の実在性や固有性を浮かび上がらせようとするストローブ＝ユイレの作品は、いうなれば映像を「概念」から「名」へと移行させようとする試みであると見なしうる。それはまた、「絶対的なもの」をイメージとして表象することを禁じる〈図像化禁止〉の戒律にたいして、イメージ＝映像それ自体のうちに、かかるタブーを克服し、「絶対的なもの」を——言うまでもなく、つねに否定的なかたちで——指し示すという微かな可能性を追求していくことでもある。アドルノがつねに主張しつづけてきたように、現存する社会とは異なる〈他なるもの〉への憧憬のなかにこそ批判的認識の基盤が存在している以上、[†24]イメージとしてけっして表象しえない「絶対的なもの」を映画というメディアのなかで表象しようとする逆説的な身振りそのものが、イメージや映画、さらには現実社会にたいして内在的に遂行される抵抗実践と呼ぶことができるだろう。一見したところ純然たる芸術映画を志向しているように見えるストローブ＝ユイレの作品であるが、そこで賭けられているのはまさに、イメージのただなかから、抵抗の基盤としての「名」を召喚するという可能性にほかならないのである。

おわりに

以上、ストローブ＝ユイレの映画作品における映像と音響との関係を、アドルノ美学を補助線としつつ考察してきた。前者における方法論を、『映画のための作曲』などで呈示された〈弁証法的モンタージュ〉と区別して「パラタクシス」と呼ぶことが許されるならば、それはまた、アドルノの映画美学の限界と可能性の双方を示していると見なすことができるだろう。限界というのは、ヘーゲル的な弁証法における同一化への目的論的な強制力を強く批判し、〈非同一的なもの〉を救済するような「否定弁証法」の重要性を訴えつづけたアドルノが、にもかかわらず、映画というメディアについて語るにあたっては、弁証法的なモデルの枠内にとどまりつづけたように見えるという点である。また、可能性というのは、たとえば「パラタクシス」や「名」といった概念をひとつの手掛かりとして、後期アドルノの思考のなかに、〈弁証法的モンタージュ〉という古典的なモデルにかならずしも還元されないような、新たなメディア美学の萌芽を見出すことができるのではないかという点である。[†25]

だからこそ、あらためて冒頭の問いを繰り返したくなる。すなわち、アドルノはストローブ＝ユイレの映画にどのような反応を示しただろうか、と。すでに述べたように、アドルノが彼らの作品を観賞したという事実はなかったわけだが、一九六九年夏、哲学者の死の直前に刊行された『映画のための作曲』ドイツ語オリジナル版のあとがきに記された次の一節は、そうした反実仮想的な問いかけを誘発するだろう――「明らかにすべての国々において、若い世代の映画が、音楽の使用ということをまったく考え抜いていないということは奇妙なことである。私は一度この問題にたいしてアレクサンダー・クルーゲと共同で何らかの寄与をおこないたいと思っている」[†26]。もしもアドルノが、「音楽の使用ということ」を「考え抜い」た「若い世代の映画」であるストローブ＝ユイレの作品に出会っていたならば、さらにクルーゲとともに映画音楽をめぐる諸々の問題についてふたたび批判的思考を展開していたならば、映像と音響とのパラタクシス的な関係について、〈図像化禁止〉の戒律のもとでのイメージの救済の可能性について、『オトン』や『歴史の授業』などをもとに新たな哲学的洞察が示されたのではないか、そして、それによって映画に無理解を貫いたエリート主義的な哲学者というイメージのクリシェをみずから打ち消したのではないか――そのように想像を逞しくしつつ、いったん筆を擱くことにしたい。

†1　シュテファン・ミュラー＝ドーム『アドルノ伝』徳永恂監訳、作品社、二〇〇七年、五二一頁。
†2　おそらくほとんど唯一の例外となるのが『和解せず』の原作者であるハインリヒ・ベルである。一九六八年にラジオ局の公開討論の会場でアドルノとベルが聴衆として並んで座っている写真が残されていることから、おたがいに面識があったことは確実であり、その前年にベルの生誕五〇年を祝してアドルノがいささか儀礼的な短文を執筆しているものの（Theodor W. Adorno, "Keine Würdigung," in ders., *Gesammelte Schriften*, hg. von Rolf Tiedemann unter Mitwirkung von Gretel Adorno, Susan Buck-Morss und Klaus Schultz, Band 1-20, Frankfurt a.M.: Suhrkamp 1970-1986〔＝*AGS*〕, Bd. 20-2, S. 503-504）、『文学ノート』や『美学理論』にこの小説家への言及個所はなく、ベルの作品にたいしてアドルノはそれほど強い関心を抱いていなかったように思われる。
†3　シェーンベルクとアドルノの関係について詳しくは、拙著『〈救済〉のメーディウム――ベンヤミン、アドルノ、クルーゲ』（東京大学出版会、二〇一六年）第四章を参照。

†4 たとえば、細見和之『アドルノ——非同一性の哲学』（講談社、一九九六年）二四六、三一〇–三一一頁を参照。

†5 ストローブ＝ユイレの映画版『モーゼとアロン』をアドルノの〈図像化禁止〉のモティーフとの関連で考察した試みとして、Gertrud Koch, "*Mose und Aron*: Musik, Text, Film und anderen Fallen der Rezeption," in ders., *Die Einstellung ist die Einstellung. Visuelle Konstruktionen des Judentums*, Frankfurt a.M.: Suhrkamp 1992, S. 30-53 を参照。他にストローブ＝ユイレの映画作品とアドルノの思想とを比較した文献として、Barton Byg, *Landscapes of Resistance: The German Films of Danièle Huillet and Jean-Marie Straub*, Berkeley/ Los Angeles/ Oxford: University of California Press 1995, pp. 240-246; Daniel Fairfax, "Straub/Huillet–Brecht–Benjamin–Adorno," in *Quarterly Review of Film and Video*, Volume 29, 2012, pp. 34-49 が挙げられるが、いずれも本稿と問題設定を異にしている。

†6 Adorno/Hans Eisler, *Komposition für den Film*, in *AGS* 15, S. 7-155.

†7 Adorno, "Filmtransparente," in *AGS* 10-2, S. 353-361（アドルノ「映画の透かし絵」『模範像なしに——美学小論集』竹峰義和訳、みすず書房、二〇一七年、九五–一〇七頁）.

†8 『映画のための作曲』の成立および内容の詳細については、拙著『アドルノ、複製技術へのまなざし——〈知覚〉のアクチュアリティ』（青弓社、二〇〇七年）第四章を参照。

†9 とりわけ Adorno/Eisler, *Komposition für den Film*, a.a.O., S. 73-75, 132-143 を参照。

†10 竹峰『アドルノ、複製技術へのまなざし』、一五九–一六〇頁を参照。

†11 Adorno/Max Horkheimer, *Dialektik der Aufklärung*, in *AGS* 3, S. 41（アドルノ／ホルクハイマー『啓蒙の弁証法』徳永恂訳、岩波文庫、二〇〇七年、五七頁）. 以下、アドルノのテクストからの引用は基本的には私訳によるが、邦訳が存在する場合は適宜参照・活用したことを断っておく。

†12 Adorno/Eisler, *Komposition für den Film*, a.a.O., S. 73.

†13 Ebd., S. 143.

†14 では、この「文字」はいったい何を表現しているのであろうか。『映画のための作曲』のなかでアドルノ／アイスラーは、ときに『死刑執行人もまた死す』（フリッツ・ラング監督、一九四三）などアイスラーが音楽を提供した作品を例に挙げ

ながら、映画音楽が果たすべき機能について考察するというかたちでさまざまな回答や示唆をおこなっているが、それは次の三つに分類できる。すなわち、

①映像が孕みもつ隠れた意味連関を音響によって呈示することで「観客にその画面の真のパースペクティブを与える」こと（ebd., S. 36）。

②音響が映像に「ウィット的」に働きかけることで、スクリーン上での出来事を観客が「真面目に受け取る」ことがないよう警告すること（ebd., S. 71, 140）。

③映像と音響という「諸媒体」のあいだの矛盾を顕在化することで、「自己疎外された」社会についての「真理」を表出すること（ebd., S. 71）。

詳細については、竹峰『アドルノ、複製技術へのまなざし』、一六七―一八八頁を参照。

†15 アドルノのエイゼンシュテイン批判については、Adorno/Eisler, *Komposition für den Film*, a.a.O., S. 66-68 を参照。そこで問題視されているのは、エイゼンシュテインのモンタージュが映像と音響との「類似性」になおも立脚しているという点である。竹峰『アドルノ、複製技術へのまなざし』、一七七―一七八頁も併せて参照。

†16 Adorno, "Filmtransparente," a.a.O., S. 358（アドルノ「映画の透かし絵」、一〇一―一〇二頁）.

†17 Ebd（同書、一〇二頁）.

†18 ヴァルター・ベンヤミン「翻訳者の使命」『ベンヤミン・コレクション② エッセイの思想』浅井健二郎編訳、ちくま学芸文庫、一九九六年、四一〇頁。

†19 たとえば、以下を参照。Martin Walsh, *Brechtian Aspect of Radical Cinema*, London: BFI Publishing 1981, pp.37-107；Byg, *Landscapes of Resistance*, a.a.O., p.24; Florian Grandena, *Showing the World to the World: Political Fictions in French Cinema of the 1990s and early 2000s*, Newcastle upon Tyne: Cambridge Scholars Publishing 2008, pp. 45-47.

†20 その意味で、ストローブ＝ユイレの作品とは、一種の〈アトラクションの映画〉であると呼ぶこともできるかもしれない。周知のように〈アトラクションの映画〉とは、映画研究家のトム・ガニングがいわゆるハリウッド古典様式に基づく物語映画がヘゲモニーを握る一九〇〇年代半ば以前の初期映画を形容するためにもちいた術語であり、観客を物語世界に没入

させるのではなく、「観客の注意をじかに引きつけ、視覚的好奇心を刺激し、興奮をもたらすスペクタクルによって快楽を与える」ような種類の映画形式である（トム・ガニング「アトラクションの映画」中村秀之訳、長谷正人／中村秀之編『アンチ・スペクタクル——沸騰する映像文化の考古学』東京大学出版会、二〇〇三年、三〇八頁）。〈アトラクションの映画〉を特徴づける「露出症《エクシビショニスト》＝展示的な質」（同書、三一〇頁）は、一見したところ、ストローブ＝ユイレの徹底的に禁欲的なスタイルとは対極に位置しているように思える。しかしながら、先にわれわれは、ストローブ＝ユイレの作品で、さまざまな要素が幾重にも折り重ねられ、翻訳されるなかで、外在的な諸要素が剝ぎ取られ、映像や音声そのものの固有の物質性が露呈するという逆説を確認したが、それが観客に受けとめられるのは、物語的契機が介在しない純粋なアトラクションとしてでしかありえない。

†21 Adorno, "Parataxis. *Zur späten Lyrik Hölderlins*," in *AGS* 11, S. 471（アドルノ「パラタクシス——ヘルダーリン後期の抒情詩に寄せて」高木昌史訳『アドルノ 文学ノート2』三光長治他訳、みすず書房、二〇〇九年、一八九頁）. ここでの〈モンタージュ〉と〈パラタクシス〉とを対置するという観点は、田中純『過去に触れる——歴史経験・写真・サスペンス』（羽鳥書店、二〇一六年、二六〇—二六五頁）から大きな示唆を得た。

†22 Walter Benjamin, "Zwei Gedichte von Friedrich Hölderlin," in ders., *Gesammelte Schriften*, hg. von Rolf Tiedemann und Hermann Schweppenhäuser, Band I-VII, Frankfurt a.M.: Suhrkamp 1972-1989, Bd. II, S. 112（ヴァルター・ベンヤミン「フリードリヒ・ヘルダーリンの二つの詩作品」『ドイツ・ロマン主義における芸術批評の概念』浅井健二郎訳、ちくま学芸文庫、二〇〇一年、二九四頁）.

†23 Adorno, "Parataxis," a.a.O., S. 471.（アドルノ「パラタクシス」、一八九頁）。

†24 この点については、竹峰『〈救済〉のメーディウム』、一六八—一六九頁を参照。

†25 実際、アドルノのヘルダーリン講演とほぼ同時期に執筆された「映画の透かし絵」には、先に引用したモンタージュをめぐる一節のほかにも、チャップリン作品やミケランジェロ・アントニオーニの『夜』（一九六一）を例に「映画における反映画的なもの」がもつ表現力について省察したり、映画の受容形式を「自然美」の知覚経験になぞらえたりと、アドルノが映画メディアの美学的可能性をめぐってさまざまな思弁を重ねていたことを示すような記述が散見される（Adorno,

“Filmtransparente,” a.a.O., S. 354f〔アドルノ「映画の透かし絵」、九七頁以下〕。詳細については、竹峰『アドルノ、複製技術へのまなざし』、第六章を参照。

†26 Adorno/Eisler, *Komposition für den Film*, a.a.O., S. 145.

10

『歴史の授業』における「語り手」の抹消とまなざしの活性化

ブレヒトの小説『ユリウス・カエサル氏の商売』の映像作品への転換について

中島裕昭

素朴に歴史を語ることの危険性が認識され、歴史の物語性がそれを物語る者にとっての歴史を領有しようとする行為の一種であることが広く知られるようになってしまった今、われわれはどのように歴史を語るべきなのだろうか？　ストローブ＝ユイレの『歴史の授業』（一九七二）は、そのような問いに一つの答えを与えてくれる映像作品である。その意味を、本論考で考えてみたい。

筆者をこの一組の映像作家に引き合わせてくれたのは、ドイツの劇作家ベルトルト・ブレヒト（Bertolt Brecht, 1898-1956）の『ユリウス・カエサル氏の商売』*Die Geschäfte des Herrn Julius Caesar*[†1]という未完の長編小説である。ドイツ映画の研究者である渋谷哲也から、これを映像化した作品にブレヒトとの関係を中心に解説を書かないかと誘われたことがきっかけだった。この作業は、二〇〇七年にアテネ・フランセ文化センターが提供して紀伊國屋書店が発売・販売したＤＶＤ『歴史の授業』に付属のブックレットとして実を結んだ。しかし、このブックレットの文章を書いていた時には、明確になっていないことがあった。ブレヒトの小説がストローブ＝ユイレの映像作品に転換することによって、どのような変更があったかを記述することは可能だ。しかし、その変更・加工の意味はどのようなものなのか、それは筆者にとって完全には明らかになっていなかった。ストローブ＝ユイレの映画の構造は独特であり、渋谷によれば、彼らが七〇年代初頭までに製作した作品は「観客を途方に暮れさせるようなテクストの削除や短縮を常套手段とし[†2]」ていた。以下に述べるように、この『歴史の授業』も、ブレヒトの原作小説の加工によって、観賞者にとっては不親切な作品となっている。原作が未完とはいえ長編小説の分量を持っており、それがおよそ八五分の映像に仕上げられるのだから、そもそも削除や短縮はある意味当然なのだが、そこにはストローブ＝ユイレに特有の映像文法があると考えられている。彼らがカフカの小説『失踪者』を映画化した『階級関係』（一九八四）において、やはり一定の削除が質的転換をもたらしていることを、宮田眞治は次のように指摘している。

> カール〔『失踪者』の主人公カール・ロスマン〕のさまざまな内的発語がすべて省略されているため、小説における〈地の文〉と〈台詞〉の交替が作り出すリズムは、〈台詞〉と〈間〉と〈カット割り〉が形成するリズムへ変換されています。それにより、小説では観察と思考の結果として描かれる台詞と行動が、映画ではある唐突さを帯びることになる。[†3]

この「唐突さ」、小説における「地の文」によって補強される自然な流れの不在、なぜここで、この台詞が、この俳優とその動き、このカメラ・アングルによって示されるのかという疑問を観る者に抱かせることが、どのような効果をもたらすのかということについて、宮田は「「詩」のような独自のリズムと区切れをもった台詞は、ほとんどがフィックスの画面のなかで、いわばそこに映し出されている俳優の身体や動作と、たまたま結びついているという印象を与え」[†4]ると指摘している。そして、「沈黙の中で、それぞれのシークエンスの空間的配慮、往復する言葉の連なり、光の位置、唐突な動作などによって浮き彫りにされる人間同士の関係から、また別の関係の形のなかへ」主人公は移動するのだが、その空間には「不穏な気配」[†5]がにじむと述べている。カフカの小説がストローブ＝ユイレの映像作品となることによって、小説とは異なる映像という文法こそが、グロテスクな人間関係とそこに巻き込まれる主人公の有り様を露わにしていると考えられている。

カフカの小説では「地の文」としてあった位相は、ブレヒトの小説においては歴史を批判的に捉えようとする若い作家によって人格化されている。また、カエサルについて語る四人の語り手のカエサルに対する態度が前景化されていて、語り手の存在が明示的である。しかし、ストローブ＝ユイレの映画『歴史の授業』は、小説には存在したこれらの語り手のうち、若い作家の人格は事実上抹消され、他の語り手の態度も小説で描写されるほどには明示的ではない。その語り手の不在を埋めるために、映像を観る者のまなざしが活性化されている、と筆者は考えている。

1　ブレヒトの小説の語り

原作小説の構想とブレヒトの手法

ブレヒトの原作小説がどのように構想されたのか、また、ブレヒトがそもそもどのような文学的スタイルを持っていたのかを確認しておこう。

ブレヒトの小説『ユリウス・カエサル氏の商売』は、一九三三年から亡命生活に入ったブレヒトによって、一九三七年当時作家が滞在していたデンマークで書き始められた。翌三八年夏には全六部構成の見込みのうち、前半の三つの部が一応、書き上げられている。三〇年代後半の一時期に本格的にカエサルの作品化に取り組み、相当の資料に目を通したことの直接的なきっかけは、ヒトラーの政権掌握によって現実化している戦争の危機や、そのためのさまざまな「民衆」扇動への問題意識があったことは十分に推測できる。[†6] しかし、比較的短期間のうちに前半部分が書き上げられて以降執筆は中断および停滞し、三九年から四〇年にかけて第四部が手がけられるが完成せず、結局作品は未完に終わった。一九四九年、ブレヒトが当時の東ベルリンに戻ってから第二部が文芸誌に掲載され、完成された小説が近々に刊行されると宣伝までされたがそれは実現せず、ブレヒトが亡くなった後に前半の三つの部と第四部以降の断片が発表された。小説の構想は、現在のブレヒト全集に収録されている資料（GBA, 353）によれば、次のようになる。

1　ある名門貴族の若者の出世

2 「我らがC.」〈シティ〉の蜂起
3 古典的属州経営
4 三頭の怪物　土地問題の解消
5 ガリア戦役　ガリア商会
6 ルビコン渡河

このブレヒトによるカエサルの物語は、軍人ないし政治家として人々から英雄視されていたカエサルという人物を、経済的利益を追求する商売人・企業の代理人として描くことで、カエサルを脱神話化することを目論んでいるものと理解してよいだろう。プルタークの英雄伝やシェイクスピアの『ジュリアス・シーザー』を取り上げるまでもなく、ヨーロッパの作家・演劇人にとってカエサルの物語は知的遺産の一つである。ブレヒトは英雄の脱神話化には意欲的であり、すでに二〇年代の始めに、『海賊に捕まったカエサル』というタイトルの喜劇の執筆を考えている。核となるエピソードは、海賊に捕まったカエサルが、カエサルの価値を十分に把握していない海賊に代わって、海賊が企てた以上の身代金を設定させ、海賊と自身に利益もたらし、その後海賊を一掃するという、プルタークの叙述で知られた有名なものである。捕らわれているカエサルが海賊たちを睥睨する、その剛毅さが一般的には強調され、カエサルの英雄化に寄与している。しかしブレヒトの小説では、このエピソードの背景に奴隷貿易をめぐる経済的対立があったことが説明されていて、英雄への感情移入を経済的実情によって異化しようとする、ブレヒトによる典型的な機能転換の物語となっている。

ブレヒトの方法と言えば「異化効果」ということになるが、この「異化」という語を「同化」や「感情移入」の対義語として捉え、作品の受容者を通常は想定できないもので驚かせたり感情移入を妨げたりすることのみと解すれば、それは不十分である。ブレヒトの意図は、提示されたものへの批判的なまなざしを維持させることにあった。カエサルについて言えば、その英雄としての人物像の魅力は、古代史あるいは世界史を転換した者としての評価につながり、決して色あせることがない。しかしそのような英雄が、どのような歴史的条件によって行動させられていたか、その背景とその前で行動する登場人物の態度を冷静に観察させることによって、世界史における英雄の必要性を疑問視させ、観客一人ひとりの行動が世界史を変えるものであることを認識させ、その認識のもとに行動させることが、ブレヒトの意図であった。つまり、すでに確定している歴史の見方なり、肯定的であれ否定的であれ決定した人物評価なり、ある特定の政治的選択を納得させるために作品が提示されるのではなく、提示されたものを観る者それぞれが観察・分析・判断し、行動のための認識を獲得し、その後の行動につなげることが企図されているのである。その認識や、それに基づいた行動は、その都度の歴史状況によって変化すると考えられている。したがって、カエサルという人物をどう評価するかということは、ブレヒトによって確定してしまっているわけではない。ブレヒトが原作小説で一定の見方を提示しているとすれば、それはその作品が提供された時代・社会との関係の中で捉えられなければならない。一九二〇年代にカエサルの物語を喜劇化しようとしたブレヒトは、三〇年代の後半に本格的な作品化を考えた。三〇年代の作品化はファシズムとの関係を抜きにして考えることはできない。それまで完成されなかった作品が、四〇年代末には部分的にでも発表された。この発表の意味は、これから建設されようとする社会の中で古典的素材の機能転換を図り、新しい価値の創造と旧来のものの見方を対峙させようとしていると捉える必要があるだろう。その上でわれわれは、今なぜ、カエサルの物語を聞かされなければならないのか、と考える必要がある。ストローブ＝ユイレが映像化を考えた一九七〇年代には現実政治の融和的方向と並行して、歴史の捉え方の硬直化による別の形の精神的支配が存在していた。その状況と政治的役割を果たす者の英雄化とは、密接な関係を持っていたはずである。その時、我々には、どのような「歴史の授業」が必要とされていたのか。

　原作小説がカエサルという人物を捉えるために入念なアプローチをしているのに対し、映画のアプローチはとても不親切に見える。原作小説では、小説の「地の文」の語り手と、その語り手に尋ねられて語る四人の登場人物たちには、カエサルに対する明確な態度がある。ブレヒトの演技論に即して言えば、状況に対してその登場人物が取る態度、その登場人物にとって何が利益であり何が不都合なことなのか、どのようなことを望ましいと考えているのか、そのことが言葉も含めた「身振り」として表れているということになる。原作小説では、カエサルについて語る者たちのカエサルに対する「身振り」が明示的であると言えるだろう。

原作小説における語り手の身振り

物語は、カエサルの死後二〇年が経過してカエサルの伝記を書こうとする若い歴史家が、カエサルの秘書として仕えたラールスの日記（これはブレヒトによるフィクションである）を入手しようとし、スピケルという人物を訪ねるところから始まる。スピケルは、かつてカエサルと一緒に働き、現在は銀行家として成功している。若い歴史家がカエサルの死後に「真のカエサル像」を聞き取ろうとし、かつてのカエサルの使用人やカエサルと関わりのあった他の人物たちが語るカエサルについての話を聞く、という設定である。小説は、その若い歴史家の語りとして記述されている。映画『歴史の授業』は、このうちの第一部と第三部からテクストが採られている。

このような構成によれば、当然ながらカエサル自身は間接的にしか登場せず、その言動は常にそれを見ていた他の者によって叙述されている。読者は、カエサルについて語る人々の言動を追跡しなければならない。そしてブレヒトは、このカエサルについて語る人々の態度を、小説全体の語り手である若い歴史家の目を通して、意識的に、きわめて豊かに描写している。

カエサルについて語るのは、まずはラールスの日記を持っていると目され、若い歴史家が最初に訪ねた銀行家スピケルである。彼は解放奴隷の息子であり、以前は執達吏（裁判所の命令によって債権の取立てを行う）であったが現在は銀行家である。古代ローマ時代の元老院所属貴族は商業行為を禁止されており、経済活動を行うことは卑しいこととされていた。したがって、彼ら上流貴族に代わって債権の取立てなどの直接的な商行為を担い、実際に資産を有効に運用する人材が必要だった。解放奴隷や貴族の使用人など、門閥貴族ではない出自の者がこういった経済活動を行う社会的階層を形成した。彼らは戦時、直接的な戦闘行為に従事する正規市民とは異なり、軍隊に騎士を提供したため騎士階級と呼ばれたが、古代ローマ史の流れで見れば新興の成り上り者である。ブレヒトはそのことをわかりやすくするため、このグループを新興ブルジョアジーとみなし「シティ」と呼んで、現代社会との類推を可能にしている。この小説の主眼は、カエサルの言動がすべて、この「シティ」の利益に沿うものだったことの暴露である。

他にカエサルについて語るのは、かつてカエサルの軍団兵だったという男、スピケルが紹介した法律家のアフラニウス・カルボ、スピケルの家の客人でかつてローマ軍に所属していた詩人のヴァスティウス・アルダーである。

また、小説の構成としては、第二部、第四部はカエサルの同時代人で秘書であったラールスの日記からの引用となっているが、映画では、この第二部と第四部からのテクストは採用されていないので、ラールスは登場しない。四人の人物（銀行家スピケル、元軍団兵、法律家、詩人）と若い歴史家が映画には登場する。

これらの人物がカエサルについて語るのであるから、その語りが提示するのはカエサルの真実をそのままというよりは、彼らに垣間見えたカエサルの、ある特定の側面ということになる。つまり、語りは初めから相対化されている。若い歴史家にとってカエサルは「アイドル」（GBA, 197）であるが、その若い歴史家が期待するような話は、語り手から聞き取ることがなかなかできない。そのことは、若い歴史家を苛立たせる。そのフラストレーションは、原作小説では上記登場人物たちの語りの合間に、若い歴史家の語りとして、つまり地の文として挿入されている。しかし映画では、若い歴史家はほとんど語らない。原作小説で地の文として語られているテクストは、映画の台詞やナレーション等には一切採用されていない。若い歴史家が台詞を発するのは、先述した、カエサルが海賊に捕らえられ身代金が要求されたという、プルタークにもある逸話を、スピケルに促されてそのまま語る場面だけである。

映画にも登場する四人の人物によるカエサルについての語りは、「英雄」として神格化されたカエサルを様々な観点から浮かび上がらせるため、どのカエサル像・評価も相対化され、読者も、そして聞き手としての若い歴史家も、それぞれの語りには一定の距離を取らざるをえない。ブレヒトの異化効果の見せ所である。カエサルの時代、ローマは元老院議員たちが支配する寡頭政から、騎士階級たちの動きを「民衆派」の主張として受け入れていく変化の時代にあり、その歴史的変化の時代に指導的な立場にあった政治家・軍人・貴族・資産家が、何を自身の直接的な動機として行動し、発言しているのか、彼らの語りを聞く者、そして小説を読む者は自身の社会の状況とも対照させながら、それぞれの語りに耳を傾けることになる。若い歴史家は、当初自身が期待していた、古代の世界を一変させた歴史上の人物としてのカエサルの姿を語り手から聞き取ることができず、自分が知りたかったカエサルが現れないことを嘆いたりもするが、にもかかわらず経済合理性を優先するカエサルの行動が語られ、また、その社会的背景が登場人物たちの言葉の端々に明らかになることによって、若い歴史家のカエサル観は地の文の中で次第に変化していく。

2　映画で抹消された「語り手」

映画では、若い歴史家の語りが採用されていない。若い歴史家の声は、海賊に捕らわれたカエサルのエピソードを語る際にのみ、聞こえてくる。その声は、古典の教科書に記載されたエピソードを読む、特徴のない声である。また四人の登場人物の振る舞いは、小説で描かれるものとは異なる。

銀行家スピケルは、原作小説では「背の高い、節くれの目立つ、少し灰色がかった顔色の老人」で、張り出した顎が印象的な人物、前かがみの姿勢はしかし年老いたためではないとされる（GBA, 167）。若い歴史家との歩きながらの会話の合間にも、奴隷たちへの指示を忘れず、耕作のため畑に印をつけていく（GBA, 182）。第三部の最終場面では、奴隷の一人が逃亡するが、会話の途中でもその追跡や後始末のための細かい指示や配慮を怠っていない（GBA, 316）、頑固で骨太な、読めば読むほど思慮深い人物という印象を受ける。ブレヒトが描く農民タイプの人物である。しかし映画では、このような描写は全く登場せず、スピケルは恰幅のいい赤ら顔の人物である。映画でスピケルが語るカエサルは、経済活動への従事にいかに熱心だったか、企業家としていかに優秀だったかという点に集中している。

元軍団兵は、原作小説では古代ローマで一般的だったように、退役時に一定の土地を与えられて自活する農民となっている。彼の行動は、彼が使役する奴隷の振る舞いと違わない。「奴隷」という言葉が印象づけるほど、古代奴隷制における奴隷の身分は低くはないが、原作小説では元軍団兵とその奴隷の行動を意図的に同調させている。「擦り切れた服を着た、顔の大きい男」は「奴隷と一緒にかまどに座り」、「ブリキのスプーンでパンを鍋から掬って食べ続け」、奴隷も同じように横に座って食べている（GBA, 188-9）。カエサルの軍団はカエサルへの忠誠心で溢れていた、というのが古来の逸話である。しかし彼のチーズ臭い口から発せられる言葉は金の話だけだった。カエサルを直接見たのも二回だけ。今もオリーブ畑からの儲けのことしか頭にないが、奴隷を馬鹿にすることは忘れない（GBA, 191）。しかし、映画の元軍団兵が登場する場面に、その奴隷の姿はない。彼が語るのは、彼がカエサルのことをほとんど知らないということと、現在の彼のわずかなオリーブ畑にも他地域の農産物が影響を与えていること、奴隷がいなければやりくりできないという経営上の話である。

法律家のアフラニウス・カルボは、原作小説では「太って頬の垂れた、どんよりとした目つきの男」だが、その弁舌はある種の熱を持っている。「帝国という発想！　民主主義！　進歩の概念！」がカエサルによってもたらされたかのように、興奮して歩き回りながらカエサルについて語っている（GBA, 192）。映画のカルボは、太ってはいて、その弁舌が他の登場人物に比べて若干洗練されていることを感じさせるが、小説にあるような熱意は感じさせない。小説では、この法律家の熱意が世界史的な出来事に関わっていることを感じさせ、わずかながらも若い歴史家の自尊心をくすぐるのだが、法律家の用いる言葉が商業に限定されていくにしたがって、歴史家を幻滅させていく。まさにそのタイミングで、同席している農民タイプで洗練さのかけらもないスピケルは好物のイチジクを食べ続け、その種を黄色く汚れた歯の間から取り出している。若い歴史家は、この二人の間で注意力を奪われてしまい、何も考えられない（GBA, 193）。が、こういった様子も映画では描かれていない。法律家の話がカティリナやグラックスといった政治的な名前に及ぶと、若い歴史家の関心が再び喚起されるが、その瞬間に法律家の手の指に騎士階級の指輪が輝くと、歴史家は関心を失ってしまう。この瞬間も映画では撮られていない。若い歴史家のフラストレーションは溜まり、彼は「真のカエサル」の姿の一端でも聞き出したいと切望する（GBA, 197）。このような若い歴史家のカエサル観についての揺らぎも、原作小説の地の文にはあるが、映画では語られることがない。

詩人ヴァスティウス・アドラーは、小説では「ミイラのようなところ」のある人物とされる（GBA, 303）。ブレヒトはこのことを印象づけるために、夜中に使用人が詩人の体をバラバラにならないよう包帯で巻いているところを、若い歴史家に想像させている。戦場の経験を詩にすることだけを考えているこの人物を、死に向かうことだけを妄想する者として描こうとしていると言えるだろう。つまりその佇まいに死をまとわせている人物である。しかし映画の詩人の印象はまるで別のものである。手を頭の後ろで組んで太い腕をむき出しにしたその風貌に、死の影はない。

つまり小説では、一人ひとりのカエサルについての「語り手」が存在し、ブレヒトによって一定の人物像が構成されている。その出自や社会的背景も想定され、そのことによって読者は、少なくともそれぞれの語りを追う限りにおいて、彼らがそれぞれの社会的背景の前でカエサルについて語っていることが読み取られる。もちろん、それぞれのカエサル評価は相互に、また小説全体の語り手である若い歴史家の地の文によって相対化される。読者は、とりわけこの若い歴史家を語り手として一定程度信頼しながら物語を追跡するが、その過程においてカエサルに対する評価を変化させていくことになる。若い歴史家の語りも揺らいでいることを窺わせているので、読者は彼のまなざしに、自身のまなざしを完全に重ねてしまうわけではなく、その揺らぎも観察させられることになる。

先に紹介したプルターク以来の、海賊に捕らわれたカエサルの物語を、若い歴史家はまずは古典ラテン語の授業よろしく語ってみせるのだが、その後物語はスピケルの奴隷商業を基礎とする解説によってものの見事に経済闘争に転換される。「海賊」＝小アジアの奴隷商人グループ、身代金＝カエサルの新興奴隷商売に対する（差益）損害賠償請求という置き換えと、人質と海賊の関係が、同じ市場を奪い合うライバル企業の損益に関わる経済合理的な交渉とされることが解説されると、若い歴史家は鼻白み、自分が求めているカエサルとは別の話であると考える。

> この老人がこういった取引処理を説明してみせる、恥知らずな様子に、私は嫌悪感を抱かざるをえなかった。〔……〕
> 「あなたは、私がこんなことを許容しているから、びっくりしているようですね。教えてあげましょう。こんなふうにわれわれが奴隷を調達するのは、われわれが奴隷を必要としているからです。」
> 私は彼に答えなかった。彼にとっては、われわれのビジネスと奴隷商売の方が、カエサルのことよりはるかに重要なようで、そう考えると、私の気持ちはすっかり冷めてしまった。
> （GBA, 187）

若い歴史家は、自身の思い描いていたカエサルとスピケルの語るカエサルが別の存在であるはずだと考える。

しかし、その後も、スピケルの生活、そして同様に若い歴史家の生活も奴隷制によって成り立っていることが確認され、小説全体の語り手である若い歴史家が、スピケルの言葉にまともに応答していないことを、読者は当然考えざるをえない。読者がそのことを考えていれば、小説第三部の最後の部分で、若い歴史家がスピケルの意図を理解し始めていることにも気づくだろう。

ひょっとしたら彼は、彼が言おうとしていることを、どうやったら私に教えることができるのか、考えていたのかもしれない。〔……〕

彼には生まれついてあった複雑な取引に関する関心や、およそ取引と言えるものすべてに対する関心を、私が分かち持っていないことを彼はよく知っていたのだ。大きな政治的出来事、世界史的な意味のある事件を扱うという点について、純粋に経済的な観点から多くのことが説明できるということを、私はまだ十分に理解できていなかった。（GBA, 310）

つまり、若い歴史家は、この文を書いている、あるいは語っている時点では、スピケルを訪問した当初の自身の苛立ちを自分なりに理解できている、ということに読者自身が気づくのである。若い歴史家が「真のカエサル像」になかなか近づけないことによるフラストレーションを読者も感じ、そのことによって読者にとっての「真のカエサル像」もなかなか結実しないことの意味が考えられるのである。明快なカエサル像が結実しないことは、他の登場人物によるカエサルの物語についても同様である。このような読者の思考は、ブレヒトの小説においては、若い歴史家による地の文によって下支えされている。

しかし、ストローブ＝ユイレの映像作品において、若い歴史家はほとんど何も語らない。その幻滅の様子も見えてこない。彼以外の語り手についても、その人物像さえ明確ではない。それぞれの台詞はブレヒトの小説のテクストに忠実ではあるものの、それを語る人物＝演技者たちは、そのテクストを語る人物像を結実させるようには演じていない。彼らは、たまたまその台詞を与えられた者のように、台詞を語る。映画を観る者は、カエサルについて語る人物の様子（＝演技としての言動）を手掛かりとして、カエサルについて考えることは困難である。むしろ、ここで語られるテクストはいったいどういうものなのか、これらの人物がカエサルについてそれぞれの内容を語るのはなぜか、なぜこの台詞が選択されているのか、そういった疑問だけが優勢となって、映画を観る者の想念を刺激し続ける。つまり、ストローブ＝ユイレの映像作品においては、観客が信頼して物語を追跡できる語り手は存在していないのである。

3　映像作品によって活性化されるまなざし

小説は言語による作品であるから、その手がかりは基本的には言語テクストにある。しかし、映像作品について言えば、提供されるものは言語テクストだけではない。すでに映像作品に登場してカエサルについて語る四人の登場人物について、その風貌の一端を紹介したが、映像作品としては、それ以上の情報も提供されている。それらの情報から、原作小説には明示的であった、カエサルという人物に対する態度表明は垣間見えるだろうか？　このことを正確に分析するには、映像作品の分析方法そのものを精密に充てがう必要があるが、筆者のような、映像分析の専門家ではない者からも、大きな構造転換が行われていることは指摘できる。

一つは時代設定である。映像作品は現代のローマ市内をロケ地とし、そこにそのままカエサルについて語る者たちを登場させている。若い歴史家は、車も運転していると見られ、スーツも着ているので、いわゆるアナクロニズム＝意図的な時代錯誤の手法が用いられていることになる。他の四人の登場人物は古代ローマの衣装で登場するが、明らかに「着せられ」ており、その違和感は明確である。もちろんこれはストローブ＝ユイレの意図的な方法であり、古代ローマの物語をその時代に見合った描写によってリアリスティックに描こうとするものではなく、ブレヒトの異化的な手法を踏襲したものである。先述のように、七〇年代にカエサルについて語ることの意味を、当然、考えなければならない。カエサルがどのような人物であったか、その評価が様々な側面からなされていることは、言うまでもなく、ブレヒトの原作小説もそういった評価の一つとも言えるであろう。どのような評価であれ、特定のものを映像で再現するだけであれば、ブレヒトの原作小説にもあるような異化的な方法を用いる必要はない。この映像手法上のアナクロニズムは、七〇年代に歴史的英雄を求めようとすることの政治的アナクロニズムに対する意図的な批判である。現代においてカエサルについて考えようとする場合、それが自明の存在であるかのように語ることは、まさに歴史観の押し付けにしかならない。とすれば、カエサルについての評価は未決であり、誰がカエサルについて語っているのかも、われわれは慎重に吟味することを前提としたアプローチでなければ、この『歴史の授業』は高校までの歴史の授業の映像版にしかならなかったであろう。

もう一つ、特徴的な映像手法について言及しなければならない。この映画『歴史の授業』について論じられる際に必ず指摘される、ローマ市内を延々と走り続ける自動車のシーンである。運転するのは、その後の登場人物との会話の関係を踏まえれば、小説で語り手となっている若い歴史家である。すでに述べたように、この映画の運転手＝若い歴史家は、他の登場人物との会話の合間に自ら物語を語ることはない。冒頭のドライビング・シーンは、ローマ市内を走ってはいるらしいことが推測されるものの、何の説明もなく、ドライバーが若い歴史家であることが分かるのは、そのドライビング・シーンが終わった後の比較的早い段階で、カエサルが海賊に捕らわれた話を、スピケルに促されて語る場面だけである。冒頭のドライビング・シーンは、観る者にこの映画における「語り手」の不在を徹底的に印象付ける。語り手が不在なのであれば、音声を伴う映像によって得られる情報を整理するため、語り以外の要素、すなわち演ずる者の身体的特徴、衣装、風景、カメラのまなざし（撮影対象との距離、対象への角度）、シーンの長さ、間、といったものを手がかりとするしかない。観客は、この一〇分ほどのシーンを観ながら、視覚・聴覚を最大限に活性化させ、その感覚的刺激によって稼働されるすべての想念を関連付けながら、ストローブ＝ユイレの映像作品が提供するものと対峙しようとする。

他の一般的な映像作品でも、統合的な語り手が存在しないことはないわけではない。しかし『歴史の授業』では、おそらくブレヒトによるカエサルの物語書き換えの知識を一定程度持つ者が観ていることを前提としながら、あらゆる登場人物が、それぞれ語り手としての人物像を演技的に再構成することを放棄させ、語られること、語る者、それを見聞きする者の価値観を相対化させて、新しい感覚で情報を再獲得することを要求している。そして、その中から新しい意味関係を、観る者自身が構成することを要求している。つまり、この映画は、そういった複数の要素を統合する役割を担うはずの語り手のまなざしを与えないことによって、語り手の抹消された状態を、延々と続くドライビング・シーンが流れる間に観客に気づかせ、そのことについて考えさせることによって、語り手の不在を観客自身に埋めさせようとしている。

この、観る者の活性化されたまなざしの働きを助けるのが、ストローブ＝ユイレによってさまざまに工夫された映像文法と言えるだろう。同じような見方は、最近のダンスやパフォーマンス・アートの作品でも求められているように思われる。作品を制作する側の意図はあるものの、それを明らかにすることが作品理解に直結するわけではなく、提供されている様々な要素から、あくまでも観る者自身がその意味を再構成していくことが求められている。そのことによって、予め構成され尽くして受け取ることだけが期待されているような映像作品の作り方とは、決定的に異なっている。

ジョン・フォードの映画が好きだったというストローブ＝ユイレは、映画で語るのは映像であるということを知っていたと推測できる。したがって、映像を成立させるために最新の注意を払い、それらの一つ一つの要素がすべて整理され、同じ結論を目指すような語りになるとすれば、そのように語られた歴史はイデオロギーの押し付けにしかならないということも理解していたのであろう。ストローブ＝ユイレは、観る者のまなざしを活性化させることに全力を挙げていたと考えることができるのではないか。その結果として、きわめて不親切な映像作品が出来上がっている。しかし、冒頭で指摘したような歴史を語ることの危険性を認識し、細部を観ればみるほど観客は考え、判断し、行動せざるをえなくなるような材料が存在している。そういった歴史的語りを提示することで、映像によって歴史を語る新しいスタイルを提示したと言える。観る者の知的好奇心を刺激し続ける映像作品としてのストローブ＝ユイレの『歴史の授業』は、まさにブレヒト的な意味での「歴史の授業」と言えるだろう。

†1 *Bertolt Brecht. Werke. Große kommentierte Berliner und Frankfurter Ausgabe.* Band 17. Prosa 2. Aufbau Verlag: Berlin und Weimar, Suhrkamp Verlag: Frankfurt am Main 1989, s. 163-390. 以下、現在一般に用いられているブレヒト全集の第一七巻からの引用は「GBA」と略し、本文内にページ番号のみを記す。

†2 『歴史の授業』ＤＶＤ付属ブックレット、紀伊國屋書店、二〇〇七年、一七頁。

†3 宮田眞治「異郷にて——ラング『ニーベルンゲン』とストローブ＝ユイレ『階級関係』」野崎歓編『文学と映画のあいだ』東京大学出版会、二〇一三年、九九頁。

†4 同書、一〇一頁。

†5 同書、一〇二頁。

†6 ブレヒトの原作小説成立の詳細については、ベルトルト・ブレヒト『ユリウス・カエサル氏の商売』（河出書房新社、一九七三年）の訳者岩淵達治による解説、および前掲『歴史の授業』ＤＶＤ付属ブックレットの拙稿を参照。

IV

11

革命の民族誌

『早すぎる、遅すぎる』論

金子 遊

1　ストローブ＝ユイレとシネマ・ヴェリテ

ジャン＝マリー・ストローブに関する有名なエピソードからはじめよう。二〇〇六年のヴェネチア国際映画祭に、ストローブ＝ユイレはイタリアの詩人で小説家のチェーザレ・パヴェーゼの詩篇を映画化した『あの彼らの出会い』（二〇〇六）を出品したが、映画祭には欠席した。ダニエル・ユイレが亡くなった年のできごとである。映画祭を欠席するかわりにその作品の記者会見の席で、ストローブによる手書きのものを含む三通の手紙が公表された。その手紙のなかで、彼はこの映画祭がもっている政治的な日和見主義をはげしく攻撃した。とりわけ、欧米でまさに進行していた「テロとの戦い」について強い口調で攻めたてた。

> わたしは映画祭へいって、お祝いをする気分にはなれないのです。その会場では制服や私服の警官たちが大勢、テロリストがいないか探しています。わたしこそがそのテロリストです。フランコ・フォルティーニの言葉を言いかえるならば[†1]、アメリカの帝国的な資本主義が存在するかぎり、世界中でテロリストがいなくなることはないでしょう。

このようにジャン・マリー＝ストローブが国際映画祭という場において、非常にラディカルな左派の思想を想起させる政治的態度を表明したことには、どのような意味があるのか。

ストローブは一九三三年にフランスの北東部にあるロレーヌ地方の町メスで生まれている。当然フランス語を話す環境で育ったのだが、一九四〇年からナチスドイツの占領下におかれたことから、少年期より外でフランス語を話すことを禁じられ、学校でもドイツ語で教育を受けることになった。このことは、彼の映画人生において多言語的な環境が継続したこととも関係している。青年期のストローブはパリへ出て、高等映画学院（ＩＤＥＨ

ＥＣ）へ進学するために学んでいたとき、ダニエル・ユイレと出会う。この時期、パリのシネマテークでジャン＝リュック・ゴダール、エリック・ロメール、ジャック・リヴェットらとも知りあい、交友をふかめている。ところが一九五八年になると、アルジェリア戦争への徴兵を忌避したかどで軍事法廷で有罪判決を受け、収監を逃れるためにドイツのミュンヘンへ逃亡することになった。その後もローマへ転居するなど、ドイツ語、フランス語、イタリア語で映画製作を続けることになった。少年期のナチスドイツによる占領、徴兵忌避の問題、それにともなうコスモポリタン的な亡命生活が、彼の政治的な姿勢を決定づける根幹の部分にあることは想像にかたくない。

それでは、ダニエル・ユイレの方はどうであったのか。彼女はストローブより三つ下の一九三六年生まれである。田舎で育ち思春期の頃にパリへ移ったユイレは、一九五四年の秋、一八歳のときにストローブと出会っている。興味ぶかいのは、そのころの彼女が劇映画よりも民族学的なドキュメンタリーをつくりたいと考えていたことだ。

> 私は記録映画を撮りたかった。いわゆる民族学的映画だ。それに、私は白い肌に金髪の人間は好きになれなかった。子供の頃、私はパリ（十三歳の時、ようやく上京した。それまでは田舎にいた）の学校の女の子が一番きれいだと思っていた。肌の黒い女の子たちが……。でも、ストローブは残念ながら、まさに金髪に白い肌だった！　私は英語とスペイン語を学び、その後、初めてドイツ語を、さらにはイタリア語を学ばなければならなくなった……。[†2]

異文化をあつかう記録映画を撮りたいというだけではなく、ダニエル・ユイレが個人的に白い肌や金髪をもつ同朋を好きになれず、身体的な特徴としては他者である「肌の黒い女の子」に美を見いだしていたところがおもしろい（筆者自身もアメリカやカナダで、そのような趣向をもつ白人女性に何人か出会ったことがある）。一九五〇年代なかばの民族学的な映画といえば、フランスにはジャン・ルーシュという巨人がいた。ルーシュは戦後の一九四七年から短編映画を撮りはじめて、一九五三年には代表作の一本『狂気の主人たち』*Les maîtres fous* を完成している。アフリカのニジェールに通っていたルーシュは、その地のハウカ教徒に依頼されて、農家で開かれた年に一度の儀式を撮影した。そこには信者たちが動物を屠殺して料理し、荒々しいダンスのなかで憑依儀礼をするさまが記録されている。ダニエル・ユイレはそのような民族学的なドキュメンタリーを志向していたというのだろうか。ジャン＝マリー・ストローブがアルジェリア戦争への徴兵を忌避した時代の状況や、当時の若いインテリたちの政治的な態度から想像するならば、それがアルジェリア戦争という植民地主義的な戦争への異議申し立てと結びついたものだったと考える方が妥当ではないか。

もうひとつ、ジャン・ルーシュたち民族誌映画のつくり手とストローブ＝ユイレに関連して指摘しておきたいのは、ルーシュたちが考案した「シネマ・ヴェリテ」という概念のことである。それまでのドキュメンタリー映画では、現実の対象を撮影しながらも、つくり手が映画のなかから排除される虚構的な枠組みが維持されていた。ルーシュと社会学者のエドガール・モランが共同制作した『ある夏の記録』（一九六一）では、意図的にインタビューする者をフレームにおさめて、映像のつくり手と撮影対象となる人たちが関係する行為自体を記録した。このことは、ストローブ＝ユイレの映画における、被写体への倫理的な姿勢を考える上でも重要になってくる。なぜなら『和解せず』（一九六五）以降の彼らの作品において顕著に見られる撮影方法が、単なる形式や様式の問題ではなく、シネマ・ヴェリテのリアリティの追求と関係していると思われるからだ。

ストローブ＝ユイレの映画では、そこに映画のなかの虚構世界を壊してしまうような騒音が混ざっていたとしても、その場所でそのショットを撮影したときに同時録音した音声を使わなくてはならないという決まりめいたものがある。たとえば『オトン』（一九七〇）のサウンドトラックについて編集を主に担当したダニエル・ユイレはいう。

音響効果を加えていく映画のように、同時録音した直接音をあつかうことはできないのです。それぞれのイメージは音をもっていて、それに敬意を示すように強いられます。たとえ登場人物が画面外へ出ていき、フレームのなかに誰も映っていなかったとしても、勝手にカットすることはできません。なぜなら、フレームの外でまだ足音が遠ざかっていく音が続いているからです。音響をあとから加えるような映画では、最後の足が画面の範囲内から立ち去るのを待っていれば良いだけですが。[†3]

ダニエル＝ユイレにおける民族誌映画への関心は、すぐにドキュメンタリー映画の製作へとつながったわけではなかった。それはむしろ、ヌーヴェル・ヴァーグの作家たちが、画面内に示されない音源以外から音楽を鳴らさないという姿勢をとろうとしたのと同じように、ジャン・ルーシュが提唱したシネマ・ヴェリテやアンドレ・バザンが論じたリアリズムの問題を、彼らなりに消化する必要性へと結びついた。『アンナ・マクダレーナ・バッハの年代記』（一九六八）のような歴史もののフィクションにおいてでさえ、ストローブ＝ユイレは撮影時の直接音 direct sound を使うことを主張した。そのために、バッハの役はプロの俳優ではなく、グスタフ・レオンハルトのような古楽器演奏の第一人者が演じることになった。彼はオランダ訛りのドイツ語を話し、生前のバッハに容姿がまったく似ていなかったのだが、演奏するシーンをワンショットで撮影し、そこで演奏された音声をそのまま使うためにはその方法しかなかったのである。

そこには同時代的な問題意識もうかがえる。ストローブ＝ユイレがパリにいた一九五〇年代には、先行世代であるセーヌ左岸派の映画作家たちがドキュメンタリー映画で次々と頭角をあらわした時期でもあった。アラン・レネはいち早く『ヴァン・ゴッホ』（一九四八）と『ゲルニカ』（一九五〇）という短編映画で脚光を浴び、クリス・マルケルは一九五二年に処女作の長編ドキュメンタリー『オリンピア52』を撮りあげている。アニエス・ヴァルダも五〇年代のキャリアの初期に短編のドキュメンタリー映画を多く手がけた。独特のフィクションを撮り続けてきたように見えるストローブ＝ユイレだが、『フォルティーニ／シナイの犬たち』（一九七六）や『早すぎる、遅すぎる』（一九八一）のような政治性のつよい映画は、記録映像と文章の朗読から成り立っており、広義のドキュメンタリーに分類できる作品になっている。その淵源というものを、若かりしころのダニエル・ユイレの民族学的なドキュメタリーへの関心に求めるのは、あながち的外れではないだろう。

2　ストローブ＝ユイレの二部構成

ジャン・マリー・ストローブとダニエル・ユイレによる映画作品を前にしたときに、わたしたちがそれを「難解だ」と感じるのはなぜだろうか。第一に、それが厳密に考えぬかれたフレーミングと構図、息の長い固定カメラによるシークエンスショット、ときには三六〇度パンに代表されるパノラマショットのようなカメラワークに貫かれているからだ。物語や登場人物の感情を補完するためにカメラ位置やフレームが決定されるのではなく、それはストローブ＝ユイレが確立してきた様式や、被写体とのあいだに生じる倫理によって決められる。音声面では、彼らの同時録音に対するつよいこだわりもある。

第二に、ストローブ＝ユイレの映画と原作との関係性があげられる。原作は、ギリシャ神話、哲学書、戯曲、小説、歴史書など多岐のジャンルにわたっている。それでいて彼らは原作のテクストを変更することなく、各言語へ翻訳されることはあるのだが、セリフや朗読が原作どおりに読みあげられることを好む。そのせいもあるのか、テクスト自体への理解とそれが書かれた背景に知悉していないと、映画を観ただけでは容易に内容を飲みこむことすらままならない。ストローブ＝ユイレの映画を観るためには、それなりにヨーロッパの哲学、歴史、文学の素養が必要とされ、映画がわたしたちの教養を試してくるような趣さえある。

それにもかかわらず、わたしはストローブ＝ユイレの映画を観る経験ほど、快楽に満ちたものはないと断言することを憚らない。その一例として、彼らの『早すぎる、遅すぎる』という映画をとりあげてみたい。これは、大きく前半と後半のふたつのパートにわかれた二部構成の作品である。前半では、ドイツの政治思想家であるフリードリヒ・エンゲルスがマルクス主義の政治理論家であるカール・カウツキーに宛てた書簡が、後半ではエジプトの革命家であるマフムード・フセインが書いた文章が、朗読用のテクストとして使用されている。それをストローブ＝ユイレは、「A」と「B」という、レコードの表面と裏面を思わせるような方法で二部にわけている。

それから『早すぎる、遅すぎる』では、フランスとエジプトというふたつの国における革命的な闘争というものが、並列的というよりも、一方が終わって次にもう一方がはじまるかたちで描かれる。これは二者の並列化ということとは事情がやや異なる。それぞれヨーロッパ世界とアラブ世界にあるふたつの国家が、歴史的、文化的、地域的な特徴を失わずにいながら「順列的」に対比されるのだ。映画という時間芸術において時間の流れは単一の方向に流れるから、『早すぎる、遅すぎる』を観賞する経験は必然的に、フランスの農民のパートを観てから、その次にエジプトの闘争のパートを観ることになる。鑑賞者はAパートを観た記憶を保持してそれと照らしあわせながら、まったく異なるはずのBパートを観る。人間の脳には自分が見ているものに意味や文脈を読もうとする癖があるので、Aのあとで来るBにおいて何か前者とのつながりを見いだそうとする。つまり、二部構成をもった『早すぎる、遅すぎる』はAとBを順に示しておいて、そのあいだにどのような連関を見るかを鑑賞者の解釈や想像にゆだねているのだ。その解釈の自由さこそが、この作品を観ることの快楽であり、人によっては難解に思えることの理由に他ならない。

それにしても『早すぎる、遅すぎる』というのは不思議なタイトルである。これはAパートの終わりに出てくるエンゲルスの書簡における、「コミューンの烈々たる友愛の情と共に訪れるのが早すぎたとするなら、バブーフの出番は遅すぎたのだ」という文章からとられたという。[†4] フランソワ＝ノエル・バブーフは一八世紀後半に活躍したフランスの革命家で、共産主義の先駆的な存在とされる人物である。『早すぎる、遅すぎる』というタイトルにストローブ＝ユイレがこめた意味は次のようなものだ。フランスとエジプトのふたつの国家に共通することは、つねに農民による抵抗が起きる時期が早すぎ、権力を掌握する段階においては農民は到着するのが遅すぎる。[†5] 本来であれば地理的にも時代的にもつながりようのない二者が、両者に共通項を見いだす思考によって架橋されているのだ。

それでは、時代も場所も異なるフランスの農民とエジプトの民衆を結びつけ、それを映画作品に仕立てあげたストローブ＝ユイレはいったい何を意図しているのか……、というような問いの立て方はおそらくまちがっている。エンゲルスの文章とエジプトの革命家の文章を順列的に朗読する彼らは、彼らなりの意図があってそのような構成にしているはずである。ところが、その理由が映画内においてはっきりと示されることはない。全能の作者が考えた意図を読みとくことが、観客に求められることなのだろうか。それは否である。ストローブ＝ユイレはそこに確固たる答えを用意しているわけではなく、また、隠された意味や文脈をひそませているわけでもない。

すなわち『早すぎる、遅すぎる』という作品は、観客がそれを観賞したあとで、フランス各地の映像とエンゲルスの書簡を読みあげる音声とのあいだに、現代のエジプトの光景とエジプトの革命家の原作テクストの朗読のあいだに、あるいはAパートとBパートのあいだに、観客が何かを見て何かを考えるように求めている。映画はその土台部分だけを映像と音声によって示しており、そこに解釈を加えて作品を完成するのは一人ひとりの観客なのだ。ここでは、そのような作品のあり方を、仮に「プラットフォームとしての映画」と呼んでおこう。逆にいえば、一時間半や二時間のあいだ映画のフィクティヴな時間に、何も考えずに身をひたしていたい観客にとっては、それは耐えがたい苦痛をともなうものとなるかもしれない。プラットフォームしか示されないかぎりでは、わたしたちがそこに何を書き加えてもいい余白が保持されている。以降につづく文章は『早すぎる、遅すぎる』

を観たあとで、わたしなりに作品を完結させたひとつの例にすぎない。

3　フランスの農民

特異なスタイルで映画を撮りつづけてきたストローブ＝ユイレのフィルモグラフィーのなかでも、『早すぎる、遅すぎる』はひときわ異彩を放っている。冒頭のクレジットロールが終わると「A フリードリッヒ・エンゲルス」という章題が字幕で示される。Aパートのフランスの平民をあつかった部分の映像は、一九八〇年の六月にパリとフランスの地方で撮影された。Aパートの冒頭では、車のなかにカメラを据えて、パリのバスティーユ広場を何度もまわりつづける光景が延々とつづく。そこにかぶさる音声は、ロンドンに滞在していたドイツ人の社会思想家フリードリッヒ・エンゲルスが、ウィーンにいるカール・カウツキーに宛てた「エンゲルスからカウツキーへ 一八八九年二月二〇日」という手紙の朗読である。それを画面外からのオフ・ヴォイスで、ダニエル・ユイレの声が読みあげる。

それゆえ革命を遂行したのはこれらの平民に他ならなかったという点である。しかし事態がこのように進行したのはこれらの平民がブルジョワジーの革命的諸要求に、それには含まれていなかったような意味を付与し、平等と友愛とを推しすすめて、徹底した結論を引き出したからである。[†6]

このシーンでは、いったい何がなされているのか。映像トラックは現代の一九八〇年のバスティーユ広場をとらえて、音声トラックでは同時録音された車のエンジン音などの現場音がそのまま使用されている。そこに重ねられるオフ・ヴォイスの音声は、晩年のエンゲルスがおよそ九〇年前に書いた手紙の朗読である。この時期のエンゲルスは、カール・マルクスが一八八三年に亡くなったあとで、学問的な活動としては『資本論』の第三部を完成させることにエネルギーを注いでいた。その一方で、一八八〇年代にヨーロッパ各国、ロシア、アメリカで労働運動が広がりを見せるなか、エンゲルスは各国の社会主義的な団体や政党を援助し、組織的な運動を広めるための働きかけをおこなっていた。その重要な方途のひとつが文通であった。そのことは、彼が各地の革命的な指導者たちへ書いたおびただしい数の書簡にくわしい。とくに一八八九年という年は、第二インターナショナルのパリ大会を成功させるために奔走していた時期だった。

何よりも驚かされるのは、映画の原作にエンゲルスが書いた手紙が使われていることである。そしてさらに、それを改変することなく、撮影された記録映像に重ねて朗読するという方法にも面喰らう。ロンドンにいるエンゲルスがウィーンにいるカウツキーに宛てた手紙なのだが、相手もマルクス主義の理論家なのでかなり高度な議論をしている。原作テクストの「エンゲルスからカール・カウツキー（在ヴィーン）へ」を翻訳で読むと、先述のダニエル・ユイレが朗読している部分は、モロー・ド・ジョネが一八六七年に刊行した著書『アンリ四世からルイ一四世にいたるフランスの経済・社会状態』という著書を、エンゲルスがカウツキーに紹介しているくだりである。フランス革命前の絶対王政の時代における貴族、ブルジョワジー、平民の諸階級を比較しながら、エンゲルスは革命によって倒されるべき貴族階級とブルジョワジーの結託を次のように分析している。

第二章、三ページ。ここで欠けているのは、どのようにして貴族とブルジョアジーの間の自然生成的妥協として絶対王政が生まれたか、また、それゆえに絶対王政はどのようにしてこの両者の利益を擁護しこの両者に恩恵を施さなければならなかったか、についての明快な記述である。この場合――政治的には遠ざけられた――貴族には、農民からの略奪、国庫からの略奪、さらに宮廷、軍隊、教会および上級行政機構をつうじての間接的な政治的影響力の行使が許され、――ブルジョアジーには、関税、独占による保護、および相対

的に整備された行政機構と裁判権があたえられたのである。†7

要約すれば、フランス革命の時代における一七八九年七月一四日のバスティーユ襲撃では、ブルジョワ階級と民衆が立ちあがることになったが、ブルジョワは右のような既得権や旧制度に束縛されていたので、結局は「革命を遂行したのはこれらの平民に他ならなかった」とエンゲルスは手紙で書いているのだ。それでは一九八〇年のバスティーユ広場の映像の上に、エンゲルスの書簡に出てくる二〇〇年前のバスティーユ襲撃に関するテクストの朗読を重ねる行為は、どのような意味をもつのだろうか。

『早すぎる、遅すぎる』の映像には、フランス革命の時代を思わせる建築物も出てこなければ、昔の衣裳をまとった人物も登場しない。朗読の内容にあわせて、歴史的なものを想起させる映像が提出されるわけではない。ストローブ＝ユイレは、過去や歴史というものを現在と同一の時制においてあつかっているのだ。このことは、ローマ時代を描いた『オトン』において、ローマ風の衣裳を着た人物の背後に、堂々と現代の市街地が映りこむショットとパラレルに考えることができる。つまり、ストローブ＝ユイレが求めるリアリティでは、過去の時代の雰囲気を醸しだすために虚構的な背景を用意することは重要ではない。それよりも、原作で話題になっている事柄が起きた、まさにその場所で撮影することが、彼らが映画に求めるリアリティにとっては肝要なのである。

革命のころには施し物で暮す人々が数百万人に達した。零落した人々の数がいちばん多かったのが、最も肥沃だとみなされていた地方だった。このようなことが生じたのは、これらの地方においては土地保有農民がほんの僅かしかいなかったからである。†8

この朗読によって農村のシークエンスが開ける。ストローブ＝ユイレの姿勢は変わることなく、フランスの農村などの各地を撮影したシークエンスにおいても貫かれている。ここではさらに驚くことに、単純にエンゲルスの書簡が朗読されるのではなく、モスクワで一八七九年に刊行されたカレーエフの『一八世紀の最後の四半世紀におけるフランスの農民と農民問題』という著書を、エンゲルスが書簡のなかで引用した部分を読みあげるのだ。いわゆる孫引きである。しかも、当のエンゲルス自身が手紙の末尾において「僕のノートのそっけない調子は、時間の短縮のためと紙に余白がなかったためだ。出典を比較する暇もなかったので、全部記憶を頼りに書いた——だから多くの点で僕が期待しているほど確かではなかろう」と書くほど、記憶が不確かであるとしている記述なのだ。[†9]『早すぎる、遅すぎる』は次のように進行していく。


トレオガン村の入り口。村の中の家々からパンすると墓地と教会が見える。村の遠景。三四〇度のパン。

——ブルターニュ地方カレー郡の三つの村では、事態は以下のようであった。トレオガン、富裕な家族一〇、零落家族一〇、物乞いの家族一〇。モトレフ、資産家族四七、中流家族七四、貧乏な日雇い家族六四。〔……〕パリ市、モンマルトルの第二の高台から見た光景。大きな煙突が見える。

——都市において状況がこれより良いということはなかった。パリでは、住民六五万人のうち一一万八千七八四人の極貧者がいた。[†10]

このようにストローブ＝ユイレは原作のテクストであつかわれる村や町へいって、その場所をパノラマショットなどを駆使して撮影している。その映像や現場音に重ねられるダニエル・ユイレの声は、フランス革命の時代に、比較的肥沃だと見なされていたフランスの各地方において、いかに農民たちが窮状に追いこまれていたかという文章を滔々と読んでいく。その演出の手つきは、いわゆる「風景論」の映画を思わせる。ところが、足立正生や松田政男らによる『略称　連続射殺魔』（一九六九）が、永山則夫が見たであろう日本列島の各地を撮影しながら資本主義と権力による風景の画一化を発見したのに対して、ストローブ＝ユイレの『早すぎる、遅すぎる』はもっと実直な態度をとっている。風景のなかに政治権力の因子を見いだすような操作はなく、ただその場所の風景の表面にとどまり、ひたすらエンゲルスの手紙の朗読を並走させるのだ。ここでは、映像トラックと音声トラックの関係は離接的である。そのことが映像と音声のあいだに何を見てもいいような、鑑賞者の解釈にゆだねる余白をつくっていると同時に、わたしたちがそれまでの映画であまり経験したことがない視聴覚的な時間を形成しているのだ。

Aパートは、フランス各地の風景をとらえたシークエンスのあと、最後に田舎道のわきにある建物の壁に「農民たちは反抗するであろう　一九七六」と、赤いペンキで書かれた落書きを撮ったロングテイクで締めくくられる。

4　エジプトの革命

ストローブ＝ユイレの『早すぎる、遅すぎる』ではフランスをあつかったAパートが約二七分で終了し、そのあとに約一時間一五分あるエジプトの革命を題材にしたBパートがつづく。ここでも一旦「B　マフムード・フセイン」という章題が字幕で入り、スタッフと朗読者のクレジットロールが流れる。AパートとBパートが明確に二部にわけられていることがわかる。マフムード・フセインというのはふたりの人物による筆名で、エジプト人のマルクス主義者バフガト・エル＝ナーディとアーディル・リファアトのことである。「エルナディは一九三六年にファラスクルで生まれ、リファアトは一九三八年にアレクサンドリアで生まれた。彼らはナセルの大統領就任期間中に政治犯として五年間収容所に投獄され、その後、欧州に亡命した」人物であるということだ。[†11]

このBパートもまた、フランスの平民に関するAパートと同様に、マフムード・フセインの著書『エジプトにおける階級闘争』のあとがきの朗読にあわせて、エジプト各地の風景をロングテイクやパノラマショットを駆使して見せていく。ストローブ＝ユイレはエンゲルスの書簡のときと同じく、文章に登場する地名と同じ場所で撮影することで映画のリアリティを確保している。また、フランス語版と英語版を筆者であるエル＝ナーディ自身が朗読することも、同じ目的からきているのにちがいない。Ａパートが一八世紀後半のフランス革命の話題であったのに対して、Ｂパートのフセインの文章もまた一七九八年のナポレオン軍のエジプト遠征の話題からはじまり、ＡとＢのあいだの橋渡しの役割を果たしている。

とはいえ、Ｂパートでは主にイギリスの植民地だったエジプトの二〇世紀における独立闘争の歩みがあつかわれる。

エジプト国民は圧制にもじっと耐える方だというのは、植民地主義が広めた神話であって、エジプト国民の歴史がそれを否定している。その歴史は何千年にもわたる勤労階級による激しい反抗の絶えることのない叙事詩である。西欧の植民支配者に対する抵抗において、都市の大衆と農村の大衆が交替したのは、ボナパルトの指揮するフランス軍遠征の時からだ。†12

この引用は『早すぎる、遅すぎる』のＢパートの冒頭で読みあげられるマフムード・フセインの文章である。ナポレオン撤退後のエジプトでは、一九世紀から二〇世紀初頭にかけてスエズ運河の権益などをめぐって、フランスやイギリスなどの植民地主義的な国家が争う舞台となった。エジプトでは幾度となくヨーロッパの傀儡政権が権力をにぎったが、それに対抗して抑圧された貧しい農民たちが武装蜂起をしてきた歴史があるとフセインは指摘する。つまり、エンゲルスをあつかった「Ａ」とは時代も場所も異なるのだが、困窮した農民が革命の主体になるという点で、「Ａ」と「Ｂ」のテーマは一致しているのだ。それをストローブ＝ユイレは、エジプト各地の風景をとらえたロングテイクとオフ・ヴォイスによる朗読の組みあわせによって、Aパートと同じような視聴覚の経験をつくりだしている。

マフムード・フセインは別の著書で次のように書いている。

この点、エジプトの例を見ると実にはっきりしている。この国では、一九四五年から四七年にかけて、英国の軍事占領を終わらせようとする大規模な大衆運動が盛り上がっていたが、一九四八年にパレスチナ戦争が始まると、反英闘争は一時中断された。当然のことながら、イスラエルという国は〝よそ者〟であり、〝略奪者〟とみなされていたわけで、アラブの志願兵や正規軍兵士がそのような国の軍を相手に立ち上がったことに世論は高鳴った。[†13]

エジプトは労働者や農民を主体とした民衆の手による革命によって、一九二二年にイギリスの植民地主義から一応の独立を果たしたのだが、フセインが指摘しているように、その後もイギリスによる間接的な支配は終わらなかった。それに加えて、王宮周辺の貴族階級、民族主義的なブルジョワジー、労働者や農民たちのあいだにおける階級闘争もつづいていった。そして、第二次世界大戦後の一九四八年には、中東の真んなかにヨーロッパによるアラブ世界への植民地主義の象徴であるイスラエルが建国される。マフムード・フセインは、そこからイギリスに対する反植民地主義的な闘争が中断されて、エジプトや周辺諸国を巻きこんだ対イスラエルとの戦争の時代へと突入していったと分析している。

ここで、わたしたちは今一度、ストローブ＝ユイレにおける民族学的なドキュメンタリーへの関心を思いだすべきだろう。彼らの映画におけるシネマ・ヴェリテ的なリアリズムの追求についてはすでに論じた。わたしは『早すぎる、遅すぎる』でエジプトの革命をあつかったこのBパートが、ストローブ＝ユイレ流の民族誌映画として成立しているのではないかと考える。それは、ただ単に異文化であるアラブ圏のエジプトを撮影対象としたからではなく、民族誌映画になくてならない倫理観に貫かれているからだ。すなわち、カメラによってエジプトの人びとや風景をエキゾティックな文化的他者として収奪するのではなく、その映像と音声を彼らの役に立てるためにフィードバックするということだ。Ｂパートにおいて、一見素朴に撮っているだけのように見えるエジプト各地の風景のロングテイクは、実は非常に考えぬかれたものだ。エジプトの人びとや建築物に対して適切な距離をとるためにロングショットを多く使い、鑑賞者がそこに映る被写体に対して観光的な興味をもつことができないように撮られている。それはエジプト人が書いたテクストをエジプト人の朗読者が読みあげなくてはならないとする倫理と同種のものだ。

ストローブ＝ユイレのもっとも民族誌映画らしいロングテイクのショットは、ちょうど『早すぎる、遅すぎる』の作品の中盤に置かれている。それはエジプトの精糖工場の出口を固定カメラでとらえた映像である。いったん画面が暗転して、終業のサイレンが鳴り響くと、工場の出口に大勢の歩いている人たちや自転車を押す人たちが行きかう雑踏の映像になる。精糖工場の出口の場景を長まわしの固定ショットで見せながら、マフムード・フセインが書いた次のような文章が朗読される。

一九一九年には英国占領に対する革命が起こる。土地を奪われた貧しい農村の大衆がその主力となり、交通路の破壊を繰り返し、占領軍との無数の武力衝突を試みた。そして民主主義革命の目的が救国の目的と結びついた。人民政権の萌芽が現れたのだ。大地主に対する武装蜂起が見られた。労働者、失業者、学生、小売店主、公務員が、その年を通じて、カイロやその他のほとんどの大都市の街頭で、それまでになかった大きな、激しいデモにおいて連帯した。労働者らは独自の闘争形態へと移行することになる。工場占拠や鎮圧部隊に対する自衛である。†14

たしかに朗読される音声の内容と相まって、労働者の群衆が工場の前を行き来する映像から、彼らが次なる革命の主体になるかもしれないというエネルギーが伝わってくる。しかし、このショットには別の側面もある。それはもちろん、世界最古の映画とされるリュミエール兄弟の『工場の出口』(一八九五)を揶揄しているということだ。当時リュミエール兄弟は写真機材などを製造する工場を営んでおり、自分たちが所有する工場から出てくる労働者たち(その多くが女性)を撮影した。そのことによって『工場の出口』という映画には、資本家やブルジョワジーの立場から労働者を監視する視線があるという批判や、テイク2ではリュミエール兄弟が労働者たちに指示をだして動きを演出したものだという指摘がある。

それに比べると、ストローブ=ユイレのカメラは、工場の出口を行きかう人びとから充分な距離をとっている。その距離は、撮影がおこなわれていることに通行人が気がつくことができるだけの充分な近さをもち、それと同時に、人びとが思い思いの方向へ進行することを妨げないだけの遠さを保持している。ストローブ=ユイレが的確な位置からショットを撮るということは、フレームにおける構図のバランスや、光と影の具合、レンズにとらえられる被写体のサイズやその美しさだけにとどまらない。彼らのカメラと被写体とのあいだに横たわる、他者に関わるための距離という政治性をも含んだ問題なのだ。それが『早すぎる、遅すぎる』という映画のBパートが、民族誌映画としても見ることができるとわたしが考える最大の理由である。

†1 Claudia Pummer, "(Not Only) for Children and Caveman," *Jean-Marie Straub & Daniele Huilet*, Edited by Ted Fendt, SYNEMA Publikationen, 2016, p. 8を筆者訳。

†2 細川晋編『ストローブ=ユイレの映画』フィルムアート社、一九九七年、八頁。

†3 Punmmer, “(Not Only) for Children and Caveman,” p. 32を筆者訳。

†4 『ストローブ＝ユイレの映画』、一二七頁。

†5 Punmmer, “(Not Only) for Children and Caveman,” p. 60.

†6 『ストローブ＝ユイレの映画』、一二八頁。

†7 「エンゲルスからカウツキーへ　一八八九年二月二〇日」『マルクス・エンゲルス全集37　書簡集1888-1890』大内兵衛・細川嘉六監訳、大月書店、一九七五年、一二六―一二七頁。

†8 『ストローブ＝ユイレの映画』、一二八頁。

†9 「エンゲルスからカウツキーへ　一八八九年二月二〇日」、一三一頁。

†10 『ストローブ＝ユイレの映画』、一二八―一二九頁。

†11 同書、一二七頁。

†12 同書、一三〇頁。

†13 S・フリードレンダー、M・フセイン『ユダヤ人とアラブ人――昨日・今日・明日』ジャン・ラクチュール編、早良哲夫訳、サイマル出版会、一九七九年、六頁。

†14 『ストローブ＝ユイレの映画』、一三二頁。

12

「共産主義のユートピア」論

ユイレとストローブの『エンペドクレスの死』をめぐって

持田 睦

それがまさしく生の喜びなの、私たちが瞬間の中で生きているということを、知ることが。

——ダニエル・ユイレ[†1]

1 「共産主義のユートピア」の登場

ダニエル・ユイレとジャン＝マリー・ストローブの夫妻が共産主義者であることは、パリにある彼らの自宅の壁に、猫を抱きかかえるレーニンの肖像写真が飾られていることからも明らかである。[†2] では、共産主義者である彼らは共産党員でもあるのかと言えば、決してそうではない。ストローブは、ラウラ・ヴィターリの映画『ストローブ＝ユイレとパヴェーゼ《あの彼らの出会い》』（二〇〇五）の中で、イタリアの作家チェーザレ・パヴェーゼが共産党員であったことを述べる際、彼自らは共産党に属していないことをさらりと口にしている。[†3] 一方、ユイレは、ストローブと比べると自らの政治的な立場をはっきりと口にする機会は少ないものの、彼女もまたストローブ同様、共産党員でないと断定できるのは、例えば一九八七年の五月、ローマでなされた『エンペドクレスの死』（一九八七）をめぐるインタビュー（以降、「ローマ・インタビュー」）において、ストローブと共に、共産党とマルクス主義者の在り方を痛烈に批判しているからである。[†4] ユイレとストローブは共産主義者でありながら共産党員ではなく、さらにはマルクス主義者でもない。バートン・ビッグは『抵抗の光景』において、ストローブのマルクス主義に対する立場を、次のように簡潔にまとめている。

ファシズムの破壊的な脅威を思い出させると同時に、ストローブはまた、「進歩」への信仰、とりわけマルクス主義における「進歩」への信仰に対して、疑問を投げかけている。[†5]

ビッグが続けて引用するストローブの言葉によれば、こうした「進歩」への信仰は、マルクスとエンゲルスの『共産党宣言』の第一章から読み取ることができる。例えば次の描写は、その良い一例となるだろう。

ブルジョワ階級は百年そこそこの階級支配において、過去の全ての世代を合わせたよりも大量で巨大な生産力を作り出した。自然力の征服、機械装置、産業や農耕への化学の応用、汽船の航行、鉄道、電信装置、全大陸の開墾、河川の航行可能化、どこからともなく生み出された全ての住民――以前のどの世紀が予感しただろうか、このような生産力が社会的労働の胎内で眠っていると。[†6]

こうした「進歩」の光景を、ブルジョワ階級だけでなく共産党員やマルクス主義者もまた信仰していたことは、巨大な生産力を支える原子力発電所が立ち並んでいたのが、資本主義の国家だけではなくマルクス・レーニン主義の国家であるソビエト連邦でもそうだったという確固たる事実が示す通りである。資本主義であろうがなかろうが、「進歩」への信仰を抱く国家は全て、原発の数を増大させることに夢中になっていたのである。一九八六年四月二六日が訪れるまでは。この日、現在のウクライナに位置するチェルノブイリ原子力発電所で大事故が発生し、当事国のソビエト連邦のみならず、原発を所有する他の国家にも大きな衝撃を与えることになる。[†7]

ユイレとストローブがイタリアのシチリア島を訪れ、ドイツの詩人フリードリヒ・ヘルダーリンの戯曲『エンペドクレスの死』を原作とした同名映画の計八週間に及ぶ撮影に取りかかるのは、チェルノブイリでの大事故の発生から一か月後のことであった。一九八八年の一月に、パリの映画誌『シネマ』に掲載された『エンペドクレスの死』をめぐるインタビュー（以降、「パリ・インタビュー」）の中のストローブの言葉によれば、ユイレとストローブの二人は、チェルノブイリの大事故や、その半年後に発生するバーゼル市近郊の薬品倉庫の火災に起因するライン川の汚染事故のずっと前から、このままで済むはずがないと思い続けていたようだ。そうした折、自分たちと同様のことを二〇〇〇年も前に感じ取っていたヘルダーリンが取り扱う主題を、彼の戯曲『エンペドクレスの死』の中に見出したのである。†8

ストローブは、「パリ・インタビュー」においては、この主題に名前を与えていないが、その半年前の一九八七年の七月、アヴィニョン演劇祭での上映会終了後に行われた観客との討論において、「夢」「ユートピア」「共産主義」という三つの言葉を口にしている。†9 続いて、同年の一〇月にウィーンの週刊新聞『ファルター』に掲載された『エンペドクレスの死』をめぐるインタビュー（以降、「ウィーン・インタビュー」）において、「夢」と「共産主義」が組み合わされてできた「共産主義の夢」という言葉が口にされると、†10 そのおよそ二年後、ベルギーの映画誌『アンデレ・シーネマ』の第九三号（一九八九年九・一〇月号）に掲載された、ヘルダーリンの『エンペドクレスの死』を原作とする二つの映画（『エンペドクレスの死』と『黒い罪』（一九八八九））をめぐる二つのインタビューにおいては、「ユートピア」と「共産主義」が組み合わされてできた「共産主義のユートピア」という言葉が口にされ、†11 以降、ストローブは一貫して、ヘルダーリンが取り扱う主題を「共産主義のユートピア」と呼ぶようになる。

2　エコロジカルなユートピア

ストローブが各種のインタビューにおいて「共産主義のユートピア」について語る際、ヘルダーリンの『エンペドクレスの死』（第一稿）の第二幕第四場でエンペドクレスが行う、次の演説の一部を暗唱してみせることが多い。

君たちは　長らく　渇望している　日常とは異なるものを、
そして　病んだ体からのように　切望している
アグリゲントの精神は　抜け出ることを　古い軌道から。
それならば　思い切ってそれをやるがいい！　君たちが引き継いだもの、君たちが手に入れたもの、
君たちに　父の口が語ったこと、教えたこと、
法律　そして　習慣、古い神々の名前、
忘れるがいい　それを　大胆に、そして　上げるがいい、新しく生まれた者たちのように、
目を　神々しい自然に向かって、
もしも　その時　精神が　天の光によって
点火し、甘い生命の息吹が　君たちの
その胸を、初めてのように　潤すならば、
そして　黄金の果実でいっぱいの森が
そして　岩から　泉が　ざわめくならば、もしも　君たちを
世界の生命が　世界の平和の精神が　とらえ、そして　君たちの
その魂を　神聖な子守歌のように　静めるならば、
その時には　美しい夜明けの喜びから
大地の緑が　新しく　君たちに輝き
そして　山が　そして　海が　そして　雲が　そして　星が、

気高い力たちが、英雄の兄弟たちと等しく、
君たちの目の前に　やって来るのだ、だから　君たちの胸は
武器を身に付けたもののように　行為を求めて、
そして　自らの美しい世界を求めて　高鳴る、その時には　差し出すがいい　手を
お互いに　ふたたび、与えるがいい　言葉を　そして　分け合うがいい　財貨を、
おお　その時には　君たち　愛しい者たちよ――分け合うがいい　行為を　そして　名声を、
誠実な双子神のように。ひとりひとりが
皆のようであれ、――すらりと立ち並ぶ柱の上のように　支えられてあれ
正しい秩序で　新しい生命は
そして　君たちの結びつきを強固にするものであれ　法律は。†12

この演説の中で描かれている「共産主義のユートピア」の光景、「神々しい自然」の光景は、マルクスとエンゲルスの『共産党宣言』で描かれる「進歩」の光景、人間に征服された自然の光景とは完全に異なる光景である。ストローブは、一九九七年の二月に行われたテレビ討論会で、「文明の進歩」を肯定するフィリップ・ケオーに対し、次の仕方で噛みついてみせている。

また進歩か！　でも、なんてこった、それは人類の歴史における最大の嘘なんだ！　あんたは深淵へ向かって走っているのさ。あんたがプログラミングしているのは未来世代で、それは野蛮なことだ。あんたは宣伝係なんだ！†13

ストローブが「野蛮」という言葉を用いる時、その背景に近代科学の「野蛮」な在り方を批判するミシェル・アンリの著作『野蛮』があることは間違いないだろう。[†14] さらには、ヘルダーリンの『エンペドクレスの死』の中で、「自然」に向けて発せられたエンペドクレスの次の言葉も、確実にストローブの意識にのぼっているはずである。

軽蔑したのだ　私は　あなたを　そして　私ひとりを
主人の座に据えたのだ、思い上がった
野蛮人は！[†15]

ストローブは、『アンデレ・シーネマ』の第九三号に掲載されている、イタリアのペーザロでなされたインタビュー（以降、「ペーザロ・インタビュー」）において、自然の「主人」を僭称した「野蛮人」エンペドクレスがエトナ山の火口に身を投げる姿を、理論物理学者のアルベルト・アインシュタインが、核廃絶を訴える平和宣言に署名する代わりに自殺していく姿に置き換え、この誇張されたアインシュタインの姿のうちに『エンペドクレスの死』のテーマを見出している。[†16] 科学者たちがどんなに自らの「野蛮」な在り方を否認しようとも、彼らによって開発された核エネルギーが核兵器という仕方で人類の生存を脅かしていることは疑いようのない事実である。一見平和的な仕方で利用された核エネルギーであっても、二〇一一年の三月一一日にメルトダウンした福島第一原子力発電所の三基の原子炉の廃炉が完了するまで、最小限に見積もっても数十年かかることが象徴しているように、それが未来世代に与える悪影響は決して小さいものではない。

「ローマ・インタビュー」において、ストローブは言う。ミシェル・アンリの『野蛮』は、科学を廃止しなければならないことを直感していると。さらには、ストローブ自らの直感を付け加えて言う。機械も廃止しなければばならないと。[17] 彼のこうした発言を耳にして、失笑を漏らす者がいたとしても不思議はない。科学と機械を廃止することが現代の産業社会において不可能であることは、火を見るよりも明らかなのだから。その一方で、こう口にすることもできるかもしれない。科学と機械を廃止することなしには未来世代の生存が不可能であることもまた、火を見るよりも明らかであると。

ストローブは二〇〇三年の四月に、フランスの日刊紙『リベラシオン』に掲載された「私の鍵となった年」という文章で、次のように述べている。

一九八六　『エンペドクレスの死』（一七九〇）のおかげで、産業革命と進歩の神話の脅威に抗う一人の青年の崇高なユートピアを発見。共産主義のユートピア、それが可能にするかもしれないのは（今なお？　もはや手遅れでなければ！）、ヘルダーリンが「大地の子どもたち」と呼ぶ者たちの救出だ。「母なる大地よ、ああ、大地よ、僕の揺りかごよ」とヨーロッパ最大の詩人は言っている。[18]

厳密に言えば、ヘルダーリンによる『エンペドクレスの死』の執筆がなされたのは、一七九八年から一七九九年にかけてであるし、ドイツにおける産業革命も、一八世紀末の時点ではまだ開始されていないのであるが、こうした誤りは大きな問題ではない。後者に関して言えば、ストローブは「ローマ・インタビュー」において、ヘルダーリンが産業革命以前の産業社会の中にすでに「進歩の神話」を予感していたことを指摘している。[19]「私の鍵となった年」で注目したいのは、ストローブが引用しているヘルダーリンの言葉である。「大地の子どもたち」は『エンペドクレスの死』からの引用であり、「ウィーン・インタビュー」においては、「しり込みするのだ／大地の子どもたちは　新しいものと奇異なるものに」という仕方で、その前後の言葉も含め、引用がなされている。[20]「母なる大地よ、ああ、大地よ、僕の揺りかごよ」は、ヘルダーリンの小説『ヒュペーリオン』からわずかに改変された仕方で引用された言葉である。[†21] ストローブは「ペーザロ・インタビュー」において、「揺りかご」というドイツ語を用いて、「揺りかごがもはやそこになかったら、人間ももはや存在しないのだ」という警句を作っている。[†22] この警句は、人間がこのまま「進歩の神話」の脅威に抗うことなく未来へ向かって猛進してしまったら、「母なる大地」としての自然が未来世代から完全に失われてしまうことを示唆している。ユイレとストローブは未来世代がそうした事態に陥ることを危惧して『エンペドクレスの死』を撮影した、そのように考えることは、これまでに引用してきたストローブの数々の言葉から判断する限り極めて自然なことのように思われるが、ここで一つの疑問が湧いてくる。なぜ『エンペドクレスの死』なのか。ユイレとストローブは「ウィーン・インタビュー」において、インタビュアーから、もし人々がチェルノブイリの大惨事に関する映画の方を見たがったらどうするのかという、少々意地悪ではあるが、実にもっともな質問を投げかけられている。それに対してユイレは、チェルノブイリの大惨事のような恐怖と破壊は人々にとって、自らの生をより興味深いものにするための「興奮剤」にしかならないと返答してみせ、大惨事をそのまま映画にすることへの嫌悪を示しているが、[†23] 彼女のこの返答は、なぜ『エンペドクレスの死』なのかという問いに対する答えにはなっていないように思われる。

ストローブ自らが「ペーザロ・インタビュー」において、「共産主義のユートピア」を「エコロジカルなユートピア」として把握するだけでは不十分であると明言していることからも分かるように、[†24]「進歩の神話」の脅威に抗うための映画が、なぜ『エンペドクレスの死』なのかという問いに対する答えを見出すためには、「共産主義のユートピア」を「エコロジー」と結びつけただけで満足するわけにはいかない。この言葉の理解を深めるためには、「パリ・インタビュー」の中の、次のストローブの言葉に耳を傾けなければならないだろう。

さらにはこの映画は、祖先が導入した民主主義の発展を試みたため、追放され、罰せられる男の物語でもある。彼が非難されているのは行き過ぎてしまったからである、六八年の永遠の祝宴（la fête permanente en 68）と呼ばれているような方向に向かって。[†25]

3　「農業共産主義」のユートピア

学生と労働者の連帯からなるゼネストを中心とした「六八年の永遠の祝宴」、すなわち「パリ五月革命」から三〇年が経過した一九九八年、ストローブは『カイエ・デュ・シネマ』の誌面で、モーリス・ブランショが記したパリ五月革命の在り方について問われた際、次のような返答を残している。

俺には六八年五月の経験はない。『エンペドクレス』の中にある仕方で答えよう。《Jeder sei wie alle》、ひとりひとりが皆のようであれ。これはエンペドクレスの偉大な演説で、ヘルダーリンの共産主義のユートピアと俺は呼んでいる。これよりも美しく、民主主義的な表明を行うことはできない。[†26]

エンペドクレスの演説から、「ひとりひとりが／皆のようであれ」という言葉がストローブによって引用されている理由はおそらく、一人のゲルマニストによる二冊の著作にある。この二冊の著作についてストローブは、二〇一一年の三月、『エンペドクレスの死』が彼の故郷であるメッスで上映された後、ジャン＝リュック・ナンシーとの対談において、次のように述べている。

二冊のちょっとした本を手に入れていただきたい。一冊はドイツ語で書かれていてそれほど大きくなく、一冊はフランス語で書かれていてとても大きいベルトー氏の本だ。とても尊敬できる人だった。とても面白いんだ[†27]。

『エンペドクレスの死』の撮影から一〇年後に、その存在を見出したとストローブが言うところの「ベルトー氏」とは[†28]、ヘルダーリンの作品をフランス革命と深く結びつけて理解することで知られるフランスのゲルマニスト、ピエール・ベルトーのことである。ストローブによって「ドイツ語で書かれていてそれほど大きくなく」と形容されているのは、一九六九年に出版された『ヘルダーリンとフランス革命』[†29]であり、「フランス語で書かれていてとても大きい」と形容されているのは、一九三六年に出版された『ヘルダーリン――内面的な伝記の試み』[†30]である。興味深いのは、そのいずれにおいても、ストローブが「ヘルダーリンの共産主義のユートピア」と呼んでいる、「エンペドクレスの偉大な演説」の引用と分析がなされている点である。

まずは、ベルトーの『ヘルダーリン――内面的な伝記の試み』から見てみることにしよう。この著作で注目に値するのは、ベルトーがエンペドクレスの演説を引用する際、その演説を「ジャコバン派の、共産主義的ですらあるプログラム」と呼んでいる点である。前節で引用した演説の一部を、改めてご覧いただきたい。

それならば　思い切ってそれをやるがいい！　君たちが引き継いだもの、君たちが手に入れたもの、
君たちに　父の口が語ったこと、教えたこと、
法律　そして　習慣、古い神々の名前、
忘れるがいい　それを　大胆に、そして　上げるがいい、新しく生まれた者たちのように、
目を　神々しい自然に向かって、

あれもこれも全て忘れてしまえという急進的な演説の内容はなるほど、フランス革命において徹底的な革命路

線を貫いた「ジャコバン派」の名称にふさわしい。ベルトーによれば、フランス革命のスローガンである「自由・平等・博愛」の要素もまた、この演説には含まれており、たとえば「博愛」は、演説の以下の箇所に見て取ることができる。

〔……〕その時には　差し出すがいい　手を
お互いに　ふたたび、与えるがいい　言葉を　そして　分け合うがいい　財貨を、
おお　その時には　君たち　愛しい者たちよ——分け合うがいい　行為を　そして　名声を、
誠実な双子神のように。

続いて「平等」は、以下の箇所に見て取ることができる。

〔……〕ひとりひとりが
皆のようであれ、——すらりと立ち並ぶ柱の上のように　支えられてあれ
正しい秩序で　新しい生命は

「博愛」と「平等」に基づいて社会契約が更新される時、民衆はフランス革命のスローガンの残りの一つ、「自由」が得られるという次第である。[†31]ベルトーは『ヘルダーリン——内面的な伝記の試み』においては、この演説の内容が「共産主義的ですらある」理由を明確に述べてはいないが、およそ三〇年後に出版された『ヘルダーリンとフランス革命』において、この演説の中の「そして　分け合うがいい　財貨を」という表現に注目することにより、私有財産を正当化するジャコバン派よりもヘルダーリンの方が一歩先に進んでいることを指摘している。

さらにベルトーは、革命家であると同時に共産主義者の先駆けともみなされるフランソワ・ノエル・バブーフの存在を、新聞の紙面を通じてヘルダーリンが知っていたのではないかと推測した上で、バブーフの「土地の実りはひとりひとり皆のもの、土地そのものは誰のものでもない」という言葉を紹介している。ベルトーによれば、バブーフの共産主義は「農業共産主義（Agrarkommunismus）」である。[†32]

バブーフという名前からは、ユイレとストローブの『早すぎる、遅すぎる』（一九八一）の中で引用されているエンゲルスの言葉、「もし博愛への願望を持つコミューンがやって来るのが早すぎたのだとしたら、バブーフもまた、やって来るのが遅すぎたのだ」[†33]が思い出される。さらには、バブーフの「農業共産主義」の思想からは、「ローマ・インタビュー」の中のユイレとストローブの次の会話が思い出される。

JMS：〔……〕スターリンの大きな罪を、俺はウクライナにおける飢餓と虐殺のうちに見て取っているが、被害にあったのは富農《クラーク》だけではない。共産主義者である農民たちもだ。恐怖の、防御の反応があったのさ。

DH：確かなことはこう。農民たちなのよ、虐殺されるようになってから何世紀にもなるのは。彼らを虐殺しても抹殺することができないから、進歩が発明されたんだわ。

JMS：農民たち、彼らはおぞましい。ああ、忌まわしい田舎ものさ、望む限りの。そしてもはや反動的な者はいない。だが数世紀が過ぎたら分かるさ。ひょっとしたらこんな言い方があるかもしれない。「気を付けろ！　もしあんたが生き残りたいんだったら、俺たちをこんな風に扱ってはいけないぜ！」[†34]

ユイレとストローブの考えに従えば、農耕社会から産業社会への移行は、農民たちの虐殺の歴史であった。この虐殺は「土地の実りはひとりひとり皆のもの、土地そのものは誰のものでもない」という言葉に象徴される、「農業共産主義」の思想に対する、既得権益者たちの「恐怖の、防御の反応」の歴史であったと言えるだろう。既得権益者たちは、「農業共産主義」の思想から自分たちの既得権益を守るためだけに、農民たちを虐殺し続け、ついには「進歩」の発明によって、農民たちを完全に無力化することに成功したのである。

『エンペドクレスの死』の中では、裕福なアグリゲントの市民たちが既得権益者たちとして登場する。エンペドクレスは、王になることを求めてくる彼らに対し、次のように言い放っている。

この時代は　王たちのためのものではないのだ　もはや。[†35]

この言葉が意味しているのは、もはやヒエラルキーが存在する時代は終わったということである。『ヘルダーリン――内面的な伝記の試み』でのベルトーの言葉を借りるならば、既得権益者たちが「自分たちを統治してくれる王を必要とする」のに対し、ヒエラルキーが存在しない時代を生きる民衆は「自分たちで自分たちを統治することができなければならない」[†36]。もし農民たちが「自分たちで自分たちを統治すること」ができるようになり、「土地の実りはひとりひとり皆のもの、土地そのものは誰のものでもない」というバブーフの言葉に象徴される「農業共産主義」の社会が実現されるならば、その時には同時に、「ひとりひとりが／皆のようであれ」というヘルダーリンの言葉に象徴される「共産主義のユートピア」の社会も実現されるのかもしれないが、「進歩」の発明によって完全に無力化された農民たちに「自分たちで自分たちを統治すること」が不可能であることは、言うまでもない。

ベルトーの二冊の著作は、ストローブが口にする「共産主義のユートピア」を、バブーフの「農業共産主義」の観点から、「農業共産主義」のユートピアとして把握する可能性を与えてくれた。では、ユイレとストローブの『エンペドクレスの死』は「農業共産主義」のユートピアを主題とする映画であるのかといえば、それは違うだろう。「農業共産主義」のユートピアは、『エンペドクレスの死』よりもむしろ、イタリアの作家エリオ・ヴィットリーニの『メッシーナの女たち』を原作とした、ユイレとストローブの『労働者たち、農民たち』（二〇〇一）とその続編『辱められた人々』（二〇〇三）においてこそ、主題となっているように思われる。[†37]「進歩の神話」の脅威に抗うための映画が、なぜ『エンペドクレスの死』なのかという問いに答える際、ストローブの口にする「共産主義のユートピア」を「農業共産主義」のユートピアとして把握するだけでは不十分であるのは、前節においてこのユートピアを「エコロジカルなユートピア」として把握するだけでは不十分であったのと同様である。「エコロジカルなユートピア」、さらには「農業共産主義」のユートピアとして把握することができる「共産主義のユートピア」の正体とはいったい何であるのか。この問いに対する答えを得るための手がかりは、ユイレとストローブの小論「なぜエンペドクレスなのか？」にある。

4 「共産主義のユートピア」の正体

一九九〇年にフランスで発行された『ジャン＝マリー・ストローブとダニエル・ユイレ——ヘルダーリン、セザンヌ』所収の小論「なぜエンペドクレスなのか？」において、ユイレとストローブは、アルノルト・シェーンベルクの同名のオペラを原作とした彼らの映画『モーゼとアロン』（一九七五）と『エンペドクレスの死』には共通して、「Politelis の問題」が存在すると述べている。[†38]「Politelis」が「度が過ぎている」を意味する古代ギリシア語「πολῠτελής」[†39]のアルファベット表記であることは、一九八九年の「ペーザロ・インタビュー」におけるストローブの言葉から明らかになる。このインタビューで彼は、『モーゼとアロン』と『エンペドクレスの死』に共通する問題として、古代ギリシアの「不遜（Hybris）」という考えを取り上げているが、その際、「不遜」という言葉は「度が過ぎていること（buitensporigheid）」と言い換えられている。ユイレとストローブによれば、人間は「冷静さを失い」、「自分たちを世界の中心とみなし、実際よりも強大な力を持っていると考えている」点で、「度が過ぎている」[†40]のだ。この「度が過ぎている」という人間の在り方は、『モーゼとアロン』においては、モーゼの存在に見て取ることができるだろう。ヒエラルキー最上位の存在である「唯一神」を信奉するあまり、ヒエラルキー下位の存在である「神々」を造り出したアロンを束縛したばかりか、その「神々」を信奉する民衆三〇〇〇人の大虐殺を指示するにまで至ったモーゼという人間の在り方は、[†41]まさしく「度が過ぎている」。

一方、『エンペドクレスの死』においては、「度が過ぎている」という人間の在り方を次のエンペドクレスの言葉のうちに見出すことができるだろう。

私は　知っていた　それを　そうだ、私は　それを熟知していた、
自然の生を、どうしたら　それは　私に
なお　神聖なままであるのか、これまでのように！　神々は
私に仕えるものに　今やなった、私ひとりが
神であった　そして　それを口にしたのだ　厚かましいうぬぼれで　外に向かって――[†42]

自然の生を熟知するあまり、神聖な自然の生にほかならない「神々」を、自らに仕えるヒエラルキー下位の存在とみなすばかりか、ヒエラルキー最上位の存在である「唯一神」を僭称するにまで至ったエンペドクレスという人間の在り方もまた「度が過ぎている」。こうした「度が過ぎている」という在り方を解消するためにエンペドクレスが選択するのは、エトナ山の火口に身を投げ自殺することであった。というのも「唯一神」を僭称する人間が消滅すれば、ヒエラルキー最上位の存在である人間とヒエラルキー下位の存在である「神々」との間で結

ばれた主従関係は解消され、後に残された民衆は、神聖な自然の生にほかならない「神々」との間で、新しい関係を結ぶことができるからである。

『モーゼとアロン』のモーゼもまたエンペドクレス同様、自らの「度が過ぎている」という在り方を解消するために消滅していくことは、映画の最後、モーゼによって口にされる次の言葉の中でほのめかされている通りである。

> いつでも、お前たちが　砂漠の希望の欠如を立ち去り
> そして　お前たちの才能が　お前たちを　至上の高さへと導いた時には、
> いつでも　お前たちは　ふたたび　乱用の成功によって突き落とされるだろう、
> 砂漠の中へと戻されて。[†43]

この難解なモーゼの言葉を理解するためのヒントを、ストローブは、一九七六年に開催されたエジンバラ映画祭の討論会において、次の仕方で与えてくれている。

> 俺は望んでいる、映画の最後でモーゼがアロンを破滅させているだけでなく、アロンもまたモーゼを破滅させていることを……。一人がもう一人を破滅させる、そして二人は単純に、同じものの二つの側面なんだ。俺は望んでいる、後に残されているのがただ民衆だけであることを、そしてこの映画の考えが、正確にはシエーンベルクとの関連においてずれが生じているだけでなく、彼に反対さえしていることを。その考えとは、あなたたちが下から始まる政治を考案しなければならないという考えであり、それを考案するのは指導者の義務ではなく、民衆自らの義務であるという考えである。そしてこの二人が互いに破滅させ合い、消滅して

いく一方で、あなたたちは一から始めなければならない。[†44]

ここから明らかになるように、「至上の高さ」から突き落とされたモーゼがアロンと共に消滅していくことにより、ヒエラルキー最上位の存在である「唯一神」と、ヒエラルキー下位の存在である「神々」との間の対立は解消され、後に残された民衆は、上から与えられるのではなく、下から始まる政治を一から考案することが可能になる。こうした民衆の姿は、『モーゼとアロン』の最後においてようやく見出されるため、この映画の中では、民衆によって一から考案される政治の方向性までは示されていない。その方向性は、小論「なぜエンペドクレスなのか?」において、「主題に関しては、『モーゼとアロン』は、『エンペドクレス』が始まるところで終わる」[†45]とユイレとストローブが述べていることからも分かるように、『エンペドクレスの死』の中で示されている。『モーゼとアロン』において見出された民衆は、『エンペドクレスの死』の主題である「共産主義のユートピア」に向かって、一から政治を考案することになるのである。

ここで言われている民衆が、『エンペドクレスの死』に登場するアグリゲントの既得権益者たちでないことは言うまでもないだろう。エンペドクレスはエトナ山の火口に向かう途中、助言を必要とするのでアグリゲントに帰ってきてほしいと懇願してくる既得権益者たちに対し、彼の愛弟子パウサニアスを指して次のように返答している。

尋ねるのだ　この若者に![†46]

「若者」という言葉で示唆されているのは、次世代、さらに言えば未来世代の民衆である。彼らが「共産主義のユートピア」に向かって一から政治を考案し、神聖な自然の生にほかならない「神々」との間で新しい関係を結ぶ時、民衆の眼前に広がる光景は、エンペドクレスの演説の中で描かれている「共産主義のユートピア」の光景に変わっていくに違いない。

もしも　その時　精神が　天の光によって
点火し、甘い生命の息吹が　君たちの
その胸を、初めてのように　潤すならば、
そして　黄金の果実でいっぱいの森が
そして　岩から　泉が　ざわめくならば、もしも　君たちを
世界の生命が　世界の平和の精神が　とらえ、そして　君たちの
その魂を　神聖な子守歌のように　静めるならば、
その時には　美しい夜明けの喜びから
大地の緑が　新しく　君たちに輝き
そして　山が　そして　海が　そして　雲が　そして　星が、
気高い力たちが、英雄の兄弟たちと等しく、
君たちの目の前に　やって来るのだ、

ここに存在する自然は、ヘルベルト・マルクーゼが、一九六五年にズーアカンプ社から発行されたヴァルター・ベンヤミンの『暴力批判論』の「後書き」において、「自然は搾取されるために〈無料でそこに存在する〉」[†47]と述べるような自然、ヒエラルキー下位の存在として、ヒエラルキー最上位の存在である人間に仕える自然ではない。「共産主義のユートピア」の光景に存在するのは、一切のヒエラルキーから解放された自然、再びマルク

ーゼの言葉を借りれば、「自由の身となった、解放された自然」である。

ユイレとストローブが『エンペドクレスの死』において、一切のヒエラルキーから解放された「方法」で自然を撮影していることは、一九八七年一〇月の『カイエ・デュ・シネマ』において、ユイレとストローブの『エンペドクレスの死』について述べたアラン・フィリッポンの文章が、次の仕方で示している通りである。

> 風景や気候といった現実に対して、方法が完全に従順である（雲が通り過ぎたら、感知可能な光度の変化をカメラは受け取る）のは、ヒエラルキーなしで一切が重要であるという世界観のたまものである（私が思い出すのは、『アメリカ／階級関係』の際に、ストローブ夫妻に行ったインタビューの最後のフレーズ、「昆虫の運命は、革命の運命に劣らず重要である」というローザ・ルクセンブルクの言葉である）[†48]。

「進歩の神話」の脅威に抗うための映画が、なぜ『エンペドクレスの死』なのか。この問いに今では、次のように答えることができるだろう。「進歩の神話」が、「昆虫の運命」と人間の「革命の運命」の間に存在するヒエラルキーに基づいて成立する神話であるのに対し、『エンペドクレスの死』は、そうしたヒエラルキーなしで、瞬間的な「光度の変化」に代表される「一切」を尊重することに基づいて成立する映画だからだと。この映画が「進歩の神話」の脅威に抗うからといって、そこにあふれているのは悲壮な決意であると思ってはならない。『エンペドクレスの死』にあふれているのはむしろ「生の喜び」であり、この「生の喜び」こそが「共産主義のユートピア」の正体であることを、ストローブは、「共産主義のユートピア」という言葉を口にし始めるよりも前の「パリ・インタビュー」においてすでに、次の仕方で示唆している。

> 簡単に言えば、過ぎ去り、絶対に取り戻せない瞬間を尊重すること。生の喜びとは、まさしくそれなんだ[†49]。

†1　Paul Willemsen, "'Und dann, und dann, und dann' Gesprek met Jean-Marie Straub en Danièle Huillet," in *Andere Sinema*, nr. 93, September-oktober 1989, p. 42. なお、本章における原語からの翻訳は全て、筆者による。

†2　ユイレとストローブの自宅の壁に飾られたレーニンのポスターは、Jean-Marie Straub and Danièle Huillet, *Writings*（New York: Sequence Press, 2016）の裏表紙の内側や、ストローブを特集した *Le Portique,* n. 33, 1er semestre 2014, p. 155 で確認することができる。*Le Portique,* n. 33 は、付録となるＤＶＤの映像を除いては、インターネット上で全面的に公開されている（http://leportique.revues.org/2735）。

†3　この映画は、*Avec Danièle Huillet et Jean-Marie Straub*（Éditions Montparnasse, 2010）の二枚目のＤＶＤに収録されている。

†4　Jacques Aumont/Anne-Marie Faux, "Entretien avec Jean-Marie Straub et Danièle Huillet" in *La Mort d'Empédocle*（Dunkerque: Studio 43/Paris; DOPA Films/Ecole régionale des beauxarts,1987）, p. 54 を参照のこと。

†5　Barton Byg, *Landscapes of Resistance: The German Films of Danièle Huillet and Jean-Marie Straub*, Berkeley: University of California Press, 1995, p. 229. ユイレとストローブの映画を論じる際に、「共産主義のユートピア（Communist utopia）」という言葉を用いた初めての研究書としても注目に値する『抵抗の光景』は、インターネット上で全面的に公開されている（http://ark.cdlib.org/ark:/13030/ft4m3nb2jk/）。なお、本論文を作成するにあたり、ビッグ氏から、彼がユイレと共に作成した『エンペドクレスの死』の英語字幕の資料を提供していただいた。この場を借りて、厚く御礼を申し上げたい。

†6　Karl Marx/Friedrich Engels, *Manifest der Kommunistischen Partei*, Stuttgart: Reclam, 1999, p. 24f.

†7　チェルノブイリの大事故の後、周辺諸国で脱原発の動きが強まり、イタリアでは実際に国民投票の結果、原発が廃止されることになった。

†8　Carole Desbarats, "Jean-Marie Straub: Respecter le moment qui passe" in *Cinéma*, n. 423（janvier 1988）, p. 8 を参照のこと。

†9　Jean-Marie Straub und Danièle Huillet, "Hölderlin, das ist die Utopie," in *Kameradshaft-Querelle: Kino zwischen Deutschland und Frankreich*（Munich: Centre d'information cinématographique de l'Institut français de Munich,1991）, p. 281 を参照のこと。この観客との討論の記録の英訳は、Straub and Huillet, "Hölderlin, That Is Utopia," in *Writings*, pp. 204-207 で読むことができる。

†10 Hans Hurch und Stephan Settele, "Der Schatten der Beute," in *Die Früchte des Zorns und der Zärtlichkeit. Werkschau Danièle Huillet/Jean-Marie Straub und Ausgewählte Filme von John Ford*（Wien: Viennale und Filmmuseum, 2004）, p. 104 を参照のこと。このインタビューのイタリア語訳は、Hans Hurch e Stephan Settele, "L'ombra della preda," in *Quaderno informativo XXV Mostra Internazionale del Nuovo Cinema*（Pesaro, 1989）, pp. 41-44 に加え、Hans Hurch e Stephan Settele, "L'ombra della preda," in *Il cinema di Jean-Marie Straub e Danièle Huillet: "Quando il verde della terra di nuovo brillerà"*（Rome: Bulzoni Editore, 2001）, pp. 208-213 でも読むことができる。なお、一九八七年一〇月の『カイエ・デュ・シネマ』の付録となる冊子に掲載された、ユイレとストローブによるヴィム・ヴェンダース宛の書簡では、「ヘルダーリンの（共産主義の）夢」という言葉を確認することができる。*Cahiers du cinéma*, supplément au nº 400（octobre 1987）, p. 48 を参照のこと。

†11 Willemsen, "'Und dann, und dann, und dann' Gesprek met Jean-Marie Straub en Danièle Huillet," p. 40、および Hans Hurch, "'Slaapwandelaars in wind en zon' Gesprek met Jean-Marie Straub en Danièle Huillet" in *Andere Sinema*（nr. 93, September-oktober 1989）, p. 45 を参照のこと。筆者の確認する限り、ストローブによって口にされた「共産主義のユートピア」が、印刷された言葉として登場するのは、このオランダ語で発表されたインタビューが初めてである。

†12 Friedrich Hölderlin, *La Mort d'Empédocle. Texte établi et traduit par Danièle Huillet et Jean-Marie Straub*, Toulouse: Ombres, 1987, pp. 136-139.

†13 Straub and Huillet, "Debate on Images and Virtual Reality," in *Writings*, p. 242. ケオーに対するストローブの凄まじい怒りの様子は、http://www.ina.fr/video/I00009753 や www.ina.fr/video/I00009757 で映像として実際に目にすることができる。

†14 Aumont/Faux, "Entretien avec Jean-Marie Straub et Danièle Huillet," p. 54 を参照のこと。ミシェル・アンリの『野蛮』は、邦訳書（山形頼洋・望月太郎訳、法政大学出版局、一九九〇年）がある。

†15 Hölderlin, *La Mort d'Empédocle*, pp. 44-45.

†16 Willemsen, "'Und dann, und dann, und dann' Gesprek met Jean-Marie Straub en Danièle Huillet," p. 41 を参照のこと。

†17 Aumont/Faux, "Entretien avec Jean-Marie Straub et Danièle Huillet," p. 54 を参照のこと。

†18 Jean-Marie Straub, "Mes Dates clés par Jean-Marie Straub," in *Libération*, 30 avril 2003. この文章はインターネット上で読む

ことができる（http://next.liberation.fr/cinema/2003/04/30/mes-dates-cles-par-jean-marie-straub_463103）。その英訳は、Jean-Marie Straub, "My Key Dates," in *Writings*, pp. 262-265で読むことができる。

†19 Aumont/Faux, "Entretien avec Jean-Marie Straub et Danièle Huillet," p. 54を参照のこと。

†20 Hurch und Settele, "Der Schatten der Beute," p. 105を参照のこと。

†21 この引用は、ヒュペーリオンがディオティーマに宛てた手紙の中の「ああ、大地よ、僕の揺りかごよ」に、ストローブが「母なる大地よ」を付け加える仕方でなされている。ヘルダーリン『ヒュペーリオン』（青木誠之訳、ちくま文庫、二〇一〇年）二二七頁を参照のこと。

†22 Willemsen, "'Und dann, und dann, und dann' Gesprek met Jean-Marie Straub en Danièle Huillet," p. 40を参照のこと。

†23 Hurch und Settele, "Der Schatten der Beute," p. 105を参照のこと。

†24 Willemsen, "'Und dann, und dann, und dann' Gesprek met Jean-Marie Straub en Danièle Huillet," p. 40を参照のこと。

†25 Desbarats, "Jean-Marie Straub: Respecter le moment qui passe," p. 8を参照のこと。

†26 Jean-Marie Straub, "Questionnaire: 68, et moi, émois, et nous," in *cinéma 68*, Paris: Cahiers du cinéma, 2008, p. 106.

†27 Benoit Goetz, "À propos de La Mort d'Empédocle, Jean-Luc Nancy et Jean-Marie Straub," in *Le Portique*, n. 33, p. 58.

†28 Ibid., p. 59.

†29 Pierre Bertaux, *Hölderlin und die Französische Revolution*, Frankfurt am Main: Suhrkamp Verlag, 1969.

†30 Pierre Bertaux, *Hölderlin. Essai de biographie intérieure*, Paris: Librairie Hachette, 1936.

†31 Ibid., p. 194.

†32 Bertaux, *Hölderlin und die Französische Revolution*, p. 109. なお、ベルトーの『ヘルダーリン――内面的な伝記の試み』の中にも、『ヘルダーリンとフランス革命』の中にも、「共産主義のユートピア」という言葉は登場しない。この言葉が登場するのは、モーリス・ドゥロルムの『ヘルダーリンとフランス革命』であり、その中でドゥロルムは、ベルトーの『ヘルダーリン――内面的な伝記の試み』の一九四―一九五頁の内容を分析する際に、「une utopie «communiste»（《共産主義の》ユートピア）」という言葉を用いている。ひょっとしたらストローブは、ドゥロルムの『ヘルダーリンとフランス革命』

を読み、「共産主義のユートピア」という言葉を口にし始めたのかもしれない。Maurice Delorme, *Hölderlin et la Révolution française*（Monaco: Édition du Rocher, 1959）, p. 203を参照のこと。

†33 『早すぎる、遅すぎる』の小冊子（この映画を配給したHors-Champが作成したもの）に掲載されているフランス語のシナリオを参照して、日本語に直した。

†34 Aumont/Faux, “Entretien avec Jean-Marie Straub et Danièle Huillet,” p. 54.

†35 Hölderlin, *La Mort d'Empédocle*, pp. 130-131.

†36 Bertaux, *Hölderlin*, pp. 192-193.

†37 二〇一三年の二月にパリでなされたインタビューにおけるストローブの発言によれば、『労働者たち、農民たち』は「農民の共産主義（Bauernkommunismus）」を問題としているだけではない。それは「愛の物語」でもある。Jean-Marie Straub, Elke Marhöfer und Mikhail Lylov, “Tausend Klippen” in *Der Standpunkt der Aufnahme - Point of View: Perspectives of political film and video work*（Berlin, Archive Books, 2014）, p. 281を参照のこと。このインタビューはhttp://mikhaillylov.com/files/interviewjmstraub.pdfからダウンロードできる。

†38 Jean-Marie Straub et Danièle Huillet, “Pourquoi Empédocle?” in *Jean-Marie Straub et Danièle Huillet: Hölderlin, Cézanne*（Lédignan: Édition Antigone, 1990）, p. 10を参照のこと。

†39 H. G. Liddell, *An Intermediate Greek-English Lexicon: Founded upon the Seventh Edition of Liddell and Scott's Greek-English Lexicon*（Oxford: Clarendon Press, 1994）, p. 659を参照のこと。

†40 Willemsen, “‘Und dann, und dann, und dann’ Gesprek met Jean-Marie Straub en Danièle Huillet,” p. 42を参照のこと。なお、「Politelis」を「πολύτελής」のアルファベット表記と理解することに関しては、アメリカの映画批評家サリー・シャフトウ氏、さらには現在、公私ともにストローブを支えているバルバラ・ウルリッヒ氏から賛同をいただいた。

†41 モーゼが大虐殺を指示したことは、旧約聖書『出エジプト記』三二章二五–二八節（ユイレとストローブの『モーゼとアロン』は、ユイレによるこれらの節の朗読から始まっている）に明記されている。

†42 Hölderlin, *La Mort d'Empédocle*, pp. 46-47.

†43 Danièle Huillet, "Das Drehbuch," in *Filmkritik*, 221./222, Mai/Juni 1975, p. 251.

†44 Martin Walsh, "Moses and Aaron, Straub and Huillet's Schoenberg," in *Jump Cut*, no. 12/13, pp. 57-58.

†45 Straub et Huillet, "Pourquoi Empédocle?" p. 10.

†46 Hölderlin, *La Mort d'Empédocle*, pp. 146-147.

†47 ユイレとストローブが、イタリアの映画誌『フィルムクリティカ』のインタビューを受けた際、録音用のカセットレコーダーが故障してしまったため、ヘルダーリンの『エンペドクレスの死』の「政治的現代性」と「美学」についての質問に対する彼らの返答が記録できなかった。そのため、誌面には消失してしまった返答の代わりに、ベンヤミンの『暴力批判論』に付せられたマルクーゼの「後書き」のイタリア語訳が、ユイレとストローブの提案に従って掲載されている。Giorgio Baratta e Giulio Latini, "Il paessagio invisibile," in *filmcritica*, 371, gennaio-febbraio 1987, pp. 17-18 を参照のこと。

†48 Alain Philippon, "Le secret derrière les arbres," in *Cahiers du cinéma*, n. 400, octobre 1987, p. 42. この箇所を日本語に直す際、Byg, *Landscapes of Resistance*, p. 197 を参照した。なお、筆者の確認する限り、「昆虫の運命は、革命の運命に劣らず重要である」という言葉の正確な出典は不明である。ストローブが好んで口にするこの言葉は、ローザ・ルクセンブルク本人の言葉というよりも、彼女の思想に基づくストローブの言葉といった方が適切なのかもしれない。

†49 Desbarats, "Jean-Marie Straub: Respecter le moment qui passe," p. 8.

13

ストローブ＝ユイレとアンドレ・バザン

存在論的リアリズム、脚色、超＝演劇

堀 潤之

はじめに

国籍という観点からは紛れもなくフランス人であるジャン＝マリ・ストローブとダニエル・ユイレは、亡命先のドイツで映画を撮り始め、その後は長らくローマを拠点に活動していたため、フランスの映画作家というよりは、ヨーロッパのコスモポリタンな映画作家であるという印象が強い。言語的な観点からも、彼らの映画はドイツ語、フランス語、イタリア語で撮られている（一九三三年にロレーヌ地方のメスに生まれたストローブは、一九四〇年のナチス・ドイツによる併合によってドイツ語の学習を余儀なくされるという強烈な言語的体験を味わっている）。彼ら自身も、『カイエ・デュ・シネマ』が世界中の五〇人の映画作家に対して行った「グローバリゼーション」についてのアンケートで、「ヨーロッパ諸国の映画作家のうち、私たちだけがヨーロッパの映画作家だ」と自負している。[†1]

しかし、地理的にも言語的にもヨーロッパ諸国を横断しつつ製作されているとはいえ、ストローブとユイレの映画の核心には、若年期の彼らが自己形成した一九五〇年代フランスにおける映画批評の教えが古層のように横たわっているのではないか。そこで培った映画についての根本的な考え方は、彼らが一九五〇年代末にフランスを離れたがゆえに、コンテクストの影響を受けて雲散霧消することもなく、かえっていっそう純粋な形で保持され続けたのではないか。もっと直截に言えば、彼らの映画は、一九四〇年代半ばから五〇年代末のフランスにおいて大きな存在感を放っていた映画批評家アンドレ・バザン（一九一八―五八年）のいくつかの中心的な考えをラディカルに推し進めたものと考えられるのではないだろうか。

本章ではこうした仮説を導きの糸として、「リアリズム」と「脚色」という二つの主題に関して、ストローブ＝ユイレの映画とバザンの着想にどのような照応があるのかを考えてみたい。その作業は、バザンを通じてストローブ＝ユイレの映画の特徴を浮き彫りにすると同時に、ストローブ＝ユイレの作品に照らしてバザンの相対的に知られざる側面を読解することにも繋がるだろう。だが、まずは彼ら――特にストローブ――の監督デビュー以前の経歴を振り返ることから始めなければならない。

1 『カイエ』派としてのストローブ

ストローブは一九六六年にドイツの映画批評誌『フィルムクリティーク』に寄せた「自伝」という文章で、映画を撮るに至るまでの経歴を振り返っている。[†2] その記述によると、高校生のときにメスの映画館の「貧弱な番組編成」に抗議するデモに参加したというストローブは、一九五〇／五一年から一九五四／五五年にかけて、ストラスブール大学やナンシー大学に通う傍ら、二〇〇人から七〇〇人もの会員を擁する「暗室（Chambre Noir）」というシネクラブをみずから運営し、チャップリン、エイゼンシュテイン、ムルナウといった古典から、ルノワール、オフュルス、ブレッソンら同時代のフランス映画、ロッセリーニ、デ・シーカ、ヴィスコンティらのネオレアリズモを経て、ウェルズ、キャプラ、ワイルダーといったハリウッドの作家に至るまで、幅広い上映活動を行っていた。しかも、それらの映画の紹介者として（生年順に並べると）、アンリ・アジェル（一九一一―二〇〇八年）、ジャン・クヴァル（一九一三―九〇年）、ジャン・ディヴォワール（一九一六―二〇〇七年）、バザン、ジャック・ドニオル＝ヴァルクローズ（一九二〇―八九年）、フランソワ・トリュフォー（一九三二―八四年）らを招いたという。アジェルとディヴォワールを除けば、皆、一九五一年四月にバザンとドニオル＝ヴァルクローズらが創刊した『カイエ・デュ・シネマ』周辺の人脈である。一九四八年に弱冠一六歳でシネクラブ「映画中毒者集会《セルクル・シネマーヌ》」を作ったことをきっかけにバザンとの交流を始めたトリュフォーを模倣するかのように――いや、すぐに資金繰りに行き詰まってシネクラブを瓦解させたトリュフォーよりもおそらくずっと巧みに――、地方都市を拠点にしたストローブもパリの映画批評界との交流を強く意図していたのである。

また、ストローブは一九五四年から五五年にかけて、数は少ないものの、地元の雑誌や、バザンも折に触れて寄稿していた週刊誌『ラジオ・シネマ・テレヴィジオン』に批評を書いている。[†3]取り上げられている題材は、一九五四年のヴェネツィア映画祭のほか、ロッセリーニ、ヒッチコック、ニコラス・レイといった映画作家たちである。映画祭の報告は、当時の映画批評でよく取られていたフォーマットであり、バザンもヴェネツィア映画祭やカンヌ映画祭の報告をたびたび執筆していた（ストローブの記事には、一九五二年のカンヌ映画祭のバザンによる報告からの長い引用がある）。また、『裏窓』（一九五四）のヒッチコックを力強く擁護し、知られざる作家としてのニコラス・レイを熱烈に紹介するストローブの身振りには、生まれつつあった「作家主義」的な映画批評にみずからも連なろうとする意志がはっきりと読み取れる。しかも、どの記事も『カイエ・デュ・シネマ』や『アール』からの（特に『カイエ』同人たちの記事からの）引用を含んでおり、ストローブの最初期の活動がどれほど『カイエ』を軸としたフランス映画批評の文脈に染まっていたかを窺わせる。

こうした批評を書いていたのとほぼ同時期の一九五四年一一月にパリに出たストローブは、高等映画学院（IDHEC）への進学クラスでダニエル・ユイレに出会うとともに、シネマテークでジャン＝リュック・ゴダール、エリック・ロメール、ジャック・リヴェットらと交友を深めることになる。彼らは、知識人からは体制内の器用な職人監督としか思われていなかったヒッチコックやホークスといった監督たちを、文学作品の書き手と何ら変わらない創造的な主体として称揚するという「作家主義」の路線を唱導することで、当時、『カイエ・デュ・シネマ』内でも「若き急進派」と目されていたが、ストローブと彼らとの出会いはほとんど必然だったと言ってもいいだろう。『カイエ』に批評を書くことこそなかったとはいえ、みずからを「ヒッチコックの熱烈な愛好者」[†4]と形容するストローブは、まぎれもなく「若き急進派」たちの眷属なのである。しかも、ストローブは上京するやいなや、アベル・ガンスの『悪の塔』（一九五五）、ルノワールの『フレンチ・カンカン』（一九五四）と『恋多き女』（一九五六）、ブレッソンの『抵抗』（一九五六）、アレクサンドル・アストリュックの『女の一生』（一九五八）といった映画製作の現場に積極的に身を投じ、リヴェットの短篇『王手飛車取り』（一九五六）には助監督としてクレジットされてもいるのだから、批評活動を経て一九六〇年前後に相次いで長篇デビューするヌーヴェル・ヴァーグの監督たちに名を連ねていたとしてもまったくおかしくなかっただろう。

そうした仮想の歴史が実現するのを妨げたのは、アルジェリア戦争への徴兵忌避によって、ストローブが一九五八年六月にフランスを離れざるを得なくなり、翌年から一一年間にわたってミュンヘンに居を定めることになったという事情である。この非妥協的な政治的意識は、『カイエ』の全般的には右翼的な傾向と決定的に異なる点だと言えるだろう。実際、一九五〇年代の『カイエ』はインドシナ戦争もアルジェリア戦争もまるで存在しないかのごとく振る舞っていたが、それらはストローブにとってはまさに人生の「鍵となる」出来事にほかならなかった。[†5] とはいえ、少なくともストローブの出自が、ヌーヴェル・ヴァーグの主要な監督たちと同じく、一九五〇年代の『カイエ』を中心とする映画批評の場にあったことは、こうして簡単に経歴を振り返るだけでも明らかだろう。

2　ストローブ＝ユイレの「存在論的リアリズム」

では、こうした出自を持つストローブがバザンの遺産を継承したとして、それはストローブ＝ユイレの映画のどのような局面に現れているのか。まずは、バザンの映画批評のキーワードである「リアリズム」とストローブ＝ユイレの映画との接点を探ってみよう。

バザンは映画における「リアリズム」を称揚し、それを可能にする技法として奥行きの深い画面や長回し（シークェンス・ショット）を重視したとよく言われる。それは決して間違いではないが、彼の言う「リアリズム」が、単に現実をより忠実に反映するスタイルとしてのリアリズムを指すだけでなく、「現実」との他の様々な関わり方をも包含した複合的な概念であることに留意しなければならない。たとえばバザンは、ウェルズを論じながら、「物体や舞台背景にその本来の存在の密度、重みのある存在感を復元する」ことを「存在論的リアリズム」と名付け、それとの対比として、扉を開けることが何らかの重要性を持つようなシーンに「ドアノブのクロースアップ」が挿入されるという事例を想定する。[†6]バザンは言う。そのように「古典的デクパージュ」に従って出来事を切り分けるとき、私たちは「現実をアクションの「意味」に全面的に従属させ、知らず知らずのうちに現実を一連の抽象的な「記号」に変化させて」しまう。その際、「ドアノブのクロースアップ」は、明瞭な意味作用を担う代わりに、「琺瑯引きにひびが入り、くすんだ銅製の、触ったときの冷たさを想像してしまうようなドアノブ」ではなくなってしまうだろう。ウェルズにみられるような奥行きの深い画面は、映像にまさにそうした「物体《オブジェ》としての現実性」を取り戻させるための技法なのだ、と。こうした意味での「リアリズム」は、すでに現実の忠実な再現という発想を超えている。そして、先取りして言えば、ストローブ＝ユイレは、まさにそのような「リアリズム」をバザンから継承し、先鋭化しているのだ。

「リアリズム」をめぐるバザンの発想は、現実とその映画的表象をめぐるより根源的な考察に裏打ちされている。周知のとおり、バザンは最初期のテクストのひとつである「写真映像の存在論」で、写真、ひいては映画というメディウムの特性を現実の無媒介的な刻印という点に見て取った。つまり、写真のイメージは、それ以前の絵画的イメージとは違って、人間の創造的介入なしに自動的に生成されることによって「本質的な客観性」を獲得し、映画はそうした「写真的客観性を時間において完成させたもの」である、と。[†7]エリック・ロメールはこの「客観性」という語句に注目し、バザンの考えがイメージへの人間の主体的な介入を真っ向から否定しているという点を「コペルニクス革命」であるとした。[†8]しかし、上述の「存在論的リアリズム」との関係で注目すべきは、むしろ、バザンが写真映像において、「事物からその写しへの実在性の譲り渡し（transfert）」が生じているとみなしている点である。イメージはその生成過程がどのようなものであれどこまでも表象にすぎないとする常識的な考えに照らせば、このバザンの記述は驚くべきものではなかろうか。バザンはさらに、「無感動な機械の力」に基づく写真は、単に「モデルの存在自体に根ざし」ているだけでなく、「モデルそのもの」であるとさえ書き付けている。写真や映画のイメージに現実が自動的に刻印されることで、それ自体、単なる表象という地位を超えて、確かな存在感を持ったものそのものとなる——こうしたイメージの特異なあり方を、バザンは「本物の幻覚（une hallucination vraie）」という撞着語法によっても言い表している。「写真映像の存在論」に見え隠れしているこうした着想が、先に見たウェルズにおける「存在論的リアリズム」の現れの分析と直結していることは明らかだ。ただし、映画のあらゆる映像が自動的に「存在論的リアリズム」に適ったものになるわけではなく、古典的デクパージュがそうであるように、演出の仕方によってはそのような特性が損なわれてしまう——逆に言えば、映像が確かな存在感を備えるためには、ある特殊な演出が必要になる——ことにも留意しておこう。

　ストローブ＝ユイレの映画は、バザンのこうした「存在論的リアリズム」をめぐる考えと深いところで共振しているように思われる。まず、彼らはバザン同様、ショット／切り返しショットに基づく古典的デクパージュには概して否定的である。ストローブは言う。登場人物の顔を映して、それから切り返しショットで同じ人物の頭の後ろ側を映すような「ショット／切り返しショットにはいつも嫌悪感を覚えてきた」。その場合、「私にとってその頭は同じ人物に属するものではない」、と。その代わり、彼にとって「ショット」とは、「ひとつの全体を構成する客観的な現実であり、物語的、心理的等々といった他の機能を何ら持たないもの」なのである[†9]。つまり、ストローブはショットを、古典的デクパージュの枠内で何らかの明確な機能を持った（バザンの言う）「記号」として連鎖させようとするのではなく、それ自体「客観的な現実」そのものであると捉えているのだ。

　もちろん、古典的デクパージュを退けるだけで、ショットがそのような境位を自動的に得られるわけではない。ストローブは『アンナ・マクダレーナ・バッハの年代記』（一九六八）についての文章で、「音楽はどのようなものであれ何かを表現することなどできない」というストラヴィンスキーの言葉は映画にも当てはまると言う。一本の映画は、物語を語ったり、何かを示したり、感情などを表明したり、何かを証明したりするために存在するのではない。「こうした罠のいずれにも陥らないようにするため、私にとってデクパージュをめぐる作業は、最初からこうした様々な表現の誘惑を打破することにある」。ストローブは、そのように「ありとあらゆる意図、表現意欲」を除去するための具体的なやり方として、次のように語る。「私にとってデクパージュを書くときの作業とは、もはや絶対にいかなる意図も持たず、撮影時にももはや意図を持ち得ないということを確信できるように、完全に空虚なフレームに行き着くことだ」、と。[†10] このような注意深い作業を経てようやく、ショットは「客観的な現実」に到達しうるようになる。

ショット／切り返しショットを退け、あらゆる「意図」を除去することに加えて、ストローブ＝ユイレが同時録音での撮影にこだわっていることも、ショットを「客観的な現実」の境位にまでもたらすための重要な方策である。ストローブ＝ユイレは、自分たちの映画が吹き替えで上映されることに対して激しい拒否反応を示す。たとえば、『オトン』（一九七〇）がイタリアでの放映時に吹き替えられそうになったとき、同時録音で撮られたこの映画は、「コルネイユの言葉が、それが発されるときの瞬間、物音、大気、風ともどもそれぞれの登場人物のうちに具現化すること」に基づいていると言って、テレビ局に字幕付きでの放映を求めた。[†11] ストローブは別のインタヴューで、吹き替えられた映画は、「見えるものと聞こえてくるものの間にまるで関係がない」ので、「嘘、精神的な怠慢さ、暴力の映画」にほかならず、そこでは「空間それ自体が見せかけのものになる」と言う。逆に、同時録音の場合、「空間を弄ぶことなどできず、空間を尊重し、それによって見る者が空間を再構築できるようにしなければならない」。なぜなら、同時録音の映画は「時間と空間の「抜粋」で作られているから」だ。[†12] この「抜粋」という言葉は、実在性を備えた現実世界の断片をそのまま抜き出すというニュアンスを強く持っているので、事物の単なる表象にとどまらずに、その強烈な存在感を露呈するというバザンの「存在論的リアリズム」との接点を示唆している。

こうして、ストローブ゠ユイレの映画におけるイメージは堅固な物質性を獲得する。ストローブ自身、みずからの映画のそれぞれのイメージを「石材（pierre）」という譬喩で言い表しているほどだ。[†13] その譬喩の使用もまた、バザンが「ありのままの現実の断片」としての「事実゠映像」の連鎖から成るロッセリーニの『戦火のかなた』（一九四六）を論じながら、「川を渡るために、人が岩（pierre）から岩へと飛び移っていくように、観客の精神は、事実から事実へと飛んでいかなければならない」と語っていたことを思い起こさせる。[†14] だが、ストローブ゠ユイレの撮るイメージは、単に物質性を露呈するものであるにとどまらず、風景の凝視の果てに、そこに潜んだ不可視の痕跡を開示するものでもある──顕著な例を一つだけ挙げるなら、『フォルティーニ／シナイの犬たち』（一九七六）で映し出されるイタリアの美しい風景は、第二次世界大戦中のファシストによる民間人虐殺の不可視の痕跡をとどめているのだ。現実の「時間と空間の「抜粋」」としての強靱な物質性に基づいてこそ、ドゥルーズが見事に分析したような、「考古学的ないし層位学的イメージ」の「読解」[†15]という身振りも可能になるという意味で、ストローブ゠ユイレのイメージはバザンの「存在論的リアリズム」をさらに先鋭化した地点に位置づけられるだろう。

ところで、バザンが奥行きの深い画面によるリアリズムを称揚したのは、それが「観客の演出に対するより活発な精神的態度、さらには積極的な関与さえもたらす」からでもあった。[†16] 古典的デクパージュによって「案内に従って見るだけ」という観客の態度を生み出すことを拒否し、「観客と映像の知的関係」をより創造的なものへと刷新すること──ストローブ゠ユイレの映画は、必ずしも奥行きの深い画面の活用という演出法を介することなく、映像に徹底して「物体《オブジェ》としての現実性」をもたらすことで、バザンのこうした倫理的態度をもさらに先鋭的なものにしている。ここでは、ダニエル・ユイレがあるインタヴューで『モーゼとアロン』（一九七五）の時にとりわけ用心したこととして、「森の中の空き地の外へとつながる可能性のあるあらゆる道筋をいかにして開いたままにしておくか、観客にイメージを押しつけて想像力を妨げてしまうことをいかに避けるか」を挙げていることに言及すれば十分だろう。[†17] ストローブ＝ユイレの映画は、「リアリズム」が要請する観客への倫理的態度という点でも、バザンを継承しているのである。

3 「現実」としてのテクスト

一九五四年一一月にパリに出たストローブは、よく知られているように、バッハについての映画の企画を携えていた。その企画を一〇年以上の歳月を経て『アンナ・マクダレーナ・バッハの年代記』として完成させたストローブは、本作品の構想について以下のように語っている。

私たちの『アンナ・マクダレーナ・バッハの年代記』の出発点となったのは、音楽が伴奏としてでも注釈としてでもなく、美学的な素材《マチエール》として使われるような映画を試みるという思いつきだった。私には紛れもなくこれが参照項だと言えるものはなかった。とはいえ、おそらく比較対象として、ブレッソンが『田舎司祭の日記』で文学的テクストについて行ったことがあった。[†18]

音楽を「美学的な素材《マチエール》」として映画に導入しようとする際に『田舎司祭の日記』がヒントになったとストローブが言うとき、そこで念頭に置かれているのが、ジョルジュ・ベルナノスの小説を原作とするこの「翻案作品」についてバザンが一九五一年に発表した長大な論考「『田舎司祭の日記』とロベール・ブレッソンの文体論」[†19] であることはほぼ間違いないだろう。では、ストローブ＝ユイレの映画は、バザンの脚色映画論から何を受け継いだのだろうか。そのことを理解するためには、バザンの論考の内容を多少とも詳しく読解するという迂回を経なければならない。

バザンはこの論考で、『田舎司祭の日記』を映画的脚色の新たな段階を画するものとみなしている。原作に「相当する」ような映画を作り出すのでもなければ（脚本家コンビのオーランシュ＝ボストのように）、原作への「本質的な共感」をもって自由な映画化を試みるのでもなく（ルノワールのように）、ブレッソンはここで「映画と文学の弁証法」を達成している。つまり、「小説の上に映画によって第二次の作品を作り上げ」ることによって、「映画を掛け合わされた小説とでもいうような、新たな美学的存在」が生まれている、というのである（二〇八―二一〇頁）。

では、そのような「新たな美学的存在」はどのような手続きで生み出されているのか。バザンはまず、ブレッソンがベルナノスの原文に文字通り忠実であることに着目する。実際、『田舎司祭の日記』のブレッソンは、ベルナノスの原文を切り詰めることはあっても、そこに新たな言葉を付け加えたり、いわんや「等価」のシーンをでっち上げたりすることはいっさいない。だが、通常の脚色法の考えに従うと、小説と映画とではその「美学的構造」（一六〇頁）が異なるため、映像化された部分を考慮に入れて何らかの調整をせずに、ただ原文に忠実であるだけでは、かえって原作との齟齬が生まれてしまう（逆に言えば、だからこそ原文から離れて「等価」のシーンを創作することが一般的に許容されている）。しかも、ブレッソンは「強烈なまでに視覚的な喚起に満ちた」ベルナノスの小説から、敢えて「映像化されることを待ち望んでいるような多くの箇所」を割愛し、さらに俳優に「一本調子のせりふ回し」を課すことで、その齟齬を強調しているというのだ（一八二―一八四頁）。しかしながら、それは『田舎司祭の日記』の欠点ではいささかもない。このようにして映画に「転写」（一三八頁）された文学的言語は、映像――特に、「あらゆる表現上の象徴を取り除かれた俳優の顔」（一九八頁）――と弁証法的に突き合わされることによって、より高次の美学的存在へと至るとされている。

こうしたバザン特有の弁証法的な議論の過程で、彼は対峙させられるテクストと映像を「二種類の純粋な現実」と形容している（一九八頁）。ここで興味深いのは、常識的に考えて「現実」を写し取っていると言いうる

「映像」だけでなく、文学作品の「テクスト」もまた、存在論的な境位が異なる別種の「現実」とみなされていることだ。バザンは、一つの「現実」として確固たる存在感を示す「テクスト」が、どのように映画に取り入れられ、それがどのように「映像」と関わっているかについて、こう書いている。

ブレッソンは登場人物を扱うのと同じように小説を扱う。ブレッソンにとって小説は生《き》のままの事実であり、与えられた現実であって、状況に合わせて書き換えたり前後のつじつまを合わせるために手を加えたりするべきでなく、反対にその存在において確認すべきものなのだ。ブレッソンは原作の文章を削ることはあっても、決して要約することはない。なぜなら一部を削っても元どおりの小説の断片が残るからだ。大理石の塊がもともと石切り場から切り出されてきたように、映画の中で読み上げられる言葉は小説の一部であり続けている。〔……〕ここでは「現実」は、倫理的とも理知的ともいえるテクストの記述内容ではなく、テクストそれ自体、より正確にはその文体なのである。そして文体というこの原作に備わった深い現実は、カメラが直接とらえる現実と噛み合うこともなければ、補い合うことも混じり合うこともない。むしろ二種類の現実が接近することで両者の本質的な異質さが際立つことになる。それゆえに、それぞれの現実は別々の方法とスタイルで別々のパートを演奏するのである。〔……〕スクリーン上で競合し、対立する二種類の現実の存在論的不一致が明らかにしているのは、両者に共通する唯一の尺度、すなわち魂の存在である。

（一九八―二〇〇頁）

ここでは、原文への忠実さが「テクスト」ないしその「文体」という「原作に備わった深い現実」の尊重と読み替えられ、その「現実」と「カメラが直接とらえる現実」（＝「映像」）とが両者の「本質的な異質さ」や「存在論的不一致」を際立たせながら並置され、その弁証法的作用によって最終的には「魂の存在」が開示されるというヴィジョンが明確に打ち出されている。

以上のようなバザンの議論を踏まえれば、ストローブが音楽を「伴奏」や「注釈」としてではなく、「美学的な素材《マチエール》」として映画に導入したいと言うとき、いったい何が目指されているのかがより明確になるだろう。ストローブ＝ユイレにとって、『アンナ・マクダレーナ・バッハの年代記』におけるバッハの音楽は、「伴奏」や「注釈」として映像と「噛み合う」ことも「補い合う」ことも「混じり合う」こともなく、いわば石切り場から切り出されてきた「大理石の塊」のごとく、堅固な物質性を保ったまま「その存在において確認すべき」であるような「生《き》のままの事実」にほかならない。バッハの音楽という「現実」は、カメラが捉える「現実」との「存在論的不一致」を孕みつつ、それ自体として屹立することになるだろう。ここでのバザンの議論は、「魂の存在」というカトリック的な帰結をひとまず措けば、ほとんどそのままストローブ＝ユイレの音楽映画に当てはまると言って過言ではないのである。

さらに、この議論は『アンナ・マクダレーナ・バッハの年代記』だけでなく、ストローブ＝ユイレが小説、戯曲、オペラなど他の諸芸術を「翻案」した映画にも当てはまると思われる。たとえば、ハインリヒ・ベルの小説『九時半の玉突き』を極端なまでに圧縮した『和解せず』（一九六五）を、ストローブが「小説のいわゆる「翻案」にあらず」と明確に言明し、「役者たちに頼んだのは、何らかの仕方で台詞を「演じる」ことではなく、きちんと定められた譜面に従って台詞（texte）を朗唱することだった」と語るときにも[†20]、テクストを別種の「現実」としてとらえるというバザン的発想が窺している。あるいは、ソポクレスの古代悲劇のヘルダーリンによる破格なまでに逐語的なドイツ語訳を、ブレヒトがさらに改訂した戯曲を映画化した『アンティゴネ』（一九九二）でも、異化的なテクストの「朗唱」によって、言語はそれこそ「大理石の塊」のような物質性を帯びることになる。原作テクストの物質性を様々なやり方で際立たせるストローブ＝ユイレの映画は、『田舎司祭の日記』が切り開いたパラダイム内に間違いなく収まっている。

4 「超＝演劇」としての映画

バザンは同じ一九五一年に『田舎司祭の日記』論に引き続いて発表した長篇論考「演劇と映画」で、小説のみならず演劇の映画化を題材に、さらに掘り下げた議論を展開している。[†21] ひと言で言えば、ここでは単にテクストと映像の対峙だけでなく、演劇と映画という異なる美学的システム間の移植というより大がかりな問題が扱われているのだ。バザンはまず、演劇の本質をなすのは、「役者の肉体」ではなく「台詞（texte）」であるという前提を確認する（二二五―二二六頁）。しかし、演劇における台詞は、小説の場合とは違って、それ自体として別種の「現実」を構成しうるわけではなく、劇の時間的感覚や舞台背景の人工性などを含む「演劇的な約束事」（二三六頁）にまとわりつかれている。そのため、平凡な演劇映画であれば「演劇的な約束事」を映画のシステムのうちに解消してしまうところ、真に興味深い演劇映画は、単に戯曲の台詞に忠実であることによってテクストと映像を対峙させるだけではなく、むしろ戯曲の「演劇的な性格を際立たせ」、それが従っている「演劇の約束事」をあからさまに示すようになっている。バザンはその事例として、ローレンス・オリヴィエの『ヘンリィ五世』とジャン・コクトーの『恐るべき親たち』を挙げている。前者は「『ヘンリィ五世』の原作ではなく、その上演の模様」（二三六頁）を映画化することで、後者は「観客と舞台の関係性の原理そのもの」（二四七頁）をとらえることで、それぞれの仕方で映画の中に「原作戯曲の本質的な演劇性を残し」、「演劇性の増加」という事態をもたらしているのだ（二四八頁）。バザンは、このように「映画によって戯曲そのものを上演」（二四八頁）するやり方を、映画というシステムに演劇を馴致するやり方と区別して、「超＝演劇（sur-théâtre）」と名付けている。

では、こうした「超＝演劇」の試みにおいて、映画に本来的に備わるとされるリアリズムとの関係はどうなっているのだろうか。バザンは、演劇映画において際立たせるべき「演劇の約束事」が、「映画的リアリズム」とは根本的に相容れないことを強調し、とりわけその対立が先鋭的に現れる「舞台装置＝背景（décor）」に着目する。演劇の舞台および舞台装置は、額縁に囲まれた絵画と同じように、「まわりを取り囲む「自然」とは本質的に異質な、美学的小宇宙《ミクロコスモス》」(二六六頁)を構成する。それに対して、「世界に開かれた窓」としての映画の空間は、否応なしに「現実的なもの」や「自然」に依拠しており、映画に「本質的な演劇性」を残そうとする「超=演劇」の場合であってもそれに抗うことはできない。そのため、「超=演劇」的な映画には、「自然なリアリズムを尊重しながらも、背景=装飾(décor)にドラマとしての不透明さを付与する」(二七七頁)という、逆説的な身振りが課せられることになる。バザンはその事例の一つとして、ウェルズの『マクベス』における張りぼての岩の使用を挙げている。ウェルズは、映画に備わる空間的リアリズムに則りつつ、張りぼてが示す演劇性をも誇示しているのだ。

以上のような「超=演劇」という発想を介在させることで、『オトン』から『モーゼとアロン』や『エンペドクレスの死』(一九八七)を経て『アンティゴネ』に至るストローブ=ユイレの一連の「演劇映画」に賭けられているものをより明確に理解できるのではないだろうか。どの作品も、原作の「テクスト」を最大限に尊重していることに加えて、古代風の衣裳の着用や、外国語訛りをもった俳優の起用(『オトン』『エンペドクレスの死』)や、古代ローマ遺跡の円形劇場という場所の選択(『モーゼとアロン』『アンティゴネ』)によって原作の「演劇性」をあからさまに誇示しており、バザンの言う意味での「超=演劇」に接近している。しかも、これらの作品では、野外のロケーションが同時録音を用いた徹底したリアリズムによってとらえられており、張りぼての岩を使ったウェルズとは反対のベクトルのやり方ではあれ、「自然なリアリズム」と「ドラマとしての不透明さ」の逆説的な同居がより大がかりなかたちで達成されている。ストローブ=ユイレの映画は、演劇を映画の中に滑らかに組み込むのではなく、その移し替えの事実それ自体を強調し、「映画によって戯曲そのものを上演」することで、演劇と映画の奇妙なハイブリッド的形態を生み出している。彼らの映画は、バザンが一九四〇年代から五〇年代初頭という映画史のある発展段階に特有の事象とみなした「超=演劇」を、拡張したかたちで継承しているのだ。

ところで、こうした「超＝演劇」という発想は、「演劇の約束事」を際立たせることで観客の批判的な鑑賞態度を呼び寄せるという点で、ストローブ＝ユイレの映画のキーワードでもあるブレヒト的な異化効果を思い出させずにはいない。バザン自身、ローゼンクランツなる人物による「映画と演劇」という文章を参照しながら、映画における「同一化」の契機について考察する過程で、ほとんどブレヒトに接近した議論を展開している。映画をもっぱら気晴らしの形態とみなし、「子供」や「未開人」や「群衆」の魂と結びつけて考えるローゼンクランツは、物理的現実を目の前にする演劇の舞台とは違って、映画は「想像力や憧れや夢の世界」に属すると考える。そのため、演劇の観客が「十分自覚的に」、「積極的な意図」とともに、目の前の現実を想像的な世界へと「抽象化」するという、「心理的な対峙（opposition mentale）」の態度を取るのに対して、大衆の欲望を満足させるべく作られた映画を前にした観客は、受動的な態度でひたすら主人公に「同一化」し、彼によって開かれた道を辿っていくばかりであるという。[†22] バザンはこの議論に反駁する。ローゼンクランツがこの文章を書いた一五年以上前の状況とは違って、今では「映画は観客に受動性を促すような演出方法だけでなく、逆に観客の意識を刺激するような演出手段も備えている」（二五七頁）からだ。とりわけ、演劇映画を含む近年の映画は、「受動性とは正反対の理知的な注意深さ」（二七九頁）、言い換えれば、「同一性のただなかの対峙」、すなわち、映画が本来的にもたらす「心理的同一化」のただ中で「知的意識」を保つ可能性を打ち出しているのだ（二八一頁）、と。ストローブ＝ユイレが、こうした見解の延長線上に、むしろ映画のただ中において「心理的な対峙」という観客の態度を要請していることは周知のとおりである。明示的にはブレヒトに言及していないバザンの演劇映画論は、こうして期せずしてブレヒトと共振し、そのことによってもストローブ＝ユイレの映画を予見していたのである。

おわりに

以上、「リアリズム」と「脚色」というバザンの映画批評のキーワードのうちの二つに即して、それらとストローブ＝ユイレの映画との接点を探ってきた。より具体的には、「物体《オブジェ》としての現実性」を映像に取り戻そうとする「存在論的リアリズム」、翻案する原作のテクストを別種の「現実」として取り扱うという発想、そして映画が演劇をその約束事も含めていわばメタ的にみずからに取り入れようとする「超＝演劇」の試みという三つの論点を精査することで、ストローブ＝ユイレの映画がいかにバザンを継承し、拡張し、先鋭化させているのかを明確化してきた。これらの論点は、バザン論の文脈でも頻繁に論じられているとは言いがたい部分であり、ストローブ＝ユイレから逆照射するかたちでバザンの相対的に知られざる側面もある程度までは明らかにできたのではないかと思う。

ところで、これら三つの論点をより深い次元で貫き、結び合わせているのはどのような発想なのだろうか。一つには、拡張された意味での「リアリズム」が、これらの論点に通底する要素として見出せる。「存在論的リアリズム」も、原作テクストを別種の「現実」ととらえる観点も、「リアリズム」の特殊な事例と言いうるし、「超＝演劇」にしても上演される演劇という「現実」をその諸々の慣習までをも含めて全体的にとらえるという点で「リアリズム」の一変種とみなしうる。だが、より重要なのは、こうした「リアリズム」の考え方を背後から支えている、一方では映画がとらえる（拡張された意味での）「現実」を、他方ではそれにまなざしを向ける観客の知性を、それぞれ最大限に尊重しようとする根本的な構えではないだろうか。映画は、「世界」を演出家の意に沿うように恣意的に改変したり、その映画を介して「世界」に目を向ける観客を一方向的に操作するべきではないとする、世界に対する根源的な倫理的態度こそが、バザンとストローブ＝ユイレを最も緊密に結びつけているのである。

†1 *Cahiers du cinéma*, nº 557, mai 2001, p. 63.

†2 Jean-Marie Straub et Danièle Huillet, *Écrits*, Independencia editions, 2012, p. 40-42. また、細川晋編『ストローブ＝ユイレの映画』フィルムアート社、一九九七年、八頁も参照。

†3 この期間に書かれた六本の批評は、Straub et Huillet, *Écrits*, pp. 13-31 に集成されている。

†4 Ibid., p.15.

†5 Jean-Marie Straub, "Mes dates clés," *Libération* 30 avril 2003 を参照。

†6 アンドレ・バザン『オーソン・ウェルズ』堀潤之訳、インスクリプト、二〇一五年、七九―八四頁。

†7 アンドレ・バザン『映画とは何か（上）』野崎歓・大原宣久・谷本道昭訳、岩波書店、二〇一五年、一五―一六頁、一八頁。以後、バザンからの引用は本書に拠るが、必要に応じて訳文を一部改変した箇所もある。

†8 エリック・ロメール『美の味わい』梅本洋一・武田潔訳、勁草書房、一九八八年、一二七頁。

†9 "I Have Always Been Horrified..."（1966）, Jean-Marie Straub and Danièle Huillet, *Writings*, edited and translated by Sally Shafto, Sequence Press, p. 89.

†10 "Le Bachfilm"（1966）, Straub et Huillet, *Écrits*, pp. 54-55.

†11 "Le doublage est un assasinat"（1970）, Straub et Huillet, *Écrits*, p. 67.

†12 "Interview on Direct Sound"（1975）, Straub and Huillet, *Writings*, pp. 156-160.

†13 "Le Bachfilm," Straub et Huillet, *Écrits*, p. 58.

†14 アンドレ・バザン『映画とは何か（下）』野崎歓・大原宣久・谷本道昭訳、岩波書店、二〇一五年、一〇九―一一七頁。

†15 ジル・ドゥルーズ『シネマ２＊時間イメージ』、宇野邦一・江澤健一郎・岡村民夫・石原陽一郎・大原理志訳、法政大学出版局、二〇〇六年、三三三頁以降。

†16 バザン『映画とは何か（上）』、一二六頁。

†17 Danièle Huillet, "Pas d'apaisement," *Europe : revue littéraire mensuelle*, nº 837-38, janvier/février 1999, p. 207.

†18 "Le Bachfilm," Straub et Huillet, *Écrits*, p. 53.

†19　『映画とは何か（上）』、一七七―二一五頁。あわせて、ほぼ同時期に書かれたより包括的な脚色映画論「不純な映画のために――脚色の擁護」（同書、一三六―一七六頁）も参照し、以下、これらの論考からの引用は、本文中にページ数を記すことによって示す。訳文を一部改変した箇所があることをお断りする。

†20　"Ne pas 'jouer', réciter," Straub et Huillet, *Écrits*, p. 35.

†21　『映画とは何か（上）』、二一六―三〇七頁。以下、この論考からの引用も、本文中にページ数を記すことによって示す。

†22　M. Rozenkranz, "Le cinéma et le théâtre. Etude sur la situation du théâtre," *Esprit* n° 20, mai 1934, pp. 266-267.

14

ストローブとユイエの映画

1963-2015

細川 晋

ストローブとユイエの映画

二〇世紀の映画は基本的に中央集権的に統制された国民市場の最新流行に適合した商業映画であり、孤独な個人創作というよりは不特定多数の同時代大衆向けの少数法人による集合制作的な表現だった。そのような時代にあって、ジャン・マリ・ストローブとダニエル・ユイエは、半世紀にわたり、個性的な個人創作者の並はずれて持続的な信念と愛、一貫した美的感覚を感じさせつつ、主題的に相互に響き合う商業映画を、妥協することなく自主制作し続けた例外的な映画作家だ。

被写体と言葉の素材を厳密に選ぶ彼らの映画は、撮影時の偶然性や現実世界の物質的制約を引き受けつつ、各ショット、各場面設定の構え（Einstellung）、断片的な人物像を表現する台詞と姿勢（Gestus）のリズムの洗練に徹底的にこだわり、同時代の国民教養中間層向けに平準化されたわかりやすさ、自然さ、完結性の感覚に抵抗し、あえて難解さ、不自然さ、断片性の表現を実験し続けた。

彼らの映画の異例性は、とりわけ、特定の歴史的出来事の集合記憶と結びついた被写体の選択と映画技術によるそれらの事実記録を重視する点にある。何らかの記憶と結びつく土地、遺跡、歴史的建造物、記念碑、記念像、史料的図像や写真像などの被写体が時間をかけて選択されるが、予備知識なしに、その固有の特徴を即座に識別できる者はきわめて限られる。

彼らの映画には、はかり知れない自然の力への畏怖と、支配者が被支配者に対してふるう暴力への怒りの感情が込められている。二〇世紀の歴史に関しては、彼らの映画の執拗な興味の中心は、ドイチェス・ライヒの全体主義的な独裁政権（一九三三年三月二三日～四五年五月八日）による、ユダヤ人や共産主義者に対する組織的迫害の悪夢的な集合記憶、全体主義に抵抗した個人の受苦という物語上の主題だが、彼らはその表現方法においても全体主義に抵抗しようとした。

さらに、彼らの映画は、しばしば、非日常化されたドイツ語、フランス語、イタリア語を用いつつ、古典ヘッレーネス語に遡る神話、歴史物語、逸話などの西欧における権威ある正統文芸教養を暗黙の前提とした文芸作品を再解釈する。その原典の扱いは厳密で、叙述内容の伝達を効率化する改変は必要最小限にとどめられる。このことは、彼らの映画が同時代の大衆に知られにくかった理由でもあり、高度な文芸教養を重視する国際的な高級芸術界の少数権威に高く評価された理由でもある。

彼らの映画の空間配置、時間構成、台詞の発声における、標準規格化された作法に対する違和、疎外感、欠落感の強調は、適度な気晴らしを求める国民教養中間層の大半が安易に満足できる表現規範に対する反例ともいえる。そうした姿勢は、気まぐれな同調や満足に抵抗したベルトルト・ブレヒトの叙事演劇（episches Theater）理論に倣っていると考えられる。

また、彼らの映画は、とりわけステファヌ・マラルメの晦渋な図形的象徴詩「賽のひと振りは決して偶然を廃棄しないであろう」*Un coup de dés jamais n'abolira le hasard*（一八九七）を楽譜に見立てて再演する『あらゆる革命は賽のひと振り』*Toute révolution est un coup de dés*（一九七七）以後、音声言語の非日常的な音楽的効果に重きをおくようになった。それらの映画の瞬間的な言語表現は、要約や翻訳になじまないし、運命的に定められた母語もしくは日用語、公用語としてのドイツ語、フランス語、イタリア語の言語教養の未熟な者には、その高度に詩的な意外性の感覚が即座に充分に楽しめないだろう。

バッハとシェーンベルクの再解釈

二〇世紀後半に盛んになった古楽の考古学的再演とは、社会通念が大きく異なる、遠い過去の楽曲の固有の美意識と修辞法を、いわば未知の文化として想像しつつ継承しようとする創造的実験だった。

一九五二年四月四日、ネイデルランツのヒルファースムで、二三歳のグスタフ・レオナルトは、三九歳のアルフレッド・デラーがラジオ放送の生番組で歌う、一七世紀後半のイングランド王国のヘンリー・パーセルの五つの歌曲をチェンバロで伴奏した。デラーは、当時は珍しかった、成人男性が裏声や頭声を使い高音を出すカウンターテナーの先駆的復興者だった。レオナルトは、一七世紀からヨーハン・ゼバスティアン・バッハまでの教会音楽、宮廷音楽の音楽修辞学的に真正な再現を目指す古楽器鍵盤楽器奏者の先駆者のひとりだった。

一九五三年五月、二五歳になろうとするレオナルトは、ヴィーンでノイペルト社製の現代チェンバロにより、バッハの未完の《フーガの技法》*The Art of Fugue* をアメリカのレコード・レーベル「Bach Guild」のLP盤のために録音した。一九五四年五月、バッハのカンタータ第一七〇番と第五四番のアリアとレチタティーヴォに、《ロ短調ミサ曲》*Mass, in B minor*（一七四九）のアリア《神の子羊》*Agnus Dei* で構成された、デラーのLPのための録音で、レオナルトは当時としては実験的だった古楽器の小編成楽団レオナルト・バロック・アンサンブルを指揮し、一六四二年にヨーハン・ヴケルルが建てたヴィーン最古のオルガンを弾いている。

一方、一九五七年六月六日、十二音技法によって書かれ、演奏至難とされた、アルノルト・シェーンベルクの未完の三幕歌劇《モーゼスとアーロン（モーセとアハロン）》*Moses und Aron* が、六一歳のハンス・ロスバウトの指揮で、チューリヒ市立劇場において第二幕まで初演された。ローマ普遍教会信徒が圧倒的多数派であるヴィーン出身のユダヤ人であるシェーンベルクが一九三〇年代に作曲したこの歌劇は、『タナハ（ヘブル語聖書）』に含まれる、古代ケメト（エジプト）の王国で奴隷化され、その後、律法を共有することで「民族（ゴイ）」の観念の下に統合された、雑多な出自をもつ被差別民からなるイスラエル人が、民族指導者モーセの導きでスィーナー半島クアナン（カナン）へ国外脱出するという伝説的な物語『シュモート（エクソドス）』に基づいている。一八九八年三月二五日、三三歳の時に改宗して以来、ルター派教会信徒だったシェーンベルクは、この歌劇の作曲後、五九歳の誕生日の翌日、一九三三年七月一四日に正式にヤハウェ信仰（ヤハドゥートゥ）に再改宗した。

ヤハウェの言葉（思想）の媒介者モーセは、第一幕・第二場の砂漠での台詞「思想を純化せよ、無価値なものから思想を解放し、真実に捧げよ！（Reinige dein Denken, lös es von Wertlosem, weihe es Wahrem!）」を例外として、歌うのではなく、「語る声（シュプレッヒシュティンメ）」で語る。第二幕・第五場のスィーナー山の麓で、アーロンの論理に圧倒されたモーゼスは、最後に「（O Wort, du Wort, das mir fehlt）おお言葉、言葉よ、私に欠けているもの」と言い、その場に倒れる。しかし未完の第三幕では逆にモーゼスがアーロンに勝利する。この移行には理解しがたい飛躍がある。

一九五一年七月一三日、シェーンベルクは喘息発作のためロス・アンジェルスにて七六歳で亡くなった。

音楽映画の構想

一九五〇年代はフランスの映画クラブの全盛期だった。映画クラブとは、教養教育を目的とし、視聴機会の乏しい芸術的名作を厳選して上映し、それをめぐる講演や討論会を伴う、非営利の映画鑑賞会を運営する自主団体のことだ。一九五〇年七月二一日、一八歳までの青年を対象とするフランス青年映画クラブ連盟が創設された。フランス映画クラブ連盟発行の月刊映画教養誌『映画』は誌名に各年度の年号を付けて『映画54』の誌名で一九五四年一一月号から創刊された。

一九三三年一月八日、フランス東部でドイツ語文化圏に近いロレーヌ地域圏モゼル県（旧ロートリンゲン郡）の交通の要衝メスに生まれたジャン・マリ・ストローブは、戦後、ローマ普遍教会のイエーズス会のサン・クレマン中学校を卒業後、メスの公立男子高校リセ・ファベールで一年間学んだ。一九五〇年から五一年、一七歳から一八歳の頃から、彼はメスの映画館「ルワイヤル」で映画クラブ「暗箱（ラ・シャンブル・ヌワール）」の運営に関わるようになり、パリの映画批評家を講演者として招いた。一九五一年四月一日には三二歳の映画批評家アンドレ・バザンを講演者として招き、ロベール・ブレッソンの『ブローニュの森の貴婦人たち』*Les Dames du bois de Boulogne*（一九四五）が上映された。

ストローブは一九五一年から一九五二年にかけてストラズブール大学で学んだのち、一九五二年から一九五四年にかけてナンスィ大学で学んだが、二〇〇一年三月一九日にパリでフランスワ・アルベラが採録した談話によると、ナンスィ大学で月に二本の映画を上映する映画クラブを主宰し、ローマ普遍教会信徒の作家ジョルジュ・ベルナノスの同名長篇小説（一九三六）を正統的に映画化した、ブレッソンの『田舎司祭の日記』*Journal d'un curé de campagne*（一九五一）などを上映した。

一九五四年六月三〇日、諸国の人民を諸国民の演劇教養により協調させるための「パリ市国際演劇芸術祭」の催しとして、パリのサラ・ベルナール劇場で五六歳のブレヒトと五四歳のヘレーネ・ヴァイグルの劇団ベアリーナー・アンサンブルによる『母クラージュとその子たち』*Mutter Courage und ihre Kinder*（一九四一）とハインリヒ・クライスト『壊れ甕』*Der zerbrochne Krug*（一八〇八）の公演がおこなわれた。これと一九五五年六月の第二回国際演劇祭での同劇団による『コーカサスの白墨の輪』*Der kaukasische Kreidekreis*（一九四九）の公演は、フランス演劇界でブレヒトの知名度を一挙に高めた演劇革命ともいわれる。ブレヒトは一九五六年八月一四日、心臓発作のためベアリーンにて五八歳で亡くなった。

一九五四年一〇月二三日、ドイツ連邦共和国（西ドイツ）がアメリカの主導する軍事同盟「北大西洋条約機構（ＮＡＴＯ）」に加盟し、主権を回復することを決めるパリ条約が批准された。パリ条約発効二日後の一九五五年五月七日に、集団的自衛を目的とし、西ドイツも正式な設立メンバーとする西欧連合（ＷＥＵ）が成立し、さらにその二日後の五月九日に、西ドイツはＮＡＴＯに正式に加盟した。

アルジェリ戦争（一九五四年一一月一日〜六二年三月一八日）が始まった直後の一九五四年一一月二二日、ストローブはパリに引っ越し、リセ・ヴォルテールでの映画技術研究高等学院の受験準備講座で、以後半世紀以上にわたり同志となる一八歳のダニエル・ユイエと出会った。ユイエはアフリカで人類学映画を監督するという夢を抱いていた。この頃、ストローブは、三〇歳以上年長のロベール・ブレッソンを演出家に想定し、演奏場面を中心にヨーハン・ゼバスティアン・バッハの後半生を描く映画の台本を作ったが、ブレッソンから自分で監督するよう助言されたという。

ロレーヌはドイチェス・ライヒによる半世紀近い併合を経て、一九一八年にフランスに再併合されたため、ストローブの母語はフランス語だが、一九四〇年七月一七日、彼が七歳の時に出身地のモゼル県がドイチェス・ライヒに再併合されたため、それ以後、彼は小学校でドイツ語を強制的に学ばされた。四年間の併合ののち、メスが解放されたのは一九四四年一一月二二日、ストローブが一一歳の時だった。

一方、ユイエは一九三六年五月一日にパリで生まれ、ペイ・ド・ラ・ルワール地域圏の田舎で育ったのち、一九四九年から母親とパリに住んでいた。彼女は、ストローブが演出する「バッハ映画」の自主制作の準備のため、ストローブと出会ったのちに、新たにドイツ語を学び始めた。

一九五七年から翌年にかけてストローブとユイエの構想した「バッハ映画」は、一八世紀前半、およそ三〇〇の領邦が分立していたドイツ語圏地域のいくつかの都市で、貴族の宮廷やルター派教会に奉職し、宮廷音楽、教会音楽を大量に作曲、演奏、指揮したバッハの後半生を、彼の二番目の夫人アナ・マクタレーナの視点を通じて時系列的に語り、バッハの演奏場面と日常光景の実写で構成するものだった。一七二一年のアンハルト・クーテン侯国の宮廷での演奏場面から、一七二三年から一七五〇年までのザクスン選帝侯領の都市ライプツィヒの聖トーマス教会カントア時代までの情景が構成される。

この映画の語り手であるアナ・マクタレーナの独白は、史料や歴史研究を踏まえながらも、ストローブとユイエの映画としてはやや例外的に、想像力を駆使して独自に創作されている。レオナルトによる《フーガの技法》とカンタータのレコードを聴いたストローブとユイエは、一九五五年からアムステルダムに住む彼こそがバッハを演じるべきだと確信した。『映画雑記』増刊号「映画の音楽」（一九九五年一一月号）によれば、彼らは一九五七年の冬、アムステルダムのレオナルトに会いに行き、「バッハ映画」にバッハ役で主演する約束を取りつけた。

一九五八年六月、兵役拒否により宣告された一年間の禁固刑を免れるため、二四歳のストローブは、二二歳のユイエと共にフランスを逃れた。彼らは、アムステルダム、バッハ関連の史跡、史料があるドイツ民主共和国（東ドイツ）、西ドイツ北部のハンボイヒ（ハンブアク）を経て、一九五九年末から西ドイツ南部の資金調達に好都合なムンシェンに一〇年間亡命した。

ムンシェンでは、ブレヒトの革命芸術理論とフランスの映画批評誌『映画雑記』の影響下で、二七歳のエノ・パタラス、二四歳のウルリヒ・グレゴアらにより、商業主義的な映画産業から独立し、映画作品を芸術美学的に政治的文脈で論じる革新的な月刊の映画批評誌『映画批評』が一九五七年一月号から創刊されていた。

一九五九年一〇月四日、六八歳のヘアマン・シェアヒェンは、実質的に西ドイツの飛び地となっていた西ベアリーンでの「ベアリーン祝祭週間」で、ベアリーン市立歌劇場における《モーゼスとアーロン》のベアリーン初演を指揮した。この初演はユダヤ的という理由で反セム主義者の激しい抗議を受けたが、ストローブとユイエはこれを観て、曲の書かれていない台本のみの未完の第三幕を含む、この歌劇の映画化を「バッハ映画」に続く第二作として構想し始めた。

『マホルカ・モフ』『和解せず』

「バッハ映画」の制作は予算調達が困難で時間を要したため、ストローブとユイエは、コルン（ケルン）出身のローマ普遍教会信徒である作家ハインリヒ・ベルの反ナツィス主義小説『九時半のビリヤード』*Billard um halb zehn*（一九五九）に基づく映画『和解せず』*Nicht versöhnt* を制作することにした。しかし、やはり予算調達に時間がかかり、結局、ベルの短篇小説『首都日誌』*Hauptstädtisches Journal*（一九五七）に基づき、一九六二年九月、ボンとムンシェンで、三五ミリ・モノクロ、一八分の短篇『マホルカ・モフ』*Machorka-Muff* を先に撮影した。

『首都日誌』は、クリストゥス信仰民主同盟政権による、満一八歳以上の男子の連邦軍への一二か月の一般兵役義務を盛り込んだ「兵役法」（二〇一一年七月一日に停止）が、一九五七年四月一日に施行された直後の西ドイツの首都ボンを舞台に、一三年前のドイツ軍の撤退作戦で一万四七〇〇人の兵員を失った陸軍元帥ヒュアランガー・ヒスの名を冠した「軍事回顧録学院」が創設される事態を風刺する。

『マホルカ・モフ』で、厳格なローマ普遍教会信徒の貴族、連隊の生存者一三人のうち四名を命令に背いたかどで銃殺させた元ドイツ軍の大佐（連隊長）で、再軍備により将軍に昇進し、念願の軍事回顧録学院設立を実現させる主人公「マホ」ことマホルカ・モフを演じたのは五二歳の作家エーリヒ・クービだ。

この映画は一九六三年二月、オーバーハウズン国際短篇映画祭のコンペティション外で『映画批評』のエノ・パタラス企画の特別上映会で初公開され、大きな反発を招いたが、作曲家のカールハインツ・シュトックハウズンに高く評価された。

ストローブとユイエは、続いて一九六四年八月から一九六五年四月にかけて、コルン周辺、アイフル、ムンシェン周辺で、当時としては実験的な三五ミリ・モノクロ、五二分の『和解せず』を撮影した。

『和解せず』の副題は、一九二九年から一九三〇年にかけての大不況期のシカーゴの精肉業界を舞台とするブレヒトの叙事劇『屠殺場の聖ヨハナ』*Die heilige Johanna der Schlachthöfe*（一九二九）のヨハナ（ジョーン）・ダークの台詞に由来する『暴力だけがものをいうのは、暴力の支配するところ』*Es hilft nur Gewalt, wo Gewalt herrscht* だ。ヨハナの台詞はこのあと「そして、人民だけがものをいうのは、人民のいるところ（und: Es helfen nur Menschen, wo Menschen sind.）」と続く。

冒頭のクレジットタイトルの背景に映るのは、ハンザリンク城郭都市壁の円錐形の屋根のある塔の手前に設置された、ネイデルランツの彫刻家マリ・アンドリセン制作のブロンズ像《死んだ子供を抱く母》*Mutter mit ihrem toten Kind*だ。一九四五年五月二五日に、その背後に見えるクリンゲルプッツ刑務所に埋められていたのが発見された七名の外国人犠牲者（女性一名を含む）を追悼して、一九五九年五月二二日にハンザ広場で除幕された。ナツィスの秘密国家警察は、この刑務所で一九三三年から一九四五年にかけて一〇万人もの反ナツィス的な人びとを収容し、一〇〇〇人以上の人びとを処刑した。

次に映るのは、コルンに一一世紀に建てられ、一九四八年の連合軍による空爆で破壊された、カピトール丘の聖マリア教会正面に、一九四九年一一月一日にコルン市が空爆による犠牲者を追悼して除幕した、ゲアハート・マルクス制作の石像《喪に服す女》*Die Trauernde*だ。

『和解せず』では、一九五八年九月六日、コルンの有名建築家ハインリヒ・フェーメルの八〇歳の誕生日に起こった出来事を中心に、彼の三人の息子のうち唯一生き延びた、四三歳になる建築家ローベルトの高校時代の一九三五年七月の出来事、ハインリヒがコルンにやって来た二九歳の誕生日にあたる一九〇七年九月六日から、大尉となった二九歳のローベルトが、父が二九歳で設計した聖アントン修道院を破壊した、終戦の三日前にあたる一九四五年五月五日までが回想される。

ローベルトの友人、ユダヤ人で反体制活動家だったシュレラは一九三五年七月から二三年間の亡命生活を強いられたのちに帰国するが、かつて彼やほかのユダヤ人、共産主義者たちを迫害したナツィス親衛隊員ネットリンガーは、今や民主主義者を自任する社会的有力者となっている。聖アントン修道院はローベルトの息子である二二歳の建築家ヨーゼフにより再建されつつある。

複数の人物の現在と回想が錯綜し、全体像を把握しにくい原作から、全体との関連では意義深い情景と台詞を、前後の脈絡を欠いた飛躍のある形で抜粋し、圧縮再構成しながらも、台詞の言い回しは原文のまま、ほとんど改変されないため、原作を精読していない者には、その出来事の因果関係やほのめかしが瞬時に読み取れない。さらに台詞の発声法は、演じられる言葉であることを強調する、不自然な、なまりの強いものだ。

この映画は、一九六五年七月四日、パタラスとグレゴアが企画した第一五回ベアリーン国際映画祭で特別上映され、激しい反発を招くと同時に、西ドイツの一部の知識人の注目を集めた。さらに、三六歳のリチャード・ラウドの選定により、一九六五年九月一八日に第三回ニュー・ヨーク映画祭、同年一一月一五日に第九回ロンドゥン映画祭で上映された。

『アナ・マクタレーナ・バッハの年代記』

一九六七年八月二〇日から一〇月一四日にかけて、ストローブとユイエは、三五ミリ・モノクロ、一〇六のショットからなる九三分の『アナ・マクタレーナ・バッハの年代記』*Chronik der Anna Magdalena Bach*を、オイティーン城（アンハルト・クーテン侯宮廷）、シュターデの聖ヴィルハーディ教会（ライプツィヒの聖トーマス教会）、聖コスメ教会（ライプツィヒ大学付属の聖パウリ教会）、ハーズルドーフ（カントア宿舎）、リューネブアク（聖トーマス教会学校、カントア宿舎）、リューベク（ライプツィヒ市参事会の会議室）、ニュアンベアク（カントア宿舎）、フライベアク（ドリースデンの聖母教会）、グロースハルトマンツドーフ（ドリースデンの聖ゾフィー教会）などで撮影し、完成させた。

当時三九歳の鍵盤楽器奏者、指揮者グスタフ・レオナルトが老けメイクアップなしに、三二歳から六五歳までのバッハを演じた。各演奏は一本のマイクで同時録音された。録音主任のルイ・オシェは、その後も長らくストローブとユイエの撮影現場で録音を担当することになる。

映画冒頭、オイティーン城でレオナルトが《ブランデンブルク協奏曲》第五番・第一楽章終盤の独奏部を弾いている二段鍵盤チェンバロは、アントウェルペンのヨハネス・ダニエル・ドゥルケンが一七四五年に作った二台の楽器を、ブレイメン在住のマーティン・スコヴロネックが、レオナルトのために一九六三年に精巧に複製した銘器だ。

六二歳のアウグスト・ヴェンツィンガーは、ライプツィヒの聖トーマス教会とライプツィヒ大学付属の聖パウリ教会の場面（撮影地はシュターデの聖ヴィルハーディ教会と聖コスメ教会）でバーゼル・スコラ・カントルムを指揮した。

暗い室内でヨーハン・ゼバスティアンが《ゴルトベルク変奏曲》*Goldberg-Variationen*（一七四二）の陰鬱な第二五変奏を弾く場面に続き、唐突にローマ普遍教会信徒のフランス人画家ジョルジュ・ルオの連作版画「憐れみ給え（ミゼレーレ）」*Miserere* 五八点のうち二九にあたる銅版画《朝の祈りを歌え、日は再生する》*Chantez matines, le jour renaît*（一九二二）のショットが挿入され、下部の海から上部の太陽へとキャメラが向きを変え、朝、鳥かごを窓辺に吊り下げるアナ・マクタレーナのショットにつながる。

この映画のドイツ語版は、ネイデルランツのユトレフトの映画館「キャメラ／ステュディオ」で三一歳のフーブ・バルスが主宰する国際映画祭、第二回「ユトレフト映画宣言（スィネマニフェスターツィ）」で、一九六八年二月三日に初公開された。ドイツ語版以外に、画面外のアナ・マクタレーナの語りを異なる言語に差し替えた、フランス語版、ネイデルランツ語版、イタリア語版、英語版も作られた。

『花婿、女優、ヒモ』

ストローブとユイエは、ムンシェンの「行動劇場（アクツィオーン・テアーター）」で、三五ミリ・モノクロ、二三分の短篇映画『花婿、女優、ヒモ』*Der Bräutigam, die Komödiantin und der Zuhälter*（一九六八）に使うために、一九六八年四月七日、ライナー・ヴェルナー・ファスビンダー作・演出による『外人労働者』*Katzelmacher* の添え物として、フェアディナント・ブルックナーの三幕劇『青年病』*Krankheit der Jugend*（一九二八）を上演時間八分に圧縮した舞台劇を演出したのをわずかな例外として、映画制作に直接貢献しない舞台演出の仕事に興味を示さなかった。

『花婿、女優、ヒモ』は、街娼の多いムンシェンのランツベアガー通りの光景、『青年病』の舞台上演の光景に続き、教会での花婿と女優の結婚、女優によるヒモの射殺が描かれる。花婿、女優、ヒモは、一六世紀イスパニアのローマ普遍教会司祭、詩人フアン・デ・ラ・クルース（十字架のヨアンネス）の三つの詩をドイツ語に直訳した台詞を話す。

『両の目は常に閉じようとするわけではない』

一九六九年七月、ストローブとユイエはムンシェンからローマに移住し、同年八月から九月にかけ、ピエール・コルネイユの古典五幕悲劇『オトン（オト）』*Othon* を、第三幕のオトンの恋愛よりも権力欲がまさると述べる台詞から題名が採られた『両の目は常に閉じようとするわけではない』*Les yeux ne veulent pas en tout temps se fermer* として、ローマ建国の地パラティーノ丘を中心に、戸外で一六ミリ・カラーで映画化した。副題は、やはり第三幕でキャミーユがオトンに言う台詞から採られた『おそらくいつの日かローマは自分の番を選ぶことができましょう』*Peut-être qu'un jour Rome se permettra de choisir à son tour* だ。

ローマで一九六六年末に映画批評誌『チネマ・エ・フィルム』を創刊した、二八歳のイタリア人の映画批評家アドリアーノ・アプラがオトンを演じた。俳優は古代風衣裳を着ている。

フランス語が西欧の貴族階級の教養語となった一八世紀のフランスでは、古典古代の規範よりも、個人の感性的判断力が重視されるようになった。フランス学士院を権威とする、修辞学教育の教材で、古典古代を典拠とするフランス語の新古典として、一七世紀のコルネイユらの代表的な劇は正典とみなされた。にもかかわらず、『オトン』の評価は低く、初演以後、再演されることはなかった。

コルネイユのローマを題材とした一連の作品は、同時代フランスの独裁政治を風刺している。『オトン』は、タキトゥスの『歴史』*Historiae*（一〇五）に記された、在位わずか三か月のローマ皇帝オトと、七か月だけ帝位に就いたのち、オトに暗殺された先帝ガルバの史実に想を得て、押韻したアレクサンドル格（一二音綴）の二行連で書かれている。登場人物は架空の人物も含め、古代ローマの支配階層に限られる。『オトン』がフォンテーヌブロー宮殿で初演された一六六四年八月三日は、コルネイユが五八歳、ルイ一四世が二五歳の時にあたる。

紀元六九年一月一五日、ローマの属州ルシタニア総督だった三五歳のオトは、パラティーノ丘の宮殿で七〇歳のガルバ帝と五日前にその後継者として養子となったばかりのピソを殺害し、帝位に就いたが、将軍ウィテッリウスに敗戦し、同年四月一八日、自殺に追い込まれた。

クレジットタイトルに先立つ冒頭の展望ショットの最後には、パラティーノ丘の木の根元の岩壁にある、反ファッショ主義のパルティジャーノ（非正規兵）が武器を隠した穴がズームインで映し出される。

第一幕から第三幕までの舞台は、パラティーノ丘の紀元二世紀末から紀元三世紀始めに在位したセプティミウス・セウェルス帝の宮殿（パラッツォ）の遺跡「ドームス・セヴェリアーナ」のテラーツァだが、第四幕では、コルネイユの生きた一七世紀半ばに建てられたローマ最大の公園「ヴィッラ・ドーリア・パンフィーリ」の噴水池のほとりが、第五幕では、紀元一世紀末にパラティーノ丘に建てられた、ドミティアヌス帝の官邸の遺跡「ドームス・フラヴィーア」が舞台となる。俳優の身ぶりはゆっくりと演じられるが、俳優ごとに異なる訛りのある台詞は破格の高速で、情感を込めずに棒読みのように発音される。

この映画は一九七〇年一月四日、八ミリと一六ミリの実験映画の国際映画祭であるイタリアのラパッロ国際映画祭で初上映された。

『歴史の授業』

ストローブは一九七一年にフランス政府の恩赦により帰国が許されたが、そのままローマにとどまった。ストローブとユイエは、ローマで一九七二年六月から七月にかけて、ブレヒトの未完の小説『ユリウス・カエサル（ツェーザー）氏の商取引』*Die Geschäfte des Herrn Julius Caesar*（一九五七年に没後出版）の抜粋に基づき、ドイツ公共放送連盟のテレビ放映用の一六ミリ・カラー、八五分の映画『歴史の授業』*Geschichtsunterricht*（一九七二）を作った。

デンマークのスヴェンボーに亡命していたブレヒトは、一九三七年から三九年にかけて、共和政ローマにおける元首政（プリンキパトゥス）への移行期に設定され、同時代人の証言を通じて資本家の原型としてのカエサル像を提示する『ユリウス・カエサル氏の商取引』を執筆した。ブレヒト自身はハリウッドに亡命中の一九四二年に同作の映画化を企てたが実現しなかった。

小説のなかで古代の青年が徒歩でオリーブ畑を歩く挿話は、『歴史の授業』では、現代の青年が左ハンドル仕様のサンルーフを開けたオースティン・ミニ・クーパを運転する描写に替えられた。彼は、カエサルの没後二〇年目の古代ローマの銀行家、農夫、法律家、詩人の古代風の衣裳を着た四人の人物にカエサルの生前の政治経済的な暴力について取材する。

映画の冒頭では、ローマ市内の車の走行音に続き、紀元三一二年にフォロ・ロマーノに建てられた公会堂「マクセンティウスのバズィーリカ」の壁面に、一九三四年にムッソリーニが作らせたローマ帝国の版図の変遷を示す四枚の大理石とブロンズ製地図が次々に提示される。四枚目の紀元一一七年までのトラヤヌス帝時代の最大版図の地図、二枚目のポエニ戦争後の紀元前一四六年のローマ版図、三枚目の紀元一四年のカエサルの後継者、初代皇帝アウグストゥス治世時のローマ版図だ（ムッソリーニは一九三五年に、北アフリカのリービア、イチオピア、ソーマーリヤを含む、自分の夢見る拡張されたイタリア王国の版図の五枚目の地図を作らせたが、一九四三年以後に取りはずされた）。ちなみに地中海を中心とするローマ帝国は、ドーナウ河の北、のちのドイチェス・ライヒの中心部にあたるゲルマーニアを征服できなかったため、最大版図にゲルマーニアは含まれていない。

続いてフォロ・ロマーノの、紀元前二九年八月一八日に、アクティウムの海戦に勝利したオクタウィアヌス（後のアウグストゥス）がカエサルを記念して建てた、ディウウス・カエサル神殿の前にある、紀元前五四年から四六年にかけて建てられたカエサル立像の複製が映し出される。ムッソリーニはローマ中心の遺跡を破壊し、自分の執務室があるヴェネツィア宮とコロッセオを結ぶ直線道路「帝国通り（ヴィア・デッリンペーロ）」を、一九三二年一〇月二八日に開通させた。カエサル立像は、この通りから見えるよう、そこに据えられた。

ゆっくり走行する車の前方に向けて後部座席に固定されたキャメラが、ローマの裏通りの庶民の日常を観察するかのように、小型車が通り抜けるのがやっとの狭い路地の周囲を捉え続ける、記録映画的な三つの長廻し（朝の八分四五秒、正午の一〇分二〇秒、夕方の一〇分三九秒）が、対話劇を分断する。中盤に挿入される、正午の走行ショットでは、カンポ・デ・フィオーリ広場近くの、庶民的な靴屋、衣料品店、飲食店の並ぶ、人通りの多い路地が映し出される。

シェーンベルク連作

ストローブとユイエは劇映画以外に、散文的なエセー映画も作っている。その最初の例が、「迫り来る危機」「不安」「破局」という三つの状況を表す、シェーンベルクの架空の映画のための音楽《ある映画的情景のための伴奏音楽》*Begleitmusik zu einer Lichtspielscene*（一九三〇）を素材にしつつ、シェーンベルクが友人である画家ワシリ・カンディンスキの反セム主義を非難する、一九二三年四月二〇日、五月四日付の書簡の朗読をテレビ放映用に映画化した、一六ミリ・カラー、一五分の『アルノルト・シェーンベルクの「ある映画的情景のための伴奏音楽」入門』*Einleitung zu Arnold Schoenbergs Begleitmusik zu einer Lichtspielscene*（一九七三）だ。一九六六年七月一五日のバーデン・バーデンでのエルネスト・ブール指揮、南西放送交響楽団演奏の放送録音が用いられている。

ローマのジューリア通りの、口から水を吐き続ける、異教的なマスケローネの泉の石像を大写しにする『歴史の授業』の最後のショットの引用で始まり、最後に、一八七一年のパリ革命政府自治体（コミューヌ）の連盟兵のうち射殺された一二名の死体の写真（撮影者はアンドレ・アドルフ・ウジェーヌ・ディズデリ）、ヴェトナムで空爆をおこなうアメリカ空軍の戦略爆撃機Ｂ52の記録映像が引用され、一九四一年九月から一九四四年一一月にかけてナツィスによるガス室でのユダヤ人大量殺戮がおこなわれたアウシュヴィッツ・ビルケナウ絶滅収容所の二人の設計者が、ヴィーンで一九七二年一月一八日から三月一〇日まで続いた裁判で無罪判決を受けたことを報じる新聞記事が映し出される。

シェーンベルク生誕百年にあたる一九七四年八月から九月にかけて、複数のテレビ局の出資を得て撮影された、一〇五分の『モーゼスとアーロン』*Moses und Aron*（一九七五）は、ストローブとユイエにとって初の三五ミリ・カラー長篇映画となった。この映画は、一九七四年一一月九日、三三歳にして獄中で餓死した映画作家、極左革命家ホルガー・マインスに捧げられている。

一九五九年末にベアリーンで始められたショット単位の構成台本作りは、一九七〇年初めにローマで終えられ、最後のクレジットタイトルを除き、八二ショットで構成された。ストローブとユイエの意図は、この物語を理想主義と現実主義の二者択一の倫理として解釈するのではなく、むしろ言葉と感性の葛藤にこそ世界の捉え方における革命性があるという教訓として示すことにあった。

映画では、あらかじめ神話に対する批判を明確にするため、冒頭に、モーゼスが自分の言葉を信じる民衆に、自分の言葉を信じない彼らの兄弟、友人、隣人、約三〇〇〇人の民衆を殺害させた挿話を記述する、マルティン・ルターによるドイツ語訳『エクソドス』（一五四五）の一節が映し出され、画面外のユイエにより朗読される。不動の人物が定位置に配された情景と、第二幕・第三場の黄金の子牛の祭壇の前の激しいダンスの情景のように、人物の動きのある情景が組み合わされている。指揮者には四七歳のミヒャエル・ギーレンが起用され、ウスタライヒ放送交響楽団、アマチュアの合唱団が演奏、合唱をおこなった。五二歳の歌手グンター・ライヒがモーゼス、四八歳の歌手ルイ・ドゥヴォスがアーロンを演じた。俳優は古代風衣裳を着ている。

歌唱抜きの器楽演奏は事前にヴィーンで、六週間かけて四トラックでモノラル録音された。第一幕と第二幕の撮影は、ヴェリーノ山麓にある古代ローマ植民地アールバ・フーチェンスの長円の円形闘技場（アンフィテアートルム）でおこなわれた。第一幕最後の二つの展望ショットはアル・ウクスル（ルクソル）とアスワンのナイル河畔で、第三幕はマテーゼ湖畔で撮影された。撮影時に、独唱者は片耳のイヤフォンで、合唱団は画面に映らない拡声器で、指揮者は両耳をふさぐヘッドフォンでプレイバックを聴き、指揮者は歌唱が聴けない状態で歌唱と演技がおこなわれた。ギーレンの助手を務めた三六歳のバーナード・ルーベンスタインが合唱隊の指揮を補佐した。

この映画は、フープ・バルスの主導により一九七二年に始まったロッテルダム国際映画祭で一九七五年二月に世界初公開され、同年三月二九日、西ドイツでテレビ初放映された。

一九九六年九月、ストローブとユイエは、フランクフルトのヘスン放送スタジオで、十二音技法によるシェーンベルク唯一の時事歌劇『一夜にして』*Von heute auf morgen* を、今度は三五ミリ・モノクロの同時録音で撮影し、その後、六二分の映画として完成させた。

リブレットは、当時五四歳のシェーンベルクの二人目の夫人で当時三〇歳のゲアトルートによる、上流中間層の倦怠期を迎えた夫婦の束の間の危機と和解の一夜を描く喜劇的物語だ。通俗的で当世風の他愛ない艶笑話が高踏的で複雑な音楽技法で表現される。この時事歌劇は、一九三〇年二月一日にフランクフルトでヴィルヘルム・シュタインベルクの指揮により初演された。

映画版の指揮者は六九歳のミヒャエル・ギーレンだ。『モーゼスとアーロン』に出ている五二歳のリチャード・ソルターが夫、四六歳のクリスティン・ウィトゥルズィが妻を演じた。

全篇が戸外で撮影された『モーゼスとアーロン』と対照的に、ストローブとユイエの映画としては例外的に、ほぼ全篇が劇場の舞台で撮影され、演奏至難の曲ながら、一台のキャメラでショットごとに断片的にテイクを重ね、緊密な日程の中、休日を挟み二週間で全六二ショットを撮影、フランクフルト放送交響楽団の演奏と共にモノラル録音した。彼らが資金不足のまま映画制作を強行したのは、これが初めてだった。

風景映画

一九七六年六月、ストローブとユイエが初めて全篇イタリア語で撮った、一六ミリ・カラー、八三分の映画『フォルティーニ／犬たち』*Fortini/Cani*（一九七六）は、かつてのパルティジャーノでもある、当時五八歳の社会・文芸批評家フランコ・フォルティーニと共に、風景が主役となるテレビ放映用の記録映画だ。ストローブとユイエの用いる風景や記念碑の映像は、かつてその土地に暮らした住民やその土地で殺された者の記憶など、そこにいない人間の物語を暗示している。

この映画では、ユダヤ系の父親とローマ普遍教会信徒として育った母親をもつフォルティーニが、一九六七年六月の「六月戦争」（イスラエル側の呼称は「六日戦争」）におけるイスラエルを批判すると共に、ファーッショ主義党独裁時代の自分の過去をも考察する政治エセー『スィーナーの犬たち』*I cani del Sinai*（一九六七）を朗読する音声、ショットと、その朗読に関連する風景のショットが組み合わされる。

一六ミリ・カラー、二部構成、一〇五分の『早すぎる、遅すぎる』*Trop tôt/Trop tard*（一九八一）も、一種の風景記録映画だ。音声言語は画面外の説明のみで、ドイツ語版、フランス語版、イタリア語版、英語版が作られた。

この映画は、画面には映らない「七月の柱」を一五回周回する車から広角で見た広場周辺の光景の長廻しのショットで始まる。この場所は、もともと、一七八九年七月一四日に民衆により襲撃された牢獄のあった場所で、一八三〇年七月の立憲君主制革命を記念して一八四〇年七月二八日に柱が建てられ、一八七一年二月二六日のヴェルサイユ講和条約による和平の象徴ともなった。一八七一年五月二四日、パリ・コミューヌの革命家たちは、この柱を倒そうと試みたが失敗に終わった。

パリや農村のかつての貧困地帯で、一九八〇年六月に撮影された第一部では、ロンドゥン在住の共産主義者フリードリヒ・エンゲルスがヴィーン在住の共産主義者カール・カウツキに宛てた、一八八九年二月二〇日付の書簡とその末尾に覚書として引用された、マスクヴァの歴史・社会学者ニコライ・カリーエフの『一八世紀最後の四半世紀におけるフランスの農民と農民問題』*Die Bauern und die Bauernfrage in Frankreich im letzten Viertel des 18. Jahrhunderts*（一八七九）の統計調査が画面外で読まれる。

映画の題名は、エンゲルスの書簡の一節「兄弟愛の熱望を伴うコミューヌの到来が早すぎたならば、バブーフの到来は遅すぎた（Kam die Kommune mit ihren Fraternitätsaspirationen zu früh, so kam Babeuf wieder zu spät）」から採られている。共産主義運動の先駆者とも言われるバブーフは私有財産制の廃止を唱えていたが、一七九六年五月一〇日、三五歳の時に政府を転覆しようとした容疑で逮捕され、一七九七年五月二七日に三六歳で処刑された。

アル・カーヒラ（カイロ）や、その近郊のかつてオスマン朝のマスル（エジプト）総督ムハンマド・アリー一族に対する反乱が起きた農村、一八八二年九月一三日の戦闘でアフマド・ウラービーの反乱が連合王国軍に鎮圧されたテッル・エル・ケビールなどで、一九八一年五月に撮影された第二部では、マスル出身のマルクス主義者バフガト・エル・ナーディとアデル・リファアトがマフムード・フセインの筆名で発表した『一九四五年から一九六八年までのエジプトにおける階級闘争』*La Lutte de classes en Egypte de 1945 à 1968*（一九六九）の後書きが画面外で朗読される。

『あらゆる革命は賽のひと振り』

一九七七年五月九日と一〇日にパリのペール・ラシェーズ墓地の「連盟兵の壁」で、三五ミリ・カラーで撮影された、一〇分の『あらゆる革命は賽のひと振り』は、ストローブとユイエが初めてフランスで撮影した映画となった。

この映画では、最新流行批評家で前衛詩人のステファヌ・マラルメ最後の難解きわまる象徴詩、頁上に星座譜状に語句を配した「賽のひと振りは決して偶然を廃棄しないであろう」の異なる書体・級数で図形的に印刷されたそれぞれの語句を、交響的な音楽劇として解釈し、地面に座る不動の俳優たちが、書体ごとの語句を演じ分ける。

「連盟兵の壁」は、一八七一年五月二八日に、プロイセン軍の支援を受けたヴェルサイユ軍に、およそ二か月の間持続したコミューヌの連盟兵、自治民が殺戮された場所だ。

パヴェーゼ連作

ローマ移住後にイタリア語を学び始めたストローブとユイエは、一九七三年に、北イタリアのピーサ出身の助監督パオロ・ベンヴェヌーティに案内され、映画版『モーゼスとアーロン』の撮影地候補として、初めてピーサ県の町ブーティを訪れた。ベンヴェヌーティは、古代ヘッラス（ギリシャ）の祭りに由来する五月一日の五月祭に演じられ、一九世紀末まで続いた「マーッジョ（五月）」と呼ばれるブーティの農民劇を一九七二年に数十年ぶりに復興した。彼は『モーゼスとアーロン』第二幕・第三場の酩酊の狂宴の夜の森で、ワインを一口すったのち、傍らでワインを飲む男の頭に椀のワインをかける男を演じている。

ストローブはタウン情報誌『TIP・ベアリーン』一九九一年四月号掲載のインタヴューで、自分たちの映画の韻律を強調する詩的な朗誦法は決して新奇な実験ではなく、ヘッラスに始まり、一九世紀末に失われた演劇の伝統への回帰にすぎないと述べている。

一九七八年六月から七月にかけて、ストローブとユイエは、イタリアの共産主義作家チェーザレ・パヴェーゼのヘッラス神話を踏まえた対話詩集『レウコとの対話』*Dialoghi con Leucò*（一九四七）の六つの対話、「雲」*La nube*、「キマイラ」*La Chimera*、「盲人たち」*I ciechi*、「狼人間」*L'uomo-lupo*、「客人」*L'ospite*、「火」*I fuochi* に加え、パヴェーゼの最後の小説『月とかがり火』*La luna e i falò*（一九五〇）からの抜粋を原作とする一〇五分の映画『雲から抵抗へ』*Dalla nube alla resistenza*（一九七九）を、トスカーナ地方のマレンマ、ピサーノ山地、トゥリパッレで、三五ミリ・カラーで撮影した。

雲（ラ・ヌーベ）と女神エーラ（ヘーラー）に恋した人間のイスィオーネ（イクスィーオーン）の対話「雲」は、ブーティを見下ろすセッラ山で撮影された。「キマイラ」は、コリントスの英雄ベッレロフォンテ（ベレロポンテース）をめぐる、彼の息子イッポロコ（ヒッポロコス）と彼の兄弟サルペドンテ（サルペドーン）の対話、「盲人たち」は、テーバイの王エディーポ（オイディプース）と盲目の予言者ティレージア（テイレシアース）の対話、「狼人間」は、元はアルカディアーの王でゼウスにより狼に変えられたリカオーネ（リュカオーン）をめぐる二人の猟師の対話、「客人」は、小麦と人間の刈取り人リテュエルセースと英雄ヘラクレースの対話、「火」は農夫の父と息子のかがり火をめぐる対話だ。

パヴェーゼは、北イタリアのワイン産地である小村サント・ステーファノ・ベルボで生まれ育ち、ムッソリーニ独裁の時代に、反ファーッショ主義、共産主義知識人の拠点だったトリーノで高等教育を受け、トリーノを第二の故郷とした。神話学者カーロイ・ケリーニの膨大な研究をも参照して書かれた『レウコとの対話』は、四一歳のパヴェーゼが一九五〇年八月二七日にトリーノで自殺する直前に最も愛着を抱いていた自作だった。二六篇の哲学的対話詩で構成され、不死の神がみ、野性の精霊、半神半人、死すべき人間の出会い、過去の神がみや人間が体験した暴力、迫害、残酷な運命が語られる。

一九四四年六月四日の連合国軍によるローマ解放後も、ピエモンテ州のパルティジャーノ組織の拠点となったニッツァ・モンフェッラートとカネッリでは、ファーッショ主義者とパルティジャーノの内戦が続いた。『月とかがり火』の最後、一九四八年八月、前年にアメリカから二〇年ぶりに故郷に戻った、四〇歳前後の語り手「父無し子（バスタールド）」に、幼なじみの共産主義者ヌートは、ファーッショ主義者の共和国民警備軍とパルティジャーノの残虐をきわめた報復合戦について、さらに、農場主の三女で村一番の美女だった「聖女（サンタ）」ことニ〇歳のサンティーナがパルティジャーノの英雄的闘士となったのち、一転して二重スパイとして射殺され、死体を焼かれた、四年前のいきさつを証言する。

二〇〇六年一〇月九日のユイエの七〇歳での死により、ストローブとユイエが共同制作した最後の長篇映画となった、三五ミリ・カラー、六八分の『あの彼らの出会い』*Quei loro incontri*（二〇〇六）は『レウコとの対話』の最後の五つの対話の映画版だ。『月とかがり火』の第一部が古代風の衣裳で演じられたのに対し、この映画は現代風の衣裳で演じられる。

地上に降りたゼウスをめぐる、力の女神ビア（ビアー）と力の神クラトスの対話「人類」*Gli uomini*、人間にワインを広めたイカーリオ（イーカリオス）をめぐる、豊穣の女神デメトゥラ（デーメーテール）とゼウスの末の息子で豊穣とブドウ酒と酩酊の神ディオーニゾ（ディオニューソス）の対話「秘儀」*Il mistero*、大洪水をめぐる、木に住む女の精霊アマドゥリアデ（ハマドリュアス）と半人半獣の精霊サーティロ（サテュロス）の対話「洪水」*Il diluvio*、記憶の女神ムネモズィネ（ムネーモシュネー）と『神統記』の作者とされる叙事詩人で、若い頃、ヘリコーン山で羊飼いをしていたエジオド（ヘーシオドス）の対話「ムーサたち」*Le Muse*、二人の猟師の対話「神がみ」*Gli dèi* からなる。

二〇〇五年五月二〇日から二三日まで、ストローブとユイエ演出の舞台版がブーティで上演され、その後、セッラ山を中心とするピサーノ山地で撮影された。ここでも大地に配された、ほとんど不動の人物がそれぞれの役の台詞を演じる。使用テイクの異なる二つの版が作られた。

『レウコとの対話』の対話劇の映画化は、二〇〇六年のユイエの没後もストローブにより、ブーティでの舞台公演を経て、ピサーノ山地で撮影される短篇の形で続けられた。

まず、パヴェーゼ生誕百年にあたる二〇〇八年に、「野性のもの」*La Belva* に基づき、二六分（第一版）と二七分（第二版）のエンディミオーネ（エンデュミオーン）と「旅する者」の対話『アルテーミデ（アルテミス）の膝』*Il Ginocchio di Artemide* が三五ミリ・カラーで作られた。アルテミス（アルテーミデ）は狩猟・純潔の女神だが、セレーネー（セレーネ）と混同されて月の女神とされた。エンデュミオーンは、月の女神セレーネーとの悲話で知られる。グスタフ・マーラー作曲《大地の歌》*Das Lied von der Erde*（一九一一年初演）第六楽章《告別》*Abschied*（指揮：ブルーノ・ヴァルター、アルト：キャスリーン・フェリア）、ハインリヒ・シュッツが一六歳年下の妻マクタレーナの死を悼んで作曲した哀歌《アンフィオンと共に、わがオルガン、竪琴は》*Mit dem Amphion zwar mein Orgel und mein Harfe*（一六二五）が引用され、暗にユイエが追悼される。

続いて、ホメーロスの長篇叙事詩『オデュッセイア』に出てくるアイアイエー島に住む魔女チールチェ（キルケー）と海の女神レウコテアの対話「魔女たち」*Le streghe* に基づく二一分の『魔女たち』（使用テイクの異なるフランス語字幕版の題名は『女だけで』）*Le streghe / Femmes entre elles*（二〇〇九）が三五ミリ・カラーで、バッコスの信女と、吟遊詩人であり、密儀教であるオルペウス教の始祖とされるオルフェーオ（オルペウス）の対話「慰めようのない者」*L'inconsolable* に基づく、一五分（第一版）、一五分一七秒（第二版）の『慰めようのない者』（二〇一一）、アルテーア（アルタイアー）をめぐる、旅人、商人などの守護神エルメーテ（ヘルメース）と、母であるアルテーアに殺された英雄メレアーグロ（メレアグロス）の対話「母」*La madre* に基づく二〇分九秒（第一版、第二版）、一九分三八秒（第三版）の『母』（二〇一二）がパナソニック AG-DVX 100 で撮影されたデジタル・ビデオ映画として作られた。

『アン・ラシャシャン』

一九八二年八月にパリのストローブとユイエのアパートとサントゥアンの小学校で撮影された、三五ミリ・モノクロ、七分の『アン・ラシャシャン』*En rachâchant*（一九八四）は、マルグリット・デュラスのフランス語の童話『ああエルネスト！』*Ah Ernesto!*（一九七一）の映画化だ。両親に教室に連れてこられた七歳の生意気な少年エルネストの小学校教師への反論が滑稽に描かれる。『アン・ラシャシャン（ぐどぐどと）』の題名は、先生に対するエルネストの台詞から採られているが、「同じ言葉を無駄に繰り返しながら」を意味する「アン・ラバシャン（en rabâchant）」あるいは「アン・ルササン（en ressasant）」の間違った言い方だ。

『階級関係』

一九八三年七月から九月にかけて、ストローブとユイエは、三五ミリ・モノクロ、一二六分の『階級関係』

Klassenverhältnisse（一九八四）を撮影した。プラハのユダヤ系作家フランツ・カフカが、主に一九一二年九月から翌年一月にかけて執筆した、ドイツ語による未完の長篇小説『失踪者』*Der Verschollene*（カフカ没後の一九二七年、マックス・ブロートの編集で『アメリカ』*Amerika* の題で刊行）の意義深い情景を選択的に圧縮再構成し、ショット単位の構成台本に翻案し、映画化したものだ。当初はカフカの生前の一九一三年に『火夫』*Der Heizer* の題名で短篇として発表された第一章、西欧からアメリカに向かう船中の挿話のみが短篇映画として撮影されたが、その後、その他の挿話が追加され、長篇となった。

撮影は、一九八三年七月二日から九月二〇日までの一三週をかけてハンボイヒとブレイメンでおこなわれ、最後の列車の車窓から見たミズーリ河と冒頭のニュー・ヨーク港の撮影は、九月二一日から二五日にかけてセイント・ルイスとニュー・ヨークでおこなわれた。

クレジットタイトルの前に、ハンボイヒ新都心の港湾地区ハーフンスィティに一九八二年八月一日に建てられた、ハンスヨアグ・ヴァークナー作の、一四世紀末、北海、バルト海に悪名を轟かせ、一四〇一年一〇月二一日にハンボイヒのクライナー・グラスブルークで、七三人の仲間と共に首を刎ねられた海賊クラウス・シュトアトベカーのブロンズ像《シュトアトベカー記念像》*Störtebeker-Denkmal*（台座の銘には「神の友、世界の敵〔Gottes Freund, der Welt Feind〕」と記されている）が映し出される。

一六歳（新校訂版では一七歳）のユダヤ系プラハ人カール・ロスマンは、女中を妊娠させたため、両親により、ヨーロッパ各地から貧しい移民が集まるニュー・ヨークへと追放される。彼は偶然船で出会った裕福な上院議員の伯父の庇護の下、教養人教育を受けるが、伯父に見捨てられ、一転して、自分の労働力を売る以外に生活手段をもたない流浪の最下層階級の生活を強いられる。

『階級関係』の題名は、共産主義の思想家マルクスとエンゲルスによって一八四五年から四六年にかけて執筆された、没後刊行の草稿『ドイツ観念学』*Die deutsche Ideologie* の「有産民と奴隷のあいだの階級関係は完全に形成されている（Das Klassenverhältnis zwischen Bürgern und Sklaven ist vollständig ausgebildet）」を連想させる。

『失踪者』は未完ではあるものの、未成年の主人公が遍歴を重ね、階級社会におけるさまざまな試練を乗り越えながら、自分の信じる価値に基づき、理想を求め続ける過程を描く自己形成小説として読むこともできる。それもあって、『階級関係』は、ストローブとユイエの映画としては例外的に、主要人物に感情移入しやすく、洗練された劇形式映画に慣れた標準的観客が一見してドラマの筋や人間関係を追いやすいように構成されている。

『エンペードクレスの死』連作

一九八六年五月末から七月末にかけて、ストローブとユイエは『エンペードクレスの死』*Der Tod des Empedokles*（一九八七）を、スィチーリア島南部のラグーサとエトナ（現地語では「ムンジベッドゥ」）山の斜面で三五ミリ・カラーで撮影した。ドイツ南西部シュヴァーベンのヴュルテンベアク公国出身の二八歳の詩人フリードリヒ・ヘルダリンが紀元前五世紀のスィーケーリア（スィチーリア）の哲人の最期を描く、晦渋なドイツ語による上演至難な未完の悲劇『エンペードクレスの死』第一稿（一七九八）の映画版だ。副題の『大地の緑が新たな輝きを見せる時』*Wenn dann der Erde Grün von neuem Euch erglänzt* は、第二幕・第三場でエンペードクレスがポリス民（ポリーテース、ドイツ語では“Bürger”）に言う台詞から採られている。

使用テイクの異なる四つの版が作られた。

同作は、不動の人物を大地の上の定点に配し、紀元前五世紀の哲学者、詩人、政治家エンペードクレス（エンペドクレース）の自死の直前の、有限である個人の恐れは、無限である自然への合一で乗り越えられるという教えを描く。俳優は古代風衣裳を着ている。

フランスでは一七九二年九月二一日からナポレオンが皇帝に即位する一八〇四年五月一八日まで史上初の共和

政が実現した。この影響を受け、一七九七年から九九年にかけてヴュルテンベアク公国の体制を転覆してシュヴァーベン共和国を作ろうとする革命運動があった。この時期、ヘルダリンもこの運動にかかわった。ヘルダリンの作品が難解さを増し、作品中に彼の一八〇〇年の詩の題名でもある「母なる大地（Der Mutter Erde）」の鍵語が目立つようになるのは、革命計画挫折後の一七九九年三月以後だ。

フランス人であるピエール・ベルトのドイツ語の著作『ヘルダリンとフランス革命』*Hölderlin und die Französische Revolution*（一九六九）以後、『エンペードクレスの死』第一稿の第二幕・第四場のエンペードクレスが彼に王になってほしいと請うアクラガス（アグリジェント）の三人のポリス民に告げる「今はもう王たちの時代ではない（Dies ist die Zeit der Könige nicht mehr.）」の台詞には共和革命の時代の気分が反映されているという解釈も広まった。

ストローブはヘルダリンの描くエンペードクレスを共産主義者とみなし、ヘルダリンが構想したとされる「共産主義ユートピア（utopie communiste）」について発言する際、ヘルダリンの書簡体小説『ヒュペーリオン』*Hyperion*（一七九九）第二部、第一巻から、一八世紀末ギリシャ人の美少女ディオティーマから恋人の青年ヒュペーリオンへの手紙の一節「大地の子供たち（die Kinder der Erde）」、あるいはヒュペーリオンからディオティーマへの手紙の一節「おお大地よ！　わが揺り籠！（O Erde! meine Wiege!）」、そして「母なる大地」の句を、好んでたびたび引用している。「母なる大地」は古典アッティカ語の豊穣の女神名デーメーテールの翻訳とも考えられる。

一九八八年八月末から九月にかけて、ストローブとユイエは、未完の『エンペードクレスの死』第三稿に基づく、三五ミリ・カラー、四二分の『黒い罪』*Schwarze Sünde*（一九八九）を、やはりエトナ山で撮影した。こちらも使用テイクの異なる四つの版が作られた。

クレジットタイトルの前に、ハンボイヒのエルンスト・バーラッハ・ハウス所蔵のエルンスト・バーラッハのシェラック塗装石膏像《母なる大地（Ⅱ）》*Mutter Erde II*（一九二〇）、一九一四年の第一次大戦開戦直後、四四歳の愛国者だったバーラッハが作った同名のブロンズ像に基づく、剣を振り上げるドイツ戦士を象る木彫り像《復讐者》*Der Rächer*（一九二二）が映し出される。バーラッハの作品は、一九三七年夏にナツィスにより「頽廃芸術」と認定され、美術館、教会、公共空間から撤去された。

『アンティゴネ』

一九六二年九月に創設されたベアリーンの実験的な劇団シャウビューネは、一九八一年一一月からクーダムの新しい劇場に移った。シャウビューネは、映画において古典劇の実験的な演出を試みてきたストローブとユイエに舞台演出を打診したが、あくまでも映画という表現形式を重視するストローブとユイエは、映画制作と切り離された舞台演出を手がけようとはしなかった。

しかし一九九一年、彼らはついに映画化を前提とし、五二歳のブレヒトがヘルダリンによるソポクレースの紀元前四一一年の作と推定される古典アッティケー語の悲劇（トラゴイディア）『アンティゴーネ』ドイツ語訳（一八〇四）を改作した『アンティゴネ』*Die Antigone*（一九四八年初演）をシャウビューネで演出することにした。

ヘッラスの演劇上演は、ポリス民の政治教育の場だった。『アンティゴーネ』は、祖国テーバイを攻め、戦死した兄ポリュネイケースの埋葬を、母の弟である王クレオーンの命に背いておこなったテーバイの王女アンティゴーネ（アンティゴネ）が死刑を宣告され、自殺する物語だ。ブレヒトは改訂にあたり、第二次大戦末期の一九四五年のベアリーンを舞台とする序景を置き、暗にクレオーンをヒトラーになぞらえたが、映画では序景は削除され、代わりに末尾で、ブレヒトが一九五二年に平和を訴えた言葉が文字で引用される。

一九九一年五月三日、ブレヒト版『アンティゴネ』がストローブとユイエの演出によりシャウビューネで公演された。一九六八年の『青年病』を例外として、これがストローブとユイエ初の舞台演出となった。同年七月からの劇場の夏季休暇中、スィチーリア島南部のヘッラスの植民都市だった紀元前三世紀の遺跡であるセジェスタのバールバロ山頂にある半円形劇場で三五ミリ・カラー、一〇〇分の映画版『アンティゴネ』（一九九二）が撮影された。俳優は古代風衣裳を着ている。

この劇場は一九七一年に『モーゼスとアーロン』の撮影地を探していた際に、ストローブとユイエが発見した場所だった。観客席からは山麓に広がる丘陵地帯とその先の広大な海までが見通せる。キャメラ位置は全篇を通じて一定で（ただし高さは人間の目の高さと四メートル五〇センチの二種類）、幾何学的に設計された情景ごとに、ほぼ不動の人物が定点に立つ。映画撮影後の同年八月一四日に、セジェスタの半円形劇場で舞台公演がおこなわれた。映画版は、使用テイクの異なる二つの版が作られた。

映画の冒頭、ギーレン指揮、コルン放送管弦楽団演奏、アルフレッド・ジャリの社会道徳を覆す戯曲『ユビュ王』*Ubu Roi*（一八九六）に基づく諧謔的なバレ曲、ベルント・アロイス・ツィンマーマン作曲《ユビュ王の晩餐のための音楽》*Musique pour les soupers du roi Ubu*（一九六六）の一九七二年の録音より、終曲の第七曲《断頭台への行進》*Marche du Décervellage* が流れる。

ツィンマーマンにとって音楽芸術上の論敵であったシュトックハウズンの《ピアノ曲第Ⅸ番》*Klavierstücke IX*（一九六一）の冒頭の同一和音連打の執拗な反復に続き、エクトル・ベルリオーズの《幻想交響曲》*Symphonie fantastique*（一八三〇）第四楽章《断頭台への行進》*Marche au supplice* のティンパニ・パートの断片、さらにリヒャルト・ヴァークナーの北欧神話に基づく舞台祝祭劇《ニーベルングの指環》*Der Ring des Nibelungen* 四部作の第二作《ヴァルキューレ》*Die Walküre*（一八七〇）の第三幕、天馬に乗って戦場で戦死した勇士の魂（エインヘリアル）を天上の主神ヴォータン（オーディン）の宮殿へ運ぶヴォータンの娘の半神ヴァルキューレたちの場面の序奏《ヴァルキューレたちの騎行》*Der Walkurenritt* の断片、《断頭台への行進》のトランペットのファンファーレが交錯しつつ、次第に長めに繰り返し引用される。

映画の終わりの文字画面で、一九五二年一二月にヴィーンで催された「平和のための諸民族会議」で、五二歳のヘレーネ・ヴァイグルが読み上げた、五四歳のブレヒトの声明から三箇所の抜粋が引用される。

セザンヌ連作

『黒い罪』の撮影に入る前、一九八六年に設立されたオルセ美術館の視聴覚部門のディレクター、ヴィルジニ・エルバンは、一九八八年九月二一日から八九年一月一日まで催された展覧会「セザンヌ：青年時代（一八五九–一八七二）」に合わせて、ストローブとユイエに一九世紀の前衛画家セザンヌの絵画を題材とする映画の制作を依頼した。

ストローブとユイエはいったん断ったのち、一九八九年九月から一〇月にかけて、詩人、美術批評家ジョアシャン・ギャスケの著書『セザンヌ』*Cézanne*（一九二一）の、画家ポール・セザンヌとの半ば架空の三つの対話「彼が私に言ったこと……」*Ce qu'il m'a dit*…に基づく、三五ミリ・カラー、五一分の美術批評対話劇映画『セザンヌ』（一九九〇）を作った。

セザンヌが見たであろう南仏のサント・ヴィクトワール山などの風景、セザンヌの描いた絵を主な被写体とし、ギャスケの創作したセザンヌの発言を借りた対話形式の美術批評が画面外で語られる。セザンヌ役をユイエ、ギャスケ役をストローブが演じている。使用テイクの異なる六五分のドイツ語版『ジョアシャン・ギャスケとの会話におけるポール・セザンヌ』*Paul Cézanne im Gespräch mit Joachim Gasquet*（一九九〇）も作られた。

『セザンヌ』には、ギュスターヴ・フロベールの同名長篇小説（一八五六）に基づく、ジャン・ルヌワールの映画『ボヴァリ夫人』*Madame Bovary*（一九三三）の一八四一年七月の農事共進会のシークエンス抜粋に加え、『エンペードクレス（アンペドークル）の死』*La mort d' Empédocle* フランス語字幕版の第一幕・第四場からの二つの抜粋が含まれている。

完成試写を観たエルバンと五、六人のキュレイターは『セザンヌ』の上映を拒否し、同作は一九九〇年四月にラ・セットでテレビ放映された。

二〇〇三年五月に、同じギャスケの文章に基づく、姉妹篇ともいうべき、三五ミリ・カラー、四八分（第一版）、四七分（第二版）の美術批評対話劇映画『ルーヴル訪問』*Une visite au Louvre*（二〇〇四）がルーヴル美術館周辺と美術館屋内で撮影された。セザンヌがルーヴル美術館で観た美術作品が被写体に選ばれ、画面外の声でセザンヌの言葉とされる作品評が加えられている。

『ルーヴル訪問』の末尾には、エーリオ・ヴィットリーニの長篇小説『メッスィーナの女たち』*Le donne di Messina*（一九四九、一九六四）の抜粋に基づく、ストローブとユイエの映画『労働者たち、農民たち』*Operai, contadini*（二〇〇一）第四版もしくは第五版の冒頭の展望ショットが引用される。

「東方の砦」連作

ドイツ・フランス戦争（一八七〇年七月一九日〜七一年五月一〇日）でフランス共和国がプロイセン王国を中心とするドイツ諸邦に敗れ、両国のはざまにあるアルザス・ロレーヌ（エルザス・ロートリンゲン）地方がドイチェス・ライヒに領有されたことをきっかけに、急速にフランスの国粋主義者となったモリス・バレス第二の政治宣伝小説三部作「東方の砦」*Les bastions de l'Est*（ドイツの侵略からフランスを守る国境各地の砦のこと）の第一作が『ドイツの兵役に』*Au service de l'Allemagne*（一九〇五）、第二作が『コレット・ボドシュ』*Colette Baudoche*（一九〇九）、第三作が『ラインの精』*Le génie du Rhin*（一九二一）だ。『ドイツの兵役に』は、第一次大戦中、フランスの反ドイツ的な愛国宣伝に利用された。

ストローブとユイエは、一九九四年六月に、メスの一九歳の娘コレットを主人公とする『コレット・ボドシュ』の一部に基づき、ストローブの生地メス周辺で、テレビ放映用の三五ミリ・カラー、二一分の『ロートリンゲン！』*Lothringen!*（一九九四、使用テイクの異なるドイツ語説明版もある）を撮影した。

冒頭のショットで、コーブレンツのライン河とモーゼル河の合流点の突端ドイチェス・エック（ドイツの角）にある、ドイツを統一し、ヴェルサイユ宮殿で即位した皇帝ヴィルヘルムの騎馬像から、ライン側のドイツ八州の州旗と突端の国旗と対岸のエーレンブライトシュタイン城塞を捉えたのち、合流点までが撮影角度を変えて展望される。この騎馬像は建築家ブルノ・シュミッツと彫刻家エミル・フントリーザーにより造形され、一八九七年八月三一日に初代皇帝の孫にあたるヴィルヘルム二世立ち合いのもと除幕された。一九四五年三月一六日のアメリカ軍による砲撃で破壊されたが、一九九三年九月二五日に複製が除幕された。

次のショットでは、一八七〇年八月一六日から一八日にかけてのグラヴロット、サン・プリヴァの戦いの陣形を記したメス周辺の古地図が映し出される。

この映画は、一九〇八年から〇九年のロートリンゲン郡（一九一九年以降はフランスのモゼル県）の郡都メスとその近郊を舞台とし、一八七二年九月にプロイセンへの帰化を拒み、フランス人という帰属先を選んだ土着のメス人のフランスへの大量脱出の悲劇を間接的に語っている。一九〇九年九月七日、三八年前に戦死した地元兵士の追悼ミサの日、コレットは、フランスへの愛国心から、プロイセンのクーニヒスベアクから来た二五歳過ぎのリセ教師フリードリヒ・アスモスの求婚をきっぱりと断る。

ユイエの没後、ストローブが監督し、二〇一〇年九月にアルザス地域圏オトロットのサントディル山でパナソニック **AG-DVX 100** を用いて撮影された、二〇分二三秒（第一版）、二一分五秒（第二版）の『ある相続人』*Un héritier*（二〇一一）は、『ドイツの兵役に』第八章に基づいている。

『ある相続人』は、一九〇三年、アルザスの若い田舎医者ポール・エルマンがロレーヌ出身の年長の友人（ストローブが演じる）と山道を歩く場面の移動撮影から始まり、二人が食堂の庭で飲み物を飲む場面を挟んで、エルマンが「異教徒の壁」と呼ばれる森の石垣の前に立ち、ほぼ不動の姿勢で、自分の少年時代、一七歳で入学したストラズブール大学医学部時代の回想の原稿を読む場面で終わる。家庭でフランス語の教養教育を受けた医学生エルマンは、一九〇二年、反ドイツ感情を隠しつつ、愛する故郷にとどまるため、自発的にドイツ士官候補生の半年間の訓練を志願した。

ヴィットリーニ連作

ブーティにあるフランチェスコ・ディ・バルトーロ劇場からの演出委嘱を受けたストローブとユイエは、一九九二年四月から八月にかけて、エーリオ・ヴィットリーニの寓話的な長篇小説『スィチーリアでの会話』*Conversazione in Sicilia*（一九三八―三九）の情景と台詞の一部を、マラルメもしくはヴァルター・ベンヤミンの用語を借りた「星座譜（constellation / costellazione / Konstellation）」として選択的に圧縮再構成した『スィチーリア！』*Sicilia!* のショット単位の構成台本を完成させていた。

ヴィットリーニはスィチーリア島南東部スィラクーザ出身だが、大土地所有の発達したスィチーリアではマフィアの力が強く、大戦後初期の国民ファーッショ主義党はマフィアと協力関係にあった。貧しい独学者だったヴィットリーニは一九二六年に国民ファーッショ主義党に入党し、一九二九年末以後はフィレンツェで文芸雑誌の編集に携わったが、一九三六年七月一七日に勃発したイスパニア内戦でファーッショ主義者が農民や労働者を殺戮したのに衝撃を受け、党を離れ、反ファーッショ主義に転じた。その後、一九三八年末以後はミラーノに住み、一九四二年にイタリア共産党に入党したが、ムッソリーニ失脚の翌月、一九四三年八月の連合国の爆撃により家屋、原稿、蔵書を失った。

『スィチーリア！』では、一九三六年、ミラーノで働く、スィラクーザ出身で二九歳の植字工スィルヴェーストロは、一五歳で去って以来、一度も訪れていなかったスィチーリアの山中に、彼の父に捨てられ一人で貧しく暮らす母コンチェツィオーネに会いに行く。フェリーと汽車の中で、彼は乗り合わせた客たちと会話する。母との会話で彼は第一次大戦以前の少年時代を思い出す。最後に、彼は社会正義の実現を願う研ぎ師と会話する。

バルトーロ劇場は一八四二年に設立された。劇場名になったブーティ出身の文芸批評家フランチェスコ・ディ・バルトーロはダンテのトスカーナ方言による韻文の長篇叙事詩『神聖喜劇』*Divina Commedia* の最初の注釈者として知られる。同劇場は一九七一年に閉鎖された後、改築され、一九八七年に修復が完了した。

一九九七年一二月の本読みから二か月半、ストローブとユイエによる『スィチーリア！』の映画化を前提としたリハーサルが、ピサーノ山地セッラ山の中腹でおこなわれた。出演者は全員スィチーリア島出身者から選ばれた。一九九八年四月四日、五日、六日に『スィチーリア！』の舞台公演がおこなわれた。同年五月末から三週間にわたって三五ミリ・モノクロ、六六分の映画『スィチーリア！』（一九九九）の主人公の生家の場面がブーティの民家で撮影され、同年六月末からスィチーリアで撮影がおこなわれた。使用テイクの異なる三つの版が作られた。

ストローブとユイエは『スィチーリア！』に続いて、ヴィットリーニの長篇小説『メッスィーナの女たち』の交響的な独白体のみからなる第四四章から第四七章までを、三五ミリ・カラー、一二三分の『労働者たち、農民たち』*Operai, contadini* として映画化した。二〇〇〇年六月に舞台版がブーティで上演されたのち、六月から七月にかけてセッラ山で映画版が撮影され、使用テイクの異なる三つの版が作られた。大地に配された普段着姿の、ほとんど不動の人物がそれぞれの役の台詞を演じるが、この演出様式は、この後、ストローブとユイエの映画で繰り返し応用されることになる。

『メッスィーナの女たち』は、終戦直後の一九四五年七月から、翌年六月に王政に替わる新体制のイタリア共和国が成立するまで、イタリア半島を縦貫するアッペンニーノ山脈北部にドイツ軍が築いた防衛線のひとつ「ゴート線（リネア・ゴーティカ）」のあった、エミーリア・ロマーニャ州の地雷原に囲まれ放棄された山村での、国内難民の新たな生活を描いている。

一九四四年六月四日、連合軍はローマを解放したが、ローマ以北のイタリアはナツィ・ファーッショ主義者の占領下に置かれていた。ゴート線上では一九四四年八月二五日から四五年一月六日まで戦いが続いた。アッペンニーノ山脈は冬雪が深く、戦争は一九四五年春まで持ち越され、イタリアのドイツ軍は四月二八日に降伏し、五月二日に停戦となった。北イタリアのいくつかの町は連合軍より先にパルティジャーノにより解放された。

『労働者たち、農民たち』の「茨（スピーネ）」というあだ名の登場人物を中心に、四つのショットの別テイクを編集した『放蕩息子の帰還』*Il ritorno del figlio prodigo*（二九分）と、『メッスィーナの女たち』に基づく『労働者たち、農民たち』の後日譚『辱しめられた者たち（『労働者たち、農民たち、続篇・結末』）』*Umiliati*（三五分）の二本を映画制作・配給業者マルティーヌ・マリニャックの要請で結合させた、三五ミリ・カラー、六四分の『放蕩息子の帰還／辱しめられた者たち』（二〇〇三）のうち、『辱しめられた者たち』は、二〇〇二年五月三一日、六月一日、二日に、ストローブとユイエの演出による舞台版がブーティで上演され、その後、ピサーノ山地で撮影され、使用テイクの異なる二つの版が作られた。

『労働者たち、農民たち』の「続篇・結末」にあたる『辱しめられた者たち』では、一九四六年六月二日に王政を廃し、共和国となった新生イタリア国家が介入する市場経済が復興し始め、元・国民ファーッショ主義党員の「こわもて（ファーッチャ・カッティーヴァ）」ことヴェントゥーラを追う元パルティジャーノたちが山中の村を訪れ、村の一部の者は、より安楽で豊かな都会的生活を夢見て、村を去る。自立した農本的結社の建設という夢に挫折したヴェントゥーラは無気力になる。

『ジャン・ブリカールの道程』

二〇〇六年にユイエが亡くなって以後も、ストローブは、何人かの新たな協力者を得て、単独で映画作品を発表し続けた。ユイエ没後に発表されたストローブ監督作の多くは、旧作の主題の継承もしくは補遺、自作批評としての性格を強めている。また、同時代的にあまり知られていない原作に基づく短篇が主となり、話者、演技者は情景ごとに一人から三人程度、情景数はひとつから三つ程度に切り詰められ、制作方法は極端に簡素になった。

無名人の口語の音声記録に基づく、三五ミリ・モノクローム、四〇分の風景映画『ジャン・ブリカールの道程』*Itinéraire de Jean Bricard*（二〇〇八）は、ユイエの死後、二〇〇七年一二月にルワール河の中州コトン島で撮影されたが、ユイエの生前に構想されていたため、名義上はストローブとユイエの共同監督作品とされる。

ジャン・ブリカールは、ペイ・ド・ラ・ルワール地域圏のバス・ピエールで一九三二年に生まれ、一九九二年に引退するまで、アンスニの向いのルワール河の中州ヴェルトゥ島の砂質採取事業の責任者だった。映画で聴かれるブリカールの談話の音声は、一九九四年二月二四日に国立科学研究センターの研究者ジャン・イヴ・プチトにより録音されたものを用いている。使用テイクの異なる二つの版が作られた。

この地域は一九四〇年六月二二日以後、ドイツ軍の支配下にあった。ジャン・ブリカールの伯父ジョゼフ・ブリカール神父は、一九四四年八月一二日に河を渡ろうとしてドイツ軍に逮捕されたミシェル・ブルアール神父を含む三人のフランス人の解放を試み、自らも逮捕された。四人の捕虜は八月一三日にプレ・ルージュで銃殺された。

朗読映画

二〇〇九年九月七日から一〇日にかけて4ＫのＨＤキャメラ「レッド・ワン」で撮影された、一八分（第一版）と一七分（第二版）の『おお至高の光』*O somma luce*（二〇一〇）では、セッラ山の山腹のベンチに座るダンテ研究者のジョルジョ・パッセローネが、『神聖喜劇』の「パラディーゾ」*Paradiso* 終結部の第三三歌・第六七行から第一四五行までを朗誦する。ストローブは、『エンペードクレスの死』第一稿の第一幕・第四場におけるエンペードクレスの台詞「おお天空の光！（O himmlisch Licht!）」と、この歌の冒頭の句「おお至高の光」の類似から、この歌の映画化を決意した。

他方でパリのストローブのアパートの室内で、身近な少人数の人びとと協同の朗読劇に近い形で演じられる、パナソニック **AG-DVX 100** で撮ったデジタル・ビデオ作品、二七分の『コルネイユ・ブレヒト』*Corneille-Brecht*（二〇〇九）、一〇分四三秒（第一版：ユイエによるフランス語字幕版）、一〇分三五秒（第二版：英語字幕版）の『ジャッカルとアラブ人』*Schakale und Araber*（二〇一一）が作られた。

二〇〇九年七月に撮影された『コルネイユ・ブレヒト』は、使用テイクの異なる三つの版が作られた。女優コーネリア・ガイサーが室内で朗誦するのは三つの異なる戯曲からの断章だ。

古代王政ローマの伝説的なホラティウス家とクリアトゥス家の争いに想を得ている、コルネイユの悲劇『オラース（ホラティウス）』第四幕・第五場のオラースの敵キュリアス（クリアトゥス）と婚約しているオラースの妹キャミーユが兄の非情をなじり、恨みを込めてローマの滅亡を願う台詞、悲劇『オトン』第三幕・第五場のオトンがネロン（ネロ）の極悪非道を非難する台詞、ブレヒトが亡命地ストックホルムで第二次大戦勃発直前の一九三九年に執筆した、共和政ローマの軍人ルクッルス（ルクルス）が死後に民衆に裁かれるという設定のラジオ劇『ルクルスの審問』*Das Verhör des Lukullus*（一九四〇）の一部が抜粋される。

映画で最初に口にされる副題の『ローマ、わが恨みの唯一の対象！』*Rome, l'unique objet de mon ressentiment!* は、ストローブがリセの授業で読んだという『オラース』のキャミーユの台詞だ。

ユイエの生前から構想されていた室内映画劇『ジャッカルとアラブ人』は、マルティン・ブーバー編集のスィオン主義雑誌『ユダヤ人』一九一七年一〇月号に発表された、カフカの短篇『ジャッカルとアラブ人』からの抜粋が、画面外のヨーロッパ人を演じるストローブを含む三人の俳優によって演じられる作品だ。二〇一一年四月二二日から二九日までとユイエの誕生日にあたる五月一日に撮影された。フランス語字幕にはユイエの訳が使われた。この作品以後、一九六〇年にスイスで生まれたバルバラ・ユルリッシュがフランス語圏スイスのレマン湖畔の小さな町ロルに設立したベルヴァ社が、ストローブ監督作の制作に参加するようになった。

ストローブはキャノン5Dで、戸外でのユルリッシュによる朗読を記録した簡潔なビデオ映画も作っている。パリのポール・パンルヴェ小公園で撮影された三四分の映画『ミシェル・ド・モンテーニュのある話』*Un conte de Michel de Montaigne*（二〇一三）では、モンテーニュ学者アルチュール・アルマンゴが一九三四年にパリに寄贈した、ポール・ランドフスキ作のモンテーニュの坐像（オリジナルは白の大理石だが一九八九年にブロンズ像に取り換えられた）上半身の映像の画面外で、モンテーニュの『随想録（エセー）』*Essais*（一五八〇）第二巻の、三〇代後半の落馬による仮死と蘇生の体験や思弁を通じて死を学ぶことが考察される第六章「実習について」**De l'exercitation** の一節をユルリッシュが読む。ストローブが初めてモンテーニュに興味をもったのは、メスのリセ・ファベールでの哲学の授業においてだった。『随想録』は、かつてユイエがストローブに贈った書物だという。

これ以後、一九七一年二月一〇日にタルブで生まれた映画作家アルノ・ドメルクがパリで設立した映画制作会社アンドルフィが、ベルヴァ社と共同でストローブ作品の制作に参加するようになった。

二〇一三年八月二八日、第七〇回ヴェネツィア国際映画祭で公開された、七〇名の映画作家による短篇映画集

『ヴェネツィア70：リロードされた未来』*Venezia 70 : Future Reloaded* の一篇で、モリス・バレスの文集『愛と悲しみの聖地』*Amori et dolori sacrum*（この題名は、ミラーノにある受難の聖マリア教会ファサードの銘から採られた）に収められた、「アードリア海の女王」とも呼ばれた「静謐きわまるヴェネツィア共和国」の失われた栄華を偲びつつ、都市の退廃美を描く紀行文『ヴェネツィアの死』*La mort de Venise*（一九〇三）第三章「アードリア海の水平線上に漂う影たち」Les ombres qui flottent sur les couchants de l'Adriatique のある頁の一部を長廻しの固定ショットで映し続ける、ストローブのキャノン5Dによる無声、二分の諧謔的な批評ビデオ映画『ヴェネツィアの死』*La mort de Venise*（二〇一三）は、『ヴェネツィアについて（歴史の授業）』*À propos de Venise* (*Geschichtsunterricht*)（二〇一四）の予告篇あるいは自注ともみなしうる。

「アードリア海の水平線上に漂う影たち」の一節がユルリッシュにより朗読される、二二分三九秒の『ヴェネツィアについて（歴史の授業）』は、二〇一三年一〇月にロルで撮影された。最後に『アナ・マクタレーナ・バッハの年代記』フランス語版の世俗カンタータ《破れ、砕け、壊せ》*Zerreißet, zersprenget, zertrümmert*（一七二五）第二曲のバス（アイオロス）のレチタティーヴォ《然り！　然り！　時は来たりぬ》*Ja! Ja! Die Stunden sind nunmehro nah* の演奏場面が引用される。

『影たちの対話』

二〇一三年六月にフランスのサントノリーヌ・ラ・シャルドンヌの池のほとりの木陰でキャノン5Dで撮影された、二八分の映画『影たちの対話』*Dialogue d'ombres*（二〇一四）は、四歳のときにヴェネツィアからフランスに移住した、北イタリアの名門貴族の一九歳の娘フランスワーズと、彼女との結婚を強く望む二三歳の小説家ジャックの対話からなる、ジョルジュ・ベルナノスの同名短篇小説（一九二八）からの抜粋に基づいている。この映画化の構想は、ストローブとユイエがパリで知り合って間もない一九五四年一二月頃に遡るという。

映画冒頭に、『アナ・マクタレーナ・バッハの年代記』フランス語版の三つのショットが引用される。ユイエが共同監督としてクレジットされ、同じクレジット画面に「一九五四–二〇一三」とあるのはそのためだろう。バッハ映画の引用箇所に流れるカンタータ《目覚めよと、われらに呼ばわる物見らの声》*Wachet auf, ruft uns die Stimme*（一七三一）第三曲のソプラノ（魂）とバス（イエス）の二重唱のアリア《いつ来るのですか、わが救いよ？》*Wann Kömmst du mein heil?* を指揮したグスタフ・レオナルトは、二〇一二年一月一六日に八三歳で亡くなった。

バッハ映画の引用に続いて、木のベンチの両端にやや間隔を空けて並んで座り、語り合う、ほぼ不動の一組の男女をそれぞれ切り離して画面下部に捉えるショットが交互に編集され、最後のショットで二人は初めて同じ画面に収められ、見つめ合う。

『共産主義者たち』

ストローブの共産主義者たちという観念的主題を自己総括する試みともいえる、七〇分の映画『共産主義者たち』*Kommunisten*（二〇一四）は、二〇一四年七月から秋にかけてロルにおいてキャノン5Dで撮影された、最小化された劇形式の映画『侮蔑の時代』*Le temps du mépris*（一一分）に加え、旧作の『労働者たち、農民たち』『早すぎる、遅すぎる』『フォルティーニ／犬たち』『エンペードクレス（アンペドークル）の死』第二版（ユイエによるフランス語字幕版）、『黒い罪』*Noir péché* 第二版（ユイエによるフランス語字幕版）のそれぞれからの抜粋を再構成した作品だ。

アンドレ・マルロの反ナツィス主義中篇小説『侮蔑の時代』（一九三五）第一章、第二章、第八章からの抜粋を再構成した「侮蔑の時代」の使用音楽は、ハンス・アイスラー作曲の一九四九年から九〇年までの東ドイツ国歌《廃墟からの甦り》*Auferstanden aus Ruinen* だ。

最初の場面では、一九三三年にナツィス秘密国家警察により逮捕され、拘束された二人のドイツ共産党員の男が室内の定点に立ち、ストローブが演じる画面外の秘密国家警察の尋問者が彼らを順に尋問する。逮捕されて半年になる未成年の男に続き、大物活動家カースナーが尋問される。

黒画面に、独房に監禁され、拷問を待つ間、最初の拷問を受けた後、その数日後、さらに時が経ってからのカースナーの連続的な独白と客観的な地の文の朗読が重なる。小説ではカースナーは九日間の監禁から解放され、国外退去処分を受け、飛行機でプラハに着くが、映画ではその経緯は一切示されない。

『労働者たち、農民たち』からの抜粋を再利用した挿話「希望」*L'espoir*（イスパニア内戦を描く、一九三七年一二月刊のマルロの長篇小説と同名映画の題名の転用）では、夏の森の中の石垣の前の定点に立つ、ファーッショ主義者だった以前と考え方を変えたヴェントゥーラ、彼の若い恋人スィラクーザ、共和派の元・共産党系パルティジャーノで女好きのトーマらの、一九四五年末から翌年春にかけての共同生活をめぐる回想が各自の独白体で語られる。

『早すぎる、遅すぎる』フランス語版の第二部（画面外の朗読はエル・ナーディ）からの抜粋を再利用した「民衆」*Le peuple* は、ルイ・リュミエールによる最初のシネマトグラフ『リヨンのリュミエール工場の出口』*La sortie de l'usine Lumière à Lyon*（一八九五）を思わせる、アル・カーヒラ南郊外のエル・ハワムディーヤに一八八一年に設立された製糖工場の出口を出る労働者たちを捉えた長廻しの固定ショットからなる。画面外の説明が、第一次大戦以後の連合王国の保護国となっていたマスルの大戦後の一九一九年の独立運動「一九一九年革命」を語る。マフムード・フセインは、これを民衆による階級闘争と解釈している。なお、一九二二年二月二二日、マスルは独立を達成した。

『フォルティーニ／犬たち』からの抜粋を再利用した「アプアーネ山脈」*Les Apuanes* は、ゴート線の背後を襲うパルティジャーノを掃討しようとしたナツィス親衛隊の連隊司令官ヴァルター・レイダー少佐により、一九四四年八月一二日に、五六〇人（うち子供は一三〇人）の住民が焼き殺された地、アプアーネ山脈のサンタンナ・ディ・スタッツェーマの風景の展望ショットで始まる。

続いて、八月二四日と二五日に二〇〇人の村民が焼き殺されたヴィンカ村ほかの犠牲者の出た村、九月二九日から一〇月五日までに近隣三つの村で七七〇人の村人が殺された、西部戦線で最も残虐で大規模な無差別殺戮の現場となったマルザボットの風景が映し出される。

フォルティーニが、エルバ島コトンチェッロのヴィッラの庭で椅子に座り、『スィーナーの犬たち』第九章を朗読する。別の箇所の引用に切り替わり、ヴィッラのテラスでフォルティーニがナツィスによるユダヤ人大量虐殺に言及する『スィーナーの犬たち』第一二章を朗読する。

映画『エンペードクレスの死』の副題でもある「大地の緑が新たな輝きを見せる時」のエンペードクレスの台詞を含む第二幕・第四場からの抜粋を再利用した「共産主義ユートピア」*L'utopie communiste* では、サント・ヴィクトワール山を描いたセザンヌの一連の絵画の構図を思わせる、ラグーサの森の向こうに臨むエトナ山を遠望する長廻しの固定ショットに、画面外のエンペードクレスの言葉が重なる。

アクラガスを追放されたエトナ山腹のエンペードクレスは弟子のパウサニアスの前で、彼を許すと伝えに来たアクラガスのポリス民たちに、自ら選ぶ死に先立つ真実の言葉として、すべての人びとの平等と掟に基づく連帯を説く。このくだりは、すでに『セザンヌ』にも引用されていた。

「共産主義ユートピア」と直接結びつく、『黒い罪』の最終部からの抜粋を再利用した「新世界」*Nouveau monde* は、ダニエル・ユイエの演じる女が祈るように遠くを見つめ、両手を合わせ、不動の姿勢でエンペードクレスの立っていた大地に座る長廻しの固定ショットで始まり、ナツィスの弾圧を逃れてロンドゥンに亡命したブッシュ弦楽四重奏団が一九三五年に録音した、ベイトホーフンの生涯最後の楽曲《弦楽四重奏曲・第一六番ヘ長調》(一八二六)の「ようやくついた決心(Der schwer gefaßte Entschluß)」の書き込みのある一節が流れ、女が不意に振り返り、右手を大地に置き、「新世界(neue Welt)」と独白するショットで終わる。

『アルジェリ戦争!』

ストローブのアパートで二〇一四年一〇月三日と四日にキャノン5Dで撮影された、極度に最小化された二分の室内対話映画劇『アルジェリ戦争!』*La guerre d'Algerie!* は、二〇一四年一〇月三一日、第五二回ヴィーン国際映画祭で『共産主義者たち』の併映作としてサプライズ上映された。

家族をナツィスの絶滅収容所のガス室で皆殺しにされ、一九六二年まで続いたアルジェリ戦争で上官に村を火炎放射器で焼き払うよう命じられた衝撃から、数日後にその上官を射殺した男が、突然、初対面の精神科医を殺しに来る場面を、二人の人物がアパート室内の定点に立ち、対峙するひとつのショットで再現する。

その凶暴な男はその後、その精神科医による心的外傷後ストレス障害(PTSD)の治療を二五年間受け、フランスで日常生活に戻ることができた。男は医師との最後の面会時に、「眼球運動による脱感作と再処理法(EMDR)」を紹介している、ダヴィド・セルヴァン・シュレベールの著書『癒す』*Guérir*(二〇〇三)を贈った。

この話は、季刊の超常体験専門誌『未踏査』二〇一四年七・八・九月合併号に掲載された、EMDRを実践する精神科医ジャン・サンドレットのステファヌ・アリックスによるインタヴュー記事「心的外傷を癒す」*Guérir de ses traumas* で語られた、ある患者についての体験談に基づいている。

『水槽と国民』

二〇一五年二月にキャノン5Dで撮影された、三一分一八秒の映画『水槽と国民』*L'Aquarium et la Nation*（二〇一五）は、パリ三区の中華・タイ・ヴェトナム料理店「シェ・メン」店内の金魚の水槽の光景で始まる。

続いて、戦時中の一九四三年に『天使との闘い』*La lutte avec l'ange* の題名で中立国スイスで出版され、戦後に改題して再刊された、マルロの最後の小説『アルテンブルクのクルミの木』*Les noyers de l'Altenburg* 第二部より、第一次大戦直前の一九一四年、アルザスの架空の町アルテンブルクにある元修道院の図書館における講話会での、ドイツ人の民族主義者である人類学者ムルベルクの講話のくだりを、一八区のフランス分析心理学会・C・G・ユング協会の事務室のテーブルに向かう精神分析家エメ・アグネルが読み上げる。

朗読はヴァンサンの、われわれの「宿命（fatalité）」の形とは？　という問いに対する、レオ・フロベニウスをモデルにしたムルベルクの台詞「一匹の魚にとって自分の水槽を見るのはたやすいことではない……。まず何より国民、違いますか？（Il n'est pas facile à un poisson de voir son propre aquarium... La nation d'abord, non?）」で終わる。

最後に、一九三六年にフランス最大の労働組織「労働総同盟（ＣＧＴ）」が企画、制作した、ジャン・ルヌワールの映画『ラ・マルセイエーズ』*La Marseillaise*（一九三八）からの抜粋が引用される。

一七九〇年一〇月のマルセイユで、サン・ニコラ要塞を占拠したアルノは、地中海を見下ろす要塞の屋上で、マルセイユの全要塞の総司令官サン・ロラン公爵に「国民（nation）」「自治民（citoyens）」とは何かを問われ、「国民とは、全フランス人の兄弟愛的同盟です（La nation, c'est l'union fraternelle de tous les français）」「そして自治民とはその国民を構成する人びとです（Et les citoyens, ce sont les gens qui composent cette nation）」と説明する。

ちなみに、『ラ・マルセイエーズ』は、マルセイユ義勇兵が、祖国防衛のため、ヴァルミの戦場に向かうところで終わる。ヴァルミでは、一七九二年九月二〇日、「国民万歳（Vive la nation）」と叫びながら戦ったフランス軍がプロイセン軍に勝利した。

一八世紀のフランスもしくは西欧の広域の領国支配者の貴族階級においては、土着言語の違いに基づく自国と外国の区別は希薄で、フランス語は貴族階級の国際共通語だった。「人間と自治民の権利宣言」Déclaration des Droits de l'Homme et du Citoyen（一七八九）以後広まった「国民」概念は、当初は、領国内での単一の国語と国政体を自発的に選択する自治民で構成される同胞集合体を意味し、「外国人」と区別された。しかし、ドイツ・フランス戦争（一八七〇―七一）を経たバレスの時代には意味合いが変質し、はるか昔から土地と血統の共有により結びついてきたと想像される、より運命的に定められた帰属集合体を意味するようにもなっていた。

附記：二〇一八年一月八日にストローブは八五歳の誕生日を迎えたが、同日、ロザンヌ市の映画保存館の常設上映館でスイス最大の映画館キャピトルで、ストローブの一八分の短篇映画『湖の人びと』*Gens du Lac* が公開された。キャノン5Dで撮られたこの映画は、一九三九年一一月一三日にロルで生まれた作家ジャニヌ・マサールがフランス語で書いた同名長篇小説（二〇一三）に基づいている。この小説は、フランスのためにナツィ・ドイツに対する非合法の抵抗活動に参加したアミ・ゲ父子ら、スイスのレマン湖畔で生きた一族の一九七〇年代末までを回想する。

映画『湖の人びと』では、大部分がドイツ語圏の自治都市ベルンに支配されていた、フランス語圏のヴォ国（Pay de Vaud）の自治を確立するため、隣国フランスに軍事介入を要請し、自治国の連邦であるヘルヴェティア共和国（一七九八―一八〇三）の建国に貢献した、ロル生まれの政治家、フレデリック・セザール・ドゥ・ラ・アルプ（一七五四―一八三八）の没後の一八三八年に、彼の名が付けられた、レマン湖のロルの長さ一一〇メートルの人工島、イル・ドゥ・ラ・アルプ島（一八三七年から四一年にかけて建設）が長廻しの固定ショットで映し出される。

あとがき

映画作家ストローブ＝ユイレについての論集を出版したいと森話社の五十嵐さんより話を持ちかけられたのが二〇一五年秋、山形国際ドキュメンタリー映画祭のとある会場前だった。当時初対面の挨拶の直後にこの大胆な提案を受け、二つ返事で「やりましょう」と答えたかどうかは定かでないのだが、その後予想通りというか、かなり長い準備期間を経て、隔年開催の二〇一七年山形ドキュメンタリー映画祭の場でようやく刊行時期を告知できるようになった。当初の企画段階で執筆を依頼していた方々の大半からの寄稿を得て、いわば満を持した状態で出版の運びとなったことを心からうれしく思っている。

もとより、難解さゆえに観客を尻込みさせることにおいて極北の存在であったストローブ＝ユイレの映画の読みの方法を提示すること、これは重要な課題ではあるが、個々の観客に委ねられた解釈の自由をあらかじめ局限しかねない危険も孕んでいる。私個人の活動で恐縮だが、二〇一四年から東京のエスパスビブリオと神戸映画資料館でストローブ＝ユイレ作品を上映して読解するというレクチャーを連続して行ってきた。幸い毎回それなりのギャラリーを集めることもできたが、それ以上にストローブ＝ユイレの各作品および作家自体への高い関心を示す方々が必ずいること、しかも映画だけでなく幅広い芸術分野に関心を持つ人々に届いていることに勇気づけられた。今回の執筆者の中にはそうしたレクチャーの機会に知己を得た方も含まれている。ストローブ＝ユイレの作品は、映画・文学・音楽・演劇・歴史・思想・政治への広範な知識と関心を必要とするだけでなく、映画に用いられるドイツ語・イタリア語・フランス語との対峙も必要とする。これはもはや個人の映画研究者の手に余る課題だ。だからこれだけ重量級の論集となったにもかかわらずまだまだ論考を重ねる必要を実感している。日本においてこれが始まりになることを心より祈念している。なお各論考における固有名等の記述方法については、それぞれの意向を尊重し、最終的に各執筆者のご判断にお任せした。

ここで編者の特権を行使して、最後に私感を綴ってみたい。私自身一九八〇年代半ばドイツ文学科の学生として初めてストローブ＝ユイレの『階級関係（公開題名：カフカのアメリカ）』を観て強烈なインパクトを受けた際、「これを論ずることができるのだろうか」という大きな課題を抱えたが、本書の論考によって曲がりなりにも長年の宿題を提出できた気がしている。だがそれは終わりではない。原作テクストとの対峙の先に映画そのものに向けて視野が開かれるとすると、次なる一歩が自分にとって本来のストローブ＝ユイレ論になる。その時のテーマはずばり「愛」だ。この言葉に余計な説明は不要だろう。ここ数年来漠然とした構想に留まっているのだが、本書が巷間に出回る頃にもう一度このテーマに立ち戻りたいと思っている。

最後に、本書の刊行にあたって多大なるご協力をいただいたアテネ・フランセ文化センターの松本正道氏、高崎郁子氏に感謝の意を申し添えたい。

渋谷哲也

ヴェネツィアの死 *La Mort de Venise*

［2013 / 2013, フランス, HD, カラー, 2 分

362

ヴェネツィアについて（歴史の授業） *À propos de Venise (Geschichtsunterricht)*

［2013 / 2014, スイス, HD, カラー / モノクロ, 22 分39 秒］

98-100, 362

共産主義者たち *Kommunisten*

［2014 / 2014, スイス / フランス, HD, カラー, 70 分］

17, 168, 363, 366

アルジェリア戦争！ *La Guerre d'Algérie!*

［2014 / 2014, フランス, HD, カラー, 2 分］

366

水槽と国民 *L'Aquarium et la Nation*

［2015 / 2015, フランス, HD, カラー / モノクロ, 31 分18 秒］

215, 367

レナートに *Pour Renato*

［2015 / 2015, イタリア / フランス, HD, カラー, 8 分］

目下の進捗状況は？　ジャン＝マリー・ストローブ *Où en êtes-vous Jean-Marie Straub?*

［2016 / 2016, フランス, HD, カラー, 9 分］

湖の人びと *Gens du lac*

［2017 / 2018, スイス, HD, カラー, 17 分］

368

（作成＝持田 睦）

［参考文献］

・*Jean-Marie Straub & Danièle Huillet*, edited by Ted Fendt . Vienna: FilmmuseumSynemaPublikationen, 2016.

・Jean-Marie Straub and Danièle Huillet, *Writings*, edited by Sally Shafto. New York: Sequence Press, 2016.

・*L'Internationale straubienne : à propos des films de Danièle Huillet et Jean-Marie Straub*. Montreuil : Ed. de l'Oeil ; Paris : Ed. du Centre Pompidou, 2016.

ジャン=マリー・ストローブ監督作品

アルテミスの膝 *Le Genou d'Artémide*
［2007 / 2008, イタリア / フランス, 35mm, カラー, 26 分（1st ver.）, 27 分（2nd ver.）, 2ver.］
58, 346

魔女―女だけで *Le Streghe - Femmes entre elles*
［2008 / 2009, フランス / イタリア, 35mm, カラー, 21 分］
58, 110, 346, 347

コルネイユ=ブレヒト *Corneille-Brecht ou Rome, l'unique objet de mon ressentiment*
［2009 / 2009, フランス, MiniDV, カラー, 26 分43 秒（ver. A）, 26 分27 秒（ver. B）, 26 分55 秒（ver. C）, 3ver.］
100, 110, 163, 360

ジョアシャン・ガッティ *Joachim Gatti*
［2009 / 2009, フランス, HD, カラー, 1 分30 秒］

おお至高の光 *O somma luce*
［2009 / 2010, イタリア / フランス, HD, カラー, 18 分, 2ver.］
105, 108, 118, 360

慰めようのない者 *L'Inconsolable*
［2010 / 2011, イタリア, MiniDV, カラー, 15 分（1st ver.）, 15 分17 秒（2nd ver.）, 2ver.］
347

ある相続人 *Un héritier*
［2010 / 2011, フランス, MiniDV, カラー, 20 分23 秒（1st ver.）, 21 分5 秒（2nd ver.）, 2ver.］
99, 355, 356

ジャッカルとアラブ人 *Schakale und Araber*
［2011 / 2011, フランス, MiniDV, カラー, 10 分43 秒（1st ver.）, 10 分35 秒（2nd ver.）, 2ver.］
39, 44, 62, 108, 164, 360, 361

母 *La madre*
［2011 / 2012, イタリア, HD, カラー, 20 分9 秒（1st ver.）, 20 分9 秒（2nd ver.）, 19 分38 秒（3rd ver.）, 3ver.］
347

ミッシェル・ド・モンテーニュのある話 *Un conte de Michel de Montaigne*
［2013 / 2013, フランス, HD, カラー, 34 分］
108, 361

291, 358

心を奪われた人々 *Incantati*
［2002 / 2003, イタリア / フランス / ドイツ, 35mm, カラー, 6 分］

ドランド *Dolando*
［2002 / 2003, イタリア / フランス / ドイツ, 35mm, カラー, 7 分］

ルーヴル美術館訪問 *Une visite au Louvre*
［2004 / 2004, フランス / ドイツ, 35mm, カラー, 48 分（1st ver.）, 47 分（2nd ver.）, 2ver.］
60, 79, 105-107, 110, 118, 354, 360

あの彼らの出会い *Quei loro incontri*
［2005 / 2006, イタリア / フランス, 35mm, カラー, 68 分］
55, 260, 345

ヨーロッパ 2005 年、10 月 27 日 *Europa 2005, 27 octobre*
［2006 / 2006, フランス, MiniDV, カラー, 10 分30 秒］
215

ジャン・ブリカールの道程 *Itinéraire de Jean Bricard*
［2007 / 2008, フランス, 35mm, モノクロ, 40 分, 2ver.］
63, 359

影たちの対話 *Dialogue d'ombres*
［2013 / 2014, フランス, HD, カラー / モノクロ, 28 分］
63, 98-102, 104, 105, 108, 110, 116, 163, 362

黒い罪 *Schwarze Sünde*
［1988 / 1989, 西ドイツ, 35mm, カラー, 42 分, 4ver.］
55, 60, 109, 117, 136, 280, 350, 353, 363, 365

セザンヌ *Cézanne. Dialogue avec Joachim Gasquet (Les éditions Bernheim-Jeune)*
［1989 / 1990, フランス / 西ドイツ, 35mm, カラー / モノクロ, 51 分（フランス語版), 63 分（ドイツ語版『ポール・セザンヌ』), 2ver.］
17, 60, 79, 98, 110, 113-116, 122, 123, 126, 128, 136, 139, 140, 145, 353, 354, 365

アンティゴネ *Die Antigone des Sophokles nach der Hölderlinschen Übertragung für die Bühne bearbeitet von Brecht 1948 (Suhrkamp Verlag)*
［1991 / 1992, ドイツ / フランス, 35mm, カラー, 100 分, 2ver.］
16, 27, 55, 60, 71, 75, 109, 111, 227-229, 315, 317, 351, 352

ロートリンゲン！ *Lothringen!*
［1994 / 1994, ドイツ / フランス, 35mm, カラー, 21 分, 2 言語ver.］
50, 99, 111, 355

今日から明日へ *Von heute auf morgen*
［1996 / 1997, ドイツ / フランス, 35mm, モノクロ, 62 分］
60, 220, 340

シチリア！ *Sicilia!*
［1998 / 1999, イタリア / フランス, 35mm, モノクロ, 66 分, 3ver.］
17, 55, 90, 91, 104, 109, 356, 357

労働者たち、農民たち *Operai, contadini*
［2000 / 2001, イタリア / フランス, 35mm, カラー, 123 分, 3ver.］
58, 109, 110, 117, 210, 291, 300, 354, 357, 358

放浪者 *Il viandante*
［2001 / 2001, イタリア / フランス, 35mm, モノクロ, 5 分］

研ぎ屋 *L'arrotino*
［2001 / 2001, イタリア / フランス, 35mm, モノクロ, 7 分］

放蕩息子の帰還 *Il ritorno del figlio prodigo*
［2002 / 2003, イタリア / フランス / ドイツ, 35mm, カラー, 29 分］
358

辱められた人々 *Umiliati: che niente di fatto o toccato da loro, di uscito dalle mani loro, risultasse esente dal diritto di qualche estraneo (Operai, contadini - seguito e fine)*
［2002 / 2003, イタリア / フランス / ドイツ, 35mm, カラー, 35 分,『放蕩息子の帰還』との複合版もある］

アーノルト・シェーンベルクの《映画の一場面のための伴奏音楽》入門
Einleitung zu Arnold Schoenbergs Begleitmusik zu einer Lichtspielscene
［1972 / 1973, 西ドイツ, 16mm, カラー / モノクロ, 15 分］
48, 207, 210, 220, 227, 339

モーゼとアロン *Moses und Aron*
［1974 / 1975, オーストリア / 西ドイツ / フランス / イタリア, 35mm（2 つのショットのオリジナルは16mm）, カラー, 105 分］
16, 17, 40, 51, 103, 117, 210-212, 220, 235, 291-294, 300, 311, 317, 339, 341

フォルティーニ / シナイの犬たち *Fortini / Cani*
［1976 / 1976, イタリア, 16mm, カラー, 83 分］
17, 46, 93, 109, 117, 264, 311, 341, 363, 365

すべての革命はのるかそるかである *Toute révolution est un coup de dés*
［1977 / 1977, フランス, 35mm, カラー, 10 分］
61, 210, 325, 343

雲から抵抗へ *Dalla nube alla resistenza*
［1978 / 1979, イタリア / 西ドイツ, 35mm, カラー, 105 分］
16, 65, 76, 93, 109, 117, 211, 213, 344

早すぎる、遅すぎる *Trop tôt / Trop tard*
［1980-81 / 1981, フランス / エジプト, 16mm, カラー, 100 分, 4 言語ver.］
17, 56, 93, 117, 207, 212, 264-267, 269-275, 289, 300, 342, 363, 364

アン・ラシャシャン *En rachâchant*
［1982 / 1983, フランス, 35mm, モノクロ, 7 分］
17, 347

階級関係 *Klassenverhältnisse*
［1983 / 1984, 西ドイツ / フランス, 35mm, モノクロ, 130 分］
16, 27, 34, 79, 86, 90, 108, 212, 240, 296, 347-349, 371

四部の提案 *Proposta in quattro parti*
［1985 / 1985, イタリア, ビデオ, カラー / モノクロ, 41 分］
117

エンペドクレスの死 *Der Tod des Empedokles; oder: wenn dann der Erde Grün von neuem euch erglänzt*
［1986 / 1987, 西ドイツ / フランス, 35mm, カラー, 132 分, 4ver.］
16, 27, 55, 60, 63, 108, 109, 114, 117, 131, 135, 136, 228, 278-280, 283, 285-287, 290-292, 294, 296, 297, 317, 349, 350, 353, 360, 363, 365

ストローブ=ユイレ フィルモグラフィー&作品名索引

- ストローブ=ユイレ監督作品と、ジャン=マリー・ストローブ監督作品を制作年順で掲載した。なお、それぞれの監督作品の区分については、2016年にパリのポンピドゥー・センターで開催されたレトロスペクティブでの基準を採用した。
- 各作品の邦題、原題、制作年/公開年、制作国、メディア・フォーマット、カラー/モノクロ、分数、ヴァージョン情報を記載し、末尾に該当作品の本書における索引を付した。
- 作品のヴァージョン情報については、「言語 ver.」と記載されている作品は通常、ナレーション部分のみが入れ替えられており、「ver.」と記載されている作品は、使用テイクや編集が異なることを意味する。

ストローブ=ユイレ監督作品

マホルカ=ムフ *Machorka-Muff*
［1962 / 1963, 西ドイツ, 35mm, モノクロ, 18分］
13, 21, 47, 51, 108, 158, 207, 220, 330, 331

和解せず *Nicht versöhnt oder Es hilft nur Gewalt, wo Gewalt herrscht*
［1964-65 / 1965, 西ドイツ, 35mm, モノクロ, 52分］
13-15, 25-27, 32, 47, 51, 52, 56, 79, 108, 163, 206, 207, 209, 212, 220, 234, 262, 315, 330-332

アンナ・マクダレーナ・バッハの年代記 *Chronik der Anna Magdalena Bach*
［1967 / 1968, 西ドイツ / イタリア, 35mm, モノクロ, 93分, 5言語ver.］
29, 31, 47, 51, 53, 81, 82, 98, 99, 101-103, 117, 154, 164, 168, 169, 196, 208, 209, 211, 213, 220, 263, 309, 312, 315, 333, 362, 363

花婿、女優、そしてヒモ *Der Bräutigam, die Komödiantin und der Zuhälter*
［1968 / 1968, 西ドイツ, 35mm, モノクロ, 23分］
15,39, 47, 53, 57, 208, 212, 220, 334, 335

オトン *Les yeux ne veulent pas en tout temps se fermer ou Peut-être qu'un jour Rome se permettra de choisir à son tour (Othon)*
［1969 / 1970, 西ドイツ / イタリア, 16mm, カラー, 88分］
16, 37, 47, 48, 53, 54, 70-72, 74, 76, 79, 82, 85, 90, 93, 108, 109, 111, 206, 208-210, 215, 228, 234, 262, 269, 310, 317, 335, 336

歴史の授業 *Geschichtsunterricht*
［1972 / 1972, イタリア / 西ドイツ, 16mm, カラー, 85分］
16, 43, 71, 75, 78, 79, 81, 85, 90, 109, 117, 210, 227, 234, 240, 241, 245, 253-255, 337, 339

きる力」を育む教育方法』（分担執筆、図書文化社、2010）、訳書にエリカ・フィッシャー＝リヒテ『パフォーマンスの美学』（共訳、論創社、2009）など。

金子　遊（かねこ・ゆう）

批評家、映像作家。慶應義塾大学非常勤講師。
著書に『辺境のフォークロア——ポスト・コロニアル時代の自然の思考』（河出書房新社、2015）、『異境の文学——小説の舞台を歩く』（アーツアンドクラフツ、2016）、『ドキュメンタリー映画術』（論創社、2017）、『映像の境域——アートフィルム／ワールドシネマ』（森話社、2017）で第 39 回サントリー学芸賞を受賞。編著書に『クリス・マルケル　遊動と闘争のシネアスト』（共編、森話社、2014）、『アメリカン・アヴァンガルド・ムーヴィ』（共編、森話社、2016）など。

持田 睦（もちだ・まこと）

演出家、河合塾講師。創造行為論。
編著書に『戦うことに意味はあるのか——倫理学的横断への試み』（共編、弘前大学出版会、2017）、訳書にペーター・ソンディ『ヘルダーリン研究——文献学的認識についての論考を付す』（共訳、ヘルダーリン研究会、法政大学出版局、2009）など。

堀　潤之（ほり・じゅんじ）

映画研究、表象文化論。関西大学文学部教授。
編著書に『越境の映画史』（共編、関西大学出版部、2014）、『ゴダール・映像・歴史——『映画史』を読む』（共編、産業図書、2001）。訳書にアンドレ・バザン『オーソン・ウェルズ』（インスクリプト、2015）、レフ・マノヴィッチ『ニューメディアの言語—— デジタル時代のアート、デザイン、映画』（みすず書房、2013）、ジャック・ランシエール『イメージの運命』（平凡社、2010）、コリン・マッケイブ『ゴダール伝』（みすず書房、2007）など。ジャン＝リュック・ゴダール関連の DVD・BD 付属冊子に多数寄稿。

細川　晋（ほそかわ・すすむ）

文筆業。
DVD「ストローブ＝ユイレ　コレクション」（紀伊國屋書店、2002-2011）企画協力など。「ジャン＝リュック・ゴダール　Blu-ray BOX」Vol.1-Vol.4（KADOKAWA、2017）付属冊子に収録作 20 本の解説執筆。

Go Board”（Gabriel Orozco, *Visible Labor*, Rat Hole Gallery Books, 2016）など。

伊藤はに子（いとう・はにこ）

翻訳・著述業。専門は音楽学（ケルン大学・修士）。

訳書に『アンナ・マグダレーナ・バッハ――資料が語る生涯』（春秋社、2010）など。音楽事典“Die Musik in Geschichte und Gegenwart”（Kassel 2003）執筆者。

筒井武文（つつい・たけふみ）

映画監督。東京藝術大学大学院映像研究科教授。

映画作品に『レディメイド』（1982）、『ゆめこの大冒険』（1986）、『学習図鑑』（1987）、『アリス・イン・ワンダーランド』（1988）、『オーバードライヴ』（2004）、『孤独な惑星』（2011）、『バッハの肖像』（2010）、『映像の発見＝松本俊夫の時代』（5部作、2015）、『自由なファンシィ』（2015）など。

赤坂太輔（あかさか・だいすけ）

映画批評家。立教大学講師。
シネクラブ new century new cinema を主宰、1990年代から世界の日本未公開作品や作家の紹介上映活動をおこなう。Derives, La Furia Umana、e-lumiere、desistfilm、中央評論等に寄稿。2015年より雑誌『NOBODY』に「メディア批判としての現代映画」連載中。著書に『マノエル・ド・オリヴェイラと現代ポルトガル映画』（分担執筆、EMブックス、2003）がある。

竹峰義和（たけみね・よしかず）

近現代ドイツ思想・映像文化論。東京大学大学院総合文化研究科准教授。

著書に『アドルノ、複製技術へのまなざし――〈知覚〉のアクチュアリティ』（青弓社、2007）、『〈救済〉のメーディウム――ベンヤミン、アドルノ、クルーゲ』（東京大学出版会、2016）。訳書に、ミリアム・ブラトゥ・ハンセン『映画と経験――クラカウアー、ベンヤミン、アドルノ』（共訳、法政大学出版会、2016）、テオドール・W・アドルノ『模範像なしに――美学小論集』（みすず書房、2017）など。

中島裕昭（なかじま・ひろあき）

現代ドイツ演劇・演劇教育研究。東京学芸大学教育学部教授。

著書に『〈教師〉になる劇場――演劇的手法による学びとコミュニケーションのデザイン』（分担執筆、フィルムアート社、2017）、『学校という劇場から――演劇教育とワークショップ』（分担執筆、論創社、2011）、『ドラマ教育入門――創造的なグループ活動を通して「生

[編者紹介]

渋谷哲也（しぶたに・てつや）

ドイツ映画研究。東京国際大学国際関係学部教授。

著書に『ドイツ映画零年』（共和国、2015）、編著書に『国境を超える現代ヨーロッパ映画 250——移民・辺境・マイノリティ』（共編、河出書房新社、2015）、『ファスビンダー』（共編、現代思潮新社、2005）など。また『わすれな草』『あやつり糸の世界』『イエロー・ケーキ』などドイツ映画の字幕翻訳を多数手がける。

[執筆者紹介]（掲載順）

サリー・シャフトウ（Sally Shafto）

フランス及びマグレブ映画研究家。サラ・ローレンス大学客員講師、ウィリアムズ大学リサーチ・アソシエイト。『カイエ・デュ・シネマ』の旧英語版サイトにて翻訳を担当。2010 年から 2015 年まで映画教育と映画祭取材のためモロッコに滞在。

著書に *Zanzibar: Les films Zanzibar et Les dandys de mai 1968*（Paris: Experimental, 2007）、編訳書に Jean-Marie Straub and Danielle Huillet, *Writings*（New York: Sequence Press, 2016）など。

小澤京子（おざわ・きょうこ）

表象文化論研究。和洋女子大学人文学群准教授。

著書に『ユートピア都市の書法——クロード ＝ ニコラ・ルドゥの建築思想』（法政大学出版局、2017）、『破壊のあとの都市空間——ポスト・カタストロフィーの記憶』（分担執筆、青弓社、2017）、『都市の解剖学——建築／身体の剥離・斬首・腐爛』（ありな書房、2011）、映画関連の論考に「《ゴダールの〈建築空間〉の撹乱》」（『ユリイカ（特集：ゴダール 2015）』2015）、「映画における服飾的細部と着崩される文体（スタイル）」（『ユリイカ（特集：ウェス・アンダーソン）』2014）など。

千葉文夫（ちば・ふみお）

フランス 20 世紀文学・イメージ論。早稲田大学名誉教授。

著書に『ファントマ幻想—— 30 年代パリのメディアと芸術家たち』（青土社、1999）、『クリス・マルケル 遊動と闘争のシネアスト』（分担執筆、森話社、2014）、訳書にミシェル・レリス『縫糸』（平凡社、2018）、『ミシェル・レリス日記』（みすず書房、2001-2002）、ポール・ヴィリリオ『戦争と映画——知覚の兵站術』（平凡社ライブラリー、1999）など。

中尾拓哉（なかお・たくや）

美術評論家。多摩美術大学大学院美術研究科博士後期課程修了。

著書に『マルセル・デュシャンとチェス』（平凡社、2017）、主な論考に“Reflections on the

ストローブ＝ユイレ――シネマの絶対に向けて

発行日……………………………2018 年 1 月 30 日・初版第 1 刷発行

編者………………………………渋谷哲也
発行者……………………………大石良則
発行所……………………………株式会社森話社
〒 101-0064 東京都千代田区神田猿楽町 1-2-3
Tel 03-3292-2636
Fax 03-3292-2638
振替 00130-2-149068
印刷………………………………株式会社シナノ
製本………………………………榎本製本株式会社

ISBN 978-4-86405-125-5 C1074

ワイセツ論の政治学——走れ、エロス！［増補改訂版］

内藤篤　ネット社会化により混迷するワイセツ規制は、いまや「ブツ」から人々の「思考」そのものへと、権域の拡大を試みる。1994 年に刊行された旧版を、大幅な加筆と註釈によりメタ的にリノベーション。弁護士であり名画座「シネマヴェーラ渋谷」館主でもある著者が、海外配信から、非実在青少年、JK リフレまで、今日におけるワイセツ規制の問題点を描き出す。四六判 288 頁／本体 2700 円 + 税

戦後映画の産業空間——資本・娯楽・興行

谷川建司編　芸術だけが映画ではない。映画会社の経営戦略、あの手この手の企画・宣伝、背後にある国家の政策、観客や他メディアとの関係など、資本の論理からとらえ直す、もう一つの戦後映画史。A5 判 352 頁／本体 4500 円 + 税

東アジアのクリエイティヴ産業——文化のポリティクス

谷川建司・須藤遙子・王向華編　近年、東アジアの各国が力をいれるクリエイティヴ産業。映画やアニメ、テレビ番組、出版などのコンテンツ輸出に加え、その方法論は観光などにも適用され、外貨獲得の手段となっている。本書では、台湾、香港、中国、日本など、東アジア間の相互関係に目を向けながら、クリエイティヴ産業に内在する政治性を読みとく。A5 判 352 頁／本体 4500 円 + 税

大衆文化とナショナリズム

朴順愛・谷川建司・山田奨治編　アニメ・音楽・映画・小説などの大衆文化は、国家やエスニックグループの境界を溶かし、〈共感の共同体〉をつくり上げてきた。しかしときにナショナリズムと共犯関係を取り結ぶこともある。強い求心力の裏に複雑な様相をのぞかせる大衆文化に、日韓の論者がそれぞれの切り口で挑む。A5 判 344 頁／本体 4500 円 + 税

日本映画の海外進出——文化戦略の歴史

岩本憲児編　戦前の西欧に向けた輸出の試み、戦時下の満州や中国での上映の実態、『羅生門』『ゴジラ』など海外に日本映画の存在を知らせた戦後映画の登場、海外資本との合作の動向など、日本映画の海外進出の歴史をたどり、それを推進し、紹介に寄与した人々の活動を明らかにする。A5 判 384 頁／本体 4600 円 + 税